माखनलाल चतुर्वेदी रचनावली

वाणी प्रकाशन

5

माखनलाल चतुर्वेदी रचनावली

सम्पादक :

श्रीकान्त जोशी

परामर्श :

स० ही० वात्स्यायन 'अज्ञेय'
धर्मवीर भारती
शिवमंगल सिंह सुमन
जगदीश गुप्त

वाणी प्रकाशन

4695, 21-ए, दरियागंज, नयी दिल्ली 110 002

फ़ोन : +91 11 23273167 फ़ैक्स : +91 11 23275710

शाखाएँ

अशोक राजपथ, पटना 800 004, बिहार

कॉफ़ी हाउस कैम्पस, महात्मा गांधी मार्ग, इलाहाबाद 211 001, उत्तर प्रदेश

महात्मा गांधी अन्तरराष्ट्रीय हिन्दी विश्वविद्यालय, वर्धा 442 001, महाराष्ट्र

सुल्तानिया रोड, मोतिया पार्क, भोपाल 462 001, मध्य प्रदेश

www.vaniprakashan.com
marketing@vaniprakashan.in
sales@vaniprakashan.in

MAKHANLAL CHATURVEDI RACHANAWALI-5
Edited by Shrikant Joshi

ISBN : 978-93-5000-849-2
Rachanawali

प्रथम संस्करण 1995
द्वितीय संस्करण 2003
आवृत्ति 2011

मूल्य : सम्पूर्ण सेट (दस खण्डों में) : ₹ 9000

सिटी प्रेस, दिल्ली-110 095 में मुद्रित

वाणी प्रकाशन का लोगो मक़बूल फ़िदा हुसेन की कूची से

प्राक्कथन

यह पाँचवाँ खण्ड है, इसमें पं० माखनलाल चतुर्वेदी के पच्चीस भाषण व समय-समय पर लिखी गयीं चवालीस समीक्षाएँ दी जा रही हैं।

भाषण—माखनलालजी एक अप्रतिम वक्ता के रूप में समस्त भारत में विख्यात थे। अधिकतर उन्हें आकस्मिक तौर पर ही बोलना पड़ता था। वे स्वतंत्रता-संग्राम के दिन थे। भाषणों को तैयार करने का समय ही उन्हें कहाँ था और जो भाषण अखबारी रिपोर्ट के रूप में प्रकाशित होते थे, वे रिपोर्टर की भाषा से मिलकर मिश्रित भाषा को व्यक्त करते थे। ऐसे भाषण इस रचनावली में नहीं लिये जा सकते थे, लिये भी नहीं गये।

जो भाषण लिये गये हैं वे अलग-अलग संस्थाओं, परिषदों और सम्मेलनों में सुनियोजित रूप से दिये गये हैं और इनका अपना महत्त्व है। हरिद्वार में इकत्तीसवें अखिल भारतीय हिन्दी साहित्य सम्मेलन के अध्यक्ष-पद से दिये गये विख्यात भाषण के अतिरिक्त इस संग्रह में मध्यभारत प्रजा परिषद, झाँसी, बम्बई हिन्दी विद्यापीठ (दीक्षान्त समारोह), पटना साहित्य परिषद, मध्यप्रदेश हिन्दी साहित्य सम्मेलन (गोंदिया अधिवेशन), हिन्दी साहित्य समिति, मुरादाबाद, द्वितीय पत्रकार परिषद, भरतपुर, अखिल भारतीय हिन्दी पत्रकार परिषद, काशी, में दिये गये भाषण भी हैं। गोस्वामी तुलसीदास और कवि-कुल-गुरु कालिदास पर तथा चतुर्वेदीजी द्वारा अपनी इकसठवीं वर्ष-गाँठ पर दिये गये विद्वत्तापूर्ण और प्रेरक भाषणों को भी इस रचनावली में ले लिया गया है। कुछ अन्य भाषण भी हैं। ये सभी लिखित रूप में उपलब्ध थे। (इनके अतिरिक्त भी कुछ भाषण जरूर हुए होंगे जो अभी प्राप्त नहीं हो सके हैं, इनमें से अधिकतर 'चिन्तक की लाचारी' में प्रकाशित हैं।)

इन भाषणों में माखनलालजी का समग्र व्यक्तित्व प्रतिबिम्बित है। कवि, चिन्तक, स्वतन्त्रता-सेनानी, राष्ट्रभाषा हिन्दी के संपोषक, अप्रतिम पत्रकार, नई पीढ़ी के महान् निर्माता और एक प्रशान्त तेजस्वी संस्कृति-पुरुष माखनलाल को इनमें अपने सम्पूर्ण ऐश्वर्य के साथ उपलब्ध किया जा सकता है। यहाँ एक कालजयी व्यक्तित्व पृष्ठ-पृष्ठ पर शब्द-शब्द में अवतरित है। माखनलालजी के काव्यमय चिन्तन का एक उदाहरण द्रष्टव्य है—"समय शाश्वत है। यद्यपि हम

उसके तीन टुकड़े करके अपना सन्तोष कर लेते हैं, जिस तरह चित्रकार निस्सीम पृष्ठभूमि पर छोटी-छोटी सीमाएँ बना कर वस्तुओं के प्राण और अस्तित्व का भान कराया करता है, उसी तरह हम समय के टुकड़े करके अपने युग को अपनी अज्ञता और विज्ञता का परिचय कराया करते हैं। जिसे हम भूतकाल कहते हैं, वह अनन्त है, शोधों, यादों और कृतियों के इतिहास से भरा हुआ है; जिसे हम भविष्य काल कहते हैं, वह हमारी सृजनशक्ति का अटल विश्वास है जिसे हमने भूतकाल की संचित निधि में से पाया है; किन्तु जिसे हम वर्तमान काल कहते हैं वह हमारी सांसों में से इस तरह फिसल रहा है मानो वह अभी-अभी है और अभी ही हाथ से निकल जायेगा। वर्तमान हमें बाजार में बिकती हुई बरफ की चट्टान की तरह मिला, जिस पर अपने इरादों को पत्थर की लकीर बनाने के लिए हमने अपनी रचना लिखी और देखते-देखते यह चट्टान रचना और रचनाकार दोनों को पानी में मिलाकर जाने कहाँ विलीन हो गई। न हमने उसे भूतकाल के हथौड़े से परखा और न भविष्य के सूर्य की किरणों से उसकी जाँच की। हमें अवकाश कहाँ था ? पानी की चट्टान पर सपनों के चित्र बनाने बैठ गये, अत: जो काल की पृष्ठभूमि चुनने में भूल करता है, उसके चित्र धुंधले हों, उसके गीत दुरूह हों, उसके स्वर अर्थहीन हों और उसकी इच्छाएँ लोक-रुचि तक पहुँचने में असमर्थ हों, तो इसमें आश्चर्य क्यों होना चाहिए ?"

[ओरिएण्टल कान्फ्रेंस, पटना के भाषण का अंश]

समीक्षाएँ—कर्मवीर साप्ताहिक के सम्पादक को समय-समय पर अपने पत्र में एक समीक्षक का उत्तरदायित्व भी वहन करना पड़ता था यह एक तरह का अतिरिक्त कार्य था जिसे नियमित समीक्षक की अनुपस्थिति में उन्हें सँभालना होता था। ये समीक्षाएँ पत्र के सीमित कलेवर को ध्यान में रखकर लिखी जाती थीं किन्तु आज हम अनुभव करते हैं कि ये छोटी-छोटी समीक्षाएँ भी अत्यन्त महत्त्वपूर्ण हो गई हैं। चतुर्वेदीजी की विश्लेषण-क्षमता और अन्तर्दृष्टि का परिचय देने के साथ ही ये समीक्षाएँ उस व्यापक भविष्य-दृष्टि का भी परिचय देती हैं जिसकी अपेक्षा इस तरह के समीक्षक से सामान्यत: नहीं की जाती।

काव्य, कहानी, अनुवाद, नाटक, दर्शन (गीता में भक्तियोग), राजनीति (साम्यवाद) आदि की पुस्तकों के अतिरिक्त कुछ मासिक पत्रों (विशालभारत, साधना, साहित्य-सन्देश) के विशेषांकों की समीक्षाएँ भी हमने ली हैं क्योंकि चतुर्वेदीजी ने उन्हें अपनी लेखनी से अत्यन्त महत्त्वपूर्ण बना दिया है। सभी समीक्षाएँ वस्तुपरक हैं, छोटे-बड़े के भेद से परे हैं और समीक्ष्य कृति के साथ-साथ लेखक के चिन्तक व्यक्तित्व को भी प्रकट करती हैं। ये अनेक अप्रसिद्ध लेखकों को प्रतिष्ठित करती हैं।

श्री श्रीराम शर्मा की शिकार-पुस्तक की समीक्षा का यह अंश समीक्षक की शैली का आंशिक परिचय दे सकता है—"शिकारी के साथ ही भाषा भी घाटियों पर चढ़ती, गढ़ों में उतरती, शेर के सामने तन कर मौन रूप से प्रतीक्षा करती और गाल पर बँधे हुए बकरे की आवाज के साथ असहाय होती दीख पड़ती है···अपने आपको पाठक पहाड़ों और घाटियों के घटना-स्थलों में अनुभव करता है···"

'सती अनसूया' पुस्तक की समीक्षा 1940 में की गई थी। इस पुस्तक की समीक्षा से कुछ पंक्तियाँ वर्तमान सन्दर्भ में पढ़ते ही बनती हैं :

> "एक बात और, इस पुस्तक में नारी को सतीत्व की ओर जहाँ प्रेरित किया है वहाँ पुरुष को सन्तानोत्पत्ति के बाहुल्य की ओर अग्रसर होने का दबाव कल्याणकारी और अतिधार्मिक घोषित किया है। आज कम-से-कम साहित्य का संकलन या साहित्य-रचना समाज की स्वस्थता के लिए होनी चाहिए। अतः इस दरिद्र देश को सन्तानोत्पत्ति का धर्मानुकूल लाइसेंस आज नहीं चलेगा।"

1940 में परिवार-नियोजन की कोई बात भी नहीं करता था। पर माखनलालजी की दृष्टि अपने आने वाले समय को काफी पहले से आँक सकने में समर्थ हुई है। 'समीक्षा' के अन्तर्गत भारत-भारती, पिता के पत्र पुत्री के नाम, गबन, आँधी, साकेत, ईसाई बाला, शिवा-साधना, मंगलघट, आस्वाद, भाग्यचक्र, एक घूँट, झूठ-सच तथा हिल्लोल जैसी सुप्रसिद्ध पुस्तकों पर माखनलालजी के समीक्षक से तादात्म्य स्थापित करना एक अनूठा मगर सुखद अनुभव है।

अनुक्रमणिका

अभिभाषण

आकलन

अभिभाषण

आखरी बार उनका दर्शन दरभंगा की ओरिएंटल कान्फ्रेंस के अवसर पर हुआ था। वहाँ कुछ हिन्दी-विरोधी वातावरण बन गया था लेकिन चतुर्वेदी जी की वक्तृता ने विचित्र प्रभाव डाला। मेरे एक मित्र, जो राष्ट्रभाषा के नाम से ही चिढ़ जाते थे, बोले कि यदि यही राष्ट्रभाषा होने वाली है जिसे चतुर्वेदी जी बोल रहे हैं तो मैं अपना विरोध वापस लेता हूँ। उस वक्तृता के बाद मुझे स्पष्ट याद आता है कि स्वर्गीय पं० अमरनाथ झा ने मुझे बुलाकर पूछा कि चतुर्वेदीजी की वक्तृता आपको कैसी लगी और मेरे उत्तर की प्रतीक्षा किए बिना स्वयं ही कहने लगे कि जादू का-सा असर है इस वाणी में। मैंने अपने उस मित्र की बात बताई जो अपना विरोध वापस ले रहे थे, तो अत्यन्त गंभीर झा साहब बड़ी प्रसन्नता के साथ हँस पडे। कहने लगे कि यही तो कह रहा हूँ कि जादू है।

—डॉ० हजारीप्रसाद द्विवेदी

फिर आर्य समाज, गणपत रोड के हॉल में होने वाली एक सभा की याद आती है जिसमें चतुर्वेदी जी ने भाषण दिया था। हिन्दी भाषा में इतना ओजपूर्ण भाषण दिया जा सकता है, इसकी मुझे कल्पना भी नहीं थी। अब तो मैंने महादेवी जी को सुना है और यह भी देखा है कि कैसे उनकी वाणी से अनायास उपमाएँ और अलंकार झरते चले जाते हैं और मंथर गति से बहने वाली सरिता-सी उनकी वाणी श्रोताओं के मन की खेतियाँ सैर-आब करती चलती है। पन्तजी (श्री सुमित्रानंदन पन्त) को बोलते सुना है और देखा है कि कभी जब वे इन्स्पायर्ड होकर बोलते हैं तो श्रोता मंत्रमुग्ध बैठे रह जाते हैं। लेकिन इस शान्त मंथर गतिऔर माधुर्य की तो मैं कल्पना भी नहीं कर सकता था। इस भाषा में इतना ओज है, इस बात का पता मुझे पहली बार चतुर्वेदीजी का भाषण सुनने पर ही चला। लगता था,जैसे एक तरल लावा है जो उस सुन्दर मुख से निकलकर श्रोताओं की नस-नस में घला जा रहा है। कई बार उस बीच मुझे रोमांच हो आया और कई बार श्रोताओं के साथ मिलकर मैं अनायास करतल-ध्वनि कर उठा। मंच पर खड़े होकर अपनी ओजपूर्ण वाणी में श्रोताओं को ललकारते हुए चतुर्वेदी जी की वह छवि सदा-सदा के लिए मेरे मानस-पट पर अंकित हो गयी।

—उपेन्द्रनाथ 'अश्क'

जबलपुर में रतौना के विरोध पर आम सभा में भाषण
इस तरह के अनेक भाषणों में से एक

(सन् 1920 खण्डवा से बम्बई जाते हुए पं० माखनलालजी चतुर्वेदी के हाथ में अंग्रेजी समाचार-पत्र 'पायोनियर' पड़ता है। उसमें प्रकाशित एक समाचार से उन्हें रतौना में ब्रिटिश सरकार द्वारा खोले जाने वाले कसाईख़ाने की जानकारी मिलती है। वे यात्रा बीच में छोड़कर खण्डवा लौटते हैं। वे प्रतिदिन 2500 गाय काटने की इस योजना के विरुद्ध 'कर्मवीर' में पहला संपादकीय लिखते हैं। जुलाई 1920 से दिसम्बर 1930 तक 'कर्मवीर' एक आन्दोलन बन जाता है—ऐतिहासिक और सर्वमान्य। अन्त में ब्रिटिश गवर्नमेंट परास्त होती है और कसाईख़ाना नहीं खुलता।)

आपके पश्चात् पं० माखनलाल जी चतुर्वेदी समर्थन करने के लिए खड़े हुए। आपने कहा, यह विषय ऐसा नहीं है, जिस पर भाषण किया जावे। आप इसे खूब समझ चुके हैं, अब भाषण का नहीं वरन् कार्य करने का समय है। आज तक गोवध के मसले पर हम लोग एक-दूसरे का सिर फोड़ चुके हैं। इसी एक कारण को लेकर राजसत्ता ने हम दोनों में बुरे भाव फैलाये और फूट के बीज बोये। किन्तु जब ये दोनों कौमें एक हो गईं, तब गोवध का असली रूप प्रकट हुआ। जितनी गायें यूरोपियनों के पेट की ज्वाला बुझाने—नहीं, उन्हें पेट की ज्वाला नहीं है, वे तो भरपेट भोजन कर पाते हैं—केवल मांस-भोजन की इच्छा को तृप्त करने के लिए जितनी गायें मारी जाती हैं, उतनी मुसलमानों के लिए कदापि नहीं मारी जातीं! जिसकी स्निग्ध श्वेत धारा से भारतवर्ष में तेजस्विता, पवित्रता तथा यौगिक शक्ति की वृद्धि होती है, क्या उसे हम यों ही मारे जाने देंगे? हमारे लिए दो ही बातें हैं—या तो घी-दूध के अभाव से मर जायँ या गोवध के रोकने के लिए आगे कदम बढ़ायें। घुला-घुलाकर प्राण लेने वाले दुश्मन की अपेक्षा एक बार विष देकर प्राण लेने वाला दुश्मन कहीं अच्छा होता है। यदि आपको दूध-घी के अभाव से, धीरे-धीरे शक्तिहीन होकर मरना है, तो बेहतर होगा कि आप आज ही विष खाकर प्राण त्याग कर दें। आज तक गायें मारी गईं, उसका परिणाम हम लोग अच्छी तरह जानते हैं। गाय पर किया गया अत्याचार हम पर ही किया जा रहा है। यदि सरकार रतौना के जिबहख़ाने में गायें काटना चाहती है, तो पहले हमें क्यों

नहीं काटती ? गाँवों में आपने देखा होगा कि एक गाय एक कुटुम्ब का रक्षण करती है। यदि उस कुटुम्ब की गाय छीन ली जावे तो क्या वह जीवित रह सकता है ? यदि जल्लाद होकर 2,500 (पच्चीस सौ) जानवर कट जाने पर सरकार उतारू है, तो रतौना के आसपास रहने वालों को पहले जहर दे दे। जिससे गायों की कमी न रहेगी। समुद्र के बीचोंबीच एक जहाज है, जिसका कोयला ख़त्म हो चुका है। कप्तान मुसाफिरों से कहता है कि तुम सब अपनी रोटियाँ मुझे दो, जिससे इंजन की भट्टी में आग पैदा की जाय। ऐसे समय मुसाफिर क्या कहेगा ? वह कहेगा—भाई, उस भट्टी में मुझे झोंक दे, रोटी बचेगी तो तुम्हारे काम आवेगी। हम भी सरकार से कहते हैं कि यूरोपियनों के पेट की भट्टी में हमें डाल दे, गायें बचेंगी तो वे तुम्हें दूध-घी द्वारा पुष्ट करेंगी।

अनादिकाल से गाय हिन्दुओं में माता समझी जाती है। रघुवंश के राजा दिलीप नन्दिनी नामक गाय को चराया करते थे। आज भी प्रत्येक भारतीय के घर में गाय पवित्र दृष्टि से देखी जाती है। यदि वह रतौना में मारी जायेगी तो क्या आप हिन्दुत्व को कायम रखकर संसार में जी सकते हैं ? मरते समय हमारे यहाँ गायें दान करने की प्रथा है, सोचिये यदि गायें न रहेंगी तो आप गोदान किस तरह कर सकेंगे ? हम अन्न खाते हैं, हमारी शस्यश्यामला भारतभूमि बैलों के मारे जाने से बाँझ हो जावेगी और अपने प्यारे भारत के सपूतों के लिए अपनी कोख से अनाज न दे सकेगी, क्योंकि उसकी उर्वरा-शक्ति नष्ट हो जावेगी। ऐसी हालत में निराभिष-भोजी भारतीयों के जीवन की यदि इति-श्री हो जावे तो आश्चर्य ही क्या ? देखिए, रतौना की कम्पनी ने मुसलमानों को बहकाने के लिए कैसी तजवीज की है। कम्पनी ने प्रकट किया है कि सूअर नहीं मारे जावेंगे। क्यों ? इसलिए कि मुसलमानों की भावनाओं का कम्पनी विचार रखती है। भारत अब जाग चुका है, इस भेद-नीति से अब काम न चलेगा। अन्त में मैं आपको एक शुभ संवाद सुनाता हूँ कि हम लोगों की आवाजों की वजह से रतौना की कम्पनी के अंग्रेज मैनेजिंग डाइरेक्टर मिस्टर टेरले ने अपने पद से त्यागपत्र दे दिया है। (तालियाँ) यह आप ही के आन्दोलन का प्रताप है। आपकी यह पहली विजय है। आप आगे आन्दोलन कीजिए, और आत्म-बल के जोर पर गोपाल को हृदय में धारण कर धर्म को साथ ले, अपने मुसलसान भाइयों की सहायता से रतौना में अड़ जाइए और अपने आत्मबल से—अपने बलिदान से, सरकार को बता दीजिए कि हम स्वयं मर सकते हैं, किन्तु गायों का मरना नहीं देख सकते (तालियाँ)

[कर्मवीर, 28 अगस्त 1920]

छिन्दवाड़े की प्रांतोय डिस्ट्रिक्ट कौंसिल शिक्षक परिषद

[ता० 5 की संध्या को, छिंदवाड़ा के टाउनहाल के मैदान में, छिंदवाड़ा डि० कौं० के तत्त्वावधान में प्रान्तीय प्राइमरी शिक्षक परिषद के अधिवेशन में दिया गया अध्यक्षीय भाषण।]

स्वागत-समिति के सभापति महाशय, श्रीमान् केलकर साहब, अध्यापक महाशयो और सज्जनो, प्रांतीय अध्यापक-सम्मेलन की स्थापना के प्रयत्नशीलों के रूप में मैं आपको बधाई भले ही दूं, पर आपकी सभापतित्व के चुनाव पर मैं आपको धन्यवाद नहीं दे सकता। मैं चाहता था कि इससे अच्छा चुनाव करते हुए आपको देखता और अपने पर जबर्दस्ती न होने देता। अस्तु, शिक्षा के प्रश्न पर न केवल भारतवासी, वरन् संसार के भिन्न-भिन्न देशों के शिक्षाशास्त्री और कर्मण्य एकमत नहीं हैं। कुछ विद्वानों का मत है कि शिक्षा का आदर्श व्यक्तिगत विकास है, और वह इसलिए कि जिससे मनुष्य की गुप्त और प्रकट सारी शक्तियाँ अपने पूर्ण विकास के साथ, मानवीय पहुँच की पराकाष्ठा दिखा सकें। भारत में और भारत से बाहर भी, ऐसे व्यक्ति मनुष्य के व्यक्तिगत विकास को इतना महत्त्व देते रहे हैं कि उनके विचार से एक आदमी की समूची तैयारी के सिवा, किसी आदमी को और किसी दूसरी बात की जरूरत ही नहीं है। किन्तु मिरस बॉल जैसे दूसरे लेखक, शिक्षा के आदर्श की इस परिभाषा को किसी भी राष्ट्र का अनावश्यक बोझ बताते हैं : वे अपनी बात की उपयोगिता के पहलू पर, इतने अधिक प्रसन्न हो उठते हैं कि अपनी उपयोगी बात को व्यक्तिगत विकास की ओर सर्वथा दुर्लक्ष करके कहते हैं। किन्तु विरोध का हिस्सा त्याग देने पर यह कहना पड़ता है कि उनकी बात मोतियों के मोल की है : वे कहते हैं, मनुष्य सामाजिक प्राणी है और जिन-जिन स्थानों के लिए वह अपनी जरूरतों को पूरा करने का मोहताज है, उन स्थानों के सार-सँभार की अमर और उद्दण्ड भावना उसमें पैदा होना और अपने आसपास की जाति की सेवा के लिए अपने को प्रस्तुत करना ही, शिक्षा का उचित आदर्श है। कुछ लोग शिक्षा के आदर्श में भी संकीर्णता के उपासक हैं—उनका मत है कि इस आदर्श की पूर्ति करने के लिए तालीम दी जानी चाहिए कि हमारे विचारों के सिवा अन्य विचारों की पहुँच ही बालकों के पास, और प्रकारान्तर से समाज के पास, न हो। इसी का परिणाम है—"हाथी के पैर से कुचले जाने पर भी जैन मन्दिर में न घुसने" वाली बात। इसी विचार का फल है कि "यदि तुम्हारा ज्ञान कुरान शरीफ से कम है तो फिर कुरान शरीफ है ही, तब उससे कम ज्ञान जगत् में नहीं चाहिए। और यदि तुम कुरान शरीफ से कुछ अधिक बात कहते हो, तो हमें नये मसीहा की जरूरत नहीं है।" इसी विचार की कृपा है कि अहिंसा के अवतार, बौद्ध युग में, कुछ आदमी इसलिए जहाज में भरकर समुद्र की

तली में छोड़ दिये गये कि "उनके जीवित रहने से, देश में हिंसा के भाव फैलेंगे, और उनके फैलने से देश अहिंसा के आदर्श से गिर जाएगा।" शिक्षा के एक आदर्श की चर्चा और की जाती है। पढ़ना-लिखना और हिसाब को शासन न करने देकर हृदय, हाथ और मस्तिष्क की उन्नति ही शिक्षा है। इस मत के लोग पढ़ना केवल पढ़ने के लिए, या केवल पहलवान बनने के लिए, या समाज में केवल प्रचारक—प्रोपेगेंडिस्ट हो जाने के लिए—या केवल मजदूर बन जाने के लिए, या केवल चित्र बनाने या कविता लिखने के लिए नहीं पढ़ते, वे पढ़ते हैं इन सारी अवस्थाओं में गुजरकर, विकास की इयत्ता निश्चित करने, नागरिक बनने, विश्व की रुचि और साहस को एक कदम आगे बढ़ाने के लिए। परन्तु मैं शिक्षा के आदर्श की चर्चा ही क्यों कर रहा हूँ ? मुझे तो दुःख से स्वीकार करना चाहिए कि शिक्षा के आदर्श का ऊहापोह मेरे देश के निवासियों का काम नहीं। जिनके व्यक्तिगत विकास और नागरिक उत्थान के सम्मुख So far and no further (बस यहीं तक, यहाँ से आगे नहीं) लिखा हो, जिनका भाग्य और कर्त्तव्य एक बन्धनों की सन्दूक में मुहर लगाकर बन्द कर दिया गया हो, जो न अपना या अपनी तालीम का आदर्श निश्चित कर पाते हों, और उसे अमल में ला पाते हों, वे संसार की शिक्षा की शिक्षा का आदर्श निश्चित करेंगे ? तो क्या संसार की कौमें ऐसी हैं कि जो ऐसी कौम के निश्चित किये गये शिक्षा के आदर्श को मानें, जिसमें शिक्षा का फी सदी 5-7 तक हो, जिसने चरित्र, नागरिकता और कर्त्तव्य के मैदान में, शिक्षा के तत्त्वों पर अन्तिम सीमा तक अमल करने का यत्न किया हो और जिसके अपने अनुभवी 'थिंकर्स'[1] हों। तब, हम अधिकार-हीन शिक्षा का आदर्श निश्चय कैसे और क्यों करें, जब उन आदर्शों को न जाति मस्तक झुकाये, न हम उन्हें आजमा सकें। सच बात तो यह है कि जगत् की जमीन के महाद्वीप के समान हिस्से पर रहकर, जिस तरह हम नगण्य हैं, उसी तरह, प्राचीन सभ्यता, साहित्य और परम्परा के रूप में हमने भावना और मनोजगत् को चाहे जितना घेर रखा हो, पर हैं हम नगण्य ही ! —हम अपने स्वप्नों को सच नहीं कर सकते, सिर का अन्तरंग हमारे हृदय और भुजा के घाट नहीं खेलने लगता और जो पूर्व स्मृति तथा सुवर्ण भविष्य अंधकार में भड़कने वाले फास्फोरस की तरह भड़क उठता है, तथा जो ईश्वरीय छाया हमारे हृदयों को कभी-कभी छूती है, उस पर हमारा अटूट विश्वास नहीं है। अस्तु।

छोटे से बालक को देखते ही आँखें आनंद से भर जाती हैं—माँ की ममता से, पिता की आशा से और स्कूल-मास्टर की इसलिए, कि उसकी शाला में उसे एक बालक और मिला ! सूरज को अपनी सीमा में न डूबने देने वाले, ब्रिटिश राज्य

---

1. विचारक

में हिन्दुस्तान में सौ पीछे चार आदमी पढ़े-लिखे हो सके हैं। क्या आप जानते हैं कि अन्य देशों की हालत क्या है ? जापान में 97.8, अमरीका में 95.4, और इंगलैण्ड में 93.5 आदमी सौ आदमी पीछे पढ़े-लिखे हैं, किन्तु भारत में ? भारत में सौ पीछे केवल चार आदमी पढ़े-लिखे हैं ! सरकार की दयालुता के गीत गाये जाते रहे हैं और देश में यूरोपीय राष्ट्रों के समान उत्तरदायी शासन-प्रणाली का बराबर नाम लिया जाता है। किन्तु उस शासन के योग्य देश को बनाने का यह सबसे बड़ा प्रयत्न हुआ है कि यहाँ के निबासी 'जान-बूझकर' मूर्ख रखे गये हैं। मैं इस 'जानबूझकर' पद का निरर्थक प्रयोग नहीं कर रहा। अभी कुछ दिन हुए, संयुक्त प्रदेश की सरकार के भूतपूर्व मन्त्री श्रीयुत चिन्तामणि महोदय ने पूना में कहा था कि उनसे एक भारी सरकारी अफसर ने कहा—कि "आप प्राइमरी शिक्षा की वृद्धि पर जोर न दीजिये। हिन्दुस्तान की जनता को प्राइमरी शिक्षा देना खतरे से खाली नहीं है।"

भारत की शिक्षा के विषय में सरकार एक खास नीति से काम ले रही है। मेरे भाई रावबहादुर केलकर साहब तो इस बात से अप्रसन्न हैं कि लोग वर्तमान लोकल सेल्फ गवर्नमेंट ऐक्ट से खुश क्यों नहीं हैं और बिना आजमाये ही उसमें सुधार क्यों चाह रहे हैं, किन्तु यदि जिस तरह उन्होंने ग्राम पंचायतों के विषय के डिप्टी कमिश्नरों की सलाह ली, यदि उसी प्रकार प्रारम्भिक शिक्षा पर भी अफसरों का मत लेते, तो उन्हें मालूम हो जाता। प्रान्तीय तालीम की अवस्था और सरकार के कृत्यों को देखने से स्पष्ट पता चलता है कि सरकारी अफसर देश को प्रारम्भिक शिक्षा में बढ़ा हुआ नहीं देखना चाहते। प्रोफेसर रशब्रुक विलियम्स[1] के शब्दों में ब्रिटिश भारत में रहने वाले 24 करोड़ 80 लाख लोगों में केवल 93 लाख आदमी पढ़-लिख पाते हैं, यानी फी सदी 4 के लगभग ! यह प्रतापी ब्रिटिश राज्य के डेढ़ सौ वर्षों का उद्योग है ! किन्तु यदि अमरीका के आश्रित देश फिलिपाइन की भारत के साथ तुलना करें, तो हमें पता लगे कि भारत में अंग्रेजों की अपेक्षा, फिलिपाइन में अमरीकनों ने अधिक ईमानदारी और इन्साफ के साथ वहाँ के निवासियों का साथ दिया। डॉ० सुधीन्द्र बोस अपने एक लेख में लिखते हैं—"यद्यपि फिलिपाइन की सरकार के पास अधिक धन नहीं है तो भी देश भर के बच्चों को तालीम मुफ्त देने के लिए, उदारतापूर्वक धन की मंजूरी दी जाती है। इससे मालूम होता है कि फिलिपिनी लोग अपने वर्तमान ढंग से शीघ्र ही अज्ञान को अपने देश से निकाल बाहर करेंगे। फिलिपाइन में आज फी सदी 70 पढ़े-लिखे हैं। यह संख्या स्पेन, इटली और ग्रीस के प्रतिशत पढ़े-लिखों से कहीं

1. इलाहाबाद-विश्वविद्यालय के इतिहास-विभाग के भूतपूर्व अध्यक्ष एवं तत्कालीन ब्रिटिश सरकार के सूचनाधिकारी।

अधिक है।" किन्तु भारत की सभी बातें निराली हैं। यहाँ जो तालीम देहातों में दी गई, वह सर्वथा बहुत कम और दुर्लक्ष्य की भावना से। उसके दो परिणाम भी हुए : एक तो जिन लोगों को 150 वर्षों में पढ़ाया-लिखाया गया, और जिनकी तादाद फी सदी 4 कूती गई उनमें से अधिकांश आज अपना शुद्ध नाम लिखना भी नहीं जानते ! कहिये, कैसी बढ़िया तालीम दी गई है ? दूसरे, गाँवों की आर्थिक अवस्था ऐसी बना दी गई कि एक तो अधिक तालीम पाने के लिए वहाँ के लोग आगे ही न बढ़ पावें—वे न उसके लाभ का ज्ञान अपने पास रखते हैं, न उसके पाने का धन। और यदि भूले-भटके कोई ऊँची तालीम पा भी ले तो वह फिर लौटकर ग्रामों में नहीं आ सकता ! वहाँ उसका गुजर ही नहीं चल सकता। वहाँ न उसके लायक कोई व्यापार है, न कमाई का कोई साधन। क्या हम मानें कि पढ़े-लिखों का गाँवों में पहुँचना असंभव, किसी विशेष नीति के बिना, किया गया है ? मैं ऐसा नहीं मानता। इसके सिवा, जिन शिक्षकों पर, देहातों की पढ़ाई का दारोमदार है, उन्हें तालीम ही इतनी परिमित दी गई है कि वे देहातों में जाकर ग्रामीणों को कुछ लाभ नहीं पहुँचा सकते। गाँवों में किसान, छोटी-छोटी चीजें बनाने वाले लोग—बढ़ई, सुनार, लुहार, शिकारी और मजदूर— रहते हैं। प्राइमरी शाला का अध्यापक जरूरत पड़ने पर इन लोगों को कुछ नहीं बता सकता। इधर शाला का पाठ्यक्रम भी अनोखा है ! हमारे देश में दुर्भाग्य से 'प्रारम्भिक शिक्षा' और 'ग्रामों की शिक्षा' के एक ही मानी हैं। मानो अधिक विद्या पाने का अधिकार शहरों मात्र को ही है। ठीक भी है, ग्रामों में फी सदी 84 से ऊपर लोग रहते हैं और शहरों में 16 के लगभग, अतः 16 फी सदी लोगों को तालीम का ताण्डव दिखाकर, 84 फीसदी लोगों से जी चुराने का बहाना मिल सके, तो कौन खर्चीली सरकार यह मौका हाथ से खोवेगी ? खैर, अध्यापकों को जो कुछ पढ़ाया जाता है, उसके अनुसार भी वे ट्रेण्ड (प्रशिक्षित) कर दिये गये हों, सो भी नहीं। प्रान्त के 85 बोर्ड-स्कूलों के अध्यापकों में से 458 ही ट्रेण्ड हैं। और सहायता-प्राप्त प्राइमरी स्कूलों के अध्यापकों में 848 ट्रेण्ड हैं—सिर्फ 620 शिक्षक। सरकार कहती है कि 72 स्कॉलरशिपें यों ही पड़ी रहीं, नार्मल स्कूलों में उम्मीदवार ही नहीं आये। हमें तो विश्वास नहीं होता कि इस सवा करोड़ से ऊपर की आबादी के प्रदेश में नार्मल स्कूल के 72 उम्मीदवारों का मिलना असम्भव था। सरकार ने यह नहीं बताया कि अपनी जाब्ता कार्रवाई की पथरीली दीवार तोड़ उसने इन उम्मीदवारों को प्राप्त करने के लिए कौन से प्रयत्न किये थे। यदि सरकारी गजटों में ही स्कॉलरशिपों की सूचना देना काफी विज्ञापन समझा जाता हो, तो कहना पड़ेगा कि सरकार प्रयत्न ही नहीं करती, बहाना जरूर बना लेती है। अध्यापकों के पूरे योग्य हुए बिना तालीम की अवस्था कैसे सुधर सकती है ! आप लोग एक प्रश्न और कर सकते हैं कि हम वर्षों से लगातार पढ़ाते चले आ रहे हैं, तब भी अभी तक

फीसदी पढ़े-लिखों की तादाद क्यों नहीं बढ़ी ? मेरा तो एक ही उत्तर है : सरकार हमें पढ़ने नहीं देना चाहती। ऊपर के उत्तरों के सिवा कुछ और बातें लीजिये ! मैं अभी कुछ दिन पूर्व जब छतीसगढ़ के देहातों में घूम रहा था, एक स्कूल के अध्यापक ने मुझसे कहा—और मैं श्रीयुत डोनगाँवकरजी के सामने उसका नाम नहीं बताऊँगा—कि डिस्ट्रिक्ट कौंसिलों में काम करने से हमें बहुत कष्ट है। लोग हमारी इज्जत नहीं करते। लड़कों की हाजिरी भी अच्छी नहीं रह पाती। सरकारी अधिकारी भी आकर हाजिरी सुधारने में मदद नहीं देते···

"श्रीयुत···छोटे साहब (ई० ए० सी०) आये थे, उन्होने कहा, बहुत सुराज चाहते थे, अब जाओ न अपने प्रेसिडेण्ट साहब के पास ! उनसे कहो, वे ही लड़के बुला दिया करें और तुम्हारी इज्जत बढ़वा दिया करें" आदि। इस अध्यापक की बातें सुनकर मैंने जो कुछ कहा, वही आप से कहता हूँ—मित्रो, डिस्ट्रिक्ट कौंसिलों पर सहसा आक्रमण मत करो। पहले सरकार के खरीदे हुए या सरकारी पदवियों आदि के लालची लोगों की पल्टन स्कूलों की देख-रेख करती थी। माना कि उनके जूते या डण्डे के डर से लोग अपने बच्चों को पढ़ने भिजवा दिया करते हों, और पिटवाने वाला समझकर स्कूल-मास्टर से डरते रहे हों। परन्तु क्या आप सदा इस देश के निवासियों को अफसरों से पिटना और डर से ही उनके बालकों का पढ़ना देखना चाहते हो ? डिस्ट्रिक्ट कौंसिल की कठिनाइयों पर नजर डालो तो तुम्हें यथार्थ बात का पता लग जायगा। लोकल सेल्फ गवर्नमेण्ट ऐक्ट में शासन के कोई अधिकार प्रजा-प्रतिनिधियों को नहीं दिए गये हैं, केवल टैक्स लादने का कनोड़ा अधिकार उनके गले टाँक दिया गया है। इसके सिवा प्राइमरी तालीम पर सरकारी अधिकारी अविश्वास प्रकट करते रहे हैं, सदस्यों के मार्ग में उलझनें डाली जाती रही हैं और हाजिरी ठीक रखने के कार्य में उन्हें सहारा नहीं दिया गया। इतना ही नहीं, गतवर्ष की अपेक्षा इस वर्ष, शिक्षा के मार्ग में, प्रान्तीय सरकार ने 2 लाख 94 हजार रुपया भी कम दिया, किन्तु प्रान्त की डिस्ट्रिक्ट कौंसिल अपना काम चलाती रही। उन्होंने इस घटती के बावजूद 18 शालाओं और 2654 विद्यार्थियों की तादाद अधिक बढ़ाई है, तथा गतवर्ष से इस वर्ष, अपनी गरीब हालत में भी तालीम में 2 लाख 2 हजार रुपया अधिक खर्च किया है, जबकि सरकारी उदासीनता से उनका काम रुक जाना चाहिए था। यदि एक तरफ से डिस्ट्रिक्ट कौंसिल का धन चुक जाय और कमाई के साधन न हों, दूसरी ओर से सरकारी आक्रमण हों, उस समय भी क्या आप, सरकारी आदमियों की तरह डिस्ट्रिक्ट कौंसिलों के निन्दक बनकर, सरकार की इस बात को सच साबित करेंगे कि हिन्दुस्तानी मूर्ख हैं, वे अपनी जिम्मेवारी निबाहना नहीं जानते ? अपना तो काम होना यह चाहिए कि आप आक्रमण करने के बजाय ऐसी कोशिश करें कि प्रदेश के अवैतनिक सार्वजनिक सेवकों का झण्डा जरा भी झुकने न पावें।

आप बालक में ज्ञान के लिए चाह पैदा कीजिये और बालक जब ज्ञान की ओर ललचकर हर बात में 'क्यों' पूछकर अपनी तैयारी दिखावे तब बालक के उस 'क्यों' का सामना आप उपेक्षा, झिड़की या बेंत से न करके अपनी योग्यता से करें। यदि आप बालक के 'क्यों' का जवाब न दे सकें तो यह हरगिज न समझें कि बालक अयोग्य है। "आप अपने पाठ्यक्रम ही पर अवलंबित न रहकर बाहर की पुस्तकों तथा मासिक और समाचारपत्रों से अपने ज्ञान को बढ़ावें।" विराम और पूर्ण विराम के चिह्नों से लगाकर, हिन्दी भाषा के उचित शब्दों के अर्थ और उच्चारण तक देशी भाषा के पाठकों के शिथिल हैं। उनकी 'श्रीयुत प्रणतपाल' और 'गरीब-परवर सलामत' से शुरू होने वाली, डिप्टी इन्स्पेक्टर आदि अफसरों को लिखी गई अर्जियों के देखने से पता चलता है कि प्रान्त के हिन्दी पाठकों की भाषा कितनी शिथिल है। शिक्षा जैसे शान्त विषय में क्रान्ति और जल्दबाजी को स्थान नहीं, यह कार्य तो धीमे-धीमे ही करने का है। किसी एक बालक को दस-पाँच दिनों में जादू की लकड़ी घुमाकर कोई आचार्य नहीं बना सकता—बी० ए० पास नहीं करा सकता। अत: इस पथ में पूर्ण शान्ति के साथ धीरे-धीरे ही कदम बढ़ाया जाय। यह सच है कि आप लोग राजनैतिक दलबन्दी से दूर रहें। किन्तु मैं यह अवश्य मानता हूँ कि राजनीति के क्रोध में आपकी भाषा या साहित्य को तो कहीं नहीं ठुकराया जा रहा! यह आप तभी देख सकते हैं, जब आप अपनी योग्यता बढ़ावें। "उचित हो यदि किसान से प्रारम्भिक शिक्षा के लिए टैक्स न लिये जायँ किन्तु यदि धन के अभाव में प्रदेश की तालीम का गला घोंटा जाता हो तो जिस तरह हम अपना सब-कुछ खर्च कर घर के रोगी भाई के प्राण बचाते हैं, उसी तरह टैक्स लगा लिया जाय। किसानों का खून महँगे शासन के लिए तो चूसा ही जाता है, उनके नन्हें बच्चों और उनकी भावी पीढ़ियों को ज्ञान देने के लिए दस-बीस लाखों को और भूखा मार लीजिये। सब सहा है, यह भी सही!"

[कर्मवीर, 29 जून 1926]

पत्रकार—संघर्ष और सम्भावनाएँ

देश के उपदेशक सम्पादक सज्जनो और पत्रकार बन्धुओ!

मेरी अपेक्षा ज्ञान-वृद्ध, वयोवद्ध और तपोवृद्ध व्यक्तियों के होते हुए, आपने मेरे-जैसे अनुभवहीन व्यक्ति को, इस संस्था के सभापतित्व का गौरवपूर्ण पद प्रदान किया, इसके लिए मैं, शिष्टाचार-वश ही, आपको धन्यवाद दे सकता हूँ, हृदय से नहीं। सम्मेलन का यह दूसरा वर्ष है। संस्था सर्वथा बाल्यावास्था में है, ऐसे समय सम्पादन-कला सार्वजनिक जीवन और राष्ट्रीय स्फूर्ति के लालन-पालन में, जिनके

हाथ अधिक अनुभवशील, अधिक सावधान होते, उन्हीं को यह कार्य सौंपना उचित था। एक वर्ष के शिशु को सजीव, सतेज और सक्षम कर ले जाने के लिए शिशु-संगोपन में निपुण हाथों की जरूरत थी। मेरा तो इस कला में कोई स्थान ही नहीं, किन्तु मैं सोचता हूँ, आपने अपने तेज के पानी के बरते हुए हथियारों को इस संस्था के किसी बलवती जिम्मेदारी के समय सँभालने के लिए रख छोड़ा है, और इसलिए मुझ-जैसे आदमी को आपने आज्ञा दी है कि मैं, प्रारम्भिक समय की परिमित जिम्मेदारियों में आपकी आज्ञा का पालन कर दूँ। यद्यपि मैं इस प्रदान किये हुए गौरव के लिए आपको धन्यवाद देता हूँ, किन्तु मैं सोचता हूँ कि ऐसी जिम्मेवारियाँ गौरव का कारण नहीं होतीं, वे तो एक आपदा, एक संकट ही होती हैं जहाँ अपने व्यक्तियों से अलग बैठकर मनुष्य को अनुशासन और आवश्यकता के अनुकूल सभा का संचालन करना होता है। अस्तु, सज्जवृन्द, आपने चाहे जो सोचकर मुझे यह पद प्रदान किया हो, मैं तो इस पद के सर्वथा योग्य श्रीयुत अम्बिकाप्रसाद वाजपेयी, श्रीयुत लक्ष्मणनारायण गर्दे, श्रीयुत गणेशशंकर विद्यार्थी और उन सब सज्जनों के एक नम्र प्रतिनिधि के नाते कार्य करूँगा, जिनके ज्ञान, अनुभव और तप को आज के सभापतित्व के पाने का मुझसे अधिक अधिकार था।

सज्जनो, भारतीय उपवन में कितने ही फूल और फल ऐसे हैं जो इस देश की उपज नहीं, उनका आगमन अन्य देशों से इस देश हें हुआ है। समाचार-पत्रों और समाचार-पत्रों का व्यवसाय भी इसी बात का एक उदाहरण है। इसीलिए समाचार-पत्रों से सम्बन्ध रखने वाला प्रशस्त ज्ञान भी हमें उन्हीं देशों के साहित्य में मिलता है, और अपने देश की परिस्थिति के अनुकूल हमें उसका उपयोग कर लेना होता है। पाश्चात्य देशों में समाचार-पत्र का कार्य बहुत महत्त्वपूर्ण है, और उसमें कार्य करने वाले लोगों का समाज में बड़ा आदर है। गत सौ-डेढ़ सौ वर्षों के अन्दर, संसार में जो लड़ाइयाँ, जो महायुद्ध, जो सन्धियाँ, जो समझौते और जो सामाजिक-राजनैतिक एवं औद्योगिक हलचलें हुईं, उनका महान् यश अधिकतर समाचार-पत्रकारों और समाचार-पत्रों ही को देना पड़ेगा। युद्ध-घोषणा अथवा सन्धि की चर्चा जैसे कार्य, यद्यपि प्रत्यक्षतः राज-शकट का संचालन करने वाले राजनीतिज्ञ ही किया करते हैं, किन्तु युद्ध या सन्धि की परिस्थितियाँ उत्पन्न करने अथवा उन परिस्थितियों को जिन्दा रहने देने और मार डालने का कार्य समाचार-पत्र ही किया करते हैं। इस बात से समाचारपत्रों और उनके संचालकों की 'कर्तुम् अकर्तुम् अन्यथाकर्तुम्' की शक्ति का अन्दाजा लगाया जा सकता है। इंग्लैंड में, साम्राज्य के जो चार आधार-स्तम्भ माने जाते हैं, उनमें एक समाचार-पत्र भी है, और इसलिए इंग्लैंड में; और उससे भी अधिक जापान में, समाचार-पत्रों को 'फोर्थ स्टेट' कहा जाता है। इंग्लैंड, जापान और अमेरिका-जैसे 'महाशक्ति' कहे जाने वाले देशों में लॉर्ड नॉर्थक्लिफ, लॉर्ड बेव्हर ब्रुक और

'ज़ीजी' के उत्पादक प्रसिद्ध जापानी फूकूजावा-जैसे व्यक्तियों को यह गौरव प्राप्त है कि उनके देशों को उसी पथ में चलना होता है जिस पथ में वे चलाना चाहते हैं ।

बन्धुओ, यदि समाचार-पत्र संसार की एक बड़ी ताकत है, तो उसके सिर जोखिम भी कम नहीं। पर्वत की जो शिखरें हिम से चमकतीं और राष्ट्रीय रक्षा की महान् दीवार बनती हैं, उन्हें ऊँची होना पड़ता है। जगत् में समाचार-पत्र यदि बड़प्पन पाये हुए हैं, तो उनकी जिम्मेवारी भी भारी है। बिना जिम्मेवारी के बड़प्पन का मूल्य ही क्या है ? और वह बड़प्पन तो मिट्टी के मोल हो जाता है जो अपनी ज़िम्मेवारी को सँभाल नहीं सकता । समाचार-पत्र तो अपनी गैर-जिम्मेवारी से, स्वयं ही मिट्टी के मोल का नहीं हो जाता, वरन् वह देश के अनेक महान् अनर्थों का उत्पादक और पोषक भी हो जाता है। इस समय एकाधिकार या अल्पाधिकार शासनों के सिंहासन डोल रहे हैं, और जन-सत्ता का सूर्य धीरे-धीरे नभ-मण्डल के मध्य भाग को छूना चाहता है। ऐसे समय जनता के हृदय की ध्वनि, उनके संकट के शस्त्र, उनके एकान्त के चिन्तन, उनके जन-समूह के प्रबोधक समाचार-पत्रों का महत्त्व और भी अधिक है। और चूँकि निरंकुशता से समानता की ओर जाने का जगत् का रुख बदलने का सामर्थ्य अब अपना काम नहीं कर सकेगा, अत: समाचार-पत्रों का प्रभाव उत्तरोत्तर बढ़ता ही जायेगा। इसलिए सामयिक पत्रों से अपना सम्बन्ध समझने, उसे अनुभव करने और उसके बूते परिस्थिति में परिवर्तन करने के उपासकों को, अपने गम्भीर उत्तरदायित्व को क्षण-क्षण अनुभव करना होगा और आने वाली परिरिस्थितियों का सक्रिय जवाब देने के लिए सदैव प्रस्तुत रहना होगा ।

सज्जनो, समाचार-पत्रों का प्रधान काम है : लोक-मत का निर्माण ! और इसीलिए, इस व्यवसाय के व्यक्ति चिन्तित रहते हैं कि देश की आवाज़ के स्पष्ट, अर्थपूर्ण और उन्मुक्त करने में, देश की आत्माओं को कार्य-शील, चिन्तक और चरित्र-पूर्ण बनाने में उनका कोई कार्य अपकर्ष का कारण न बन जाये। जो देश स्वतन्त्र है, जहाँ साहस और महत्त्वाकांक्षाओं में, शराब और अफीम-जैसे विष-युक्त पदार्थों की तरह बन्धन नहीं रखे जाते, वे, जिस तरह अपनी गम्भीर ज़िम्मेवारियों को 'विनोद' की तरह निपटाते हैं, उसी तरह अपने और समाज के विनोद और शौक़ के लिए, राष्ट्रीय हित को कभी-कभी गौण बना सकते हैं। किन्तु जो देश भारत की तरह पराधीन हैं, उस देश के सम्पादकों को, अपने देश के भाग्य के साथ खिलाड़ी मित्र की तरह बरतने का अवसर नहीं रहता, उन्हें एक जोखिम-भरे रोगी आत्मीय की तरह बरतना पड़ता है। वे अपने बीमार देश और उसके कमजोर भाग्य के साथ मज़ाक नहीं कर सकते; देश की किसी भी घटना और अपने किसी भी साधन का उपयोग सामाजिक और व्यक्तिगत विनोद और शौक़ के लिए नहीं

कर सकते। पराधीन देशों के पत्र-सम्पादकों की जिम्मेवारियाँ स्वाधीन देशों के पत्र-सम्पादकों से कहीं अधिक और जोखिम से भरी हुई होती हैं। स्वतन्त्र देशों में पत्र-सम्पादन प्रोत्साहन का, गौरव का, और सुख का साधन होता है। परतन्त्र देशों का सच्चा पत्र-सम्पादन विदेशी राज-कर्ताओं से सीधा लोहा लेना, उनके स्वार्थों पर बिना झिझके पैर रखना होता है। सन् 1780 में कलकत्ते से प्रकाशित होने वाले भारत के प्रथम पत्र 'हिकीज जर्नल' से लगाकर, आज तक के हमारे देश के कितने ही पत्रों को मिले हुए देश-निकाले, कारागार, फाँसी, अमानुषिक कठोर व्यवहार, मनुष्यताहीन क्षमा-प्रार्थना, बड़े-बड़े जुर्माने, जब्तियाँ और पिछले 147 वर्षों की कठोर यन्त्रणाएँ, इस बात का गहरा सुबूत हैं, कि किसी पराधीन देश का पत्र-सम्पादन प्राणों की बाजी का व्यापार है। भारत के समाचार-पत्रों का उत्थान और विकास, विदेशी सरकार के कानून के शस्त्रों से बार-बार रेता गया है। इस देश के समाचार-पत्रों ने तीन बातों को लगातार सामने रखा है—1. हम इतने बचकर लिखें कि कानून का दैत्य हमें निगल न जाये। 2. क़ानून द्वारा लिखने के साधन, उसकी स्फूर्ति, छिन जाने के बाद भी ऐसी कौन-सी बातें हैं कि जिन्हें लिखकर हम राष्ट्र को खड़ा करने का बल उसमें ला सकें। 3. ऐसे कौन-से साधन हैं जो व्यवसाय की दृष्टि से समाचार-पत्रों को ज़िन्दा रख सकें।

इसके सिवा पत्र-संचालन की कला, हमारे देश में सर्वथा नयी होने के कारण, और 'जनता के बल' की लहर देश में अभी तक प्रवेश न कर सकने के कारण, देश की ओर से—देश की जनता की ओर से—जो समर्थन, जो सहायता, जो शक्ति हमें मिलनी चाहिए, वह हमें नहीं मिलती। जनता की सहायता के अभाव के दुर्दैव से, हम कठिनाई से पेश पा रहे हैं। समाचार-पत्रों की उपमा उस स्त्री से दी जा सकती है जिसके गुण और बल पर भयभीत अत्याचारियों के आक्रमण हो रहे हैं, किन्तु जिसके पोषक और प्राणाधार अज्ञान हों। इस तरह, जानकार शत्रु और अज्ञानी सहायक के बीच, सहायक के स्वार्थों की सतत रक्षा करते जाना एक कठिन तपस्या है।

ऐसी है परिस्थिति, ज़िसमें से समाचार-पत्रों को गुजरना होता है। किन्तु ऐसी अनेक अड़चनों और विकट परिस्थितियों में भी भारतीय पत्रों और उनके संचालकों ने अपने अस्तित्व को कायम रखा, और पिछली शताब्दी के पचीस वर्षों में समाचार-पत्रों की संख्या बढ़ायी, यह देख-सुनकर किसे अचम्भा न होगा? और कौन यह न कह उठेगा कि इस कार्य को कन्धे पर लेने वाले लगातार कष्ट-भोगियों के धैर्य, उनकी लगन, उनके दीर्घोद्योग का ही यह परिणाम है। कौन नहीं कहेगा कि आज समाचार-पत्रों को जो बल, जो अवस्था प्राप्त है, उसका यश इस देश के स्वर्गीय लोकमान्य, स्वर्गीय मोती बाबू, श्रीयुत रामानन्द चटर्जी

और श्रीयुत सुब्रह्मण्यम् अय्यर-जैसे व्यक्तियों को ही है। मुझे विश्वास है कि यदि हमने अपने देश की अगली पीढ़ी के चित्र को अपने रक्त-बिन्दुओं पर चित्रित हो जाने दिया, यदि हमनें भी पहली-सी लगन, उसी त्याग और उसी अध्यवसाय से अपना काम किया, तो हम अपने पीछे आने वाली पीढ़ी के हाथों एक गर्व करने योग्य परिस्थिति दे जाने में समर्थ हो सकेंगे। स्वतः राज्य का उपयोग करने वालों की अपेक्षा, उन लोगों की कीर्ति निःसंशय अधिक उज्ज्वल, उनका प्रयत्न अधिक वन्दनीय, उनका पुण्य अधिक है जिन्होंने अपनी भुजाओं के बल से राज्य कमाया और अपनी आजाद पीढ़ियों के हाथों में धरोहर की तरह सौंप दिया।

मैंने यह बात कई जगह पढ़ी और सुनी है कि राष्ट्र की अथवा मानव-हृदय की धमनियों को फड़का देने वाले कवि अपने-आप ही जन्म लेते हैं, वे बनाये नहीं जाते। इस विषय पर निश्चित रूप से मुझे कुछ पता नहीं, किन्तु पत्र-सम्पादकों के विषय में मैं इस बात को मानता हूँ। मैं पत्र-सम्पादन के विषय के जानकार अँगरेज लेखक मि० जॉन पेण्डलटन के इस कथन से सर्वथा सहमत हूँ कि ऑक्स-फोर्ड का गौरव, कैम्ब्रिज की कीर्ति, और बैरिस्टरी का बड़प्पन, पत्र-सम्पादन से अधिक कीमत का नहीं ठहरता। यहाँ तो, स्वभाव-जन्य बेचैनी ही अधिक यशस्विनी होती है। यह कला अलंकारों वाले सौन्दर्य की उपमान नहीं, इस कला के बाह्यांग को क्षण-क्षण बदलने वाली नवीनता की उपमा दी जा सकती है, और इस कला की आत्मा की उपमा है वह सौन्दर्य जो प्राणों के मूल्य का है, चूँकि वह भय की गोद में निवास करता है। भय की गोद में निवास करने वाला सौन्दर्य सजाये हुए राजमहलों में नहीं रहता, वह प्रकृति के हाथों निर्माण हुई जोखिम की जगहों में निवास करता है। उसी तरह पत्र-संचालन की कला युनिवर्सिटी की पत्थर की तसवीरों के बूते जीवित नहीं रह सकती, उसके लिए हृदय की लगन ही आवश्यक है। इस कला का जीवन है सहृदयता, धीरज, लगन, बेचैनी और स्वाभिमान का स्वभाव-सिद्ध होना। शिक्षा और श्रम द्वारा विद्वत्ता और बहु-श्रुतता को जीता जा सकता है, ऊपर लिखे स्वभावसिद्ध गुणों को नहीं। स्वभाव-सिद्ध गुण जिनका बाना नहीं, उनका इस कला का द्वार खटखटाना, अपने भविष्य जीवन को बरबाद करना और देश की हलचलों पर वृथा बोझ बढ़ाना है। यह सच है कि मानव-पहुँच के लिए असम्भव कुछ भी नहीं, किन्तु यह भी सच है कि हर काम हर आदमी नहीं कर सकता। मैं नहीं मानता कि ज्ञान के समान मानव-पहुँच, और विशेषतः मानव-कृति, इयत्ता से सर्वथा परे है। प्रत्येक बात मानवीय रुचि की स्वाभाविकता पर अवलम्बित होती है। अतः मेरी नम्र सम्मति में तो मनुष्य अपने मन का तौल देखकर ही अपने लिए कार्य ढूँढ़े। समाचार-पत्रों के जोखिम-भरे धन्धों में तो, यदि ऐसे ही स्वभाव-सिद्ध रुचि वाले लोग आयेंगे, तो यह कला अधिक बढ़ेगी और अपेक्षित फल देगी।

सज्जनो, समाचार-पत्रों के उदय ने समस्त जगत् को पाठशाला बना डाला है। 'शिष्यस्तेऽहं शाधि मां त्वां प्रपन्नम्' कहकर, धर्माध्यक्षों के चरणों पर मस्तक झुकाने की परम्परा सब देशों में रही है, आज भी है, किन्तु बिना जाने ही समाचार-पत्रों के ज्ञान की, उनकी सूचनाओं की, उत्सुकता से मार्ग-प्रतीक्षा करने वाले शिष्यों की जितनी बड़ी संख्या आज जगत् में है, उतनी बड़ी संख्या संसार के सब धर्मों के 'आतुरों' के समूचे जोड़ की भी नहीं है। यह सच है कि समाचार-पत्रों को किसीने शिक्षक नियुक्त नहीं किया, किन्तु यह बात कहकर वे एक शिक्षक के नाते पड़ने वाली जिम्मेवारी से नहीं बच सकते। अयाचित और स्वयं-स्वीकृत सेवा अधिक उत्तरदायित्वपूर्ण हो जाती है। विद्यार्थी अपने शिक्षकों से जो तालीम पाते हैं, वह ऐसे ज्ञान के रूप में होती है जिसे उन्हें भविष्य-जीवन में आजमाना होता है, आज नहीं। और उन्हें अपने ज्ञान के, अनेक विद्वानों-द्वारा परिमार्जित करने के लिए काफी अवसर भी रहता है। पत्र-सम्पादकों के श्रोताओं या पाठकों का यह हाल नहीं। जिस बात के लिखने में सम्पादक को थोड़ा ही कष्ट उठाना पड़ता है, केवल जरा सोचना और कुछ सन्दर्भ-पुस्तकों को देखना पड़ता है, यदि वही बात परिस्थिति को देखकर, या हानि-लाभ का खयाल कर न लिखी जाये, तो वह पाठकों को चरित्र, धन, गौरव, और ज्ञान के रूप में महान् हानि का कारण होती है। इसलिए कि समाचार-पत्र का पाठक जीवन-युद्ध में लगा हुआ जीव होता है, समाचार-पत्रों से पाये हुए ज्ञान को परिमार्जित करने के लिए विद्वान् शिक्षकों और उचित अवकाश का उसके पास अभाव होता है। यह बात ठीक वैसी ही है कि इतिहास के लेखक या भविष्यवादी की गलती केवल पढ़ने में कष्ट देती है और पिछली परम्परा या भावी जीवन की चर्चा करती है, अतः मनुष्य की प्रत्यक्ष हानि नहीं करती; किन्तु कानून बनाने वाले की गलती तुरन्त लोगों के धन-जन का नाश करने लगती है। अतः समाचार-पत्रों के सेवक को अपनी कलम तलवार से कहीं अधिक सावधानी से उठानी पड़ती है। तलवार की पीड़ा प्रारम्भ में ही होती है, अतः घाव के पूरा होने के पहले ही वार बचाने का यत्न किया जा सकता है। किन्तु पत्र सम्पादक के प्रहार का अनुभव, नाश और हानि के साथ होता है। इसलिए, इस दिशा में कलम उठाने वाले की दृष्टि, परिणाम पर सतत लगी रहनी चाहिए। नियुक्त शिक्षक केवल अपने की नियुक्त करने वाले के सामने उत्तरदायी है, किन्तु पत्र-सम्पादक समस्त देश के सामने उत्तरदायी होता है; क्योंकि उसके हाथ में देश का हित और अहित होता है।

सम्मान्य बन्धुगण, स्वभाव-सिद्ध सम्पादकों की चर्चा करने से मेरा मतलब ज्ञान को गौण स्थान देने से नहीं। मैं मानता हूँ कि सम्पादक के स्वभाव-सिद्ध गुणों को जिन्दा रखने के लिए ज्ञान ही एक महान् साधन है। किन्तु हीरा कीमती वस्तु भले ही हो, बाजार में रखे जाने के पहले उसे करारे संघर्षणों का सामना

करना होगा। इसी तरह, सम्पादक की जवाबदारी सँभालने वाले व्यक्ति के भाग्य में लगातार विश्व के ज्ञान का संघर्षण बदा होता है। सम्पादकों या पत्रकारों के लिए आवश्यक ज्ञान का प्रश्न अभी विश्व के कोई भी विद्यापीठ पूर्ण रूप से नहीं सुलझा पाये। अमेरिका-इंग्लैण्ड आदि देशों में अभी थोड़े वर्षों से पाठ्य-क्रम बने हैं, किन्तु उनमें अभी निश्चितता नहीं आ पायी। भारत में हमारे अज्ञान पर जीनेवाला शासन होने के कारण, हम सदैव विश्व के ज्ञान को, बहुत देर बाद पाया करते हैं। किन्तु सम्पादन-कला के ज्ञान के विषय में यह विलम्ब अक्षम्य अपराध होगा। हमें ऐसा उद्योग करना चाहिए जिससे समाचार-पत्रों और सम्पादन-कला के ज्ञान की जड़ जमे। मैं सोचता हूँ, आप सब सज्जन इस बात पर अवश्य विचार करेंगे कि वे कौन-कौन से प्रधान उपाय हैं, जो समाचार-पत्र और सम्पादन-कला के लिए अधिक उपयोगी सिद्ध हो सकते हैं।

महाशयो, हमारे देश के समाचार-पत्र संगठित नहीं हो रहे। श्रीयुत नटराजन के सभापतित्व में बम्बई में, श्रीमान् रामस्वामी शास्त्री के सभापतित्व में मद्रास में, 'फारवर्ड' के एक भूतपूर्व सम्पादक महाशय के सभापत्तित्व में बंगाल में, और और इसी प्रकार सिन्ध में, एक-एक पत्रकार-संघ स्थापित है। बम्बई के भाग्यशाली संघ के सभापति तो कुछ समय तक महात्मा गांधी भी रह चुके हैं। किन्तु खेद है कि सिवा कभी-कभी निन्दा और विरोध के प्रस्तावों को पास कर लेने के इन संघों का कोई विशेष उपयोग, जहाँ तक मेरा तुच्छ सूचना-ज्ञान पहुँचा है, नहीं हुआ। इन संघों ने मिलकर यह उद्योग नहीं किया कि एक बार देश के समस्त पत्रकारों के रूप में अपनी राष्ट्रीय पत्र-शक्ति का बल तौलते और पत्रकारों को संगठित करते। हमारे संगठित न होने के अनेक कारणों में दो प्रधान दीखते हैं—एक तो सम्पादकगण, या संचालकगण, स्वयं अपने-अपने पत्रों के जीवन-विधाता हैं, फिर भला वे किसी के अनुशासन में कैसे रहें? दूसरे, जिन पूँजीपतियों के हाथ में देश के कुछ प्रभावशील समाचार-पत्र हैं, वे शायद इस बात का भय मानते हैं हैं कि यदि साहसी गरीब 'उपकरण' पत्रकार-संघ में बलवान हो गया तो निरंकुशता को एक गहरी ठोकर लगेगी और उसके ठोकर लगते ही पूँजीवादी इमारत की नींव हिलने लगेगी। इसका एक तीसरा कारण भी शायद हो—संगठन का कार्य बिना धन के नहीं चल सकता, और धन तो धनपतियों की जेब में है। गरीब अपनी आपसी ताकत को भी संग्रहीत नहीं करना चाहते, शायद उनका यह खयाल है कि केवल समाचारपत्रों का उपदेश ही समाचार-पत्रों को काफी बलशाली बना देगा, इधर धनपतियों की रुचि पर चलने वाली संस्थाओं में वह सार्वजनिक बल नहीं आता जो किसी देश की हलचल को यशस्वी कर 'प्रजा-बल' के पैरों को, उसके ध्येय के संग्राम में मजबूत बनाता है। तब फिर संगठन कैसे हो? देश में यदि बार-बार दमन के क़ानून जारी किये गये और समाचार-पत्रों को

कुचला गया, तो इसका कारण समाचार-पत्रों का संगठित न होना ही है। उन समाचार-पत्रों और समाचार-पत्र-संचालकों का तो प्रायः कुछ नहीं बिगड़ता, जिन्हें अपने व्यापार या सरकार दरबारी में शक्ति पाने के लिए पत्रों का संचालन करना होता है, किन्तु जिन समाचार-पत्रों के सम्मुख लोक-मत का सबल होना ही उद्देश्य है, उन्हें कानून की कृपा से कितने कष्ट उठाने पड़ते हैं, इसका पता तो उन्हीं को है जिन्हें समाचार-पत्रकार के नाते नित्य सरकारी नियन्त्रण में रहना और आये-दिन सरकारी प्रहारों को सहना पड़ता है। यद्यपि सब देशों के दरवाज़े हमारे देशवासियों के लिए प्रायः बन्द-से हैं, किन्तु व्यापार, कला, मजदूरी, विद्याभ्यास तथा अन्यान्य कामों से जो लोग देश से बाहर गये हैं या चले जाते हैं, उन्हें देश में लौटने में कोई भारी कठिनाई नहीं होती। किन्तु जो लोग आन्दोलन के नाते, समाचार-पत्रों में लिखने का पाप करते हैं, या जो समाचार-पत्रों से सम्बन्ध रखते हैं, उन भारत-वासियों को इस देश के शासन की ओर से वरदान दिया जाता है कि वे अपनी मातृभूमि का पुनः मुख न देखें। लाला लाजपत रायजी पाँच वर्षों तक अमेरिका में बन्दी-जीवन व्यतीत करते हैं, स्वामी सत्यदेव कठिनाई से पासपोर्ट पाते हैं, और कितने ही साहित्यसेवी पासपोर्ट नहीं पाते, ऐसे व्यक्तियों ही में से होने के कारण, श्रीयुत शापुरजी सकलातवाला एम० पी०, पार्लमेण्ट के सदस्य होकर भी, भारत आने से रोके जा सकते हैं। क्या हम उन लोगों के देश के लिए सहे हुए कष्टों को भूल सकते हैं, जिन्होंने देश से बाहर समाचार-पत्रों में अपार आन्दोलन कर संसार के लोकमत को देश की स्वाधीनता के अनुकूल बनाया है? सज्जनो, यदि आज अमेरिका की आयोवा युनिवर्सिटी के विद्वान् प्रोफेसर सुधीन्द्र बोस बार-बार प्रयत्न करने के पश्चात् भी भारत में नहीं आ सकते, और यदि श्रीयुत वसन्तकुमार राय, राजा महेन्द्र प्रताप, श्रीयुत हरिश्चन्द्र विद्यालंकार, श्रीयुत एम० एन० राय, श्री कालिदास नाग, लाला हर-दयाल, श्री तारकनाथ दास, श्री रासबिहारी बोस, और श्रीयुत सैयद हसन आज देशनिकाले के दण्डनीय अपराधियों की तरह देश से बाहर हैं, और अपनी मातृ-भूमि में नहीं आते तो इसका कारण है : देश के पत्रकारों के संगठन की कमी! उन सज्जनों के भारी अपराध नहीं, जिनका हमारे देश में शासन है। उस इंग्लैंड में तो उसकी बोलशेविक और समाजसत्तावादी साम्राज्यनाशक प्रजा रह सकती है, किन्तु उसी इंग्लैण्ड के शासन में हमारे देश में वे लोग नहीं आ सकते, जिन्होंने समाचार-पत्रों द्वारा, निर्भीकतापूर्वक भारत की दशा पर आन्दोलन किये हैं। इसके सिवा कष्ट सहकर या बिना कष्ट सहे जो लोग प्रसिद्ध लेखक या सम्पादक बन गये हैं, और जिन पर थोड़ी-सी आपदा आते ही लोक-मत खूब प्रक्षुब्ध हो उठता हैं, उनकी बात जाने दीजिए। उन पर प्रहार करते समय तो सरकार भी दो बार सोच लेती है, किन्तु जिन अभागों ने, प्रसिद्ध लेखक या प्रधान नेता का गौरवपूर्ण

पद नहीं पाया, जिन्हें समाचार-पत्रों के साधारण लेखक, उप-सम्पादक या साधारण कार्यकर्त्ता की हैसियत से अपना जीवन व्यतीत करना पड़ता है, यदि उन पर कभी कानून की कृपा हो जाती है, तो उन्हें जेल में तरह-तरह के कष्ट दिए जाते हैं, साधारण चोर और डाकू से भी बदतर रखा जाता है, और खाने-पीने तथा जीने में इतनी बाधाएँ पैदा कर दी जाती हैं कि वे बेचारे कब इहलीला संवरण कर गए, इसका उस जनता को पता ही नहीं चलता, जिसकी सेवा करते-करते उन्होंने ये उपहार पाये। ऐसे अप्रसिद्ध श्रेणी के लोगों के आश्रितों, माता-पिताओं भाई-बहनों और बाल-बच्चों की जो दुरवस्था होती है, उसकी तो कल्पना ही बस है। वे भूखों मरते हैं, सरकार के सन्देह-भाजन होने से प्रभावशील लोग पूछते ही नहीं। जनता उनसे परिचित न होने के कारण सहायता नहीं करती, परिणाम यह होता है कि उन परिवारों को भीख भी नहीं मिल पाती। मुझे क्षमा कीजिए, उन लोगों की इस दुरवस्था का कारण और कुछ नहीं, केवल देशों के पत्रकारों का उचित संगठन न होना ही है। भारत के अँगरेजी के समाचार-पत्रों के विद्वान् सम्पादक और पत्रकार अपना चाहे जो रुख रखें, मैं आशा करता हूँ कि हिन्दी के पत्रकार अपने संगठन को ऐसा स्वरूप देंगे जिससे वह संगठन कष्ट-भोगी पत्रकारों के लिए सहायक भी हो सके।

सज्जनो, एक बार एक अँगरेजी दैनिक के सम्पादकीय विभाग में काम करने वाले मित्र ने पूछा, पत्रकार कौन है ? क्या भारत-सरकार के बोर्ड ऑव इनफॉरमेशन्स के भू० पू० डाइरेक्टर प्रोफेसर रशब्रुक विलियम्स, और आज कल के उनके उत्तराधिकारी मि० कोटमन पत्रकार कहे जा सकते हैं ? क्या बम्बई के 'इण्डियन मेल' के स्वामी सर दिनशा पत्रकार हैं ? यदि देश के प्रधान व्यापारी टाटा या श्रीमान घनश्यामदास जी बिड़ला कल कोई पत्र प्रकाशित करने लगें, तो पत्रकारों की गणना में वे आ जायेंगे ? अथवा किसी देशी रियासत के महाराज अपने राज्य में पत्र प्रकाशित कर उसमें लेख लिखने लगें, तो वे पत्रकार हो जायेंगे ? सम्भव है, इन प्रश्नों के मेरे जवाब का लोग मजाक उड़ायें। पर सज्जनो, मेरा तो स्पष्ट मत है कि ये सज्जन पत्रकारों की श्रेणी में नहीं गिने जा सकते ! यदि देश में कोई पत्रकार-संघ कायम हो, और उसमें सरकारी नौकर, धनिकों के सेवक, और ऐसे ही लोगों की तादाद अधिक हो जाये, जिनके जीवन पत्रों की आमदनी पर अवलम्बित नहीं, या जिनके पत्र किसी कमाई के विज्ञापन मात्र हैं, तो मैं ऐसे संघ को, ऐसी सभा को, ऐसे सम्मेलन को, निहायत अदब के साथ 'पत्रकार संघ' कहने से इनकार करूँगा। पत्रकार तो केवल वही है जिसका जीवन पत्र और सम्पादन-कला पर ही अवलम्बित है, और जिसके सुखों का साधन और दुःखों का सहारा समाचार-पत्र ही है; पत्रकार हैं वे लोग जिनका मूल्य चाहे उनके पत्रों के संस्करणों की तरह कम-अधिक कूता जाता हो, किन्तु केवल पत्रकार होने से

जिनके प्रभाव को कम नहीं कूता जा सकता।

सज्जनो, यह सच है कि भारत में पत्रों का धन्धा उतना आकर्षक नहीं है। अच्छे मस्तिष्क, परिपूर्ण ज्ञान और दीप्तिमान कला के लोग, समाचार-पत्रों में अपना जीवन खपाना नहीं चाहते, इसका प्रधान कारण तो यह है कि यह व्यवसाय राज्य-कर्त्ताओं-द्वारा आदर की दृष्टि से नहीं देखा जाता, इसलिए जो लोग जुर्माने, जेल-यातना या अफसरों तथा राजाओं की नाराजी से अपनी तौहीन अनुभव करते हैं, वे इस रोजगार में अपने जीवन को बरबाद करना नहीं चाहते; दूसरे, समाचार-पत्रों पर रहने वाली रुकावटों के कारण, पत्र अपने गुणों का पूर्ण विकास नहीं कर पाते, और ऐसी दशा में वे गरीबी में अपना जीवन व्यतीत करते हैं, तब यदि कुछ तरुण निर्भीकतापूर्वक अपने दमकते हुए मस्तिष्क को लेकर पत्रों की सेवाओं में प्रवेश भी करना चाहते हैं, तो पत्रों की ऐसी स्थिति नहीं होती कि वे इन भविष्य के उज्ज्वल स्वप्न देखने वाले तरुणों का स्वर्ण-मुद्राओं की कीमत पर स्वागत कर सकें। यह देखा गया है कि जब-जब समाचार-पत्रों के बन्धन शिथिल किये गये हैं या देश की व्यापारिक अवस्था अच्छी रही है और समाचार-पत्र अच्छा वेतन दे सके हैं, तब-तब देश के तरुणों ने समाचार-पत्रों के जोखिम-भरे रास्ते से अपने-आपको पीछे नहीं खींचा, किन्तु इस बात से इनकार नहीं किया जा सकता कि सरकार ने अपने विरोध से भारत के पढ़े-लिखे तरुणों को पत्रकार नहीं बनने दिया।

सज्जनो, इस दिशा में एक कठिनाई और है। समाचार-पत्र सम्पादन-कला की शिक्षा का, इस देश में कहीं समुचित प्रबन्ध नहीं है। अभी कुछ दिन हुए, बम्बई-विश्वविद्यालय ने इस दिशा में कुछ उद्योग करना चाहा था, किन्तु आखिर कुछ नहीं हुआ। देश के तरुणों को सम्पादन-कला की शिक्षा देने के पथ में हमें भारत-व्यापी संगठन का चन्द्र-खिलौना मिलने तक नहीं ठहरना चाहिए। यह सन्तोष की बात है कि हिन्दी साहित्य सम्मेलन की परीक्षाओं में एक विषय पत्र-सम्पादन भी है, किन्तु उस परीक्षा में पास होनेवाले तरुणों का, पत्रों के कार्यालय में जब वे नियुक्त किये जाते हैं, कोई काम का उपयोग नहीं हो पाता। केवल परीक्षा से ही सम्पादक निपजेंगे भी नहीं। हिन्दी समाचार-पत्रों के कार्यालयों में योग्य व्यक्तियों के प्रवेश कराने के लिए, एक पाठशाला—आजकल के नये नामों की बाढ़ में से कोई शब्द चुनिए तो कहिए एक सम्पादन-कला के विद्यापीठ—की आवश्यकता है। ऐसा विद्यापीठ किसी योग्य स्थान पर बुद्धिमान परिश्रमी अनुभवी सम्पादक शिक्षकों-द्वारा संचालित होना चाहिए—उक्त पीठ में अन्यान्य विषयों का एक प्रकाण्ड ग्रन्थ-संग्राहलय होना चाहिए। वहाँ सरकारी-गैरसरकारी रिपोर्ट, प्रस्ताव आदि की व्यवस्थाबद्ध फाइलें होनी चाहिए। पीठ की तालीम में इतिहास, भूगोल, अर्थशास्त्र, राजनीति और साहित्य के परस्परावलम्बी ज्ञान के

रूप में पत्र-संचालन की विविध शाखाओं का समावेश होना चाहिए। वहाँ बताया जाना चाहिए कि प्रत्येक विषय का अभ्यास कैसे किया जाय, साधन-सामग्री कैसे जुटायी जाय और उसका किस तरह उपयोग किया जाय, एक भाषा से दूसरी भाषा में अनुवाद किन-किन पद्धतियों से किये जायँ, घटनाओं को काव्य, कहानी कुतूहल, गम्भीरता, विरोध, समर्थन और उपेक्षा का स्वरूप कैसे दिया जाये, संसार की घटनाएँ कैसे चुनी जायें और उनका विविध तेजस्वी रूपों में पृथक्करण कैसे हो, बड़ी-बड़ी बातों को छोटा स्वरूप कैसे दिया जाये, और कोई भी बात समझ लेने के पश्चात् समाचार-पत्रों में कैसे दी जाये, आलोचनाएँ कैसे की जायँ, आलोचनाओं के जवाब कैसे लिखे जायें, किन आलोचनाओं में विषय की मीमांसा करते हुए व्यक्ति की उपेक्षा की जाये और किनमें नहीं—आदि बातों की शुद्ध और सप्रयोग शिक्षा देने की व्यवस्था होनी चाहिए। इसी संस्था द्वारा प्रयोग के लिए एक साप्ताहिक पत्र और एक मासिक पत्र भी प्रकाशित किया जाये। इस संस्था से उत्तीर्ण होने के पश्चात् विद्यार्थियों को, देश के कुछ प्रसिद्ध और उत्तम समाचार-पत्रों के कार्यालयों में, कुछ मनस्वी सम्पादकों के पास, प्रत्यक्ष ज्ञान के लिए रखा जाये। इस तरह अँगरेजी पढ़ने-लिखने और समझने का निश्चित ज्ञान पा चुकने वाले तरुण, चार-पाँच वर्षों में सम्पादकों के काम की चीज हो सकेंगे। और रिपोर्ट, प्रूफ, भेंट तथा अन्य भिन्न-भिन्न सम्पादन के कार्यों से गुजर कर, उनमें से कुछ व्यक्ति, यदि उनमें स्वभाव-सिद्ध लगन हुई तो, देशों के अच्छे पत्रकार हो सकेंगे। इसके बाद भी अधिक महत्त्व का कार्य तब हो, जब हम विशेष होनहार तरुणों को, इस कला का ज्ञान प्राप्त करने के लिए विदेशों में भिजवा सकें। पिछड़े हुए देश अफगानिस्तान, टर्की और चीन के सैकड़ों तरुण महान् युरोपीय ज्ञान-क्षेत्रों में हैं, तब क्या हमारे देश में सम्पादन-कला के कुछ तरुण भी न हों ? अस्तु, ऐसी विद्यापीठ में एक भाग सम्पादन-कला की तालीम देने वाला तथा दूसरा भाग व्यवस्थापक तैयार करने वाला होना चाहिए। छापेखानों का आर्थिक और व्यवसाय की दृष्टि से संचालन हमारे पत्रों की एक भारी जरूरत है। उत्तम व्यवस्थापक के अभाव में उत्तम सम्पादक अकेला कुछ अधिक नहीं कर सकता, श्रम विभाग होना ही चाहिए। राजा के मन्त्री की तरह सम्पादक को व्यवस्थापक की जरूरत है। कई होनहार पत्रों के डूबने के प्रधान कारणों में एक कारण था, उत्तम व्यवस्थापक की कमी। अस्तु, सज्जनो, ऐसी विद्यापीठ की स्थापना की ओर मुझे आशा है, आपका ध्यान गये बिना न रहेगा। किन्तु 'भूखे भजन न होय गुपाला'— ऐसे विद्यापीठ का निर्माण पत्रों के मुद्रण-व्यवसायियों द्वारा नहीं, स्वर्ण-मुद्राओं द्वारा ही हो सकता है। हिन्दी-भाषी जनता का जितना विस्तृत क्षेत्र है उसमें कितने ही धनी-मानी और राजा-महाराजा पड़े हुए हैं। यदि वे मैसूर, त्रावणकोर और बड़ौदा के रुख से हिन्दी-जगत् की इस कमी को देखें, तो इस विद्यापीठ के कायम

होने में देर नहीं लग सकती। हम तो हिन्दू युनिवर्सिटी को अन्य सरकारी युनिवर्सिटियों की तरह गिने-चुने विषयों की तालीम देते ही नहीं देखना चाहते—हम चाहते हैं कि उसके संचालक, अपने पाठ्यक्रम में सम्पादन-कला को भी स्थान दें। मेरा विश्वास है, आपके प्रयत्नों का रुख इस काल की तालीम की इन दिशाओं में अवश्य मुड़ेगा। यदि कुछ धनिक सज्जन एक-एक विद्यार्थी को अपनी सहायता से विदेशों में सम्पादन-कला का अभ्यास करने भिजवायेंगे तो वे देश के भावी लोकमत को जाग्रत् करने की दिशा में एक अच्छी सेवा करेंगे।

सम्मान्य सज्जनो, देश के अँगरेजी पढ़े-लिखे यह कहकर मजाक उड़ा दिया करते हैं कि देशी भाषा के पत्रों में कुछ नहीं होता; और हमारे दुर्भाग्य से बँगला, मराठी, गुजराती और तेलुगु-भाषियों की अपेक्षा ऐसे लोगों की तादाद हमारे यहाँ अधिक है। जो लोग अँगरेजी पत्रों की महत्ता का स्वप्न देखते हैं वे यह नहीं जानते कि अँगरेजी पत्र कभी जनता के हाथों नहीं पहुँच पाते। जैसा कि माननीय बाबू गोविन्ददास ने स्टेट कौंसिल में हिन्दी को राष्ट्रभाषा बनाने के प्रस्ताव पर बोलते हुए कहा—देश में, फी सदी डेढ़ ($1\frac{1}{2}$) आदमी अँगरेजी अक्षरों से परिचित हैं। अँगरेजी पत्र बजट, अर्थनीति, शास्त्रीय ज्ञान और भिन्न-भिन्न बातों की चर्चा करते हैं, और कहा जाता है कि देशी भाषा के पत्रों में यह कुछ भी नहीं होता। अँगरेजी पत्रों में तार-समाचार और देश-देशान्तर के संवाद रहते हैं, देशी भाषा के पत्रों में नहीं होते। इसके सिवा अँगरेजी भाषा के पत्र हिन्दी भाषा के पत्रों से शीघ्र खबर लेकर आते हैं। देशी भाषा के पत्र ऊँचे विषयों की चर्चा किन से करें? अँगरेजी के ज्ञाता जापानी, चीनी, तुर्क और आयरिश अपने देश की भाषा में संवाद-पत्र पढ़ने के आदी होते हैं, और हमारे पत्रों के अँगरेजीदाँ पाठक नहीं होते। हमें तो ऐसे पाठकों से बरतना पड़ता है, जो देश के शासन द्वारा पढ़े-लिखे नहीं होने दिये जाते, और जो केवल अपना नाम-भर लिखना-पढ़ना जानते हैं। ऐसी दशा में हम देश की गरीब जनता के हित का साहित्य दें, या देश के दोष-दर्शक सज्जनों को सन्तोष दें? श्रम की दृष्टि से देखिए, तो अँगरेजी पत्रकारों के लेखक टाइप की हुई प्रतियाँ देते हैं, तार-समाचार अँगरेजी में आते हैं, बड़े-बड़े राजनीतिज्ञों के भाषण अँगरेजी में होते हैं, और सेनफ्रान्सिस्को एक्जामिनर, यॉर्कशायर पोस्ट, टाइम्स तथा ट्रिब्यून, स्वराज्य, हिन्दू, फॉरवर्ड—सब अँगरेजी में प्रकाशित होते हैं, और अँगरेजी पत्रकारों को पढ़कर थोड़ी-सी काट-छाँट करने और एक-दो पंक्तियाँ जोड़ने के सिवा कुछ नहीं करना होता। देशी भाषा के पत्रों की महान् कठिनाई है तारों और समाचार-पत्रों के समाचारों का अनुवाद करना, जो मौलिक लिखने से कहीं अधिक थका देने वाला व्यापार होता है। इसके सिवा देश के कम-पढ़े लोग, अपने दुःख-दर्दों को जिस भाषा में लिखते हैं, वह पत्रों में छपने योग्य नहीं होती—उसे सर्वथा नवीन और शुद्ध करके पत्र में देना

पड़ता है। ऐसी अवस्था होने के कारण थोड़े ही श्रम में अधिक योग्य पत्र बनाने का अवसर अँगरेजी पत्रकार को होता है, देशी भाषा के पत्रकार को नहीं। तो भी गरीबों के दुःख-दर्द की जो बातें देशी भाषा के समाचार-पत्रों में देखने को मिलती हैं, अँगरेजी के समाचार-पत्रों में देश की सच्ची जनता का उतना साहित्य देखने को नहीं मिल सकता।

देशी भाषा के समाचार-पत्रों में जो घातक परम्परा देखने में आती है—वह है अँगरेजी पत्रों की जरूरत से अधिक जूठन समेटना। मैं यह बात तो मानता हूँ कि प्रत्येक सम्पादक का अँगरेजी का ज्ञान खूब उज्ज्वल होना चाहिए ताकि देश में प्राप्त ज्ञान के द्वार उसके लिए खुले हुए रहें, पर वह अपने ही साथी संवाद-पत्रों को हेय दृष्टि से न देखे। हमें देशी भाषा के समाचारपत्रों के अवतरण, संवाद और सम्मतियाँ उद्धृत करनी चाहिए, और जिस कार्य में एक पत्र सिर खपा चुका है उसमें प्रत्येक को सिर न खपाकर, अपनी ओर से कुछ-न-कुछ नया देना चाहिए, जिसका उपयोग देशी भाषा के अन्य पत्रों में हो सके, और उनका श्रम और समय बचे। देशी भाषा के समाचार-पत्रों को नगण्य समझने की परम्परा दोषपूर्ण है। तो भी हमें चाहिए कि हम अपनी परिस्थितियों से झगड़ते हुए अपने समाचार-पत्रों को ऐसा बना दें कि जिससे हम पर ज्ञान की कमी का लांछन न रह जाये। हम जानते हैं इसमें श्रम अधिक लगेगा, किन्तु यह कार्य इस देश में इसी देश की भाषा का शासन बढ़ाने के लिए करना ही होगा। समाचार-पत्रों की भाषा जनता की भाषा होनी चाहिए। उसमें कठिन शब्दों का प्रयोग उसी समय होना चाहिए, जब किसी वैज्ञानिक शब्द को, अन्य भाषा से हम अपनी भाषा में प्रकट कर रहे हों। किन्तु अन्य बातों में समाचार-पत्रों की भाषा में न संस्कृत का बोझ आना चाहिए, न फारसी का दबाव; वह साधारण से साधारण जन की समझ में आने वाली भाषा होनी चाहिए। यह सच है कि धनवाद हमारे मार्ग की एक भारी कठिनाई है। देश के शासन की रचना ऐसी है कि देश की वृद्धि के साथ-साथ शिक्षा, व्यवसाय, कृषि, राज-सभा, स्थानीय स्वराज्य और सरकारी नौकरी के स्थानों में, धनिक ही अधिक बढ़ सकेंगे, किन्तु इस कृत्रिमता के खिलाफ एक संसार-व्यापी आन्दोलन चल रहा है। यह देखते हुए भी कि धनिक अपने धन से बड़े-बड़े स्वतन्त्रता की डींग हाँकने वालों को खरीद लेते हैं, हमें हरगिज निराश नहीं होना चाहिए; और यह करना चाहिए कि चरित्रशील लेखनियों और उज्ज्वल एवं प्रजाहितकारी भावों की ही वृद्धि हो। अभी भी हिन्दी संसार में दुनियावी उम्र उन अखबारों की भले ही अधिक हो जिन्हें अपने विज्ञान, व्यापार और प्रभाव बढ़ाने के नाते धनिकों की निश्चिन्त छत्रछाया में रहना पड़ता है, किन्तु आज भी 'हिन्द केसरी', 'कर्मयोगी', 'प्रताप', 'सैनिक' और 'स्वदेश' जैसे साप्ताहिकों का देश की स्मृति पर गहरा प्रभाव है। 'हितवार्ता' का नाम भी इन्हीं पत्रों की श्रेणी में आता

है। इनमें 'प्रताप' की तपस्या बड़ी और उसकी स्थिति स्थायी हो गयी है। इसमें सन्देह नहीं कि जो लोग पत्र-कार्यालयों में काम कर रहे हैं, उनकी सेवाओं का काफी मूल्य है; तो भी यह हिन्दी का दुर्भाग्य है कि लाला लाजपतराय जी, पं० मदनमोहन मालवीय, बाबू काशीप्रसादजी जायसवाल, बाबू श्रीप्रकाश जी, बाबू राजेन्द्रप्रसाद जी, भाई परमानन्द जी आदि सज्जनों ने हिन्दी पत्र-सम्पादन से दूर होकर हिन्दी पत्रकारों की श्रेणी को गरीब बना दिया। ये सज्जन ऐसी कड़ियाँ हैं जिनका सम्बन्ध भारत-व्यापी राष्ट्रीय जीवन और प्रभाव से है। ऐसे सज्जनों द्वारा साहित्य की प्रत्यक्ष सेवा छोड़ देने से हिन्दी समाचार-पत्रों की प्रतिष्ठा को हानि पहुँची है। मुझे इस बात का पूरा पता नहीं कि भारत के कौन-कौन पत्रकार देश से बाहर सेवा कर रहे हैं। विदेशों में कष्ट भोगने वाले जिन सज्जनों का मैं ऊपर उल्लेख कर चुका हूँ, उनके सिवा प्रसिद्ध लेखक सेण्ट निहालसिंह और श्रीयुत पनिक्कर का ही नाम मुझे याद आता है। हिन्दी-भाषियों के या हिन्दी पत्रकारों के गौरव को बाहरी देशों में बढ़ाने वालों के नामों में मुझे गर्वपूर्वक एकतो सहृदय पण्डित बनारसीदास चतुर्वेदी का नाम लेना चाहिए, दूसरा नाम हिन्दी के उत्साही और कर्मशील सम्पादक डरबन-निवासी श्रीयुत भवानीदयाल का उल्लेख करना चाहिए।

सज्जनो, जिन वृद्ध सज्जनों ने, आज से दो-तीन वर्ष-पूर्व इस क्षेत्र में नयी पीढ़ी की पुकार की थी, उनमें बाबू बालमुकुन्द गुप्त, स्वर्गीय पं० राधाचरण गोस्वामी, स्वर्गीय श्री राधाकृष्ण दास, पूज्यवर स्व० पण्डित माधवरावजी सप्रे, आचार्य महावीरप्रसाद जी द्विवेदी और पण्डित अम्बिकाप्रसादजी वाजपेयी आदि हैं। आज के हिन्दी भाषा के युग को पण्डित महावीरप्रसाद जी द्विवेदी द्वारा निर्मित तथा तेज को पं० माधवरावजी सप्रे द्वारा निर्मित कहना चाहिए। यों, सेवाएँ सब सज्जनों की हैं किन्तु सम्पादकीय व्यवस्था, विचार-प्रवाह और भाषा-शैली के रूप में वर्तमान युग को द्विवेदीजी और सप्रेजी का ही युग कहना होगा।

सज्जनो, इसके पश्चात् जब से राष्ट्र के तेजस्वी भावों का युग शुरू हुआ और निर्भीक भाषा-शैली और विचार-परम्परा का प्रवाह हिन्दी में बहा, तब बहुतों को खयाल था कि 'कर्मयोगी' की शैली युग-निर्माण का काम करेगी, किन्तु यह पत्र अधिक दिनों तक नहीं टिक सका। नागपुर के 'केसरी' के वीर-पथ को कायम रखने का काम भाई गणेशशंकरजी की लेखनी ने किया। अनेक कष्टों में वे हिन्दी द्वारा सामयिक जगत् की उथल-पुथल में लगे ही रहे, अतः हिन्दी की तेजस्वी भावनाओं के युग को धीमे-धीमे निर्माण करने का श्रेय श्री० गणेशशंकरजी को ही देना होगा। हिन्दी पत्रों में विदेशों से सतत गर्जना करने का श्रेय राजा महेन्द्र-प्रताप को तथा उन सब सज्जनों को है जिन्होंने 'सरस्वती', 'माधुरी', 'चाँद' और 'मनोरमा' में विदेशों सेअपने लेख भिजवाये। मासिक साहित्य में 'प्रभा' के न रहने

से तेजस्वी साहित्य की भारी हानि हुई। 'माधुरी' की आज-कल की हालत इस बात का सुबूत है कि जहाँ साहित्य धनपतियों के हाथ में होता है और सम्पादक अपने भावों के लिए स्वतन्त्र नहीं होता, वहाँ साहित्य की धारा एक सी नहीं बह सकती। 'सरस्वती' आज भी अपने पूर्वपथ पर है और वह उसे कायम रखे हुए है। 'मनोरमा' अच्छी रुचि से प्रकाशित हो रही है, साहित्य की भिन्न-भिन्न बाजुओं पर प्रकाश डालने का यत्न किया जाता है। बाल-साहित्य में 'विद्यार्थी' का वह स्थान नहीं रहा। उससे परिपूर्ण उन्नति की आशा की गयी थी, किन्तु वह थोड़ा बढ़कर ठहर गया। 'शिशु' में शिशु-साहित्य की स्वाभाविकता खूब आयी और लहेरिया सराय के 'बालक' ने तो बाल-साहित्य में देश की अन्य भाषाओं के सामने भी अपने को हिन्दी में नाम लेने की चीज बना दिया। यद्यपि देश में स्त्रियों को मताधिकार मिल रहा है और स्त्रियों पर देश की जागृति के साथ बढ़ती हुई जिम्मेवारियाँ आ रही हैं, तो भी 'गृहलक्ष्मी', 'स्त्री-दर्पण' 'महिला-सर्वस्व' तथा अन्य तत्सम्बन्धी पत्र-पत्रिकाओं ने अपने स्वर को युग के साथ परिवर्तित नहीं किया। इस दिशा का उत्तमतर पत्र 'चाँद' है। उसमें साहित्यिक रुचि है, शैली है, और सबसे अधिक समय के सन्देश को पढ़ने का सामर्थ्य है। इस दिशा में नाम लेने लायक स्त्री-सम्पादित पत्र है—'ज्योति'। हिन्दी के दैनिकों में श्रीयुत पराड़करजी द्वारा सम्पादित 'आज' का आसन उच्च है। बाबू शिवप्रसादजी गुप्त ने हिन्दी को श्रेष्ठतर सामयिक साहित्य देने में बड़ा धन व्यय किया और कष्ट उठाया है। 'हिन्दू संसार' का सम्पादन उच्च रुचि और जिम्मेवारी का पूर्ण विचार रखकर किया जाता है, उसमें दलबन्दी को राष्ट्रीय भावना पर राज्य नहीं करने दिया जाता। 'स्वतन्त्र' की विशेषता उसके नेपाल सम्बन्धी लेख हैं। इस विशेष दिशा में उसकी दृष्टि रहना हिन्दी के सामयिक साहित्य के नाते, महत्त्व की वस्तु है। 'अर्जुन' की विशेषता 'नारद' की खरी बातें और सुधार के लिए उसकी बुलन्द आवाज है। 'विश्वमित्र' और 'वर्तमान' देश की राष्ट्रीयता में अग्रगामी मत के पत्र रहे हैं, जिस मत का ग्रहण करना कष्टसाध्य होता है और खतरे से खाली नहीं होता। पुराने साप्ताहिकों में 'बंगवासी' अपने ढंग से चला जा रहा है, वह स्थायी सनातनधर्मी पत्र है। 'वेंकटेश्वर' का सम्पादन आजकल विश्वसनीय और दृढ़ हाथों में दीख पड़ता है किन्तु व्यापारी समुदाय-द्वारा संचालित पत्रों में राष्ट्रीय ज्योति स्थायी नहीं रह पाती। आज का स्वप्न न जाने किस दिन बदल जाये। द्विदैनिक पत्रों में 'सूर्य' है जिसका अपना पथ है, हिन्दी जगत् की सेवा में उसकी सच्चाई पर अविश्वास नहीं किया जा सकता।

देशी राज्यों में काम करना बड़ी टेढ़ी खीर है। निरंकुश शासकों के बीच काम करने में जिस धैर्य, सहिष्णुता और साहस की जरूरत होती है, उसे कायम रखते हुए श्रीयुत रामनारायणजी चौधरी और श्रीयुत शंकरलाल जी वर्मा उस

वीर योद्धा की ध्वनि को गूँजती हुई रखे हुए हैं जो हिन्दीभाषियों में राष्ट्रीय पथिक के नाम से परिचित हैं। ग्वालियर का 'जायसी प्रताप' ग्वालियर राज्य का पत्र है, किन्तु स्वर्गीय माधवराव महाराज के जमाने से लगाकर आज तक श्रीयुत माथुर महाशय उस सरकारी पत्र को बड़े ही अच्छे ढंग से चलाए लिये जा रहे हैं। 'भारत-वीर' का जिक्र अभी नहीं किया जा सकता, अभी तो श्रीमान् भरतपुर-नरेश के सुधारों की धूम है। यह देखना है कि जब महाराज का रुख बदलेगा, तब पत्र कहां तक राष्ट्रीय सेवा या यों कहिए कि भरतपुर और राजपूताने की गरीब प्रजा की सेवा कर सकता है।

देश के अन्य पत्रों में, जिनकी सेवाएँ मूल्यवान् ही रही हैं, वे हैं अलमोड़ा की 'शक्ति' और उसकी लगातार अपने क्षेत्र की राष्ट्रीय सेवाएँ, बिहार के 'देश' और 'महावीर', आगरे का 'आर्य-मित्र' आदि। 'प्रताप' के साथ जिन पत्रों का उल्लेख होना चाहिए, उसमें 'सैनिक' की तेजस्विता और उसके सम्पादक श्रीयुत श्रीकृष्णदत पालीवाल के प्रयत्न हिन्दीभाषियों के आदर करने की चीज हैं। 'अभ्युदय' की सेवा सतत जारी है, और जब स्वयं पं० कृष्णकान्त जी लिखते हैं तब इस पत्र की अन्तर्राष्ट्रीय चर्चा विशेष अच्छी होती है। कृषि, व्यापार, कला और भिन्न-भिन्न धन्धों के पत्रों की हिन्दी में भारी कमी है। चित्रों के पत्रों में, अन्य मासिकों के साथ, पूना के श्रीयुत वासुदेव रावजी जोशी के प्रयत्नों के फलस्वरूप 'चित्रमय जगत्' का भी विशेष स्थान है।

सज्जनो, जिस प्रान्त से मैं आ रहा हूँ, उसके अधिकांश जिलों में हिन्दी-भाषियों की बस्ती है, और ऐसा एक भी जिला नहीं जहाँ हिन्दी भाषा न समझी जा सकती हो। उस प्रान्त में अँगरेजी भाषा में नाम लेने भर को अँगरेजी में एक प्रान्तीय सरकारी गजट निकल रहा है, और एक अर्द्ध-साप्ताहिक 'हितवाद' निकल रहा है। इधर 'हितवाद' ने बहुत-कुछ तरक्की की है, किन्तु उसका व्रत जनता की जोखिम से भरी राजनीति को साहस के साथ प्रकट करना नहीं है। इन दो पत्रों को छोड़कर, प्रायः उस सूबे-भर में हिन्दी और मराठी भाषा के पत्र प्रकाशित हो रहे हैं। मराठी-भाषी पत्रों में नागपुर के महाराष्ट्र का दर्जा ऊँचा है, मेरी सम्मति में, हृदय की उच्चता में उसका स्वर मराठी 'केसरी' से भी कभी-कभी ऊँचा रहता है।

महाशयो, हिन्दी पत्रों में कुछ समय पहले उस प्रान्त में 'प्रभा', 'श्री शारदा' और 'हितकारिणी' प्रकाशित हो रही थीं, किन्तु इस समय केवल 'हितकारिणी' ही किसी प्रकार चल रही है। सागर के 'समालोचक' को हिन्दी के सम्मान्य और पुराने सुकवि एवं सुलेखक सैयद अमीरअली 'मीर' के आशीर्वाद और सहायता का सौभाग्य प्राप्त हुआ है। यों मेरे देशभक्त तरुण, अब्दुल गनी, जिस साहस के साथ हिन्दी-मुस्लिम समस्याओं पर अपने विचार 'समालोचक' में प्रकट कर रहे हैं, हिन्दी जगत्

में मुसलमान में हिन्दी-पत्रकारों में शायद वे अकेले ही होंगे। वे जातिगत पक्षपात को राष्ट्रीयता पर कभी कब्जा नहीं करने देते। नागपुर के उत्साही और देशभक्त श्रीयुत सतीदासजी मूँदड़ा की सेवाओं के स्वरूप हिन्दी अर्द्ध-साप्ताहिक 'प्रणवीर' ने हिन्दी-जगत् की अच्छी सेवा की है। यद्यपि 'प्रणवीर' के मुखपृष्ठ पर वयोवृद्ध श्री राधामोहन गोकुल जी का नाम था, और वे कभी-कभी उस पत्र में लिखते भी थे, किन्तु उस पत्र को यशस्वी ढंग से चलाने का श्रेय श्रीयुत रामगोपाल जी विद्यालंकार और श्रीयुत सिद्धनाथ माधव आगरकर को ही है। वीरवर भाई विजयसिंह जी 'पथिक' जब वर्धा से चले गये, तब श्रीमान् सेठ जमनालाल जी के आश्रय-प्राप्त वर्धा के 'राजस्थान केसरी' को श्रीयुत सत्यदेव जी विद्यालंकार चलाते रहे। सत्यदेवजी ने नागपुर के हिन्दी साप्ताहिक 'मारवाड़ी' और अकोला के नये हिन्दी मासिक 'राजस्थान' द्वारा भी हिन्दी की सेवा की। यद्यपि, मैं उन धनिक सज्जनों का कृतज्ञ हूँ जिनकी सहायता से उस प्रदेश में साहित्य-सेवा होती रही, किन्तु मैं अपना यह कटु अनुभव निहायत अदब से प्रकट करना चाहता हूँ कि धनिक मित्रों के आश्रय वाले सामयिक पत्रों का जीवन सदैव दाता की लहर पर निर्भर रहा, और 'श्री शारदा', 'राजस्थान-केसरी', 'राजस्थान' और 'मारवाड़ी' के रूप में धनिकों की वह लहर आयी और चली गयी। मध्य भारत के पत्रों में, महात्मा गान्धी के हिन्दी 'नवजीवन' के सहृदय सम्पादक पं० हरिभाऊ जी उपाध्याय ने, हमारे जंगलों में लौटने पर, 'मालवमयूर' में अपनी शक्तियाँ लगायीं। उसका सम्पादन बहुत अच्छा होता रहा है। अभी कुछ दिनों से, श्रीयुत गोपीवल्लभ जी उपाध्याय के सम्पादकत्व में, मालव विद्यापीठ की मुखपत्रिका 'विद्या' बड़े सुन्दर ढंग से प्रकाशित हो रही है, और यदि धनिक लहर ने सम्पादन को मजाक न समझा तो विश्वास करना चाहिए कि यह पत्रिका हिन्दी में अपना स्थान ढूंढ़ने का यत्न करेगी। यों तो 'हिन्दी केसरी' के रूप में मध्य प्रदेश ने सबसे पहले राष्ट्रीयता की गम्भीर गर्जना की थी। और राष्ट्रीय सभा का सन् 1920 का निर्णय, झण्डा सत्यग्रह, और मध्यप्रान्तीय सरकार पर प्रजापक्ष के लोगों का असर, यह बात स्पष्ट रूप से प्रकट कर रहे हैं कि उस प्रान्त में पुरानी ज्योति को हिन्दी के सामयिक पत्रों ने जिन्दा रखा है।

मध्यप्रदेश में पत्रकार के नाते जिनकी शक्तियाँ कीर्तिमान रही हैं उनमें वयोवृद्ध पण्डित रघुवरप्रसाद जी द्विवेदी, ठाकुर छेदीलाल जी, ठाकुर लक्ष्मणसिंह, पण्डित नर्मदाप्रसाद मिश्र और पं० द्वारकाप्रसाद मिश्र के नाम उल्लेखनीय हैं। गोरक्षा पर समाचार-पत्रों में पं० गंगाप्रसाद अग्निहोत्री की धूम है, और व्याकरण तथा शिक्षा में समाचार-पत्रों के लेखक केवल पण्डित कामताप्रसाद गुरु हैं। शेष समाचार-पत्र-लेखकों में श्री पण्डित गोपाल दामोदर तामस्कर, श्रीयुत मैथिलीप्रसाद श्रीवास्तव और श्रीयुत कुलदीप सहाय का नाम लिया जा सकता है।

'विनोद' साहित्य का प्राण है। यह दिशा हिन्दी में नयी है, अतः इसे साधना भी श्रम-साध्य होता है। इस विषय में 'मतवाला' का नाम सूझ की दृष्टि से प्रथम लिया जा सकता है, यद्यपि उसकी रुचि से लोग अधिकतर सहमत नहीं हो पाते। प्रकट साम्प्रदायिक पत्रों में श्री ईश्वरीप्रसाद जी के सम्पादन में 'हिन्दू पंच' अच्छी सफलता प्राप्त कर रहा है। पत्रों को शोभने वाली सूझ सदैव श्री नरदेव जी शास्त्री के 'शंकर' में देखने को मिलती है। 'सेवा' बालवीरों का सुन्दर मासिक है। उसका सम्पादन अभी कुछ दिनों तक बड़े अच्छे ढंग से होता रहा है। मेरा विशेष लक्ष्य जाता है, पं० हृषीकेश शर्मा द्वारा सम्पादित मद्रास प्रान्त के उस 'हिन्दी प्रचारक' मासिक की ओर, जिसकी सेवाएँ भारत के हृदय मिलाने तथा हिन्दी भाषा को राष्ट्रीव्यापी बनाने के लिए हैं।

सज्जनो, भारतीय भाषा-समुद्र में इन प्रचारकों की भुजाएँ इंलैण्ड के मल्लाहों से कम कीमत की नहीं गिनी जा सकतीं। धार्मिक पत्रों में 'समन्वय' का दम गनीमत है किन्तु मद्रास प्रान्त से श्रीयुत रामचन्द्र जी शुक्ल के सम्पादकत्व में 'युग-प्रवेश' जो सेवा कर रहा है, वह कम मूल्य की नहीं। यों रिलिजो-पोलिटिकल ढंग से काम करने वाले पत्रों की उपयोगिता में 'भारत-धर्म' साप्ताहिक और 'भारत-मित्र' दैनिक का उल्लेख होना जरूरी है। शिक्षकों के विषय में मैं गरीब अध्यापकों के मुख-पत्र 'अध्यापक' की सेवाओं की कद्र करता हूँ। भिन्न-भिन्न विषयों के पत्रों में, प्रयाग के मासिक 'विज्ञान' की सेवाएँ मूल्यवान हैं। वैद्यक में कई उपयोगी पत्र प्रकाशित हो रहे हैं, जिनमें श्री किशोरीदत्तजी शास्त्री का 'चिकित्सक' और 'धन्वन्तरि' उल्लेखनीय हैं। प्रोफेसर चतुरसेन जी शास्त्री 'संजीवन' लेकर आगे बढ़े थे, किन्तु उस अच्छे पत्र के पैर न जमे। वैद्यक के पत्रों का उल्लेख करते हुए यह कहना पड़ेगा कि आज से तेरह-चौदह वर्ष पूर्व पं० जगन्नाथप्रसादजी शुक्ल के सभा-पतित्व में 'सुधानिधि' श्रेष्ठता के साथ निकल रहा था, वैसे पत्र की हिन्दी में बड़ी आवश्यकता है। हिन्दी पत्रों की रुचि अब विशेषांकों के रूप में आगे बढ़ रही है। 'चाँद' और 'मनोरमा' जैसे मासिकों के तो वर्ष में अनेक विशेषांक निकल जाते हैं। विश्वास होता है कि यदि हिन्दी जनता ने लक्ष्य दिया तो, इन पत्रों के विशेषांकों का स्वरूप ही इनका स्थायी स्वरूप होगा। तो भी यह कहना पड़ेगा कि चटक-मटक के सिवा उच्च रुचि, मौलिकता, कला और सम्पादकीय कौशल के दर्शन हमें अभी अपने पत्रों में बहुत कम हो पाते हैं।

इधर गत बारह-तेरह वर्षों से समाचार-पत्रों में कविताएँ देने की चाल चल पड़ी है, और यह दुःख के साथ देखा जाता है कि राष्ट्र-भक्ति के नाम पर खून, फाँसी और कालापानी का जो नाम लिया जाता है, वे कविताएँ चाहे हिन्दी-भाषियों को खून, फांसी और कालापानी की सूरत न देखने दें, किन्तु काव्य का जरूर खून कर रही हैं। तेजस्वी भावों के लिखने से मतलब, चमत्कारहीन और

बिना कल्पक पहुँच का गद्य लिखना नहीं है। कविता, न तो रसों का देशनिकाला है, न भावों और कल्पनाओं ही का। उसमें राष्ट्र की धमनियों को छूने वाली ज्योति, प्रेम की उन्मादकारिणी लहर और चरित्र की तपोपूर्ण आत्मा होना चाहिए। कविताओं को सदा जिन्दा रहना चाहिए किन्तु वे समाचारों से पहले ही मर जाती हैं, और प्रायः अधिकतर प्राणहीन होकर ही समाचार-पत्रों में आती हैं। प्रोत्साहन का प्रारम्भिक युग निकल गया, अब तो प्रत्यक्ष सेवा की तपस्या का युग है। होना चाहिए 'वीर सन्देश' ही, किन्तु वह अमर, स्फूर्तिदायी और काव्यमय होना चाहिए। छायावाद हो, परन्तु अस्पष्टता की ओट में बे-समझी की उद्दण्डता न हो, नियमों को तोड़-फोड़ डालिए, जमाना आपके लिए अलग नियम बनायेगा, खूब निरंकुश हो जाइए, किन्तु वाणी और अर्थ को तो अछूता रहने दीजिए, सब दिशाओं के बन्धन टूट जाने दीजिए, किन्तु काव्य की प्रबल काव्य-धारा से आने की आशा ही में द्वार तोड़कर न रख दीजिए। यह उनके लिए है, जो सुकवि नये युग के सन्देश-वाहक हैं। जो नहीं लिखते, जो केवल नवीनता की सृष्टि करने वाले तरुणों की आलोचना करते हैं या उनकी सेवाओं को उपेक्षा की दृष्टि से देखते हैं, सामयिक पत्रों के नाते उनसे क्या कहा जाये ? उनसे यही निवेदन है कि अपने युग की समाप्ति के साथ, आप आशीर्वाद दीजिए; चाहे वह आपकी कड़वी आलोचनाओं के रूप में ही हो। तरुण अपने जमाने का निर्माण अवश्य करेंगे, क्या निर्माण में गलतियों का कोई स्थान नहीं ?

सज्जनो, भाई बनारसीदासजी आदि सज्जन कहीं मुझे अपराधी न कहें, किन्तु कितना-सा हमारा 'जर्नलिज्म' है ? कहाँ है हमारे पास वह जो हमारी जन-संख्या के औसत से, अपने बल पर विश्व कँपा दे! हमारे दैनिक हैं, पर उनके पास न रिपोर्टर हैं, न हमारे कार्यालय में साहित्य है, न हमारा कमरा विश्व के आने वाले विद्युत्-सन्देशों, वायु-सन्देशों और यन्त्र-सन्देशों का आगार ही है। हम भले ही सिटी में रहते हों। परन्तु हमें सिटी-एडीटर की जरूरत नहीं, मैनेजिंग एडीटर भी केवल नाम लेने-भर की चीज है, हमारा वह विस्तार कहाँ जिसमें लेन-देन-सम्पादक, व्यापार-सम्पादक, समुद्र-सम्पादक, शिक्षण और शाला-सम्पादक, साहित्य-सम्पादक, नाटक और संगीत-सम्पादक और आलोचक हों ? मैं आपसे पूछता हूँ, हिन्दी में हमारे इतने शक्तिशाली होने का दिन कब उगेगा ? देश में अँगरेजी का ज्ञान जरूरी नहीं, किन्तु पत्र-सम्पादन में हम अँगरेजी की ओर दुर्लक्ष्य नहीं कर सकते।

वह सम्पादन-कला की मैके की भाषा है, कला के सँभलने का ज्ञान, और विस्तार की सूचना अँगरेजी ही दे सकेगी, कार्यालयों में उसके जानने वालों की बड़ी राशि रहनी चाहिए। अमेरिका छपाई के व्यापार में छठवाँ नम्बर रखता है, भारत में हम अभी कीलें ही जोड़ रहे हैं। हमारी दोषपूर्ण वर्णमाला में हमने छापे

के उपयुक्त सुधार नहीं किये। अँगरेजी पत्र कहता है 'ज्ञान में मेरे से समता कर'? क्या हम इस चुनौती का जवाब न देंगे? क्या हम अपने पाठकों को यह कहने देंगे—भाई, मैं इन बातों को क्या जानूं? मैंने अँगरेजी नहीं पढ़ी। विज्ञापनों के अस्तित्व के विषय में पत्रों में बहस का खिलवाड़ न हो। उपदेश, उदाहरण के शतांश मूल्य पर भी नहीं ठहरता। हाँ, नीति का खयाल रखिए, रुचियों की उच्चता पर ध्यान रखिए। विश्वास कीजिए, अँगरेजी के शराब के विज्ञापनों से हिन्दी पत्र आज भी अच्छे हैं, केवल दवाओं आदि के विज्ञापन मात्र हटाना, एक न निभने वाली प्रतिज्ञा है।

सज्जनो, चीन के बादलों और एशिया की आवश्यकताओं और जिम्मेवारियों को देखिए! इस हलचल में हिन्दी के पत्रों का कौन-सा स्थान होगा? क्या अँगरेजी पत्रों की नकल करना, धारा-सभाओं, असेम्बली, स्टेट कौंसिल, नरेन्द्र-मण्डल, स्वदेशी और विदेशी हलचलें कहीं भी हमारे आदमी नहीं। कब तक? कठोर घटना-स्थलों, लड़ाई के मैदानों और राजकर्त्ताओं के गुप्त षड्यन्त्रों के बीच हमारे तरुण किस दिन प्रवेश करेंगे? किस दिन हमारा कोई तरुण चार कपड़ों, बहुत थोड़ी जरूरत की वस्तुओं और केवल एक सिपाही की तरह थोड़ा-सा खर्च लेकर, लड़ाई के समाचारों की जोखिम-भरी जिम्मेवारी अपने सिर पर लेकर किसी हिन्दी पत्र के कार्यालय से बिदा होगा? किस दिन, हमारे पत्रकार राजशासन को ऐसा झुला डालेंगे कि देश की ताकत देशवासियों के हाथों में होगी, और हमारे पत्रकार युद्ध-क्षेत्रों में जाकर, टेलीफोन, तार और बेतार के तार का उपयोग कर, भारत में सन्देश भेज सकेंगे? क्या ये सब गुलाम के स्वप्न हैं? अब 124 ए, 153 ए, और अन्य छोटी-मोटी धाराओं से हम ऊब गये, किस दिन घोड़े के सवार की तरह तैयार चुस्त, बालचरों की तरह फुर्तीले, और देश के गरीबों की तरह भूख-प्यास बर्दाश्त करने में पक्के होकर हमारे तरुण विदेशों में खबरें लाने जावेंगे? और किस दिन उनकी भेजी हुई खबरों के बल पर राजकर्मचारी हमारे कार्यालयों में पूछताछ करेंगे और तलाशियाँ लेंगे? जापान, अमेरिका, इंग्लैण्ड की कहानियाँ पढ़ लीं। किस दिन, हिन्दी पत्र अपने पत्रों के कार्यालयों से देश के शासक भिजवा सकेंगे? किस दिन कहा जायेगा कि अमुक रण-क्षेत्र का लड़ाका अमुक धारासभा का सभापति, अमुक वैदेशिक मन्त्री, हिन्दी उप-सम्पादक था? किस दिन हमारे तरुण, युद्धक्षेत्रों में लड़ाई के कप्तानों से सुनेंगे, "अच्छा एडीटर साहब, बिना इजाजत आप अमुक सीमा से बाहर नहीं जा सकते। अपने संवाद सांकेतिक भाषा में नहीं भेज सकते, और तब तक संवाद नहीं भेज सकते जब तक मैं देख न लूं, मैं आपके संवाद और अखबार की खाक परवाह नहीं करता, खबर, जितना जरूरत समझूंगा जाने दूंगा, जितना जरूरत समझूंगा रोक लूंगा।" इसके बाद, वह फिर गरजकर कहेगा, "तुम्हारे अखबार की प्रति मेरे पास पहुँचनी चाहिए, मैं देखूंगा,

संवाद भेजने में कोई चालाकी तो नहीं की गयी, आपके एडीटर-इन-चीफ़ ने उसके शीर्षक देने में तो कोई चालाकी नहीं की।"

हमारा अज्ञान-तरुण पूछेगा, "और आज्ञाभंग या गलती का दण्ड ?" और उत्तर पावेगा, "गलती का दण्ड, लाइसेन्स का छिन जाना और जरूरत होने पर शत्रुपक्ष के साथ रहना, आज्ञा के भंग का दण्ड 'कोर्टमार्शल' !" यही गम्भीर परिस्थिति होगी, जो हमारे तरुणों-द्वारा अपने पत्र के प्रभाव को विश्वसनीय बना सकेगी। यही हमारे तरुणों की बुद्धि की कसौटी होगी, जब वे घर से, साथियों से, स्वदेश से बहुत दूर कठोर अनुशासन में रहकर वार-पत्र कला की महान् साधना को जन्म देगा ! क्या यह कभी होगा ? यह जवाब मैं बूढ़ों के आशीर्वाद से चाहता हूँ, मित्रों की संयुक्तशक्ति से चाहता हूँ, और तरुणों की बलिदान की भावना से चाहता हूँ !

मैं कई जरूरी प्रश्नों की चर्चा न कर सका, यह परिमित समय के साथ ही, मेरी स्मृति का, मेरे ज्ञान का अपराध है। मुझे तो न बोलना पड़ता यही अच्छा था, बोलते हुए एक बात मन में रह जाती है —

आबरू ली कलम उठाने ने
लायकी जान ली जमाने ने
थी खामुशी बयान से अच्छी
बात खो दी जुबाँ हिलाने ने

[द्वितीय पत्रकार-परिषद् भरतपुर, 1927, चिन्तक की लाचारी[

मध्य भारत प्रजापरिषद, झाँसी के दूसरे अधिवेशन में अध्यक्ष-पद से दिया गया भाषण

स्वागताध्यक्ष महाशय और प्रतिनिधि

भाइयो तथा बहिनो !

इस परिषद का सभापति चुनकर आपने मुझ पर कृपा की, मेरा सम्मान किया। मैं आपको इस कृपा के लिए धन्यवाद देता हूँ। आपका निमन्त्रण आने पर मैं बहुत बड़ी चिन्ता में पड़ गया था। प्रथम तो मेरा कमजोर स्वास्थ्य ऐसे जिम्मेवारी के काम को लेने में रुकावट दीखा और दूसरे इस पद के लिए मेरी परिमितताएँ मेरे संकोच का कारण थीं। सज्जनो, मध्यभारत की जनता बेचैन थी कि वह किसी प्रकार अपने आप की राय को जाहिर कर सके। इस दिशा में रियासती प्रजा ने खतरों और कठिनाइयों को भी आमन्त्रित किया। मैं जनता

हूँ कि मध्यभारत की प्रजा कुछ वर्षों से इस उद्योग में लगी थी कि मध्यभारत की रियासतों का एक सम्मेलन हो सके और वह भी रियासतों की सीमा पर। इन्दौर में इसके लिए उद्योग भी हुआ, परन्तु प्रजा की पुरुषार्थमयी संघ-शक्ति से प्रकट होने वाले सार्वजनिक मत से घबड़ाने वाले इन्दौर के शासन ने, यह कहकर इन्कार कर दिया कि इन्दौर में अधिवेशन होने में तो हर्ज नहीं, किन्तु उसमें अन्य रियासतों के शासन की कोई चर्चा नहीं हो सकेगी। इन्दौर राज्य दूसरी रियासतों की नाराजी नहीं खरीदना चाहता। यद्यपि ऐसा सन्देह करना बेबुनियाद था। यदि इन्दौर में होने वाली परिषद में दूसरी रियासतों के शासन की आलोचना होती तो इन्दौर के शासन की भी होती और दूसरी रियासतों में होने वाले जलसों में, इन्दौर की आलोचना से वह बदला साल-ब-साल चुकता चला जाता। मेरे विचार में तो रियासतों को अपनी रियाया की आवाज को सुनने के लिए तैयार रहना चाहिए, और मुझे बहुत प्रसन्नता होगी यदि इस सभा के आगे होने वाले अधिवेशन मध्यभारत की रियासतों में हो सकें। यदि ये रियासतों के अन्दर खतरा हैं तो रियासतों को यह बात मालूम होनी चाहिए कि रियासतों के बाहर ये मजमे उनके नुक्त-ए-खयाल से और भी बड़ा खतरा हैं।

मुझे आशा है कि भाषण-स्वातन्त्र्य की दृष्टि से ग्वालियर, भोपाल और इन्दौर तथा अन्य सब छोटी-बड़ी रियासतों से आप इस सभा में यह माँग करेंगे और मध्यभारतीय दरबार प्रजा की माँग को स्वीकृत करेंगे। हम जानते हैं कि इन्दौर और ग्वालियर-जैसी कई रियासतों में प्रजा-सम्मेलनों के कार्यालय हैं। उनके कार्यकर्ता कार्य करते हैं और अभी पिछले समय अखिल भारतवर्षीय प्रजा-परिषद के प्रस्तावों पर लोकमत की स्वीकृति के लिए अनेक स्थानों पर सभाएँ हुई थीं। फिर मध्यभारत भर की परिषद ही के लिए रुकावटें खडी करके रियासतें कौन-सा लाभ उठाती हैं ? रियासतों की सीमा में इन प्रजा-सम्मेलनों का होना राज्य और प्रजा दोनों ही की दृष्टि से अत्यन्त वांछनीय है।

आज की प्रजा-परिषदों का यह उद्देश्य नहीं कि वे राज्यों की गद्दी उलट देना चाहती हों। नरेशों के प्रति राजभक्ति कायम रखते हुए रियासती प्रजा केवल जिम्मेवार शासन चाहती है। ग्रेट ब्रिटेन का शासन तो अपने को प्रजातन्त्र का विकसित शासन कहता है, किन्तु फिर भी वहाँ नरेश हैं और वह प्रजा के बल और बहुमत पर कायम हैं। रियासत के मालिक को तो सेवा-कार्य करने का गौरव प्राप्त होता है। मातृभूमि के सेवक होना बड़े सौभाग्य की बात है, परन्तु जो परम्परागत प्रजा-सेवा करते आवें, यदि उनकी सेवा सच्ची, निस्पृह और पवित्र हो तो वे अत्यन्त गौरवपूर्ण हैं। राजा तो ईश्वर के सेवक का सेवक है। प्रजा के सुख-रंजन के लिए राजा बनाया गया है। जब राज्यत्व प्रजा की बिना मर्जी चलाया जाता हो तो राजा पर प्रजा की सेवा का हजार गुना भार आ पड़ता है। ग्वालियर

के स्वर्गवासी महाराज माधवराव सिन्धिया किसानों को अन्नदाता कहते थे और राज्य के अधिकारियों से कहते थे कि यह सब अमन-चैन किसानों की कमाई का फल है। काबुल के भूतपूर्व अमीर अमानुल्लाह इस बात का गर्व करते थे कि उन्हें न केवल प्रजा पर शासन करने का हक प्राप्त है प्रत्युत अपनी प्रजा की खिदमत करने का गौरव भी। अभी उस दिन झालावाड़ के उदार-चेता नरेश ने यह कहा कि "प्रजा की भलाई करने और सुखी रहने में राज्य की उन्नति निश्चित है। मेरी जिम्मेबारी भगवान् और इन्सान के प्रति इस बात पर मुनहसिर है कि मेरा शासन कैसा है। मैं चाहता हूँ कि इस माप-दण्ड के आधार पर मैं जाँचा जाऊँ।" इसी प्रकार और भी नरेश अपने को प्रजा का तुच्छ सेवक कहते हैं। हम मध्य-भारत की रियासती प्रजा की ओर से विश्वास दिलाते हैं कि नरेश, प्रजा के तुच्छ सेवक हैं तो प्रजा भी नरेशों को अपने आदर का अपरिमित खजाना समर्पित करने के लिए प्रस्तुत है। किन्तु निहायत अदब के साथ क्या मैं यह पूछूँ कि मध्य भारत के कितने नरेश प्रजा के सेवक हैं? रियासती हुकूमतों को अच्छा साबित करने के लिए जमीन और आसमान एक करनेवाले नरेशों ने अपने राज्यों की शासन-व्यवस्थाओं में कितने सुधार किये हैं? जन्म से राजा बनने वाले नरेशों से क्या मैं यह पूछूँ कि कितने 'कानूनी राजा' मध्यभारत में हैं? ऐसे कितने नरेश हैं, जो अपनी प्रजा द्वारा व्यवस्थापिका सभा में बनाये हुए कानूनों के आधार पर अपना शासन-चक्र चला रहे हैं? मैं जानता हूँ कि देशी राज्यों के कुछ आदरणीय मन्त्रि-गण, प्रजा-सत्ता को विश्व की असफल शासन-प्रणाली बताते हैं। किन्तु यह हक तो उन्हीं को प्राप्त है जिन्होंने प्रजा-मत की शासन-प्रणाली को आजमा कर अपने मत स्थिर किये हैं। सूर्य-किरणों की प्रखरता की शिकायत कर अन्धकार का समर्थन नहीं किया जा सकता। सन्तोष तो तब हो कि नरेश गण अपनी उदार कृति से यह घोषित करें कि निरंकुश एकतंत्री शासन का जमाना अब खतम हो गया। जिससे प्रजा की शक्ति निरंकुशता से झगड़ने के बजाय शासन-कला की विधायकता में काम आवे। जहाँ देशी नरेश जिम्मेवार शासन के मार्ग में रुकावटें पैदा करेंगे, वहाँ की प्रजा के भाग्य में तो यही लिखा है कि वह अपने मानवीय अधिकारों के लिए अपनी बड़ी से बड़ी कुरबानी करने के अमर अधिकार को आजमाने की तैयारी करती रहे। मुझे आशा है कि आप प्रजा के अधिकारों की माँग के प्रस्तावों को अपनी इस सभा में रखेंगे और मध्यभारत के नरेश गण उस माँग को ठुकराने में अपनी सत्ता का गौरव न समझेंगे।

मध्यभारत की रियासतों में ग्वालियर, भोपाल और इंदौर में, राज्यों की शासन-व्यवस्था में प्रजा के भाग लेने वाली मजलिसें हैं। इनमें ग्वालियर की मजलिस-ए-आम विशेष संगठित होने पर भी उसे बजट के घटाने-बढ़ाने और शासन-व्यवस्था में परिवर्तन करने का जरा भी अधिकार नहीं। वहाँ की नौकर-

शाहीं मजलिस-ए-आम के प्रति जरा भी जिम्मेवार नहीं। भोपाल के शासन में भी वहाँ की संस्था के साथ इसी का तरह मजाक होता है। मजलिस में बड़ी-बड़ी बातें कही जाती हैं, पर उनमें जिम्मेवारी नहीं दी जाती। इन्दौर की लेजिस्लेटिव असेम्बली तो बहुत ही छोटी और नाम की संस्था है। इनके अलावा अन्य रियासतों के नरेश आज भी अपने को प्रजा का निरंकुश शासक समझते हैं। ये नरेश, प्रेजा से मनमानी मालगुजारी और बड़े-बड़े नजराने वसूल कर अनाप-शनाप खर्च करते हैं। रियासतों की प्रजा का जीवन पशुओं से भी बदतर है। राजा की लहर के सिवा दीवान से लेकर राज्य के अधिकारी तक प्रजा-ताड़न और प्रजा-पीड़न ही को अपना शासन-रोजगार बनाये हुए हैं। राजाओं के रिश्तेदार, सरदार और जागीरदार वे जीवधारी हैं जिन्हें राज्यों के दुर्लक्ष्य, संरक्षण और हिमायत ने रियासती प्रजा का मनमाना उपयोग करने के लिए खुला छोड़ दिया है। रियासती प्रजा को ज्ञान से दूर रख कर उसके अज्ञान से मनमाना लाभ उठाना और प्रजा की जरा-सी कराह और व्याकुलता पर उसे कुचल देना ही मानो आज के रियासती शासन की प्रजा-सेवा है। ऐसे समय मध्यभारत की रियासती प्रजा की पुकार सुनने वाला ईश्वर के सिवा और कोई नहीं।

ग्वालियर की बड़ी महारानी साहिबा की मृत्यु से रियासतों में दुःख मनाया गया। हम जानते हैं कि बड़ी महारानी महोदया के शासन-काल में जिम्मेवार शासन-व्यवस्था देने से इन्कार किया गया और बजट तथा अन्य सुधार की माँगों को ठुकरा दिया गया। गवालियर की प्रजा भारी करों के बोझ से वर्षों से पिसती चली आ रही है। स्वर्गीया बड़ी महारानी की समझ में यह बात जरूर आ गई कि प्रजा की राय लेकर रियासत में टैक्स लगाये जाएँ। ग्वालियर में टैरिफ कमीशन का कायम होना देशी रियासतों के लिए नई बात है।

मजदूरों के लिए फैक्टरी-कानून भी उन्हीं के समय में बना। उनके शासन की और भी प्रशंसा होती यदि जनता की शासन-सम्बन्धी माँगों को पूरा किया जाता। अब तो उनकी मृत्यु के बाद राज्य के विदेशी शासकों की तादाद बढ़ जाने का भय है। इसके बाद इन्दौर को लीजिये। वहाँ शासन-खर्च पूरा करने के लिए प्रजा पर भारी कर लादे जा रहे हैं। इन करों के बोझ से वहाँ का व्यापार नष्ट हो रहा है। मध्यभारत की रियासतों से इन्दौर का व्यापार खूब बढ़ा-चढ़ा है, किन्तु इन टैक्सों की बाढ़ से भारी क्षति पहुँचे बिना न रहेगी। आज इन्दौर में बड़े-बड़े अंग्रेज अफसरों की नियुक्तियाँ हो रही हैं, और थोड़ी तनख्वाह पाने वालों को नौकरी से बरखास्त किया जा रहा है। इस कमी की पूर्ति के लिए, आप जानते हैं कि इंदौर के शासन ने किस चीज की बलि दी है? उन्होंने प्राथमिक शिक्षा के बहुत से स्कूल तोड़ दिये हैं और उनमें पढ़ाने वाले अध्यापकों को घर बिठा दिया है। एक तो यों ही अनिवार्य प्राथमिक शिक्षा व्यवस्थित रूप से मध्य-

भारत की किसी रियासत में नहीं, तिस पर प्राथमिक शिक्षा के साथ यह अन्याय शासन के लिए गौरव की वस्तु नहीं। जिस ग्वालियर राज्य को सैनिक व्यय के लिए प्रति वर्ष तीस-बत्तीस लाख रुपये मिल सकते हैं उसके शिक्षा-सदस्य प्राथमिक शिक्षा के लिए धन का अभाव बतलाते हैं। धार के शासन के सम्बन्ध में पहले से ही बहुत शिकायतें आ रही हैं, और बहुत सम्भव है कि वहां की निरंकुशता के अनहोने दृश्य देश के समाचार-पत्रों द्वारा सामने आ जाएँ। अब महारानी महोदया की मृत्यु से तो यह भय है कि वहाँ की निरंकुशता सीमा ही पार न कर जाए। जो खबरें वहाँ से मिलती हैं उनका आशय यही होता है कि लोग छोटी-छोटी बातों के लिए बहुत सताये जाते हैं, और अधिकारियों को अपनी जिम्मेवारी का बहुत कम खयाल रह गया है। रीवाँ में प्रजा के नागरिक अधिकारों के खिलाफ अधिकारी खिलवाड़ कर रहे हैं। अफसोस है कि देशी राज्यों के अधिकारी इतना सहन नहीं कर सकते कि राज्य में सभाएँ हों, जुलूस निकलें और प्रजा के अधिकारों की चर्चा हो। प्रजा के अधिकारों को राजनैतिक करार देकर मनमाना दमन किया जा रहा है, मानो इस बात का समर्थन किया जा रहा है कि रीवाँ राज्य में सत्याग्रह के अनुकूल परिस्थिति उत्पन्न की जा रही है। प्रजा को नागरिक अधिकार तो यहाँ किसी भी रियासत में प्राप्त नहीं। भोपाल के नवाब साहब के शासन में, जिन्होंने अनेक स्थानों पर प्रजातन्त्र भावों की चर्चा की है, आज भारी असन्तोष फैल रहा है। उनकी प्रजा को रत्ती भर भी अधिकार नहीं। उलटे नवाब साहब के अधिकार के खिलाफ यह आम शिकायत है कि उनके शासन की रग-रग में साम्प्रदायिकता का रंग बढ़ता चला जा रहा है। यदि यह बात सच हो तो हम नवाब साहब से नम्र निवेदन करेंगे कि वे अपने राजकाज को सावधानी से देखें। यदि उन जैसे उदार शासक शासन के जातिगत पक्षपात को काबू में नहीं रख सकते तो फिर शासन के अन्य गुणों की माँग ही व्यर्थ होगी। हम साम्प्रदायिक आन्दोलन के कट्टर विरोधी हैं। हिन्दू-मुस्लिम ऐक्य के कट्टर पक्षपाती नवाब साहब क्या अपने राज्य की बहुमत रखने वाली प्रजा को अंजुमन औरंगज़ेबी तमाशों से नहीं बचा सकते? भोपाल की प्रजा में शासन के प्रति असन्तोष की ज्वाला बढ़ती ही चली जा रही है। हमारा तो खयाल है कि यदि राज्य की असेम्बली में प्रजा का भारी बहुमत हो, राज्य का खर्च और शासन इसी असेम्बली की सलाह से किया जाय, प्रजा को सभी नागरिक अधिकार दिये जायँ और साम्प्रदायिक दृष्टि से भोपाल के खजाने से होने वाले खर्च बन्द कर दिये जायँ तो भोपाल की प्रजा का असन्तोष बढ़ने न पावेगा और नये अधिकारों को पाकर भोपाल की हिन्दू-मुसलमान प्रजा एक-सा प्रसन्न होगी। भोपाल के अधिकारियों के शासन पर जातिगत पक्षपात का दोष लगाते समय मुझे कम दुःख नहीं होता, किन्तु परिषद की इस वेदी पर खड़े होने पर कर्त्तव्य की लाचारी ने

मुझे यह बात कहने के लिए बाध्य किया।

देशी राज्यों के नरेश कितने ही सभ्य देशों की यात्रा कर चुके, परन्तु मैं उनसे नम्रतापूर्वक पूछना चाहता हूँ कि उनके राज्य की तुलना, मैं किस सभ्य देश के शासन से करूँ ? जहाँ जिम्मेवार शासन और उन्नति के सभी तरीके केवल रियासत से बाहर दुहराने की चीज होती हों, वहाँ रियासतों के अन्दर प्रजा के इस शासन को दूरबीन से भी कैसे ढूँढ़ा जा सकता है। लोगों के मुँह और कलम बन्द हैं। अखबारों का निकालना और सभाओं का करना वहाँ बन्द है। ग्वालियर में स्वदेशी-प्रचार की सभाओं और जुलूसों पर रुकावट का काला आर्डिनेन्स अब तक जारी है। राजनैतिक सभाओं की तो वहाँ पूरी बन्दिश है और अभी हाल में झाँसी के 'हिन्द राजस्थान' पत्र का गवालियर में प्रवेश रोक दिया गया है। शर्म की बात है कि इन रियासतों में धार्मिक, सामाजिक और साहित्यिक जलसों के लिए भी दरबार से आज्ञा लेनी पड़ती है। बिना परवाना लिये मन्दिरों तक में सभाएँ नहीं हो सकतीं। जब ग्वालियर जैसी बड़ी रियासत में ऐसा अन्धेर है तब धार, देवास, झाबुआ, सीसामऊ, नरसिंहगढ़, दतिया और करौली का क्या कहना ?

रीवाँ का अन्धेर-खाता आदर्श अन्धेर-खाता बनता जा रहा है। मुझे आशा है कि इन रियासतों की प्रजा किसान-पंचायतों, स्वदेशी सभाओं और लोकमत प्रकट करने वाली सार्वजनिक सभाओं की आजादी की माँग पेश करेगी। इस परिषद का यह भी कर्त्तव्य है कि वह रियासतों को अनिवार्य शिक्षा के लिए बाध्य करे। शासन भी लहरों पर किये जाने वाले देश-निकालों का विरोध करे। प्रत्येक रियासत में मजलिस-ए-आम की माँग पेश करे और इन मजलिसों के प्रजा-मत के सामने रियासती शासन के जिम्मेवार रहने के प्रस्ताव स्पष्ट भाषा में पेश करे। हमारा लक्ष्य रहे कि थोड़े ही दिनों में हम रियासती मजलिसों में बजट-स्वीकृति होते देखें। नरेशों की निजी खर्च की रकम नियत रहे और वह कम से कम हो; नजराने तथा इनामात की प्रथा बंद कर दी जाय। रियासतों के सरदार और जागीरदारों के अधिकारों के रूप में रियासतों के अन्दर रियासतें कायम न रहें, और रियासतों में समान नागरिकता के पौधों का जीवन पनप सके।

रियासतों में जाने वाली ब्रिटिश भारत की प्रजा को रियासती शासक विदेशी मानते हैं और उसे अधिकार से वंचित रखते हैं; किन्तु ब्रिटिश भारत में रियासती प्रजा पर ये बन्धन नहीं। यदि नरेशों ने इन बंधनों को कायम रखा तो बहुत सम्भव है कि सन्निकट भविष्य के परिवर्तित जमाने में वे अपनी प्रजा के एक कठोर विद्रोह का सामना करने के लिए बाध्य हों और हानि उठावें। अत: ब्रिटिश भारत की प्रजा को देशी रियासतों में नागरिक अधिकार प्राप्त होने चाहिए और राज्य में बसने तथा सब प्रकार की उन्नति करने की सुख-सुविधा मिलनी चाहिए।

राज्यों की प्रजा दुगने टैक्सों की भार से दबी है। ब्रिटिश भारत की अपेक्षा

राज्यों की प्रजा को कई गुने टैक्स देने पड़ते हैं। वहाँ के किसान अपनी पैदावार के पूरे दाम नहीं पाते, रियासतें जब कच्चे माल की निकासी को भारी टैक्स लगाकर बन्द कर देती हैं, तब वहाँ के अधिकारी किसानों की उपज को सस्ते दामों में खरीद लेते हैं। बाद में रियासत के बाहर महँगाई होने पर वे पड़ता लगाकर माल को बाहर रवाना करते हैं। इससे रियासत में बसने वाली 80-90 प्रतिशत किसान प्रजा को कोई लाभ नहीं होता, उनकी उपज सस्ते दामों पर बिक जाती है, और बाद में उसे गल्ला व अन्य चीजें महँगी मिलती हैं। एक रियासत की उपज दूसरी रियासत में जाए, और दूसरी से तीसरी में जाए, तो टैक्स लगता चला जाता है। छोटे-छोटे सरदार अलग टैक्स वसूल करते हैं। इन टैक्सों की कतई बन्दी होनी चाहिए। रियासतों की भलाई के लिए हम यह चाहते हैं कि रियासतों में आमदनी और रफ्तनी पर कोई टैक्स न लगे। देशी धन्धों के संरक्षण के लिए ड्यूटी लगाने का अधिकार म्युनिसिपैलिटियों को मिलना चाहिए। रियासतें अपने यहाँ की आमदनी बढ़ाने के लिए इनकम टैक्स लगावें। पर जिन धनी-मानी, व्यापारियों और जागीरदारों पर कर लगने चाहिए, वे सब अभी साफ बच जाते हैं। गरीब किसान और साधारण धन्धे वाले लोग तबाह होते हैं। रियासतों के किसानों पर आये-दिन मुसीबतों के पहाड़ आते हैं। सरकारी अफसरों और जमींदारों की तानाशाही उन्हें चूस रही है। रियासतों के किसान बड़े दुखी और परेशान हैं। रियासतों के अफसरों के खिलाफ इन्साफ के लिए वे किसके पास जायें? प्रजा भेड़-बकरियों की तरह समझी जाती है। इस बीसवीं शताब्दी में भी राज्य के अफसरान उन पर नादिरशाही चलाते हैं। उनके स्वास्थ्य और शिक्षा की चिन्ता कौन करे?

रियासतों में अछूतों की दयनीय अवस्था की चर्चा किन शब्दों में की जाय? बेगार प्रथा वहाँ अब भी जारी है। सरदारों एवं जागीरदारों के यहाँ खरीद कर ढेरों दासियाँ रक्खी जाती हैं। उन पर भयानक अत्याचार होते हैं। इन सब भयंकर सत्यानाशी प्रथाओं का शीघ्र से शीघ्र बंद होना आवश्यक है।

मध्यभारत की रियासतों में कार्यकर्त्ताओं का सर्वथा अभाव है। जब वहाँ किसी को उठने नहीं दिया जाता, तब वहाँ कार्यकर्त्ता तैयार कैसे हों? रियासतों में धार्मिक और सामाजिक सुधारकों पर भी आफत आती है। वे भी अपना कार्य स्वतंत्रतापूर्वक नहीं कर पाते। लोग जहाँ कुछ उठते हैं, तुरन्त दबा दिये जाते हैं। यह कहते दुःख होता है कि बड़ी-छोटी सभी रियासतों में बीसियों कार्यकर्त्ताओं पर हमले किये गये। अगर उन्होंने वहाँ रहना पसन्द किया तो उन्हें माफी माँग कर अपनी जीवनहीन जिंदगी बितानी पड़ती है। क्या रियासतों ने कभी यह विचारने का मौका साधा है कि उनके हृदयों में क्रान्ति की कैसी लहरें उठ रही हैं?

मैं अपने रियासती कार्यकर्त्ता बन्धुओं से दो शब्द न कहूँ तो कर्त्तव्य से च्युत होऊँगा। मेरे वे भाई चाहे रियासत के अन्दर काम करते हों या बाहर, चरित्रवान

ईमानदार और एकता के व्रती हों, मानापमान से रहित और प्रामाणिकता से प्रजा की सेवा करें। वर्तमान दूषित वातावरण उन पर कभी यह आरोप न लगा सके कि उन्होंने सार्वजनिक जीवन में धन के साथ सौदा किया। प्रजा के सभी सेवक हैं। उनमें न कोई बड़ा है, न छोटा, सबको समान रूप से सेवा करने का अधिकार है। इस भावना से प्रेरित हो हम प्रजा-सेवा में जुटें। हमारे मार्ग में जातिगत पक्षपात या भाषा-भेद को स्थान न रहे। यदि रियासतों में प्रजा-आन्दोलन की वृद्धि चाहना हमारा ध्येय है तो हमें इन बातों को मानना चाहिए। हम जो कुछ लिखें, जो कुछ कहें, प्रभु करें वह पूरी जिम्मेदारी के साथ हो। हम देखते हैं कि इस दृष्टि के पोषक इने-गिने कार्यकर्त्ता रियासतों में हैं और बिना किसी शोहरत के शान्त रूप से अपने कार्य में लगे हैं। समाज-सेवा, ग्राम-संगठन और सार्वजनिक क्षेत्र के ऐसे बहुत-से कार्यकर्त्ता हैं जिन्होंने प्रजा की सेवा में अपना जीवन दे दिया है।

रियासतों की मौन वृत्ति की नीति ने उन्हें उलटे हानि पहुँचायी है। रियासतें अपने ऐलानों द्वारा पत्रों में की गई उनकी आलोचनाओं का कभी कोई जवाब नहीं देतीं। पर इसके लिए वे अन्य तरीकों में प्रतिवर्ष लाखों रुपये खर्च करती हैं। पत्रकार-समाज को कलंक लगाने वाले ऐसे अनेक पत्रकार रियासतों से थैलियाँ लाते हैं। वे थोड़े समय के लिए उस रियासत पर लिखना बन्द कर देते हैं, किसी दूसरी को पकड़ते हैं। और फिर धन की जरूरत हुई, तो फिर उन पर लिखते हैं। अगर सालाना थैलियाँ मिलती रहीं, तो रियासतों की तारीफ में पुल बाँध देते हैं। पत्रकार ही नहीं, रियासतों के बाहर के बहुत-से कार्यकर्त्ता भी यह धन्धा करते देखे गये हैं। बहुत-से लोग इस आन्दोलन में इसलिए पड़ते हैं कि हम रियासतों से कुछ हड़प सकें। ऐसे लोग चाहे रियासतों के अन्दर कार्य करते हों या बाहर, हमें उनकी घोर निन्दा करनी चाहिए। ऐसे खोटे कार्यों से हम प्रजा-सेवक नहीं कहला सकते। देशी राज्यों में, सार्वजनिक कार्यकर्त्ता और पत्रकार की दृष्टि से श्रद्धेय गणेशशंकर विद्यार्थी का नाम उल्लेखनीय है। मध्य भारत उन्हें कभी न भूलेगा। उसके इतिहास में उनका नाम स्वर्णांकित रहेगा। गणेशजी ग्वालियर रियासत के थे, और ब्रिटिश भारत के एक पत्रकार थे। पर सार्वजनिक कार्यकर्त्ता और पत्रकार दोनों दृष्टि से उनकी सेवाएँ हमारे लिए पथ-दर्शक हैं। उनका सा साहस और निःस्वार्थ भाव मध्य भारत के प्रत्येक प्रजा-सेवक में होना चाहिए। कैलासवासी महाराज सर माधवरावजी सिंधिया ने 'प्रताप' में छपे हुए लेखों के सम्बन्ध में उन्हें ग्वालियर बुलाया। दरबार ने उन्हें आदर दिया, मान दिया और यह कहा कि ग्वालियर के सम्बन्ध की शिकायतें 'प्रताप' में छपने के पहले तहकीकात के लिए रियासत के पास भेजी जायें। पर पत्रकार का आदर्श सिद्धान्त पालन करने वाले धीर-वीर गणेशजी ने इस बात को मानने से साफ इन्कार कर दिया। उन्होंने वीरतापूर्वक कहा कि मैं 'प्रताप' तथा

अपने सार्वजनिक जीवन को बेच नहीं सकता। महाराज का आदर करते हुए उन्होंने चाँदी की तश्तरी में रखे हुए रुपयों का ढेर, एवं पोशाक लेने से भी इन्कार कर दिया। कितना नैतिक साहस! कोई व्यक्ति, चाहे वे पत्रकार हों या सार्वजनिक कार्यकर्त्ता, रियासतों की सेवा में पड़ने के पहले अपने जीवन में गणेशजी का आदर्श कदापि विस्मरण न होने दें।

मध्य भारत की रियासतों में ग्वालियर और इन्दौर जैसी रियासतों से प्रजा-पक्ष की ओर से निष्पक्ष समाचार-पत्रों का न निकलना भी बड़ी लज्जा की बात है। यदि हमारी रियासतें अपने शासन की निष्पक्ष आलोचना सुनने के लिए तैयार हों, तो ये पत्र राज्यों पर गंदे आक्षेप भी न होने देंगे। और आज-कल रियासतें छुपे तौर से जो लाखों रुपये प्रचार में खर्च करती हैं, प्रजा का वह धन भी सुरक्षित रहे।

मध्य भारत की इतनी चर्चा करने पर मैं और बातों का जिक्र नहीं करना चाहता था। मगर इधर पार्लमेण्ट में भारत-मन्त्री ने भारतीय नरेशों को सम्राट के ताबे में रखने की जोरदार घोषणा की है। दूसरे, रियासतों की संधियों की जाँच एवं प्रतिनिधियों का चुनाव आदि तय करने के लिए एक कमेटी विलायत से जल्द आ रही है, जिसमें ब्रिटिश और भारतीय दोनों ही होंगे। इस सम्बन्ध में मुझे यह भी कह देना होगा कि मध्य भारत में ग्वालियर हाईकोर्ट के एक वकील श्री अरोरा जी ने ढाई रुपये मूल्य की 262 पृष्ठों की एक पुस्तक नरेशों के हितों के सम्बन्ध में प्रकाशित की है। इन सब कारणों से कुछ अधिक चर्चा करना आवश्यक हो जाता है।

इस समय हमारे सम्मुख जो महत्त्वपूर्ण प्रश्न हैं, वे यह हैं कि देशी नरेशों का सम्राट से सम्बन्ध रहे या नयी संघ सरकार से? राज्यों के प्रतिनिधि नयी शासन-सभाओं में किस प्रकार भेजे जायँ? नरेश मनोनीत करके भेजें या प्रजा चुनें? और राज्यों की संधियों पर पुनः विचार हो। इसके अतिरिक्त नरेशों से प्रजा की वे सब माँग हैं, जिनका मैं ऊपर उल्लेख कर आया हूँ। रियासतों की प्रजा की नागरिक अधिकार प्राप्त करने की सर्वोच्च माँग है। इस सम्बन्ध में, अखिल भारतवर्षीय देशी राज्य प्रजा-सम्मेलन ने विलायत में उल्लेखनीय सेवा की है। कांग्रेस व महात्मा गान्धी ने भी देशी राज्यों की प्रजा के प्रश्न को सदैव महत्त्वपूर्ण स्थान दिया है। कांग्रेस के प्रतिनिधि महात्मा गांधी ने कभी कोई ऐसा वचन नहीं दिया जिससे देशी राज्यों की प्रजा का अहित होता हो। कांग्रेस ने, नेहरू-कमीशन ने अब तक प्रत्येक प्रश्न को व्यावहारिक दृष्टि से रखा है। देशी राज्यों के सम्बन्ध में मैं कांग्रेस की नीति का मानने वाला हूँ। मैं यह मानता हूँ कि कांग्रेस व महात्मा गांधी कभी भी राज्यों की प्रजा का का अहित नहीं होने देंगे। व्यावहारिक दृष्टि से जो भी हो सकेगा, उसकी माँग राष्ट्रीय महासभा अवश्य उपस्थित करेगी।

महात्मा गांधी ने विलायत में, अभी कोई वचन नहीं दिया। और कांग्रेस व देशी राज्य प्रजा परिषद भारतीय भारत के लिए इस माँग का जोरदार विरोध करेंगे कि राज्यों के भीतरी शासन पर सम्राट् का संरक्षण हो। अंग्रेज व राजा-महाराजाओं के इस सम्बन्ध से, भारतवर्ष कभी आजाद न हो पाएगा। दोनों के इस संयोग से, ब्रिटिश भारत व देशी राज्य, सदा-सर्वदा के लिए ग्रेट ब्रिटेन के कब्जे में रहेंगे। कांग्रेस, राजा-महाराजाओं और नवाबों के इस सम्बन्ध को हरगिज स्वीकार न करेगी। इस सम्बन्ध के न रहने से हमारे नरेश अपनी राज-सत्ता नष्ट होती देखते हैं और इसे कायम रखने के लिए चिंतित हैं। पर, वे अखिल भारतीय सावरेण्टी देखना पसन्द नहीं करते। बटलर कमीशन ने नरेशों के दावों को खारिज करते हुए ब्रिटिस संरक्षण के अधिकार पर यह कहा—Paramountcy must Remain Paramount—पर आगे इसकी विवेचना करने से साफ इन्कार कर दिया। इस निर्णय ने नरेशों को मजबूर किया कि वे ब्रिटिश भारत के मित्रों से हाथ मिलावें। परिणामस्वरूप वे संघ शासन में सम्मिलित तो हुए, मगर ब्रिटिश सम्बन्ध को वे न त्याग सके। उन्हें यह बतलाया गया कि संघ-शासन में अन्य सूबों की तरह मिल जाने पर उनकी राज-सत्ता कायम नहीं रह सकेगी, हाँ, यह राज-सत्ता ब्रिटिश सम्बन्ध से बनी रहेगी। उन्हें इस ओर बढ़ाया गया। विदेशों में उनके कान भरे गए। देश में भी कई लेखकों ने उनके इस उत्साह को बढ़ाया। उन्हीं में से ग्वालियर के एक वकील श्री अरोरा भी हैं। अरोरा जी यह नहीं कहते कि नरेश संघ-शासन में शामिल न हों, किन्तु वे नरेशों की सावरेण्टी बनाये रखना चाहते हैं। नरेशों का भय है कि जैसा संयुक्त राज्य अमरीका में हुआ, वैसा ही हमारे यहाँ न हो बैठे।

नरेश चाहते हैं कि इस राज-सत्ता के बल पर, वे संघ शासन में शामिल होकर ब्रिटिश भारत को आगे न बढ़ने दें और भीतरी शासन में बाहरी हस्तक्षेप न होने दें। मगर ऐसे लोगों की कच्ची राजनीति के आधार पर प्रजा-पक्ष की माँग नहीं दबाई जा सकती। नरेश अपना सम्बन्ध ब्रिटिश संरक्षण में रखकर अपने लिए बड़ी गलती कर रहे हैं। अभी तक क्या वे इस बात की पुकार नहीं मचाते रहे और अपनी नाराजी नहीं जाहिर करते रहे कि ब्रिटिश सरकार उनके मामलों में क्यों हस्तक्षेप करती है ? स्वयं महाराजा बीकानेर ने नरेन्द्र-मण्डल की एक सभा में ब्रिटिश हस्तक्षेप का तीव्र विरोध किया था। आज ब्रिटिश सत्ता में धँसने के फेर में वे अपना सौभाग्य मान रहे हैं। भारत-मंत्री के कथनानुसार paramountcy क्राउन के संरक्षण में रहेगी और 'फैडरल' सरकार की अपेक्षा क्राउन के प्रतिनिधि वाइसराय—न कि गवर्नर जनरल—के हाथ में नरेशों के नियन्त्रण का अधिकार होगा। नरेश प्रसन्न होते होंगे कि हम जीत गए, हमारा सम्बन्ध ब्रिटिश सरकार से बना रहा। पर उनकी खुशी उनके लिए आफत है। वे पोलिटिकल डिपार्टमेंट

के विधाताओं की काली करतूतें न भूलें। उन्होंने आज तक किस प्रकार नचाया है जरा से इशारे से ही नरेशों को गद्दी से उतरना पड़ा है। नये शासन में तो ये विधाता और भी सर्वशक्तिमान हो जाएँगे। यदि वे इस पोलिटिकल डिपार्टमेण्ट से परे रहे तो ब्रिटिश भारत में कोई भी उज्र न करेगा। नरेशों का तो इसी में हित है कि वे ब्रिटिश सम्बन्ध से अपना नाता तोड़ लें। वे तो तभी स्वतन्त्र हो सकते हैं जब वे ब्रिटिश संरक्षण के बिना संघ में शामिल हों। इस अवस्था में प्रत्येक राज्य और सूबा अपने भीतरी शासन के लिए स्वतन्त्र रहेगा। यह बात निश्चित है कि संघ-शासन में शामिल होने पर उनकी वर्तमान सभी कानूनी राज सत्ता नहीं रहेगी। शासन-व्यवस्था और न्याय सभी में उनके अधिकार कम होंगे। पर एक यही तरीका उनका संघ-शासन में सम्मिलित होने का है। उनके सम्मिलित होने पर राज्यों की प्रजा को भी फैडरल यूनियन की नागरिकता का अधिकार प्राप्त होगा। इसे नरेश रोक नहीं सकते। इसी प्रकार राज्यों की प्रजा राज्यों के विरुद्ध सुप्रीम कोर्ट में अपील कर सकेगी। यह बड़ी खुशी की बात है कि नरेशों ने इस बात को स्वीकार कर लिया है। मगर नरेशों का प्रिवी कौंसिल तक दौड़ने का रुख देखकर फिर भी हमें यह जता देना चाहिए कि सुप्रीम कोर्ट की अपील का फैसला आखिरी मानना होगा।

नरेशों की संधियों में कई विवाद-ग्रस्त हैं। उनमें एक सेना सम्बन्धी है। यह कहा जाता है कि संधियों की दृष्टि से सम्राट् को, देशी नरेशों के लिए ब्रिटिश फौज भारतवर्ष में रखनी चाहिए। नरेश इस बात को कभी स्वीकार न करेंगे। बीकानेर और उनके सहयोगियों का इस सम्बन्ध में मौखिक विरोध ही नहीं रहेगा। इन्हीं संधियों के आधार पर नरेश खोयी हुई जमीनें पाने के लिए भी उत्सुक हैं। उदाहरण के लिए, निजाम बरार एवं ग्वालियर झाँसी पाने के प्रयत्न में हैं। बरार के सम्बन्ध में तो लार्ड रीडिंग ने निजाम को साफ जवाब दे दिया था। किन्तु अपनी नयी सेवाओं के बल पर निजाम बरार पाने की आशा करते हैं। मगर इन नरेशों को यह स्मरण रखना चाहिए कि इनमें से किसी को भी कोई हिस्सा वहाँ की प्रजा के राजी हुए बिना न मिलेगा। और प्रजा देशी राज्यों के अंधकार-मय शासन में जाना कभी पसन्द न करेगी। नरेशों को बैठे-बिठाये नया आंदोलन अपने सिर नहीं लेना चाहिए। भलाई इसी में है कि नरेश अपने इन दावों के कागजातों को दफना दें।

संघ-सरकार की दोनों सभाओं में राज्यों के प्रतिनिधियों का जाना सबसे महत्त्वपूर्ण प्रश्न है। छोटी सभा में प्रजा-प्रतिनिधियों के जाने का नरेश विरोध तो नहीं करते, पर वे साफ-साफ यह भी नहीं कहते कि छोटी सभा के लिए राज्यों में किस प्रकार से प्रतिनिधियों का चुनाव होगा। वे तो प्रजा-प्रतिनिधियों के नाम पर जी-हुजूरों को भेजना चाहते हैं। यह अत्यन्त आवश्यक है कि इस विषय में

सफाई हो जाय। संघ-शासन की सभाओं में प्रजा-प्रतिनिधियों का भेजा जाना—राज्यों की प्रजा का नैसर्गिक अधिकार है। राज्यों में प्रतिनिधियों का चुनाव ब्रिटिश भारत के सूबों की तरह होना चाहिए। इस चुनाव में राज्य का कोई हस्तक्षेप न हो। बड़ी सभा में नरेश मनोनीत प्रतिनिधि भेजना चाहते हैं और यह भी माँग करते हैं कि उस सभा में उनकी संख्या और भी अधिक हो। यह इसलिए कि दोनों सभाओं के संयुक्त अधिवेशन होने पर भी उनकी हार न होने पावे। इसलिए हमें नरेशों को साफ-साफ कह देना चाहिए कि वे फैडरल गवर्नमेंट की सभाओं के लिए पूर्णरूप से प्रजा प्रतिनिधियों के दावे को मान लें। इसके खिलाफ होने वाली माँग का राज्यों की प्रजा जबर्दस्त विरोध करेगी और इस माँग को अवश्य मंजूर कराएगी।

इतना कहने के उपरान्त रियासतों में रचनात्मक कार्य पर एक-दो शब्द कहना जरूरी होगा। खेद के साथ कहना पड़ता है कि मध्यभारत की किसी रियासत में कोई रचनात्मक कार्य नहीं हो रहा। इस कार्य में सहस्रों युवकों और युवतियों को तन-मन से लग जाना चाहिए था। जयपुर एवं बिजौलिया की तरह मध्य-भारत की रियासतों में खादी के उत्पत्ति-केन्द्र ग्वालियर के राघोगढ़ को छोड़कर कहीं भी नहीं। किसानों की माली हालत सुधारने के लिए रचनात्मक कार्य में खादी की उत्पत्ति बढ़ाने वाले छोटे-बड़े अनेक केन्द्र खुलने चाहिए। इसके अतिरिक्त अन्य छोटे-छोटे धन्धों को भी उत्तेजन देना चाहिए। यह सब काम युवकों के करने का है।

रियासतों की प्रजा को तैयार करने का यही कार्य-क्रम है। विदेशी कपड़े का बहिष्कार व शराब का बहिष्कार भी इस आन्दोलन के साथ चल सकता है। ये आन्दोलन सर्वथा आर्थिक हैं, और राज्यों की माली हालत बढ़ाने के लिए हैं। हमें इन आन्दोलनों को इसी दृष्टि से चलाना भी चाहिए। नरेश भी यह ध्यान रखेंगे कि इस शान्तिपूर्ण रचनात्मक कार्य में कोई दमन न हो। आर्थिक दृष्टि से स्वदेशी का प्रचार और विदेशी माल को तर्क (नष्ट) करने व शराब का बहिष्कार करने की रियासतों में सर्वत्र इजाजत दी जाय।

सामाजिक क्षेत्र में कार्य करने के लिए मध्यभारत की रियासतें राजपूताने की रियासतों से आगे हैं। ग्वालियर और इन्दौर दोनों बाल-विवाह और पर्दा-निषेध आन्दोलन में अग्रगामी रियासतों में हैं। दोनों ही रियासतों में बाल-विवाह-निषेधक क़ानून बन चुके हैं। इन्दौर के सामाजिक खर्च रोकने के लिए नुक्ता कानून भी बना है। पर्दा का विरोध भी दोनों रियासतों में हो रहा है। सामाजिक दृष्टि से ग्वालियर में भीलों के सुधार का भी कार्य हो रहा है। ग्वालियर और इन्दौर में, सभी जाति और सभी श्रेणी की महिलाएँ हिन्दी-प्रचार और समाज-सुधार में भी लगी हैं। हिन्दी तो मध्यभारत की सब हिन्दू व मुसलमान रियासतों

की राजभाषा होने का अधिकार रखती है। क्योंकि प्रजा हिन्दी भाषा-भाषी है। ग्वालियर और इन्दौर के नरेशों ने अपने राज्यों में हिन्दी को राज-भाषा बना दिया है। छतरपुर नरेश का भी हिन्दी-प्रेम प्रशंसनीय है। आवश्यकता यह तकाजा करती है कि जो रियासतें बची हैं, उनमें राष्ट्रीय दृष्टि से हिन्दी में राज-कार्य होना चाहिए और बिना किसी संकोच व पक्षपात के हिन्दी की प्रगति के लिए सहायता मिलनी चाहिए।

[29 दिसम्बर, 1931]

बोली बोलने वालों की रहेगी

[इन्दौर में अखिल भारतीय हिन्दी साहित्य सम्मेलन में श्री पुरुषोत्तम-दास जी टंडन द्वारा प्रस्तुत राष्ट्रभाषा सम्बन्धी प्रस्ताव पर माखनलाल जी चतुर्वेदी द्वारा अनुमोदित करते हुए विचार।]

श्रद्धेय पुरुषोत्तमदास जी टण्डन ने जो प्रस्ताव उपस्थित किया है, उसमें हिन्दी के विषय में देशभर में व्यक्त एक सत्य का प्रतिपादन मात्र है, उस सत्य को दुहराया भर गया है। अतः इस प्रस्ताव के समर्थन और विरोध का सवाल नहीं उठता। बोली तो बोलने वालों की होती है, महज गढ़ने वालों की नहीं। हम इस सत्य को अनुभव करें। कानपुर-कांग्रेस में स्वयं श्रद्धेय टंडनजी ने यह प्रस्ताव रखा था कि अंग्रेजी के बजाय हिन्दुस्थानी में कांग्रेस की कार्यवाही हो। वह प्रस्ताव स्वीकृत भी हुआ था किन्तु वहाँ प्रश्न था अंग्रेजी को हटाने का। विदेशी भाषा के हमारे राष्ट्र की वाणी बने रहने की कृत्रिमता को हटाना उस प्रस्ताव का लक्ष्य था। किन्तु यहाँ हम हिन्दी के स्वरूप, स्वभाव, विस्तार, साहित्य और उसकी आवश्यकताओं पर सोचते हैं। लोगों का यह भ्रम निराधार है कि इस प्रस्ताव से महात्मा गांधी अलग हो जावेंगे या काका कालेलकर रूठ जावेंगे। राष्ट्रभाषा के विस्तार के पक्ष में महात्मा गांधी और श्रद्धेय टंडनजी साथ रहे हैं और महात्मा जी राष्ट्र-निर्माण के इस कार्य में टंडनजी से अलग न होंगे। काका कालेलकर और टंडनजी को भी अलग मानना व्यर्थ है। श्री कालेलकर जी जिस संयुक्त भारत की भावना से प्रेरित हैं, उसमें अपना मत न माने जाने पर कभी कोई गलत कदम न उठावेंगे। वे राष्ट्र के साधक, साहित्य के व्रती और चिन्तनशील हैं।

शायद आपने जाना हो, अभी पिछले सप्ताह इस पंजाब की राजधानी लाहौर के विश्वविद्यालय के उपाधि-वितरण के समय दीक्षान्त-भाषण देते हुए वाइसराय की कार्यकारणी के भूतपूर्व सदस्य और आज के संघीय न्यायालय के जज श्री जफरुल्लाखाँ महोदय ने देश की भाषा के विषय में कहते हुए उसे हिन्दी उर्दू

और मुस्लिम उर्दू के नाम से व्यक्त किया था। इन्होंने हिन्दी नाम की कोई भाषा ही देश में नहीं मानी। क्या इन्हीं जैसे दोस्तों को समझाने और सन्तोष देने के लिए हम हिन्दी का नाम हिन्दुस्थानी देने जा रहे हैं?

और यह हिन्दी नाम भी तो मुसलमान भाइयों और उर्दू सेवकों ही का दिया हुआ है। संस्कृत, प्राकृत और हिन्दी की भिन्न-भिन्न श्रेणियों के बीच जो व्यक्ति और संस्थाएँ साहित्य-सृजन और सेवा-कार्य कर रहे थे, उनमें ऐसे लोगों की तादाद बड़ी थी जो हिन्दी को आर्यभाषा कहते थे। पंजाब और युक्त प्रान्त की तथा देश की आर्यसमाज तथा अन्य संस्थाओं द्वारा संचालित शिक्षण-संस्थाओं में यही नाम काम में लाया जाता था। उस समय भागलपुर के साहित्य सम्मेलन में, जब महात्मा मुंशीराम जी अध्यक्ष हुए तब आर्यभाषा और हिन्दी भाषा का रुख जरा नजदीक आया। किन्तु भय यह रहा कि 'आर्यभाषा रूप' विजयी हो जाएगा। उस समय कुछ सज्जनों को समझाया गया था कि वे महज मुसलमानों द्वारा नामकरण होने ही से 'हिन्दी' शब्द को न छोड़ें। भाषा को 'हिन्दी' कहना मान लें। लोगों ने किसी कदर यह माना, किन्तु संघर्ष चलता रहा। अन्त में सन् 1913 के पाँचवें सम्मेलन के यानी लखनऊ-अधिवेशन के सभापति श्री श्रीधर पाठक ने अपील की कि हिन्दी-भाषी 'आर्यभाषा' कहने का मोह छोड़कर उसे 'हिन्दी' कहना स्वीकार कर लें। इस इतिहास के बाद अब हमारी हिन्दुस्थानी वाली जिद व्यर्थ मालूम होती है। क्या बढ़ते-बढ़ते एक दिन क्रियापद, विभक्ति, प्रत्यय और सर्वनाम अपने रखने वाली देशभाषा हिन्दी को महज जिद पर उर्दू कहना पड़ेगा? फिर हम किसके कहने पर हिन्दुस्थानी शब्द पर जोर दे रहे हैं? हम ही ने आपसे झगड़कर आर्यभाषा से उसे हिन्दी माना। इस बात की पर्वाह न की कि मुसलमानों ने देश का नाम हिन्द और भाषा का नाम हिन्दी रखा था। आज हम आपस में झगड़ कर 'हिन्दुस्थानी' शब्द पर रूठते अच्छे नहीं लगते। जो अन्यभाषी और या उर्दू-भाषी भाई राष्ट्रभाषा को हिन्दुस्थानी कहना चाहते हैं वे आगे तो आवें! वे कहें तो कि वे उर्दू को छोड़कर हिन्दुस्थानी को राष्ट्र-भाषा मानने का आग्रह कर रहे हैं! आग्रह के दल हिन्दी भाषियों ही के बीच क्यों हो जाते हैं? कोई पूछता है नहीं और व्यर्थ ही हिन्दुस्थानी शब्द पर कांड खड़े होते हैं।

सम्मेलन पर तो यह गम्भीर जिम्मेदारी थी कि वह इस विषय पर अपना स्पष्ट मत घोषित कर दे। सम्मेलन के बाहर काम करने वाले लोगों से सम्मेलन लड़ने नहीं जाता। किन्तु उसके अन्तर्गत समस्त संस्थाएँ निस्सन्देह देश की राष्ट्र-भाषा का नाम हिन्दी कहेंगी, मानेंगी, व्यवहार करेंगी।

राष्ट्रभाषा तो देशव्यापिनी होगी। क्या इस देश में बृज, उत्तरप्रदेश, बिहार बंगाल, तामिल, तेलुगू, मलयालम, कन्नड़, महाराष्ट्र, गुजरात शामिल नहीं हैं?

यदि हाँ, तो वहाँ फारसी-अरबी-प्रधान भाषा चलेगी या संस्कृत-प्रधान भाषा चलेगी, यह भी क्या बताने की जरूरत है ? मैंने और स्वर्गीय श्री गणेशशंकर जी दोनों ने अपनी भाषा में सबसे पहले उसे चलती हुई भाषा बनाने के लिए उर्दू के शब्द लिखना शुरू किया, किन्तु दक्षिण भारत में आज जिस बुरी तरह साधारण और सरल हिन्दी शब्दों को हटाकर, तोड़-मरोड़कर असम्बद्ध उर्दू और फारसी शब्द मिलाये जाते मैंने देखे, उन्हें देखकर मुझे दु:ख हुआ। मैं तो उर्दू शब्दों का हिन्दी में मिलाकर बोला जाना पंजाब के भय से स्वीकार करता था किन्तु यहाँ तो विश्वविद्यालय में उर्दू लेकर विद्यार्थी और हिन्दी लेकर विद्यार्थी बैठे। यों भी हर पंजाबी वक्ता स्वयं उर्दू शब्द काम में लाकर भी हिन्दी के शब्द-स्वरूप का समर्थन कर रहा है। साथ ही हिन्दी की सबल संस्थाएँ काम कर रही हैं, यह देखकर मैं हैरान हूँ। तब देश के किस प्रान्त में भाषा के अधिक संचार के लिए हम फारसी शब्द अधिक मिलाना चाहते हैं ?और अभी तक जितने अधिक शब्द हमने मिला लिये हैं उनके कौन से शुभ परिणाम हुए हैं ? हां, जो शब्द उर्दू के आ गये हैं, उनका तिरस्कार न हो। और संस्कृत शब्दों के आवश्यक नियमों के देखने का हमें मोह भी न हो। हम भाषा की स्वाभाविकता की रक्षा करें। हम उस दुर्भाग्यपूर्ण बे-समझी पर ध्यान न दें जिसमें उर्दू को लोग हिन्दू और मुसलमानों के बीच समझौते की भाषा कहने की धृष्टता करते हैं। जो चन्द बरदाई से लगाकर कबीर, तुलसी, सूर और समस्त लेखकों के नाम पर पानी फेरना चाहते हैं। हमें जरा धैर्य हो और हम झगड़ों में न पड़ें, तो हम देख लेंगे कि हिन्दी भाषा हमारे अनुमान से कहीं पहले सारे देश में फैल गई। आज ये जो झगड़े हैं, ये भी हिन्दी के बलवान होने ही के चिह्न हैं। हमें इन्हें देखकर निराश न होना चाहिए, किन्तु गर्व करना चाहिए कि राष्ट्र की वाणी के रूप में हिन्दी देश भर में अध्ययन, ग्रहण, और चर्चा का विषय बनी। जहाँ उसका समर्थन पंजाब करता है और महाराष्ट्र में श्री वैशम्पायन जी, मद्रास में श्री राजगोपालाचार्य हिन्दी के पक्ष में विघ्न पड़ने देना नहीं चाहते, और बंगाल में आचार्य सुनीति बाबू तथा श्री क्षितिमोहन सेन उर्दू और फारसी नहीं, किन्तु हिन्दी ही को राष्ट्रभाषा मानते हैं। मैं पुन: कहूँ कि बोली, बोलने और लिखने वालों की रहेगी, गढ़ने वालों की नहीं।

राष्ट्रभाषा-प्रचारकों या हिन्दी सम्मेलन को किसी से लड़ने, उन्हें बुरा कहने उन्हें नीचा दिखाने को न अवकाश है, न उनका शील ही गालियों और भेदों पर भाषा-निर्माण की बात सोचता है। वे ग्रंथों के निर्माताओं के साथ स्वर-बद्ध और हृदयबद्ध हैं कि हिन्दी के राष्ट्रभाषा होने की जरूरतें पूरी करते हुए हिन्दी के गौरव की रक्षा करें। इन शब्दों के साथ मैं इस प्रस्ताव का समर्थन करता हूँ।

[1935]

गोस्वामी तुलसीदास

सभापति महाशय !

कल ही हम तिलक-पुण्य-तिथि मना चुके हैं और आज तुलसीदास पर चर्चा कर रहे हैं। आपके कॉलेज में पहली बार मैं सन् 1913 में श्री बी० जी० बिल्लौरे के साथ आया था। उस समय मैं हिन्दी साहित्य पर बोला था। प्रिन्सिपल मि० चम्बले के अभाव में स्थानापन्न प्रिन्सिपल मिस्टर सौंधी उस सभा के अध्यक्ष थे। फिर मैं 1917 में आया, फिर इस राज्य में मेरा प्रवेश-निषेध कर दिया गया, अत: न आ सका। आज मैं इस सभा का स्वयं सभापति हूँ।

जब हम विद्यार्थियों के बीच साहित्य-चर्चा करें तो दो आशाएं साथ-साथ जाग्रत होती हैं : अध्ययन का पैनापन और आकलन की क्षमता ज्ञान के इन देव-मन्दिरों में अवश्य रहनी चाहिए। कुछ क्षण ऐसे होते हैं कि जब हम जानते बहुत थोड़ा हैं किन्तु दिखाते बहुत हैं। लगता है, जैसे जीवन लाउडस्पीकरों के दरवाजे बैठ गया है, जैसे बुद्धि चकला खोलकर बैठ गयी है, जैसे साँस आत्म-संकीर्तन को ही आत्म-प्रकटीकरण समझने लगी है। ऐसे समय का मनुष्य जो कुछ बोलता है, जिस बात की वह शपथ खाता है, उस पर उसका स्वयं विश्वास नहीं होता—वह निरा प्रचारक होता है। किन्तु कुछ क्षण जीवन में ऐसे भी होते हैं कि जब अनन्त एकान्त में सोचने वाला अपने सामने होता है या अपनों के सामने होता है, उस समय वह प्रचार नहीं करता, आत्म-देवता की अभ्यर्थना भी नहीं करता; उस समय की सोच-सोचकर बोली हुई और बोल-बोलकर सोची हुई बोली को जैसा कि स्वामी रामतीर्थ कहते हैं, यदि किसी अँधेरी गुफा में जाकर बोला जाये और उस गुफा के दरवाजे को चट्टान से शीशा मिलाकर बन्द कर दिया जाये, तो भी बोली हुई बोली चट्टान तोड़कर जन-जन के हृदय में पहुँच जाती है और युगों-युगों में दोहरायी जाती है। प्रचारक और साहित्यिक में इतना ही अन्तर होता है कि पहला वह बोलता है जो उसकी रोटी बुलवाना चाहती है; दूसरा वह बोलता है जो उसके अन्तर के आराध्य की रुचि होती है।

पानी बरसा कि हरी घास उग आयी। चारों तरफ़ हरा-हरा-हरा! किन्तु कृषक को देखिये, उसने विधाता की हरियाली तोड़कर जमीन बना ली और अन-चाही ऊग को उखाड़कर मनचाही फसल बो दी। इस तरह कृषक ने 'व्यर्थ हरियाली' में अर्थ लगा लिया। निर्माता यही उँगलियाँ किसानों और कर्मशीलों से उधार लेता है और समुद्र, आकाश, वसन्तश्री और सूझों के अनन्त निर्माणों को वाणी प्रदान किया करता है। साहित्यिक इतिहास और कर्त्तव्य का सम्मिलित रचनाकार है। वह यथार्थ की कमी को कल्पना से पूरी करने वाला मार्ग-दर्शक है। कृष्ण, व्यास का केवल रचनात्मक कल्पना-कौशल मात्र नहीं है, इसीलिए

युगों-युगों के रचनाकार के हाथों जब-जब कृष्ण, राम अथवा कोई और पुराण-पुरुष पड़ गये तो आप देखेंगे कि साहित्यिक ने अपनी युग की आवश्यकताओं में उन्हें ढाल लिया है, युग की सूझों में उन्हें सँभाल लिया है। इस तरह साहित्यकार वह है जो विधाता की रचना को अपने हाथ में लेता है और रचना की उसे लगने वाली कमी को अपनी सूझों से ठीक कर देता है। कृष्ण, बुद्ध, मुहम्मद, ईसामसीह, गान्धी ये युग की जबर्दस्त माँगों के नाम हैं, माना, किन्तु इनके आगमन के लिए जमीन पैदा करने वाला और फिर इनके आ जाने के बाद इनका मान-सम्मान अथवा विश्लेषण करने वाला साहित्यिक है। इसीलिए एक ओर युग का चरित्र निर्माण कर वह अपनी रचनाओं के द्वारा वर्तमान का दिशा-दर्शन भी करता चलता है। यह उसकी कलम का वरदान या अभिशाप है कि राज्य बदले, सिंहासन उखड़े, राजा भागे-भागे फिरे, जन-जीवन उथल-पुथल हुए और जगत् जहाँ था वहाँ से कुछ कदम आगे बढ़ने के लिए बाध्य हुआ। वेल्स, शॉ, गाल्सवर्दी, तुर्गनेव और गोर्की को लोग यों ही नहीं मानने लगे। लोगों ने उनके कल्पना के पत्रों में अपनी युगों-युगों की आवश्यकता के संकेतों के दर्शन किये हैं।

तुलसीदास ने सोलहवीं शताब्दी में सीता लिखी और आप देख रहे हैं कि आज हर हिन्दू माता-पिता अपनी बेटी को सीता बनाने में यत्नशील है। कैसी विषमता है कि तुलसीदास अपनी पहुँच में नक्षत्रों की तरह ऊँचा है जहाँ हमारी पूजा की उँगलियाँ नहीं पहुँच पातीं, किन्तु बाजार में बिकनेवाली एक पैसे की मोमबत्ती की तरह वह कितना हमारे पास है। अपनी कथनी के रूप में मानो वह हम ही से बोल रहा है। वह हमारे पास ऐसी मोमबत्ती बनकर रह रहा है कि जब सुलगा दें प्रकाश देने लगे, जब बुझा दें दूर हो जाये। 'विषमता' मैं इसलिए कहता हूँ कि आसमान का नक्षत्र कभी भी आपके बुलाये जमीन पर नहीं आता, किन्तु तुलसीदास का और साहित्यिक का कथन आपकी मरजी पर दायें-बायें खेल रहा है। यह तो आप पर अवलम्बित है कि मनुष्य-स्वभाव की विषमताओं से सँभल कर रहें। जब अनन्तप्रभ सूर्य सिर पर रहता है तब उसके महान् प्रकाश की हम कोई कद्र नहीं करते, उस प्रकाश में हम अपने कार्य-द्वारा कृतज्ञता के भाव नहीं भरते; किन्तु ज्यों ही सूर्य डूब जाता है त्यों ही तीन पैसे की टिमटिमदानी लेकर उसके प्रकाश में जीवन के कार्य पूरे करने बैठ जाते हैं। मानो यह हमारी रुचि का बीभत्स रूप है कि हम सूर्य और टिमटिमदानी को समान रूप से तराजू के दो पलड़ों में रखते कभी संकोच नहीं करते और तुलसीदास-जैसे साहित्यिक लगातार शताब्दियों से अपनी उपेक्षा के इस अपमान को सहते चले आ रहे हैं। कहते हैं जब तुलसीदास ने अवधी और बैसवाड़ी में रामायण लिखी तब काशी के पण्डितों ने उनका तिरस्कार किया कि उन्होंने अपनी रचना देववाणी में क्यों नहीं की ? किन्तु विद्वत्ता के उस प्रहार से युग-निर्माता तुलसीदास घबड़ाया नहीं, उसने स्पष्ट घोषणा की :

का भाखा का संसकृत
प्रेम चाहियतु साँच।
काम जो आवैं कामरी
का ले करिय कमाँच !!

ऐसे अपमानों के बीच लिचपिचा लिक्खाड़ क्या कभी ऐसी दृढ़ता दिखा सकता है ?

एक बार अपने गिरधरलाल के सेवा-रस में तल्लीन क्रान्तिकारिणी मीराबाई ने, कहा जाता है कि, युग-कवि-तुलसीदास को पत्र लिखकर पूछा कि सारे परिवार के लोग बैर पड़े है कि मैं अपना मार्ग छोड़ दूँ, बताओ मैं क्या करूँ ? तुलसीदास ने, पैसों और प्रभुताओं से घबराकर गलत मार्ग-दर्शन नहीं किया और वह भी सोलहवीं शताव्दी में, जब रुपया और राजा ही किसी का सर्वनाश कर देने के बलवान् साधन थे। कहते हैं, मीराबाई के पत्र के उत्तर में तुलसीदास का स्पष्ट जवाब यह रहा :

जाके प्रिय न राम-वैदेही—
तजिए ताहि कोटि बैरी सम,
जद्यपि परम सनेही।
पिता तज्यौ प्रहलाद, बिभीषन बन्धु,
भरत महतारी
ब्रज-बनितन निज पति तजि दी हैं……

देखा आपने, अपने मत और व्रत का पक्का साहित्यकार कैसा होता है ? साढ़े तीन-सौ-चार सौ वर्ष पहले के युग की कल्पना कीजिए और तब तुलसीदास का मूल्यांकन कीजिए। कहते हैं, एक बार गोस्वामी तुलसीदास इस देश के तत्कालीन बादशाह अकबर की सभा में आमन्त्रित किये गये। तुलसीदासजी प्रिय नवाब खानखाना के आग्रह से वहाँ चले गये। राजाओं की रुचि के अनुकूल वहाँ सम्राट् के दरबारी कवि एकत्रित हुए थे और समस्या दी गयी कि 'करौ मिल आस अकब्बर की' ऐसे समय भी सन्त कवि तुलसीदास ने नवाब खानखाना-जैसे महान् व्यक्ति की मुरव्वत का असर अपने पर नहीं होने दिया। उन्होंने समस्या-पूर्ति की जिसमें उलाहना दिया है कि इस खानदान में हुमायूँ और बाबर भी पैदा हुए, किन्तु उन्होंने अपने शील को नहीं छोड़ा, ऐसी समस्याएँ नहीं दीं। और अपनी समस्यापूर्ति के अन्तिम चरण को यों समाप्त किया :

जिनकों हरि की परतीति न हो,
सो करौ मिलि आस अकब्बर की।

सन्त कवियों का यह बाना विश्व-भर में, और भारत में भी, अनुपम रहा है।

जिस सदी में तुलसीदास पैदा हुए, उस समय हिन्दुओं के मतभेद चरम सीमा पर थे। शैव, शाक्त और वैष्णव और न जाने कितने रूपों में भारत का हिन्दुत्व

विभाजित था। शैव वैष्णव को गाली देता और वैष्णव शैव को। तुलसीदास इस परिस्थिति में भी डावाँडोल नहीं हुए। रामायण में उन्होंने राम के द्वारा शिव की पूजा करायी और शिव के द्वारा राम को सम्मान दिया और भेद डालने वालों को उन्होंने बहुत ही आड़े हाथों लिया। उन्होंने रामचन्द्र से कहलवाया :

शंकर प्रिय मम द्रोही
शिवद्रोही मम दास।
तें नर करिहहिं कलप सत
घोर नरक महिं वास।।

इस तरह तुलसीदास उन कवियों में रहे जिन्होंने 16वीं शताब्दी में संयुक्त भारतवर्ष का स्वप्न देखा, जो कि भारतीय संस्कृति के प्राचीन साहित्य में विद्यमान था। उन्होंने अपना चरित-नायक ही ऐसा चुना जिसने देश-निकाला लेकर, राज्यत्व छोड़कर, पैदल यात्रा की और गरीबी की जिन्दगी बितायी। किन्तु समस्त भारतवर्ष को अपने स्नेह के व्यवहारों द्वारा एक में मिलाया, उन्होंने ऊँच-नीच के भेदों को अलग हटाया, छोटी-बड़ी जातियों को समान रूप से स्नेह किया, निषाद को भरत से अधिक प्रिय बताया और अपनी दिग्विजय द्वारा तथा ग्राम-जीवन और वन-जीवन के लोगों के प्रति अपने को समर्पित करके संयुक्त भारत की स्थापना की।

रामायण पढ़ते समय एक पाठक वह होता है, जो देखता है कि रामायण के पात्र बोल रहे हैं; किन्तु एक पाठक वह भी होता है कि जो यह देखता है कि तुलसी कैसे बोल रहे हैं!

तुलसीदास अपनी रचना में जनता के बहुत निकट रहे, इसीलिए सोलहवीं शताब्दी में भी हिन्दी भाषा के शब्दों ने अपने जन्म के शैशव में ही अनोखे अर्थ-दान किये। जब तुलसीदास बोलते हैं तब मानो उनकी लेखनी उनके पात्रों की जीभ बन जाया करती है, उनकी काली स्याही से जाने कितनी उज्ज्वलता बरस पड़ती है। राम गंगा के तट पर हैं, गरीब केवट सामने खड़ा है। राम उससे कहते हैं, पार उतार दो। केवट ने कथा सुन रखी है कि राम के पैर छू जाने से एक बड़ी भारी चट्टान स्त्री बन गयी। अहल्या की उस कथा से रामभक्त चाहे जितने सुखी हों किन्तु रामभक्त तुलसी का केवट भयभीत है। तुलसी की रचना में वह जो कुछ कहता है, जरा उसे देखिए और कहिए कि वह तुलसी की कलम है या केवट की जीभ?

वह सीता और लक्ष्मण को साथ लिये हुए भगवान् राम से कहता है—नाव में क्या बैठते हो महाराज! वो दूसरा किनारा रहा; कमर-भर पानी है; मैं थाह दिखाता चलूँगा···। लीजिए, अब तुलसी का छन्द ही सुनिए। यह उनकी कवित्त-रामायण की रचना है:

इहि घाट ते थोरिक दूर अहै
कटि लौं जल, थाह दिखाहिहों जू,
परसे पग धूरि तरै तरनी
घरनी घर क्यों समुझाहिहों जू।
तुलसी अवलम्ब न और कछू
लरिका केहि भाँति जिवाइहौं जू,
बरु मारिए मोहिं, बिना पग धोये
हौं नाथ न नाव चढ़ाहिहौं जू ॥

जरा भाषा की और केवट की दोनों की सरलता देखिए, मानो एक की सरलता दूसरे को मात दे रही है, और गरीब केवट दशरथ के राजकुमार को चुनौती दे रहा है! कहता है—तुम्हारी चरण-धूलि के छू जाने से मेरी नाव तर जाये तो अपनी औरत को कैसे समझाऊँगा? गरज यह कि वह लड़ पड़ेगी और सचमुच मुझे और कोई सहारा तो है नहीं, तब बच्चों का पालन-पोषण कैसे करूँगा? इस लिए गरीब केवट की धनुषधारी राजकुमार को चुनौती है कि चाहे मुझे मार डालिए किन्तु मैं बिना पाँव धोये नाव पर नहीं बैठाऊँगा। कठिन शब्दों में अपनी वर्तमान असफलता को छिपाने वाले हम लोग तुलसीदास की सरलता कहाँ पा सकें? केवट यहीं चुप नहीं हुआ कि यह राजकुमार है और मैं क्या कह बैठा। वह कहता है कि आपका कुछ दोष नहीं है, महाराज! आपकी चरण-रज का प्रभाव ही ऐसा है, आप क्या करें, जब फिर पत्थर तर गया तब मेरी नाव तो लकड़ी की है, वह क्यों न तर जायेगी? एक तो नाव पत्थर से कोमल और फिर पानी में भीगी हुई। पत्थर तारने वाले रामचन्द्र केवट के इस बोल से पानी-पानी हो गये किन्तु केवट अपना मुद्दआ नहीं भूला। वह बोला, आपके पवित्र पाँव धोकर नाव पर चढ़ा लूँगा। बोलिए, क्या आज्ञा होती है? पूरा छन्द इस प्रकार है:

रावरे दोष न पाँयन को
पग-धूरि को भूरि प्रभाव महा है,
पाहन तें बन-बाहन काठ को
कोमल है, जल खाय रहा है।
तुलसी सुनि केबट के बर बैन
हँसे प्रभु जानकी ओर हहा है,
पावन पाँव पखारि के नाव चढ़ाहिहौं
आयसु होत कहा है॥

जिस तरह अवध के गाँव में बारात ठहराने योग्य अमराइयाँ अभी जीवित हैं, दुल्हन के सिर पर दूल्हा-द्वारा सेंदुर भरना अभी जीवित है, भाँवर और परिक्रमा अभी जीवित है, उसी तरह शहराती सभ्यता के अनेकों उलट-फेरों के पश्चात्

गंगा के किनारे तुलसी का केवट भी अभी जीवित है—केवल उसे देखने के लिए साढ़े तीन सौ वर्षों की दूरी को चीरकर देखने वाली आँखें चाहिए !

रामचरितमानस जैसे महान् ग्रन्थ की रचना में यद्यपि तुलसीदास ने अपने शील को यों व्यक्त किया है—

कबित बिबेक एक नहिं मोरें
सत्य कहूँ लिखि कागद कोरें ।

तो भी रामायण के रचना-कौशल की विशेषताओं में हम जितनी ही बार डुबकी लगायें, हमें नये से नये रत्न मिल सकते हैं। लोग अपनी रचनाओं को मांगल्य से प्रारम्भ करते हैं किन्तु रामायण की सम्पूर्ण रचना में आप देखें कि प्रथम परिस्थिति की विषमता सामने रखी जाती है, फिर कथा-भाग की कोमलता के दर्शन होते हैं। और इतने बड़े ग्रन्थ में पहले विमषता और फिर क्षमता, यह क्रम कहीं भी टूटने नहीं पाया। ग्रन्थ का प्रारम्भ शंकर की साध्वी पत्नी सती की मरण-कथा से शुरू हुआ है। पार्वती के विवाह में संकट है, राम के जन्म में संकट है। राम के युवराज होने पर विश्वामित्र ले जाते हैं, ताड़का की कथा है। गरज यह कि सम्पूर्ण रामायण संकटों पर सुखों के वैभव का एक अत्युच्च उदाहरण है; संकटों से सदैव भयभीत रहने वाली जाति की कायर जन-संख्या तुलसीदास और राम-कथा की विशेषता को कैसे समझे ?

राम तुलसीदास के लिए ईश्वर थे, राजा ही नहीं थे। किन्तु उन्होंमे रावण-जैसे राम के विरोधी को निष्कलंक चित्रित किया है और अपने चरित्र-नायक के भूल-भरे चरित्र को भी जिस निर्भीकता से व्यक्त किया है उससे देशों और युगों की जनता ही गर्वित न होगी, कला और चिन्तन की दिशा में भी निर्भीकता के ये चरण चार चाँद लगा देंगे।

भरत के चरित्र के निर्माण में तो तुलसीदास अनेक पूर्ववर्ती मनीषियों से बहुत आगे बढ़ गये हैं। महर्षि वाल्मीकि का अयोध्या का दूत जब राम के वन-गमन पर अपने मामा के घर भरत को बुलाने जाता है और जब भरत पूछते हैं कि अयोध्या में सब कुशल से तो हैं ? तब दूत भरत को जवाब देता है कि 'कुशलास्ते महाबाहो येषां कुशलमिच्छसि !' किन्तु जब तुलसी के अवध के दूत भरत को बुलाने जाते हैं तो ! तब वे इतना ही कहते हैं : चलिए, गुरुदेव ने शीघ्र ही बुलाया है।

तुलसी अपनी रामचरितमानस की प्रारम्भ की वन्दना में ही मानो साहित्य के सब लक्षण कह देते हैं। वे चाहते हैं कि कविता में वर्ण हों, अर्थ-संघ हों, रस-छन्द हों किन्तु वे सबके सब 'मंगलानां च कर्तारौ' होने चाहिए। इस अनुष्टुप् की रचना में ही तुलसी का चरम कौशल व्यक्त होता है। क्योंकि वर्ण अक्षरों को भी कहते हैं और चारों वर्णों को भी; अर्थ-संघ साहित्य के अर्थ-संघों को भी कहते हैं और जातियों को भी कह सकते हैं; रस छह भी होते हैं और नौ भी; और छन्दस् याने छिपकर

बैठने की प्रवृत्ति, अर्थों की प्रवृत्ति शब्दों में होती है और इच्छाओं की राजनीतिज्ञ में में। किन्तु तुलसीदास के शब्दों के अनुसार इन सबको मंगलकारी होना चाहिए। साहित्य में अर्थ छिपकर बैठता है, राजनीति में इरादे छिपकर बैठते हैं। तुलसीदास के निश्चय के अनुसार छिपकर दोनों बैठें, किन्तु वे मंगलकारी अवश्य हों।

अपनी रचना-कुशलता में भी तुलसीदास अद्भुत चातुर्य व्यक्त करते हैं : जनक का महल है, वहाँ से सीता अपनी सखियों को लेकर जनक के बाग में गौरी-पूजन के लिए गयीं। धनुष-यज्ञ होने वाला है, अभी हुआ नहीं है। वहाँ जनक की उस वाटिका में सीता राम को देख लेती है और सखियों के तानों से भयभीत होकर गौरी-पूजन को मन्दिर में आ जाती है। तुलसीदास की दो पंक्तियों ने मानो यहाँ आकर सारी समस्या को निहाल कर दिया है :

जय जय जय गिरिराज किसोरी। जय महेस-मुख-चन्द्र-चकोरी ॥
जय गजबदन षडानन-माता। विश्व-जननि दामिनि द्युति-गाता ॥

किशोरी सीता अपनी आराध्या को भी किशोरी कहकर पुकारती है जिससे वह किशोरी की कठिनाइयों को समझ सके, और राज-किशोरी सीता दूसरी राज-किशोरी से निवेदन कर रही है कि वह उसकी कठिनाइयों को समझे, तिसपर सीता ने अभी वाटिका में मुखचन्द्र देख लिया है और वह महेश-मुख-चन्द्र-चकोरी गौरी की आराधना करने लगती है। फिर गौरी भी सौन्दर्य में श्रेष्ठ है और उसके बाद जगन्माता कहा गया और सीता ने भी अपने जीवन में यही पाया। गौरी के दो पुत्र थे, सीता के भी दो ही हुए! अचम्भा होता है कि तुलसीदास किशोर-हृदय की इस कलापूर्ण कोमलता को कैसे लिख सके जब कि उनके जीवन में वियोग ने अनन्त अनर्थों की उत्पत्ति के सामान उपस्थित कर दिये होंगे।

यहीं आकर यह कहने को जी होता है कि "कलम से निस्सन्देह काल पराजित होता है!"

गोस्वामी तुलसीदास ने अपने कथा-भाग और वर्णन के वैभव में संस्कृत के प्राचीन साहित्य से तो लिया ही, उन्होंने अपनी समकालीन भाषाओं से भी रस-ग्रहण किया। अपने शहर या गाँव या गन्तव्य पर जाने वाले व्यक्ति को जिस तरह अनेक गाँवों और शहरों की सीमाएँ लाँघनी होती हैं और उन सीमाओं में से होकर गुजरना होता है उसी तरह गोस्वामी तुलसीदास का कलाकार उन भाषाओं और ज्ञान-वस्तुओं में से होकर गुजरा-सा लगता है। जहाँ तक उनकी जानकारी पहुँच सकती थी, उनकी रचना में उर्दू, फारसी और हिन्दी-जगत् की भिन्न-भिन्न बोलियों का अवधीकरण ढूँढ़ा जा सकता है, क्योंकि उनका उद्देश्य अपनी बात को अपने पाठक के पास सरलता से पहुँचाना था, अपनी जिद और अकड़ का भोंड़ा प्रदर्शन करना नहीं, इसीलिए उन्होंने रामचरितमानस में स्पष्ट स्वीकार किया कि उन्होंने वेद, शास्त्र, पुराण की 'सम्मत' वाणी से तो रामचरितमानस की रचना

की ही, कुछ अन्यत्र से भी लिया है ! विद्यार्थियों के लिए यह बात विशेष जानने योग्य है कि ज्ञान को सदैव किसी भाषा के द्वार से पाया जा सकता है और ज्ञान-पर सूर्य-किरणों और वायु के झोंकों की तरह स्वदेशी और विदेशी का आरोप नहीं किया जा सकता, किन्तु वे लोग अपराधी हैं जो विश्व का ज्ञान समेटते समय अपनी भाषा को भूल जाते हैं !

सन्त बिनोबा के कथनानुसार तो तुलसीदास-कृत 'रामचरितमानस' का नाम 'रामायण' के स्थान पर 'भरतायण' होना चाहिए । इसमें कोई सन्देह नहीं कि सन्तवर बिनोबा का यह कथन बिलकुल ठीक है कि भरत भक्तवर तुलसीदास के ध्यान-मूर्ति-पात्र थे। भरत राम के भक्त थे और तुलसीदास शील, सौजन्य और आराधना में भरत के शिष्य बनने का प्रयत्न करते थे। भरत का चरित्र गोस्वामी तुलसीदास ने इस प्रकार चित्रित किया है कि विश्व के कठोर संघर्ष के बीच आज भी यदि कहीं भरतत्व प्राप्त हो जाये, तो सौ-सौ रघुवंशों का सर्वनाश आज भी बचाया जा सकता है। यदि मेरा वश चलता तो मैं कॉलेज के विद्यार्थियों के दीक्षान्त में उन्हें रामचरितमानस दिये जाने की हिमायत करता। गद्दी-तकियों पर पड़े-पड़े, राम-वनगमन या सीता-हरण की कथा सुनकर रो पड़ने वालों के अकर्मण्य आँसुओं का अर्थ तो मेरी समझ में नहीं आया, न आने का। देश। निकाला, कठिनाइयाँ, सीता-हरण, संघर्ष और इन सब के परे दुःख-भोगियों की रक्षा और शील का निर्वाह—यदि यह जीवन नहीं है तब तो जीवन केवल रोटी के लिए, मालिक की ओर से सड़क पर भौंकने वालों के ही पास रह जायेगा। मेरे निकट तुलसीदास केवल सोलहवीं शताब्दी में ही नहीं हुए, वे आज भी ज्यों के-त्यों हैं। कभी काशी में दशाश्वमेध घाट पर घूमते-से और कभी अयोध्या में अपनी पोथी-पत्रे लिये देवमन्दिरों के द्वार चढ़ते-उतरते-से । किन्तु छोटे-छोटे गाँवों की यात्रा करते और लोक-जीवन से प्रेरणा लेकर लोक-जीवन ही में रामचरितमानस को उतारते-से। तुलसीदास के चरणों की वन्दना करके मैं अपने हाथ उन चरणों तक भी पहुँचा पाता हूँ जो आज भी प्रतिभा के पौधों को अपना हृदय दान कर रहे हैं ।

आपने मेरी बातें शान्ति से सुन लीं, इसके लिए मैं आपको धन्यवाद देता हूँ। विद्यार्थियों के सामने बोलते समय मैं वह नहीं बोल पाता जो मैं तुलसीदास पर कहना चाहता हूँ—मैं केवल वही बोलता हूँ जो मुझे आपसे गोस्वामी तुलसीदास पर संक्षिप्त रूप में कहना है।

[होल्कर महाविद्यालय, इन्दौर, 1938, चिन्तक की लाचारी]

हिन्दी का पत्रकार

स्वागत समिति के सभापति श्री श्रीप्रकाश जी !

मान्य सम्पादक बन्धुओ तथा मित्रो !

मैं तो बिस्तरे से उठकर इस मंच पर आ गया हूँ । श्री पराड़करजी ने आपको बतला ही दिया है, लगभग नौ महीने से मुझे अध्ययन का मौका नहीं मिला है। मैं तो हाथ में कोरा कागज लेकर चला आया हूँ । इतना समय नी नहीं था कि मैं कुछ लिख पाता । 11 अक्तूबर को मेरे पास तार गया, 12 को खण्डवा से मेरे पास इन्दौर भेजा गया, 13 को मैं चल दिया । 14 को दिन-भर चलता रहा और 15 को आप के यहाँ आ पहुँचा । ऐसा आदमी सम्पादक सम्मेलन के सभापति के पद से आपसे क्या कहे ? सन् 1927 में भरतपुर के पत्रकार सम्मेलन का भी मैं सभापति था। उस समय का भाषण भी मुझे घर पर नहीं मिला, जिसे मैं देख पाता । मैं सोचता हूँ कि बिना कुछ तैयारी किए मैं बीमारी से उठकर आ ही क्यों गया, मेरी झिझक का पहला कारण यह है । दूसरे, मैंने ही 'कर्मवीर' में लेख लिख कर तरुण मित्रों को ऐसे स्थान देने की बात कही थी । इसीसे मैंने उदासीनता भी प्रकट की, किन्तु वारण्ट की तरह पराड़करजी ने अवश्य आने का तार भेज्ञ दिया, और मैं आपके सामने उपस्थित हो गया ।

सच तो यों है कि मुझे बोलने की आदत है और बोलने का काम करने वाला आदमी कभी काम का बोलना नहीं बोला करता । दूसरे, मेरे एक विद्वान् मित्र का एक कथन भी आज ही सुबह मेरे कानों तक पहुँचाया गया । वे स्वयं कान्य-कुब्ज हैं। उनका कथन है कि नाई, कनौजिया और सम्पादक किसी के समझाये नहीं समझा करते, इसलिए उनके संघटन की बात कहना बेकार है, उनके सामने भाषण देना न देना बराबर है । किन्तु मैं तो श्रद्धा और विश्वास के साथ आप से कुछ बात कहना भी चाहता हूँ ।

समाचार-पत्र का अस्तित्व पत्र के रूप में चाहे नया हो, किन्तु संवाद और घटनाओं को एक स्थान और एक युग से दूसरे युग तक पहुँचाने की कला पुरानी ही है । प्राचीन युग में एक ज्ञाता दूसरे ज्ञाता से कितनी ही दूरी पर रहें, किन्तु उन ज्ञाताओं और उनके द्वारा वर्णित घटना-समूहों को लोग जानते थे । जब धीरे-धीरे समय बदला, तब उनका स्थान कथाकारों ने लिया और उसके बाद अत्यन्त वर्तमान युग में सूचनाओं के संग्रह, परिस्थितियों के ज्ञान, शिकायतों के प्रकटीकरण और ज्ञान के नवनवोन्नत विकास के लिए समाचार-पत्रों का उपयोग होने लगा ।

चीज चाहे कितनी सुन्दर और उपयोगी हो, युग के अनुकूल होने के लिए उसमें परिवर्तन होते ही रहेंगे । यदि हम चीज के पुरानेपन का मोह करें तो उतरे हुए

आमों की तरह उतरी हुई वस्तुएँ रोकी जाने पर, अपरिवर्तनशील रखी जाने पर, देश, समाज और साहित्य की स्वास्थ्य-हानि करने लगेंगी। साहित्य-शिल्पी तो एक शोधक है जो नवीन से नवीनतर विचार शोधपूर्वक समाज को देता रहता है। समाचारपत्रों का वर्तमान स्वरूप भी ज्ञान-संचय, सूचना-संग्रह, घटना-प्रकटीकरण और जनता की वाचा फूटने का वर्तमान सुधारा हुआ स्वरूप है।

जहाँ तक मुझे मालूम है, सन् 1927 ई० में भरतपुर में मैंने 'पत्रकार' शब्द का उपयोग किया। किन्तु 'जर्नलिस्ट' शब्द के लिए 'पत्रकार' शब्द सम्पूर्ण अर्थों का द्योतक नहीं मालूम होता। यह सच है कि 'पत्रकार' शब्द के अन्दर अखबारों का सम्पादन करनेवाले तथा अखबारों के लिए लेख तया संवाद-पत्र लिखने वाले और विशेष संवाददाता, ये सब आ जाते हैं। किन्तु यथार्थ में तो युग की घटनाओं के नियन्त्रक, संचालक, आलोचक और लेखक को 'पत्रकार' कहेंगे। 'पत्रकार' को सदैव ही कागज लेकर लिखना जरूरी नहीं है। नियन्त्रण में तौल और मस्तिष्क का उपयोग करना उसकी विशेषता है। इस मानी में 'पत्रकार' शब्द छोटा पड़ता है। साथ ही अपने ज्ञान-संचालन के द्वारा नवीन युग का निर्माण भी उसकी जिम्मेदारी है, जिस पर यह पत्रकार शब्द मौजूं नहीं होता। किन्तु इससे अधिक उपयुक्त शब्द मुझे सूझ भी नहीं पड़ता।

विश्व में तो पत्रकार-कला अपने लिए महान् स्थान बना चुकी है, किन्तु हिन्दी पत्रकार-कला नहीं। हमारी दशा बहुत शोचनीय है। हमारे देश में अँगरेजी के अखबार लगभग एक करोड़ की तादाद में खपते हैं। बम्बई के प्रसिद्ध ऐंग्लो-इण्डियन दैनिक 'टाइम्स ऑफ इण्डिया' ने तो यह भविष्यवाणी करने का भी साहस किया है कि आगामी कुछ वर्षों में अँगरेजी पाठकों की तादाद लगभग तीन करोड़ तक पहुँच जायेगी। बँगला, मराठी और गुजराती आदि भाषाओं के पत्रों के ग्राहकों की तादाद दस हजार से ऊपर कई गुना सुनी गयी। वे पत्र अपने प्रान्तीय जनमत का नियन्त्रण करते हैं, और अपने शासन तथा अपनी संस्थाओं का भी; किन्तु हिन्दी समाचार-पत्रों की अवस्था इससे बिलकुल भिन्न है। संयुक्त-प्रान्त, मध्यप्रान्त, बिहार आदि उन सभी सूबों में, जहाँ हिन्दी-भाषा-भाषी जनता रहती है, हिन्दी समाचार-पत्रों का विस्तार कुछ हजारों तक ही है। क्या कोई हिन्दी का समाचार-पत्र 'टाइम्स ऑफ इण्डिया' की तरह यह दावा, यह भविष्य-वाणी कर सकता है कि थोड़े ही दिनों में पन्द्रह करोड़ की आबादी की हिन्दी जनता में दो करोड़ जनता के पास हिन्दी पत्रों को पहुँचा सकेंगे? मुझे दुःख से कहना पड़ता है कि अखबारों के कार्यालयों की अपेक्षा हिन्दी-पत्रों और पत्रकारों की हानि के साधन हमारे समाज के बीच अन्यत्र बहुत बलवान् हैं। ये दो विनाश-बिन्दु हैं—हिन्दी संसार का, हिन्दी-प्रान्तों का नेतृत्व और हममें सम्पूर्ण हिन्दी संसार की रक्षा, पोषण और नियमन-भावना का अभाव, यानी प्रान्तीयता का

अभाव। मेरे कुछ मित्रों ने, कुछ नामी साहित्यिक मित्रों ने इसे हिन्दी संसार का गुण कहा है, और उसकी राष्ट्र के प्रति रहने वाली ईमानदारी की उज्ज्वलता बतायी है। किन्तु मैं इस विचार से सहमत नहीं हूँ। मैं प्रान्तीयता को बुरी चीज मानता हूँ। किन्तु प्रान्तीय कमजोरियों को राष्ट्रीय बल नहीं कहा जा सकता। जब समूचे राष्ट्र के समस्त प्रान्त राष्ट्रीय उत्थान की दौड़ में लगे हों, तब कुछ दिशाओं में हमारा पिछड़े रहकर राष्ट्रीय विकास में बाधक और अन्य प्रान्तों पर इन प्रान्तों के प्रयत्नों पर बोझीला हो पड़ना न हमारी उत्तमता कही जा सकती है, न राष्ट्रीयता। मुझे तो इस बात का दु:ख है कि माननीय पण्डित रविशंकर शुक्ल, माननीय पण्डित गोविन्दवल्लभ पन्त और माननीय श्री श्रीकृष्ण सिंह तथा उनके मित्रों ने शायद ही कभी मिलकर सोचा हो कि इन तीनों शासनों की संयुक्त शक्ति को समस्त हिन्दी संसार के महान् जागरण और संघटन का शुभ काम करना है। बुरहानपुर से भागलपुर तक और हजारीबाग से पंजाब तक एक दृष्टि रखकर सोचने वाली मनोवृत्ति की हम गहरी कमी महसूस करते हैं। और जब नेतृत्व ही इस पर ध्यान नहीं देता तब जनता में यह जागरण कहाँ से आये ? इसी मनोवृत्ति के अभाव से साहित्य और समाचारपत्रों में वह वजन नहीं मालूम होता जो मराठी, गुजराती, बँगला तथा अन्य प्रान्तीय भाषाओं के पत्रों में मालूम होता है। बम्बई के प्रधानमन्त्री मेरे भाई माननीय खेर साहब कांग्रेसवादी ही, नहीं गैरकांग्रेसी रुचि के मराठी पत्रों का रुख देखकर काम किया करते हैं, जो सर्वथा उचित और स्वाभाविक है और उत्तम शासन के लिए आवश्यक है। इसी तरह अन्य हिन्दी-भाषी सीमा के बाहर के प्रान्तों के शासनों की हालत है। महाराष्ट्र-प्रदेश में तो उनका अपना कोई अँगरेजी दैनिक ही नहीं है। बंगाल में 'आनन्द-बाजार पत्रिका' का प्रचार और प्रभाव सुना जाता है। और पढ़े-लिखे बंगाली तक उसे बड़ी तादाद में पढ़ते हैं। सज्जनों की टेबलों पर आप उनकी भाषा के पत्रों को रखा हुआ पायेंगे और उन पत्रों की लिखावट पर शासन में चर्चा होते पायेंगे। किन्तु ऐसे अन्य-भागी हिन्दी-संसार में ही देखने को मिलेंगे जो अँगरेजी पत्रों के लिए प्रात:काल से बेचैन रहते हैं किन्तु भूले-भटके नेतृत्व की खुशामद में मुफ्त आये हुए हिन्दी दैनिकों तथा अन्य पत्रों के महीनों आवरण नहीं खोलते, और कदाचित् इस अर्थ-युग में वे रद्दी के सदुपयोग की बहुमूल्य सीमा में स्थान पाते हैं। मैं बिहार की बात नहीं जानता किन्तु युक्तप्रान्त के और मध्यप्रान्त के कुछ स्थानों से मुझे ऐसी खबरें मिली हैं।

यह बात विश्वासपूर्वक कही जा सकती है कि आज प्रान्तों में जो जनप्रिय सरकारें स्थापित हैं और धारा-सभाएँ काम कर रही हैं, उनके मतदाताओं तक अँगरेजी नहीं, हिन्दी पत्रकार की कलम पहुँची थी। किन्तु जो उपेक्षा हिन्दी पत्रों के साथ की जा रही है, उसे देखकर यह कहना पड़ेगा कि हमारा नेतृत्व अपने ही

बलवान् साधनों के प्रति उदासीन है। यदि हम हिन्दी के पत्रों और पत्रकारों के प्रति शासन, नेतृत्व और जनता को सावधान और सहायक देखें तो हमारे सामने हिन्दी-संचालन के नवजागरण का दिन आ सकता है।

हिन्दी पत्रों की, खासकर समाचार-पत्रों की, जो दैनिक प्रकाशित होते हैं, तार-समाचार भी एक कठिनाई है। समाचारों की एजेंसियाँ अँगरेजी में तार भेजती हैं। जापान, इंग्लैंड, जर्मनी, अमेरिका, रूस कहीं भी आप यह तमाशा नहीं देख सकते कि उन देशों की भाषा में समाचार न आयें। परिणामतः अँगरेजी दैनिक ज्यों की त्यों तार-समाचारों की पाण्डुलिपि छपने दे देते हैं, केवल जरूरत के अर्द्धविराम, पूर्णविराम, शीर्षक या उपशीर्षक घटा-बढ़ा या बदलकर। किन्तु बेचारा हिन्दी पत्रकार अनुवाद करने बैठ जाता है और ताजगी की दौड़ में अँगरेजी पत्रों से पीछे रह जाता है। इस बात की सुधार की ओर जननायक बिलकुल ध्यान नहीं देते, मानो यह बिलकुल स्वाभाविक अवस्था हो!

कांग्रेस का शासन प्रान्तों में स्थापित हो जाने के कारण समाचार-पत्रों का रुख भी स्वतन्त्र और उदार होना चाहिए। इसके पहले कांग्रेस का प्रेस, कांग्रेस का पूर्णतः प्रचारपत्र अथवा प्रोपेगैण्डा शीट था। किन्तु अब हमें यह अनुभव करना चाहिए कि प्रान्त की समस्त जनता हमारे मन्त्रिमण्डल की प्रजा है और जो रुख, जो पक्षपातहीन रुख समस्त जनता के लिए कांग्रेस के मन्त्रिमण्डल को लेना अनिवार्य है वही पक्षपातहीन रुख कांग्रेस अखबारों का गैरकांग्रेसी जनता के साथ भी होना चाहिए। कांग्रेसी प्रेस अपने सम्पादकीय स्तम्भों में विरोध की बातों पर अपनी नुक्ताचीनी करने के लिए स्वतन्त्र रहे, किन्तु श्लील, शील और चरित्र की रक्षा करते हुए विरोध में प्रकट होने वाले जनमत को पत्रों में स्थान देना चाहिए। हमारा काम जनता की वाचा फोड़ना है। जहाँ शिक्षण का फीसदी 10 भी न हो वहाँ की जनता से कठोर उन्नत आदर्शों की माँग नहीं करनी चाहिए। हाँ, द्वेष और गाली-गलौज पत्रों का स्वभाव नहीं होना चाहिए।

हमने बहुत वर्षों तक खून, फांसी और काले पानी के गीत गाये और पूर्ण स्वतन्त्रता मिलने तक हमारी यह परम्परा जारी रहेगी, किन्तु एक बात को हम नजरन्दाज न करें। यदि हमने देशाभिमान पर जोर न दिया और केवल ब्रिटिश विरोध की ही माला जपी तो ब्रिटिश शक्ति से अधिकार लेने के दिन हममें से कितने ही देशघातक हो जायेंगे, क्योंकि ब्रिटिश विरोध देशाभिमान की गैरहाजिरी में कोई मूल्य की वस्तु नहीं ठहरता। प्रखर तथा उज्ज्वल देशाभिमान में विदेशी शासन का कठोरतर विरोध अपने-आप ही रहता है। हम देख रहे हैं कि थोड़े दिनों के कांग्रेसी शासन में ब्रिटिश शासन के साथ जो थोड़ा मेलजोल हुआ उसमें हमारे भाई न जाने क्या-क्या लिखने लगे और न जाने क्या-क्या करने लगे। हमें देशाभिमान से नीचे उतरने पर किसी को भी क्षमा नहीं करना है।

जब लोकप्रिय सरकारें प्रान्तों में कायम हुईं, तब देशी भाषा की समाचार-एजेन्सियों का आयोजन हम क्यों न करें ? और हमारी सरकारें इस कार्य में सहायक क्यों न हों ? यदि अँगरेज जहाजी कम्पनियों को इंग्लैण्ड की सरकार भारतवर्ष तथा अन्य देशों की जहाजी कम्पनियों में स्पर्धाशील बने रहने के लिए उनका टोटा भरकर सहायता देती है तो हमारी प्रान्तीय सरकारें समाचार-एजेन्सियों का टोटा क्यों न भरें ? ऐसा होने के पश्चात् देशी भाषाओं के दैनिक पत्रों को बहुत बड़ा सहारा मिलेगा और वे भी इस देश की बड़ी भारी सम्पत्ति कहलाने लगेंगे।

आज के दैनिक, साप्ताहिक, मासिक आदि पत्रों का संचालन कला भले बन गया हो, किन्तु वह अभी तक व्यवसाय नहीं बन पाया है। व्यवसाय का सा लाभ उठाना और लखपति हो जाना अभी इस कला के भाग में नहीं है। जिस दिन यह कला अथवा यह व्यवसाय पूरा खर्च जाकर चार-पाँच फीसदी सालाना का भी निश्चित लाभ देने की योग्यता प्रकट करने लगेगा, उस दिन देश के धनिक इस व्यवसाय में अपना लाखों रुपया लगा देंगे और उनकी—धन की और कीर्ति की, दोनों प्रकार की, दूकानदारियाँ अपने मुनीमों के बल पर बड़े मजे से चलने लगेंगी। किन्तु संकट, जुर्माने, नजरबन्दी, तलाशी और कारागार के बल पर चलायी जाने वाली यह कला आज तो धर्म ही कही जा सकती है। अभी धर्म की सीमा को वह लाँघ नहीं पायी। अतः इस उपयोगी कष्ट-भोगी और समय के सन्देश-वाहक उपकरण के साथ जनता और शासन की बलवान् सहानुभूति होनी चाहिए।

समाचार-पत्र से सरकारी महसूल वसूल करना सामयिक ज्ञान को दण्ड देना है, और देशी भाषा के समाचार-पत्रों से अधिक सरकारी कर वसूल करना इस देश के ग्रामीण तक पहुँचने वाले ज्ञान के झरने में रुकावट डालना है। किन्तु हो यही रहा है। यदि कोई एक पैसे का अखबार निकाले और 25 फीसदी कमीशन अपने एजेण्टों को दे दे तो भी एक पैसे वाले डाकखाने के टिकट ही उसे अपने अखबार पर लगाने पड़ेंगे। यह तो 100 फीसदी से ऊपर का सरकारी महसूल हुआ। हिन्दी में दो पैसे के दैनिक निकलते हैं। ज्ञान-वर्धन और विषयों की सम्पूर्णता की दृष्टि से यह बुरी बात है। वे एक आने के निकलने चाहिए। किन्तु दो पैसे के अखबार को एक पैसे का डाकखाने का टिकिट लगाना पड़ता है, और इस तरह 50 फीसदी 'सरकारी कर' का रक्तकर चुकाना होता है। भारत सरकार का काम है कि वह समाचार-पत्रों के लिए इससे भी बहुत सस्ते टिकिट चलाये, जो केवल अखबारों के टिकिट कहलायें और जिससे ज्ञान ग्रामीणों तक सस्ते और सुविधाजनक ढंग से पहुँच सके। ज्ञान से घबराने और उस पर सन्देह किये जाने का युग अब समाप्त होना चाहिए, और वह इस तरह कि, भारत सरकार धन का लोभ छोड़कर सस्ते टिकिटों द्वारा अखबारों से ज्ञान का प्रचार

देश के गांव-गांव में होने दे ।

उस लेखक के कथन को मैं मानता हूँ कि ऑक्सफार्ड का गौरव और केम्ब्रिज की कीर्ति चौकन्नी और प्रतिभाशील पत्रकारिता को जन्म नहीं दे सकती । किन्तु ज्ञान की साधना से इनकार नहीं किया जा सकता । एक खास सीमा का ज्ञान, उच्च से उच्च हो तो भी, पत्रकार-कला के लिए कुपथ्य न होगा । वह तो आवश्यक है । इसलिए सर्वप्रिय शासनों के युग में, उचित पाठ्य-विषयों के साथ, विश्व-विद्यालयों में सम्पादन-कला का शिक्षण देना चाहिए, और उपाधि भी देनी चाहिए । यह विषय सारे जगत् में अभी नहीं सुलझ पाया । तो भी हमें इस देश में नम्र प्रारम्भ करके देखना चाहिए ।

आजकल लोगों ने एक बात बड़े मजे की सीख रखी है । जब तक अखबार प्रसिद्ध पुरुषों की कीर्ति कथा-गायन की कुली-प्रथा जारी रखता है, तब तक वे धन्यवाद के दो शब्द भी पत्रकार को नहीं भेजते, किन्तु जन-हित की दृष्टि से यदि पत्र में दो कड़वी बातें छप जायें तो दफा 500 की मान-हानि की नोटिस हाजिर है । सच तो यह है कि मानहानि की नोटिस जो चाहते हैं, यदि वही समाचार-पत्र निकालें, तो फिर पत्रों के अस्तित्व की आवश्यकता ही न रह जाये ! मैं व्यक्तिगत आक्रमण को बुरी चीज मानता हूँ, और ज्ञान के ऐरावत पर गाली-गलौज के रूप में अथवा द्वेषपूर्ण बातों के रूप में म्युनिसिपैलिटी का कूड़ा-कर्कट ढोया जाना पसन्द नहीं करता । किन्तु शासन, संस्थाओं और जन-सेवकों द्वारा जन-सेवा के पथ में किये गये कार्यों की उन्नत और निर्भीक चर्चा आवश्यक है । दफा 500 की नोटिस कई अंशों से उसी जनवाणी को कुचलने का प्रयत्न है ।

इसी समय मुझे गरीब हिन्दी पत्रकार की गरीबी का स्मरण हो आता है । वेतन, अधिक श्रम, रात का जागरण और साधनहीन कठिनाइयों के बीच पत्र चलाते हुए यदि किसी 'तीसमार खाँ' शासक, धनिक अथवा महज्जन की त्यौरी चढ़ गयी और गरीब पत्रकार को सर्वनाश या कारागार के दिन देखने पड़े, तो हिन्दी पत्रों में ऐसा संघटन नहीं कि संकट में पड़े हुए किसी पत्रकार-बन्धु की रक्षा कर सके, या उसके बीमार पड़ने पर सहायक हो सके, या उसके जेल जाने पर उसके घर की सहायता का आयोजन कर सके, अथवा उसके मर जाने पर उसके बाल-बच्चों की ओर देखने वाला कोई हो । गरीब पत्रकार के बाल-बच्चों का शरणगृह तो शायद अनाथालय ही हो सकता है । इस अवस्था को हमें शीघ्र बदलना चाहिए । यह पत्रकारों के आर्थिक संघटन से ही हो सकता है ।

पत्रों के अस्तित्व के मार्ग की एक बड़ी बाधा है धनिकों के शौक, धर्मान्धों की जिद अथवा साधन-हीनों की लहर पर निकलने वाले साम्प्रदायिक तथा अन्य क्षण-जीवी पत्र । ऐसे पत्र निकलते ही बढ़िया कागज लगा देंगे, अच्छे चित्र दे देंगे । काफी चटक-मटक दिखा देंगे, और लागत का खयाल किये बिना पत्र का मूल्य

घटा देंगे : परिणामतः मूल्य घटाकर चटक-मटक लाने के लिए वे स्थायी पत्रों को बाध्य करते हैं। ऐसे पत्र चल तो सकते ही नहीं, थोड़े दिनों में मर जाते हैं, किन्तु प्लेग के कीड़ों की तरह खुद मरकर अस्तित्ववानों को भी मरण-पथ की ओर खींचते हैं। अतः पत्र-जगत् पर हमारा नियन्त्रण होना चाहिए, कि बिना साधनों की अथवा साधनों वाली खतरनाक धर्मान्धता, शौकीनी और लहरीली ऐयाशी के मार्ग में कुछ रुकावट की जा सके।

हिन्दी संसार का एक बहुत बड़ा भाग मध्य भारत और राजपूताने के देशी राज्य हैं, जहाँ हर सौ या पचास मील पर शासन बदल जाता है। ये रियासतें प्रायः निर्भीक समाचार-पत्रों से घबराती हैं और उनका प्रवेश-निषेध कर देती हैं। अपने ज्ञान-विद्रोह के पाप का प्रक्षालन भी ये रियासतें करती हैं, किन्तु बड़े विचित्र तरीके से। ये अपने यहाँ से, अपने राज्य से भी कुछ समाचार-पत्रों को निकलने देती हैं, प्रकाशित होने देती हैं; किन्तु ऐसे पत्र जो राज्य के शासन की आलोचना नहीं कर सकते, राज्य की सीमा में या उससे बाहर अपनी बिक्री नहीं बढ़ा सकते। उसके बदले में ऐसे समाचार-पत्रों को ये सरकारें कुछ हजार रुपया सालाना सहायता देती हैं, और अपने राज्य की पाठशालाओं आदि में भी उन पत्रों के जाने की सुविधा कर देती हैं। ये पत्र श्रेष्ठता से चलाये जाने पर भी जब तक शासन की आलोचना के लिए निर्भीक न हों, राज्य की रेहन रखी हुई जायदाद की तरह हैं। इनके द्वारा कष्ट भोगती और पिसती हुई रियासती जनता की वाचा नहीं फूट सकती। उस जनता में शासन के अधिकार की प्यास और भूख पैदा नहीं की जा सकती। राज्य की सीमा के पत्रों के संचालक सज्जन, यदि वे चाहें भी तो, शासन से नहीं झगड़ सकते, क्योंकि वहाँ का शासन प्रजामत और कानूनों पर अवलम्बित नहीं है, अभी भी वह निरंकुशों की मरजियों पर चलाया जा रहा है, जिसके अपवाद बहुत ही थोड़े हैं। अतः ब्रिटिश भारत के पत्रों और पत्रकारों की जिम्मेवारी है कि वे रियासती जनता को अकेला न छोड़ें, और 'सैनिक', 'हिन्दुस्तान' और अर्जुन' की तरह तथा 'नवज्योति' और 'नवराजस्थान' की तरह खतरों से खेलकर भी और अधिक प्रयत्न करके भी रियासती जनता का साथ दें। हम हिन्दी संसार को अविभाज्य मानें तभी हम रियासती जनता के प्रति अपना कर्तव्य पूरा कर सकते हैं।

मैंने भरतपुर-सम्मेलन के वक्त एक सपना लिखा था कि युद्ध के जमाने में हमारे हिन्दी पत्रों के संवाददाता भी युद्ध-क्षेत्रों में हों। आज युद्ध हो रहा है और आप देख ही रहे हैं कि हिन्दी पत्रों के संवाददाता विदेश के युद्ध-क्षेत्रों में दिखलाई नहीं देते। हमारे तरुण यहाँ बेकारी में भूखों मरेंगे, निश्चित मौत का खतरा वे भूखे मरकर ले लेंगे, किन्तु साहस करके मरना पसन्द नहीं करेंगे। जो लोग ग्रेजुएट होकर जूते की पॉलिश करने तक का साहस करते हैं, उन्हें मैं तो प्रशंसनीय नहीं कह

सकता। मेरी नजर में यह कार्य श्रम की उच्च भावनाओं में शुमार नहीं। किसी पराधीन देश में, तरुणाई के लिए उच्च श्रम वही है, जब वह खतरों और भयंकरताओं के साथ खेले और उससे देश के नवजागरण और समाज की महान् उथल-पुथल में सहायता मिले। मेरी समझ में नहीं आता कि हिन्दी के तरुण विश्वविद्यालयों के ज्ञान की दिमागी ऐयाशी क्यों साबित करते हैं ! वे ख़तरों से जूझकर विदेशों से स्वदेश को खबरें देते, खबरों के लिए कष्ट उठाते, और सन्देश-वाहक के नाते पत्रकार का इतिहास बनाते नजर क्यों नहीं आते ? इस दिशा में हमारी तरुणाई चुप न रहे। उसे जागरणशील होना चाहिए।

अन्यान्य प्रान्तों में ही नहीं, ब्रह्म देश में, उपनिवेशों में और विदेशों में जो भाई हिन्दी पत्र निकाल रहे हैं, उन पर हमारी नजर होनी चाहिए और हमसे उन्हें प्रोत्साहन मिलना चाहिए। दक्षिण अफ्रीका में हिन्दी पत्रों के निकालने का आयोजन श्री भवानीदयालजी संन्यासी तथा अन्य मित्रों द्वारा होता रहा। जापान से हमारे बिहार-निवासी देशभक्त डॉक्टर सहाय एक अँगरेजी, हिन्दी और जापानी पत्र चलाते रहे जिसका नाम 'वॉयस ऑव इण्डिया' था। पत्र निर्भीक था। भारत सरकार ने उसे रोक दिया, किन्तु हम लोगों ने उसे प्रोत्साहन क्यों नहीं दिया, उस समय तक जब तक कि वह ब्रिटिश भारत में आता रहा ? मेरी विनय है कि शासन के दण्ड देने के पहले ही हम अपने विदेशों में बसे हुए हिन्दी पत्रकारों को अपनी उपेक्षा का दण्ड न दें। वे तो सदैव ही हमारे होने चाहिए।

अब एक बात और ! वर्धा के सन्तवर विनोबा ने एक बार अपने प्रवचन में कहा था कि यह नहीं सोचना चाहिए कि यदि स्वतन्त्रता की सेना किसी दिन महाराष्ट्र प्रदेश के नाणेगाँव नामक गाँव से होकर आयी थी, तो वह फिर भी नाणेगाँव ही होकर आयेगी और अपने लिए कोई दूसरा रास्ता नहीं लेगी। कैसा सुन्दर संकेत है ! स्वतन्त्रता की जगदीश्वरी किसी कवि और लेखक की अपेक्षा ज्यादा मौलिक है। इसमें सन्देह नहीं कि अखबार न तो तोप या तलवार है जो रक्तपात करे; न शासन है, या विद्रोह-सेना है जो गहरे परिवर्तन और डबलमार्च करे ! किन्तु समाचार पत्र ज्ञान और घटनाओं का नियन्त्रक और संचालक तो है ही। हम सावधान रहें कि, न जाने किस रास्ते होकर भारत की स्वतन्त्रता आ जायेगी। अनेक आदर्शवादों और बन्धनों के बीच हमारा कठोरतर आदर्शवाद स्वतन्त्रता के आवाहन को तैयार होना चाहिए। ब्रिटेन की मित्रता के साथ या ब्रिटेन की मित्रता के परे यह पथ तो स्वयं स्वतन्त्रता ढूंढ़ेगी। किन्तु हमें नवभरात की तैयारी में, तरुणाई का समस्त बल अनुभव करते हुए चौकन्ना रहना चाहिए कि देश के परिवर्तन की प्राप्त कठिन परिस्थितियों में, हमारे ज्ञान और हमारी दूरदर्शिता का दिवाला न निकल जाये। हम वह दे सकें, जो समय की माँग है और जिसे देने के बाद स्वतन्त्र भारत की पीढ़ियाँ अपने देश की पत्रकार-कला पर

गर्व कर सकें ।

जैसा कि मैंने कहा, कि मैं तो बिना तैयारी के बीमारी के बिस्तरे से उठकर चला आया हूँ, अतः समाचार-पत्रों, पत्रकार बन्धुओं और उनकी विभिन्न परिस्थितियों का निदर्शन न कर सका, इसके लिए मैं क्षमा चाहता हूँ ।

बस, मैं अपनी बात कह चुका । काशी के मित्रों तथा स्वागत-समिति को अनेक धन्यवाद !

[28वें हिन्दी साहित्य सम्मेलन के अन्तर्गत अ० भा० हिन्दी पत्रकार परिषद् के सभापति-पद से दिया गया भाषण, 1939, चिन्तक की लाचारी]

सूझों का काँटों वाला पथ

विन्ध्य और सतपुड़ा की हर जीवन-धारा, हर जल-धारा, बम्बई के सूबे के समुद्र में मिलने के लिए बाध्य है । नर्मदा और ताप्ती के रूप में दो तरल रेखाएँ, उस मध्य-भारत भाग से, इस पश्चिम तक खिची हुई हैं, और अपने नगाधिराजों के शिखरों का अगम और अछूता वैभव समेटकर आपके सागर को सर्मपित कर रही हैं । मैं उन धाराओं के तट का वासी हूँ, जिनकी सीमाएँ हैं और निस्सीम सागर तक एक-न-एक दिन आने को बाध्य हैं । यही क्यों, उन अंचलों की समस्त उपज आपके बाजारों में ला उपस्थित की जाती है । यों समस्त भारत की संस्कृति का रुख ही पश्चिम को है, और आपकी मोहमयी नगरी मानो पूरब का वैभव उतार-कर, पश्चिम को प्रदान करने का केन्द्रस्थल है । यह सदियों से भारतीय वैभव दान का द्वार पश्चिम के लिए खोले बैठी है । मैं बम्बई कब तक न आता—सो आ गया समझिए ।

इस वर्ष हमने इतना खोया, जितना पाकर हमने कुछ शताब्दियों से कभी खोया न था । हमने रवीन्द्रनाथ ठाकुर खोया । रवीन्द्र भारतीय साहित्य के प्राण-प्रतिभा और प्रार्थना का सम्मिलित नाम है । वे इस देश के मस्तकों, यहाँ की लेखनियों और यहाँ के चिन्तन में उतरकर सहस्र-सहस्र कलाकारों के रूपों में सपने देखने, बोलने और कागज पर उतरने वाले राष्ट्र-हृदय के गायक थे । वे मानो, इस देश, और इस देश की ओर से विश्व के एक नम्र किन्तु पुरुषार्थमय ध्येय-दान थे । इस ध्येय को चिन्तन, आचरण और रक्त में नव-जागरण के रूप में भारत ढूँढ़ रहा है । हमने भारतीय संस्कृति और कलाकार-विश्व को दिया जाने वाला चिरन्तन उत्तर खो दिया । विचार-दारिद्र्य की देश भूमि का मानो अन्न-सत्र लुट गया । चिन्तन की कोमलतम और प्रखरतर घड़ियों के दिग्दर्शक अंगुलि-निर्देश पर, काल ने मानो बरबस परदा डाल दिया । ऊँचे से उठकर

बोलनेवाला वह स्वर मन्द पड़ गया, जो बंगाली में ध्वनित होकर देश की समस्त भाषाओं, और विश्व के समस्त कोनों में, हमारा बनकर प्रतिध्वनित होता था। हमारा विश्व को प्रतिदान रुक गया। अब रूसी, फ्रेंच, अँगरेजी आदि विश्व-भाषाओं से हम दान लेने के अधिकारी रह गये, किन्तु विश्व का हर भारी अभाव एक नयी वस्तु को जन्म देता है। रवीन्द्र ने वन्ध्या-वाणी का निर्माण नहीं किया। न आज की भारतीय प्रतिभा विश्व-विभु की उस चुनौती से घबराती है कि उसने रवीन्द्र छीन लिया। अभाव में मानव-भाव हरे होते हैं, मानव-आविष्कार उगते हैं। रवीन्द्र हमारे थे, यह सिद्ध करने के लिए हमारा युग रवीन्द्र-सा ऊँचा उठकर बोलेगा। हमारी कलमें यह संकेत कर रही हैं।

प्रतिभा और पुरुषार्थ—दोनों मानो एक-दूसरे की अमर आवश्यकताएँ हैं। आपकी संस्था में, यह देखकर मैं गर्वित हूँ कि बहिनें राष्ट्रवाणी की परीक्षाओं में काफी दिलचस्पी लेती हैं। बहिन लीलावती मुंशी का नायकत्व, प्रतिशत के पैमाने पर यों खूब सिद्ध हो रहा है। स्त्री मानो सदैव घर को जगमगाता रखने वाला नन्दादीप है। पुरुष, विश्व में घर की समस्याएँ सुलझाता हुआ घूमने वाला जंगम दीप है। इन दो प्रकाशों से 'घरे बाहरे' उज्ज्वल ज्योति-धारा बहती और पथ उज्ज्वल करती है। मैं बहिनों को अधिक से अधिक बधाई देता हूँ कि उन्होंने राष्ट्रवाणी को अपनाया। श्री क्षिति बाबू के शब्दों में कहें तो, यह 'दीप्त-दीप-दीक्षा' देश के लिए मार्गदर्शक और मंगलमय हो।

जब हम नये-नये बोलना सीखे थे, ऐसा बोलना जिसमें स्वरों में से अर्थ निकालते, और व्यंजनों में से वाणी, तब हम 'सूत्र' लिखते थे, जिन पर 'भाष्य' होते थे। किन्तु फिर हम हर बोला हुआ लिखने लगे, और बोली के बड़ी तादाद में पैदावार होने से, सूत्र की जगह ग्रन्थ लिखने लगे। पहले हमारा क्रम था, जो मन में न समा सके, उसे डरते-डरते वाणी तक ले आना, और जो वाणी पर आकर शत-शत के हृदय और मस्तक पर चढ़ने लगे, उसे कलम के काले आँसुओं की ईमानदारी के साथ भोज-पत्रों, शिलाओं, धातु-पत्रों या कागजों पर रख देना। हम अब लिखते ही हैं; बोलते प्रायः नहीं हैं। बोलना अब हम उसे कहने लगे हैं, जिसके मानी, जिसके भाव, जिसके तर्क, जिसके अभिनय, जिसकी अनुभूति को हम कागज पर उतरा नहीं देख सकते। इसीलिए हमारी जीभ यानी वाणी त्याज्य, मन-बहलाव का कौशल, हमारी जरूरत पूरी करने की एक इन्द्रिय मात्र रह गयी है। हमारी आज की जीभ है—हमारे कागज। बिजली के तार बिजली पहुँचाते हैं, नल पानी पहुँचाते हैं, और हमारी यादें, हमारी स्मृतियाँ, कागज के बण्डलों से, हमारी बोली का थोक-माल पहुँचाने का काम करती हैं। हम कहते हैं कि यह हमने संघर्ष में पड़कर किया है। शायद हमारा वश चलता तो हम संघर्ष में पड़कर, अपने देखने-सुनने, साँस लेने आदि के स्थानों को भी बदल लेते। खैर,

जब-जब 'थोक' तैयारी विश्व में होती हैं, और जरूरत से ज्यादा माल तैयार हो जाता है, तब-तब महायुद्ध-जैसे विश्व-विग्रह होते हैं। भौतिक माल की तैयारी के विग्रह दस-बीस वर्षों में होते हों, किन्तु बोली के माल की तैयारी के विग्रह लगातार चलते रहते हैं। सूत्र थे, तब वे मन्त्र कहलाते थे; ग्रन्थ हुए कि उनके 'प्रचार' की जरूरत हुई। सूरज और चाँद को कभी भी प्रकाश का विज्ञापन नहीं देना पड़ता, पानी की धाराओं को प्यास बुझाने की खूबी के लिए गुमाश्ते नहीं रखने पड़ते, वायु को खिड़कियों और झरोखों तक से अन्दर आने के लिए इजाजत नहीं लेनी पड़ती; किन्तु वाणी आज इतनी खुली, इतनी फैली हुई, इतनी सस्ती होने पर भी उसका पथ अवरुद्ध हो गया है। पहले अन्तर में प्रकाश भर, वाणी द्वारा आये शब्द बुद्धि की जड़ता दूर करते थे, अब हम 'जड़ता' के आवरण के लिए वाणी का कौशलपूर्वक उपयोग करना सीख गए हैं। पहले हम मानव-रागों से उत्पन्न मलिनता को, अपने निश्चयों पर नहीं चढ़ते देखते थे; अब निश्चय की मलिनता को उज्ज्वलता कहने की प्रतिभापूर्ण कलाबाजी में, हमारी सरस्वती—हमारी वाणी, का सजाव-शृंगार काम आने लगा है। पहले हम भूमि से आकाश तक देखते थे, अब हम अपने मस्तक में रेल के डिब्बे बनाये हुए हैं, और एक डिब्बे से दूसरे डिब्बे को दूर मानते हैं। हम कहते हैं कि यह हमारा विस्तार है। दृष्टि की संकुचितता को विश्व का विस्तार कहना, हमारी यथार्थ पर अयथार्थ का आवरण डालने की खूबी का ही नाम है। पहले हमारी वाणी में हमारी प्रेरणा उतरकर आती थी—तर्क से छनकर, युग की आवश्यकता से प्रतिध्वनित होकर, और हृदय के समर्पण का युगों-युगों को वेध सकने वाला स्वर बनकर। अब हम प्रेरणा के अभाव को, औरों की प्रेरणाएँ उधार लेकर, मिश्रण करके भी, जब अपने अस्तित्वका कौशल सजाने में बुद्धि का उपयोग नहीं कर पाते, तब हम अपनी प्रेरणाहीनता ही को, अपनी पहुँच कहने लगते हैं। जो बुद्धिजीवी हैं, वे इस प्रेरणाहीनता को—कला के साथ घोर विश्वासघात करके भी—कला कहते हैं। जो शक्तिजीवी हैं, जिनकी शक्ति से बुद्धि का कोई सम्बन्ध नहीं, वे उसे 'सादगी' कहते हैं। और इन दो पाटों के बीच में साहित्य नामक कबीर रोकर कह उठता है—

चलती चक्की देखि के, दिया कबीरा रोय।
दुइ पाटन के बीच माँ साबित बचा न कोय।।

युगों-युगों में, विलास का रक्त-कर वसूल करने वाली हमारी प्रेम-भावना ने, समय-समय पर सूझ की मयूरिणी वाणी के साथ ऐसा ही व्यवहार किया है। सूझ की गति को, सूझ के कदम-ब-कदम चलने ही को विकास कहते हैं। और विकास के पथ के लगातार शोध ही को साहित्य कहते हैं। शोध के, मौलिकता के पथ के पागल हम, कभी-कभी आकाश की तरह ऊँचे विचारों को व्यक्त करते हैं—हम बुरा नहीं करते। किन्तु उस समय बोली भी आसमान की तरह पहुँच के बाहर

की बोलने लगते हैं। नहीं, आसमान के-से विचार हों, परन्तु हम जमीन पर हैं, यह न भूलें। हमें जो बोलना होगा, जमीन की बोली में बोलना होगा। वे जमीन पर रहते हैं, जिनमें हम जनमे हैं। हम जमीन पर पैदा हुए हैं, और जमीन की उथल-पुथल के सन्देशवाहक होकर ही हमें रहना है। अत: आसमान की बातें भी हम जमीन की बोली में बोलें।

ऐसा न हो कि हमारा किसी विषय में कोई मत ही न हो, और हर विषय पर, हमारे मन में उग उठने वाले विचारों या विकारों-मात्र को ही हम अपनी सूझ मान बैठें। कभी कल्पना, कभी वस्तु और कभी जरूरत की रगड़ खाकर जो कुछ हमारे मन में उग उठा करता है, वह सब का सब 'हमारा मत' नहीं है। हमारे मन पर आने वाले इन अनेकों विचारों में, हम जिस पर अपने निश्चय की उँगली रख दें, वही हमारा मत होगा। प्रत्येक उस विषय पर, जिसे हम भेजे से कलेजे पर उतारें, जिसे तर्क से हृदय तक पहुँचायें, हमारा मत होना चाहिए। बिना मत हुए लिखना, समझ में न आनेवाली बात है।

व्यक्ति, समाज, साहित्य, राष्ट्र—इन समस्त अंगों में, मत-निश्चय, मत-प्रकाशन, मत-संघर्ष और मतानुकूल वर्तन का काम जो लोग किया करते थे, उन्हें हम कहते थे एक युग में ऋषि, दूसरे युग में सन्त। जिस तरह सूरज और चाँद का प्रकाश स्वदेशी और विदेशी नहीं होता, उसी तरह इस जाति के लोग स्वदेशी और विदेशी नहीं हुआ करते। हम ज्ञान नहीं देतें, कोई शक्ति हमारे द्वारा ज्ञान देती है। और वह शक्ति, सूझकी परिचालिका वह ताकत, विश्व के कोने-कोने में एक-सा काम कर रही है।

उसी ताकत को साहित्यिक कहते हैं। और जो विद्यार्थी आपकी संस्था से निर्माण हो रहे हैं या देश की संस्थाओं से निर्माण हो रहे हैं, उनमें कुछ वे हों जो विश्व-संचालक महान् साहित्यिक के अपने बीच आने की तैयारी करें और कुछ वे हों जिनमें से किसी में वह व्यक्ति या व्यक्तित्व पैदा हो सके, जिसे हम विश्व का महान् साहित्यिक कह सकें। आपके प्रासादों में जलने वाली बिजली की टिम-टिमाती दुनिया और मजदूरों के सड़े-गले झोंपड़ों में मिट्टी के तेल की टिमटिम-दानियाँ प्रकाश के पथ में, कुछ अपने ही में अपना सम्पूर्ण अर्थ रखने वाली सिद्धियाँ नहीं हैं। वे तो इस बात की संकेतवाहिका हैं कि सूर्य के अपने सहस्र किरण लेकर आने तक, वे अन्धकार में विश्व नेत्रों की सहायिका मात्र रहें। ज्यों ही भानु आया त्यों ही वे जलेंगी, तो उसकी आरती बनकर; नहीं तो जिस काल के हवाले अपने को करने को सूरज लाचार हुआ था, उसी काल के हाथों वे भी अपने को छोड़ देंगी। वे छोटे प्रकाश, प्रकाश के पथ की ओर जाते समय की सीढ़ियों पर लगे, पथ के चिह्न-मात्र हैं।

अमीरी का कुछ ऐसा बोझ जीवन पर आ गया है कि ईमान बेंचकर बाजार

में खड़ी हुई कलम, अस्तित्व बेंचने से इनकार करने वाली कलम के खिलाफ बगावत करती चली आ रही है। इस विषमता ने जीवन का एक ऐसा चित्र खींच दिया है कि सिर अपने तरीके से सोचने लगा और धड़ अपने तरीके से चलने लगा। फलित-ज्योतिष की भाषा में सोचें तो मानव-विकास के ये राहु और केतु, कुग्रह की तरह विग्रहशील होकर, गृह-कलह की ज्वाला—भावों, विचारों, आदर्शों, परिस्थितियों और जीवनों के क्षेत्र में जलाये हुए हैं। ऐसा महामानव चाहिए जो इस धड़ और सिर को मिलाकर खण्डित मानव से एक अखण्ड जीवन के महाराष्ट्र का निर्माण कर सके। ज्योतिष की भाषा में ही थोड़ा और सोचें तो हमारी धारणा देखिए कि हमारे भाग्य के और जीवन-व्यापार के संचालन में हम पर अन्तरिक्ष के सितारों का असर पड़ता है। किन्तु हमारे ही पड़ोस में तड़पते हुए हमारे जीवन-साथी का असर हम पर नहीं पड़ता। जिस मोमबत्ती के प्रकाश से अन्धकार में हमारा पथ-दर्शन होता है, उसके यही अपराध हैं कि एक तो वह पैसे में दो मिलती है, दूसरे वह हमारी ही फूंक से बुझ जाती है, तीसरे वह हमारी जेब में रह लेती है, और चौथे वह ज्वालामयी होकर भी इतनी ठण्डी है, कि हमारी जरूरत के बिना कभी जल नहीं पड़ती। शायद इसलिए, हम उसके द्वारा होने वाले पथ-संचालन के अहसान को नहीं मानते। हमारे भाग्य का निर्माण और हमारे जीवन का पथ-संचालन, हम सोचते हैं कि आसमान के सितारे करते हैं। जीवन के समर्पण, सेवा और अल्पत्व के प्रति हमारी यह क्षुद्रता, विश्व में बड़प्पन के नाम से परिचित है। गो, जहाँ प्रखर सूर्य की किरणों में बड़े बारूदखाने काम करते हैं, वहाँ एक मोमबत्ती लेकर नहीं जाने दिया जाता! क्या गरीबी का यह गौरव हम कभी अनुभव करेंगे?

सूझ को यह आडम्बर नहीं शोभता कि वह अमीर होकर रहे। न उसका यही बाना हो सकता है कि वह अपने ही घेरे में मौलिक रह ले। चाहे कभी जीवन से आगे रहे, कभी पीछे; किन्तु सूझ तो जीवन की छाया ही है। वह जीवन की एक उन्मेषमयी माया ही है। अतः हम जीवन को देखें कि जब वह पथ भूलता है अथवा वह पथगामी राही होता है, तब वह न जाने कितनों की हद की जमीनों पर पैर रखता, अपने अभीष्ट स्थल पर पहुँचा करता है, और जब जीवन कृष्ण बनकर कारागार में जन्म लेता है, बुद्ध बनकर राजत्व को तिलांजलि देता हुआ फकीरी लेता है, मुहम्मद बनकर अपने ही द्वारा निर्मित जमाने के लोगों से तिरस्कार का उपहार पा अपने स्थान से भागने को बाध्य होता है, ईसा के रूप में अपने पूजने वालों के द्वारा शूली पर लटकाया जाता है, तब सुविधा का लालच और धनिकता का मोह प्रतिभा के पुजारी में क्यों हो?

पहुँच का दूसरा नाम निर्णय है, चाहे वह जगदीशचन्द्र वसु की हो, चाहे रवीन्द्र की और चाहे गान्धी की। निर्णय, साहित्य का पथ-दर्शन, जीवन का दिशा-दर्शन,

और सूझ का स्वरूप-दर्शन है—प्रजननशीला सूझ-सुन्दरी की वह ससुराल है, जहाँ जल्दी या धीरे उसे पहुँचना ही होता है। निर्णय की तरह ही भाषा भी, जीवन और सूझ दोनों की लाचारी है। उन दोनों को अपने 'व्यक्त' करने का दूसरा साधन ही नहीं है। मैं भाषा को विचार का वाहन-मात्र नहीं मानता। कोई वाहन-हीन विचार को पैदल ला करके तो दिखाए ! हाँ, भाषा तो विचार के प्राण का शरीर है। एक टेढ़ जरूर है। शब्दकोश में लिखे शब्द के समुद्र में कोई नहीं डूबता, और न कोश के जहाज से कोई तैरता ही है। भाषा का हर वाक्य विचार लेकर नहीं चलता; किन्तु अर्थ लेकर तो चलता है। परन्तु विचार तो बिना भाषा के बाहर निकलता ही नहीं; स्वरूप ही धारण नहीं करता। उसे व्यक्त होने के लिए कुछ संकेत, कुछ चिह्न अवश्य चाहिए। विचार-दान के इस क्षेत्र में हमने लंका-काण्ड खड़ा कर रखा है। यहाँ 'मेरी भाषा है' और 'तेरी भाषा है' बोलने तक सीमा मानने का हिन्दी का दायरा, इसलिए बढ़ा कि वह राष्ट्र की वाणी होने की सरलता रखती है। किन्तु यहाँ हिन्दुस्तानी का झगड़ा खड़ा हो गया। यह झगड़ा कृत्रिम है। जब दोनों भाषाओं के क्रियापद एक हैं, तब उनको कितनी शताब्दियाँ दूर रखा जायेगा ? क्या विश्व में कोई ऐसा उदाहरण है, जहाँ दो भाषाओं के क्रियापद एक हों और फिर भी वे अलग रह सकी हों ? हाँ, बोली तो गढ़ने वालों की नहीं होती, बोलने वालों की होती है। और यदि विचारों को बोलने वालों के पास पहुँचना है, तो उत्तर भारत में घूमती राष्ट्रीवाणी से उर्दू शब्दों का तिरस्कार न हो सकेगा, और दक्षिण भारत में प्रवेश करती राष्ट्रबाणी से संस्कृत शब्दों को देश से निकाल नहीं दिया जा सकता। क्या आपके मन में यह सन्देह है कि उत्तर की वाणी दक्षिण और दक्षिण की वाणी उत्तर कैसे समझेगा ? मेरा निवेदन है, कि भारत में एक जाति रही है, जो एक भाषा को तीर्थयात्रियों के द्वारा दक्षिण से उत्तर और उत्तर से दक्षिण तक पहुँचाती रही है। वह जाति, अपने प्रभु के सम्मुख अपने को समस्त दोषों से पूर्ण मानकर प्रार्थना करती हुई, दोषहीनों की जाति रही। उन्हें सन्त कहते थे—वे चलते तो भाषा लेकर, रहते तो भाषा सँभालकर और गाते तो भाषा बनाकर। राजघराने से निकली मीरा हो, पारिवारिक विग्रह से निकले तुलसी हों, या मानव-मनोभावों के कोमलतर स्वरों से खेलते सूर हों, कहलाए ये सब सन्त ही। इस जाति के लोगों को आजकल हम 'प्रचारक' कहने लगे हैं। हमारे नामकरण में सदा गलती रही है। बे-मौसम हमारे हृदय में उठने वाले विचारों को जो सूझ के नवीन आविष्कार लेकर आये, हमने कला कह दिया। बड़ी कृपा की जो हमने मातृत्व को रोजगार नहीं कह दिया। निर्माता का अपमान करने वाले हम, माता का अपमान कर सकते थे। हमारी इसी भावना ने सन्त को 'प्रचारक' कहा है। स्वयं स्वीकृत कष्ट-सहन पर, केवल भोजन-भर लेकर, काम करते लोगों को, यदि हम प्रचारक कहते हैं, तो जो काले इरादों के उजले चित्र

खींच-खींचकर दुनिया को अपनी रुचि या अरुचि की उँगलियों पर चलने के लिए बाध्य करते हैं, उन्हें हम कौन-सा नाम देंगे ?

जब तक सन्त थे, वे लोकवाणी बोलते थे, लोकवाणी लिखते थे, लोकवाणी गाते थे; और लोक-हृदय में वाणी को पहुँचाते थे। जब ऋषित्व और सन्तत्व गया, तब हम शहराती जबान लिखने लगे—वह, जिस पर थोड़े से सिर डुल लें, वह जिसमें गिने-चुने शिक्षितों के मनोभाव प्रतिबिम्बित हो सकें। कल्पना में रसीला साहित्य देखने की हमारी दौड़ प्रकट करती है कि मानो हम आत्मनाश का खेल खेलते हैं। निर्माता का माता से प्रजनन-क्षेत्र में यदि कोई रिश्ता हो, तो एक की बेटी होकर, दूसरे की पत्नी बनकर और तीसरे की माता होकर—तीनों पर अपने ढंग से सामन प्यार कर सकने वाली मानवता की जननी को हम केवल चढ़ती उम्र की विलासिनी बनाने का खेल क्यों खेल रहे हैं? रसीले साहित्य की हमारी रुचि पर, प्रशंसक-समूह की मनोभावना की मक्खियाँ जब भिनकने लगती हैं तब उस भिनक की मर्दुमशुमारी पर हम अपने प्रशंसकों की तादाद कूतते हैं। यह हमारा कैसा मोह है? जब हम रसीलेपन में होते हैं, तब क्या हम यह व्यक्त नहीं करते कि कलम की दूकान पर हमने जो माल सजाया है, उसकी अपेक्षा हमारे हृदय और मस्तक का कारखाना, जहाँ माल बनता है, कितना दुर्गन्धित होगा? फिर यह राष्ट्र-निर्माण, तत्त्व-चिन्तन, मत-निश्चय, साहित्य-साधना और समर्पण, यह सब-कुछ क्या है? केवल खयाल! और इनको छोड़ देने के बाद बाकी क्या बचेगा?

हम एक खतरा और न भूलें। एक देहाती को देखिए। हम कहते हैं कि वह बड़ा अन्धविश्वासी है, अपनी धारणाओं का कायल। फिर एक शहराती देखिए। सभ्यता के नाम पर उसकी भी कुछ कठोर धारणाएं हैं, जिन्हें वह छोड़ नहीं सकता। और यह कहना सर्वथा कठिन है कि इन दो अनुदारों में कौन-सा अनुदार अपनी धारणाओं से चिपके रहने में अधिक अभारतीय और अधिक हानिकर है। इसके बीच यदि हमने रसीले साहित्यिक जहर की खैरात बाँटी, तो रसों की जानकारी से अपरिचित ग्रामीण उस जहर से भले बच लें, किन्तु शहराती मध्यवित्त की बचत तो उससे हरगिज न होगी। जब रसीली धारणाओं से चिपकने वाली एक पीढ़ी हम निर्माण कर चुकेंगे, तब जिस तरह समुद्र का ज्वार समुद्र ही के बे-काबू हो जाता है, उसी तरह वह पीढ़ी रसीले कलाकारों की भी बे-काबू हो जाएगी, और एक बागी सेना की तरह, जब कलाकार जीवन की ओर लौटना चाहेगा, तब रसीलेपन की रिश्वत पर जीने वाली वह पीढ़ी, कलाकार के साथ लौटने से इनकार कर देगी। क्या हम यह खतरे का व्यापार बन्द न करेंगे?

कलाकार ईमान और कुरुचियाँ बेचकर विश्व का निर्माण नहीं करता। वह तो रोटियाँ बेचकर तेल खरीदता है, और प्रणय के रात्रि-जागरण को, साधना का

मन्त्र-जागरण बनाकर, जीवन को गति देने वाले अपने सपने लिखा करता है। भिखारी को रोटी न मिलने से समाज के द्वारा अपमान का अनुभव होता है, कलाकार को अपने सूझ न उठने के दुर्दिन में उससे कम वेदना और अपमान का अनुभव नहीं होता।

विश्व की रचना में आपने एक बात देखी होगी। भूमि का नाम है विश्वम्भरा। भूमि से जो उपजता है या भूमि की उपज पर जो प्राणी जीते हैं, उन्हें खाकर ही विश्व का पोषण होता है। किन्तु 'सभ्यता' नामक दानव के विकास ने जमीन पर महल, डामर की और पत्थर की सहस्र-सहस्र मील की सड़कें, रेल की लाइनें, खेल के मैदान और मौज मारने के भवन बना दिये हैं। आप देखें कि इन चीजों ने भूमि की 'उपजाऊ' सतह को उपज-हीन बना दिया है। यदि सभ्यता की आवश्यकताएँ इस तरह भूमि को निकम्मी बनाती जायें, तो भूमि केवल हमारी आत्मघाती सभ्यता की सनक में अनुपजाऊ हो जायेगी। ठीक इसी तरह सूझ के क्षेत्रों को धन, महत्त्वाकांक्षा, स्वार्थ और मूर्खता ने प्रतिभाहीनता से भर दिया है। विश्व के प्रारम्भ से स्पष्ट बोलने और स्थापित व्यवस्था में परिवर्तन की बात कहने पर मानव-प्रतिभा दण्ड पाती रही है। माना कि प्रतिभा के दण्ड के दिन जातियों के त्यौहार बने; किन्तु इससे प्रतिभा का ऊसर होना, प्रतिभा की जमीन का पथरीला बनाया जाना कहाँ रुका? सूझ की उपेक्षा करके, सूझ को दण्डित करके हमने आडम्बर, आकांक्षा और प्रसिद्धि के जो प्रासाद खड़े कर रखे हैं, उन अर्थहीन व्यक्तियों, संस्थाओं और साधनों ने प्रतिभा को अनुपजाऊ बना दिया है। क्या सूझ के खेतों में बोये हुए आलू प्रतिभाशीलों को जीने देंगे? अत: आप यत्न करें और रेल के पथिकों और महत्त्वाकांक्षा के राहगीरों से आप कहें कि प्रतिभा के संचार के लिए सुरक्षित जमीन पर 'अपने स्वार्थ' आदर्शहीन बहुमत और स्वाधीनता-विरोधी षड्यन्त्र के झण्डे न गाड़ें। पशुता की ओर मानव को ले जाने वाले सभ्यता के इस उपहार से यदि मानव बचाया जा सके, तो अमित उपकार हो।

हम यह भी न भूलें कि निश्चय की प्रखरता कलाकार का बीभत्स स्वरूप नहीं है। शस्त्रक्रिया करने वाला उपचारक अंग-अंग के काट डालने के अपने निश्चय को, प्राणदान की ममता की कोमलता के तकाजे पर ही काम में लाता है। उस समय उसके शस्त्र बड़े बारीक और उसका हाथ बड़ा नाजुक, बड़ा कोमल होता है। मानव रूपी बनमानुस में कला की अवतारणा के ये ही क्षण होते हैं। इन्हीं क्षणों में उसे सिद्ध करना होता है कि वह कलाकार है। उसकी आँखों में परिणाम है, निश्चय में भविष्य और उँगलियों में अमरत्व खेल रहा है। उपचारक के छुरे से रक्त की लाल बूंदें टपककर शक्ति क्षीण भले ही करें, किन्तु कलाकार की कलम से झरने वाली हृदय के खून की संकेतवाहिका काली बूंदें, मानव के भाग्य और प्रयत्नों

को लाली प्रदान करती हैं। यह काम मध्यवित्त लोगों द्वारा विकारों की खैरात बाँटने से न होगा। केवल जवानी के भिनकते बे-इख्तियार क्षणों को लिखना ही उचित होगा। हमें लोक-जीवन लिखना होगा। हम शहराती साहित्य क्यों लिखते हैं ? क्या हम हार मान चुके हैं कि लोक-जीवन नहीं लिख सकते ? हम यह गर्व न करें कि हमारी रचनाओं ने हमें सुख से जीवन बिताना सुलभ कर दिया। सुविधा की यह प्राप्ति लक्ष्मी का आगमन नहीं। शराब और अफीम बेचने वालों ने भी तो अपनी सम्पत्ति से महल खड़े कर रखे हैं। विवाहों, त्यौहारों और चक्कियों आदि अवसरों पर गाये जाने वाले गीत ही तो आज हमारा 'लोकसाहित्य' है, और हम उससे काफी दूर हैं। हाँ, 'तुलसीदास आस रघुवर की', 'सूरदास प्रभु तुम्हरे मिलने को' 'मीरा के प्रभु गिरिधर नागर' और 'कहत कबीर सुनो भाइ साधो' के रूप में एक साहित्य लोक-जीवन तक पहुँचा था। शताब्दियाँ हुईं कि अब हम उससे अधिक कुछ नहीं पहुँचा पाते और जब हम देखते हैं कि गुलाब की डाल पर परसों की बोंडी कल कली हो गयी है, कल की कली आज खिल गयी है, और आज फूल बनकर अपने उन्मेष की, कीचड़ को चूसती मिट्टी और ढेलों में मस्तक उठाती तथा काँटों की टहनी पर गुरुत्वाकर्षण से विद्रोह करती हुई, ताकत से सिर उठाकर, फूलकर आज लम्बी यात्रा समाप्त कर पँखुड़ी-पँखुड़ी होकर धूल में मिल जाने को बाध्य है, तब भी हम यह अनुभव क्यों नहीं करते कि लोक-जीवन के पास साहित्य पहुँचाने में शताब्दियाँ तो दूर, अब विलम्ब में दिन भी नहीं गुजरने दिये जा सकते। प्राचीन साहित्य हृदय का सन्तोष बनकर भले रह ले, वह लोक-जीवन की ग्राम-समस्याओं को नहीं सुलझा सकता।

क्या हम निर्मित जमाने के बागी हैं ? क्या हमने सचमुच रूढ़ि के बन्धन तोड़े हैं ? किस रूढ़ि के ? बागी वह, जिससे समय आगे न बढ़ पाये। बिढ़ कर समय रुकने के लिए कहे और फिर लाचारी में अनुगामी बना जिसके पीछे चला आये। प्रतिकूलता का नाम बगावत नहीं है। प्राणों पर खेल कर लोक-जीवन की धारा को उन्नत से उन्नततर जगत् की ओर घुमा देना सच्ची बगावत है। निर्माण के हर कील-काँटे को उखाड़ फेंकना बगावत नहीं है। जिस निर्माण पर मानव-पतन, मानव-दैन्य, मानव-आडम्बर, मानव की कमजोरी और मानव के निरंकुश अत्याचारों का प्रासाद खड़ा है, उसकी ईंट बजाने की प्रेरणा देने वाली हुंकार करना सच्चा विद्रोह है।

विद्रोही और विद्रोही लेखक, इन दो में बहुत बड़ा अन्तर है, यह हम न भूलें। विद्रोही कार्यकर्ता अपने संगठन के गिने-चुने पहरेदार रखकर परदे की ओट छिपा रह सकता है। वह अपनी गतिविधि के डोरों को कवि के मन की हिलोरों की तरह प्रलयंकर होते हुए भी दृष्टि-ओझल रख सकता है। वह अपना मिशन पूरा करने में जन-समूह को आगे बढ़ाते समय, काम देखकर मजदूरी बाँटने वाले

सगठनकर्त्ता की तरह, किस्तबन्दी से, अपने प्रचार को छिपाकर चला ले जा सकता है। किन्तु एक क्रान्तिशील लेखक के भाग्य में इससे भी कठोर कठिनाइयाँ होती हैं। वह प्रसिद्धि और पहचान के समस्त खतरों का बोझ ढोने के लिए बाध्य है। समाज में उथल-पुथल करने पर उसे उपहास सहना ही होगा। उत्कर्ष से डाह करने वाले व्यक्तियों द्वारा प्रतारणा भोगनी ही होगी। निर्भीक मत व्यक्त करने पर शासन द्वारा दण्डनीय होकर लोक-जीवन में प्रवेश करने की प्राण-प्रतिष्ठा पानी ही होगी। कलम और ईमान बेचने से इनकार करने पर साधन वालों-द्वारा उसे भूखा मार डालने के खुले षड्यन्त्र का सामना करना ही होगा। और महज बहका देने से गलत समझने वाले अपने ही लोक-जीवन के लोगों की बेसमझी का बेरहमी से शिकार होना ही होगा। प्रसिद्धि और पहचान के खतरों से पीछे हटना ऐसे कलाकार का पतन है। उसे राष्ट्रीय होकर भी राजनैतिक प्रचारकों द्वारा दलों के पट्टे गले में न पहनने या पहने हुए पट्टे गले से उतारने पर मिलने वाले भयंकर आक्रमणों और अपार लांछनों के बीच रवीन्द्र की वाणी में यह सोचने के लिए लाचार होना ही होगा कि—"अकेला चल, अकेला चल, अकेला चल!"

इन खतरों के कारण ही क्या आज का लेखक लोक-जीवन और उसकी समस्याओं से आँख मूँदने के लिए बाध्य हो गया है? क्या इसीलिए वह अपनी पहुँच को देवता मानकर युगों से उसके आस-पास चक्कर काट रहा है? और उसे वह अपनी गति कह रहा है? अपनी पहुँच को मील का पत्थर मानकर, पीछे छोड़ता हुआ, लोक-जीवन में प्रवेश करने की नयी मंजिल नहीं गाँठ रहा? गति का यह गुलाम क्या प्रगति का परम ईश्वर नहीं हो सकता? इसका प्रियतम कौन? खतरा, शूली, संकट, कि इनसे भी मीठी कोई वस्तुएँ? यह सोचते-सोचते थकने वाला जन्तु जीते-जी थकावट क्यों नहीं अनुभव करता?

विश्व में महायुद्ध हो रहा है। भूतकाल का वैभव वह धूल खा रहा है। और सीमाएँ किसी साड़ी के उलझे हुए सूत की तरह अपना अर्थ खोये हुए रो रही हैं। वर्तमान में यह बारूद लगी हुई है, और वह देखो, विश्व का चिन्तक यह सोचने के लिए बाध्य है कि कल का जमाना कैसा बनेगा। देशों की सीमाएँ कहाँ होंगी? भारतीय महामानव, क्या तुझ से भी कोई पूछेगा? क्या तेरी भी कोई साख, कोई वकत, कोई जगह है? जो रीझकर किसी का दारिद्र्य हरण नहीं कर सका; वह खीझकर दिमागी महाप्रलय किसके बल पर करेगा? रूसी भाषा को हिन्दी या भारतीय भाषा ने क्या दिया है, जो रूस की सीमा निश्चित करते समय उससे पूछा जायेगा? जो हिंसा के बीचोंबीच, हिंसकों की मरजी पर अकर्मण्यता को आराधना और तत्त्वचिन्तन कहता रहा और हिंसकों की हिंसा को अपनी कलात्मक कायरता से बलवान् सिद्ध किये रहा, वह विश्व के भाग्य-निर्माण पर

अपने निर्णय देगा ?

आपकी संस्था को इस उपाधि-दान के समय देने के लिए मेरे पास क्या है ? हिन्दी-भाषियों से यदि मैं कहूँ या समस्त भारतीय साहित्यिक तरुणाई से मैं कहूँ तो, प्रेमचन्द और जयशंकर प्रसाद की मौत मैं आपको सौंपता हूँ। मैंने सुना कि वे अपना इलाज नहीं करा सके। यह भी जानने की बात है कि जीते-जी मंगलाप्रसाद पारितोषिक नहीं पा सके। न हिन्दी-साहित्य सम्मेलन के सभापतित्व का गौरव उन्हें दिया गया। क्योंकि निर्णय का बहुमत पन्त, निराला, नवीन, महादेवी, प्रसाद और प्रेमचन्द को किसी के योग्य ही नहीं समझ सका। और हिन्दी सीखने वाले देशवासियों से कहूँ तो, यह कि वे देश में ज्ञान और कला को, जब वे संकट में दीखें, मरने से बचावें, और राष्ट्र की वाणी का बन्धनयुक्त पथ बन्धन-मुक्त करने में सहायक हों।

दूसरी चीज जो मैं आपको दूँ, वह यह जमीन, जिसकी एक तह को यदि आप उखाड़ दें तो भारतेन्दु हरिश्चन्द्र, दूसरी तह उखाड़ दें तो राणा प्रताप, भूषण, शिवाजी, छत्रसाल, तुलसी, सूर, कबीर और मीरा आदि इस जमीन में से उठकर आपसे बोलने लगेंगे। यह जमीन आज मेरी और आपकी नहीं। अतः इसके आँसू, इसके बन्धन, इसकी जबान पर लगा ताला, इसके जीवन पर लगा पहरा, और इसके अन्नदा और प्राणदा होते हुए भी इसकी ये भूख-स्मृतियाँ भी आज मैं आपको दीक्षा-दान में देता हूँ कि कभी आपका साहित्य इन्हें मिटाने योग्य भी हो सके।

तीसरी चीज आपके नेत्र हैं। जमीन से आसमान तक नजर की पहुँच है। परन्तु पराधीन देश में आप जो कुछ देखें, उस पर सोच नहीं सकते। आप वह सोचेंगे जो आपका पालक चाहता है। आपके इन बन्धनों में आपके रोजगार हैं, आपके व्यापार हैं, आपकी जिम्मेदारियाँ हैं; और एक खतरा लेने पर आप अनेक संकटों में पड़ सकते हैं; क्योंकि व्यवस्था की रुचि से इधर-उधर, आपकी प्रतिभा के पदनिक्षेप की नूपुर-ध्वनि से आपको आराम से रहने देने वाले सुख-क्षण के नाराज हो जाने का, प्रतिभा के पंखों की आजाद फड़फड़ाहट से प्रतिभा के यमराज के जाग उठने का अन्देशा है। अतः इस भाग्यहीन सुरक्षा के साथ-साथ, भाग्यवान् प्रतिभा के पंखों की फड़फड़ाहट मैं दीक्षा में आपको देना चाहता हूँ।

मैं चाहता हूँ, आप प्रचारक को सन्त से बदल लें। भीड़ में खड़े हो जाने भर को आप यह न समझें कि आप लोक-जीवन में प्रविष्ट हो गये। लोक-जीवन की साँसों और उल्लासों, उन्मादों और अँगड़ाइयों, बेचैनियों और घबराहटों के रहस्यों के उद्घाटन का यह खजाना, यदि आप सँभाल सकें, तो मैं आपको आदर से देता हूँ।

और, एक चीज वन्दन-पूर्वक देना चाहूँगा—

वह एक 'वाणी' है जो लोक-जीवन के हृदय की सोच-सोच कर चिल्ला रही है और चिल्ला-चिल्ला कर सोच रही है। एक भुजा है, जो उनकी ओर से उठ रही है जिनकी भुजाएँ उठ नहीं पातीं, और उनका भाग्य लिख रही हैं जिन्हें शासन ने लिखना-पढ़ना नहीं सीखने दिया।

एक वाणी है, जो झोंपड़ियों की कराह को राजमहलों में ले जाकर टकराती है और राजमहलों के अपमानों को झोंपड़ियों के सेवापथ में मिले प्रभु के प्रसाद की तरह ग्रहण करती है।

एक वाणी है, जो गलियों में, कूचों में, झाड़ियों में, महलों में, पहाड़ों में, गुफाओं में, भीड़ों में, एकान्तों में, विजयों में, विजय-पथ की पराजयों में 'चले चलो' का स्वर लिये बराबर सुनाई पड़ती चली आ रही है।

एक वाणी है, कि समस्त धर्मों के देव-मन्दिरों में जिसका रथ गतिशील है, जिसका पथ उन्मुक्त है—किन्तु काँपते सिंहासनों का आडम्बर है कि उस वाणी को वे न सुनें।

एक वाणी है, जो कि जहाँ तक भारत का नरमुण्ड है वहाँ तक, सन्देशवाहिनी बन कर, वह प्रचण्ड है और जहाँ तक विश्व-हृदय है, वहाँ तक विश्वविभु की प्रार्थना के गौरव से गीली या बोझीली है।

एक वाणी है, जो संकटों को प्रार्थना की कड़ियाँ बनाकर बोलती है और विनाश की धमकियों में विभु की सुनहली आशा के दर्शन करती है। कलेजा है कि जो लोकजीवन का दलित कलेजा बन उठने की चाह बनकर खड़ा है। मुँह है कि मुक्त-हास्य में विश्व-परिवर्तन के बोल महाप्रलय की वाणी बनकर आ रहे हैं। भुजाएँ हैं कि कष्ट-भोगी के गले के हार हैं, अथवा शक्ति के निर्देश की ललकार हैं, अथवा दबे हुए के लिए दण्डित होने का दूना स्वीकार है। वह लोक-जीवन के लिए प्रताड़ना सहता है। लोक-जीवन की भी प्रताड़ना सहता है, और उसका जीवन पतितोन्मुख लोक-जीवन की रुकावट के लिए स्वयं प्रताड़ना बन जाता है; क्योंकि वह लोक-जीवन को प्यार करता है। लोक-जीवन की वंशी बनकर, उसकी भैरवी बनकर, उनकी साँस बनकर, उनकी उसाँस बनकर और उनका मस्तक बनकर स्थिर रहता है। संकटगृह में, कारागार में और वधगृह में वह मुक्ति की एक ही वाणी बोलता है। रूढ़ि के गुमराहों को वह प्रभु-पथ का पता देता है। देशघातकों और विश्वासघातकों में, वह उनमें निवास करने वाले प्रभु को ढूंढ़कर जगाता है। निन्दकों की सहिष्णुता उठाता है, क्रूरों की कोमलता जगाता है और पथ-भंगों को वह अपने कलेजे पर-से पथ-दान करता है।

लोक-जीवन के भाग्य का भविष्य वह लिखता है। किन्तु विश्व की गुत्थियाँ सुलझाकर तत्त्वज्ञ नहीं बनना चाहता।

वह कवि है। लोक-जीवन के आँसुओं से गीला, लोक-जीवन की चाहों से

दर्दीला और इस इच्छा से दूर कि वह कवि हो, और इस बात को बिना जाने कि वह कवि है।

वह न सम्राट् है, न सरदार। न धर्माचार्य है, न व्यवस्था देने वाला। वह एक वाणी है, जिसके आगे विश्व लाचार है कि उसे सुने। उसमें कराह है, जिसमें कोटि-कोटि दुखियों की आत्मा सिसक रही है। उसमें गर्जन है, जो श्रोताओं की अकर्मण्यता को लज्जित कर रहा है। उसमें विश्वास है, जो बलि-पन्थियों और कमजोरी स्वीकार करने वालों का अपनी हृदय की धक्-धक् के बीच रक्षण कर रहा है।

वह वाणी है जो राजाज्ञा नहीं है; किन्तु कोटि-कोटि आदमी, कोटि-कोटि मानव जिससे बँधे हुए हैं; वह अनन्त सेना नहीं है किन्तु उसके एक विश्वास पर कोटि-कोटि व्यक्ति ठहरे हुए हैं।

वह वाणी है, जो दण्ड देने में अपने को भी क्षमा नहीं करती; जो बुराइयों को अपने सिर पर लेती है और अच्छाइयों को प्रभु के चरणों पर चढ़ाती जाती है।

वह वाणी हर देश में है, हर जाति में है, हर धर्म में हैं। ईसा का अनुवाद करके उस वाणी का नाम अमेरिका में रूजवेल्ट, इंग्लैण्ड में चर्चिल, रूस में लेनिन, जर्मनी में हिटलर, इटली में मुसोलिनी, टर्की में मुस्तफा कमाल, चीन में चेंग काई शेक, और विश्व में न जाने कहाँ-कहाँ क्या-क्या कहा गया। किन्तु गुरुदेव रवीन्द्र की बोली में भारत की वह कविता, वह सूझ, वह साहित्य, वह पुरुषार्थ कहाँ है? उस वाणी के स्वप्नों का जागरण सेवाग्राम की झोंपड़ी में निवास करता है। उधार लिया हुआ यह वन्दन भी मैं आपको सौंपता हूँ।

और मैं मानता हूँ, युग यहीं नहीं खड़ा रहेगा। समय का स्वभाव ही खड़ा रहना नहीं है। हमारा साधु-वर्तमान जब पूजा का भूतकाल बनेगा, तब मैं उस युग को देखना चाहूँगा, जहाँ एक या अनेक मूर्तियाँ प्रलय मचाती और फिर विश्व का निर्माण करती दीख पड़ें। सेवाग्राम को उसी युग का न्यौता क्यों न कहा जाये!

आपने मुझे यह अवसर दिया, मैं आपको पुनः धन्यवाद देता हूँ।

[बम्बई हिन्दी-विद्यापीठ दीक्षान्त-समारोह, 1941]

हिन्दी-प्रचार : उसकी परम्परा, जोखिम और गतिविधि

हिन्दी प्रचार सम्मेलन के इस अवसर पर आपने मुझे स्मरण किया, इसके लिए आपकी कृपा का आभार मानता हूँ। महाराष्ट्र में हिन्दी-प्रचार सम्मेलन इतना

सफल हुआ कि यहाँ पिछले तीन वर्षों के थोड़े-से समय में ही हजारों की तादाद में हिन्दी की परीक्षाओं में विद्यार्थी बैठने लगे। इसमें मुझे आश्चर्य है भी और नहीं भी है।

जब नेत्रों की भाषा होती है, हृदय की भाषा होती है, बुद्धि की भाषा होती है, आवश्यकताओं की भाषा होती है, बलिदान की भाषा होती है और मुसकराहट, उदासीनता, मुहावरे, कहावतें, उक्ति, तानें, उत्साह, प्रतारणा, मौन और वाणी मानव-हृदय को व्यक्त करने ही का काम करते रहते हैं, तब मानवों की मातृभूमि, उनके देश की कोई बोली नहीं, यह सम्भव नहीं।

हिन्दी मेरी मातृभाषा भी है। अतः यह आडम्बर मुझे नहीं शोभता कि आज मैं आपके सामने हिन्दी के गुणों का पहाड़ा पढ़ूँ। हिन्दी के गुणों की खोज का काम तो मैं आप मित्रों पर छोड़ता हूँ। मुझे तो एक ही बात याद आती है, जब गोस्वामी तुलसीदास, रामचरितमानस के लेखक, काशी के पण्डितों की संस्कृत की परम्परा को छोड़कर अवधी में लिखने लगे, तब सिद्धान्त का बोझीला वैभव अपनी बुद्धि के बैल की पीठ पर लादे, रूढ़ि के उपासक और नवीनता से महामारी की तरह डरने वाले संस्कृत के तत्कालीन पण्डितों ने, सुनते हैं, तुलसीदासजी को विद्वान् मानने और उनके हिन्दी में लिखे साहित्य की दाद देने से इन्कार किया। उस समय लोक-भाषा की हिमायत में तुलसीदासजी ने यह दोहा बनाया—

का भाखा का संसकृत, प्रेम चाहियतु सांचु।
काम जो आवै कामरी, का लै करिय कमाँचु॥

स्पष्ट है कि संस्कृत को तुलसीदासजी ने कीमती वस्त्र की उपमा दी, और अपनी भाषा को कम्बल की। उन्होंने कहा, क्या भाषा और क्या संस्कृत, प्रेम सच्चा चाहिए ! कम्बल काम आए तो कमाँच को लेकर क्या करना है ?

राष्ट्रभाषा के पथ में संस्कृत का विरोध हटा तो अँगरेजी-विरोध आ गया। उस पर मुझे कहने की इच्छा होती है कि सर्व-गुण-सम्पन्ना संस्कृत को तो देश ने कब चुपचाप छोड़ दिया, किसी को यह पता भी न चला। हिन्दी अपनी इस विशेषता के कारण बढ़ी ही नहीं कि उसे अपने साहित्य पर यों गर्व और त्यों गर्व है। वह तो अपनी सरलता के कारण बढ़ी है। और हिन्दी से सरल भाषा राष्ट्र को प्राप्त होने पर, सिर्फ हिन्दी के मोह के कारण कोई भी हिन्दी-भाषी हिन्दी को राष्ट्रभाषा के पद पर बनाए रखने की मनुहार नहीं करेगा। सो, साहित्य में उन्नत और अलंकृत भाषाओं के रहते, यदि हिन्दी को राष्ट्रभाषा बनाना पड़ा, तो इसलिए कि देश की जो सीमा, जो घेरा, एक लोक-वाणी के प्रभाव में लाया जा सकता था, वहाँ हिन्दी ही ठहर सकती थी। कीमती वस्त्रों से भूमि पाटने की कल्पना महँगी और असाध्य थी। यहाँ तो तुलसीदासजी की 'कामरी' ही काम दे सकती थी।

महाराष्ट्र प्रदेश का भारतीय स्वतन्त्रता के इतिहास में गौरवपूर्व भाग रहा

है। इसी प्रान्त में छत्रपति महाजन ने हिन्दू-पत-पदशाही की स्थापना का उद्योग कर समस्त भारत को संगठित करने का उद्योग किया, और यहीं लोकमान्य तिलक ने पैदा होकर अपने कष्टों से वह ज्वाला जगायी जिससे समस्त देश ने स्वाधीनता के पथ में, पूर्ण स्वाधीनता के पथ में, सोचना सीखा।

हमारे उद्योग, हमारे स्वतन्त्रता के उद्योग, लगभग साठ वर्षों से हो रहे हैं। किन्तु उनमें हमें पूर्ण यश नहीं मिल रहा। हम अपने हृदय मिलाने का काम अँगरेजी से लेते हैं। उस भाषा को देशवासी नहीं जानते। कुछ गिने-चुने जानते हैं। और देशवासी भिन्न-भिन्न भाषाओं में बैठे हुए हैं। हमारे अखण्ड हिन्दुस्तान की पूर्ण आजादी का सपना, समस्त राष्ट्र ने, एक भाषा में मिलकर कभी सोचा ही नहीं।

इस देश के महापुरुषों को, विशेषतः महात्मा गांधी को, इस बात की याद आयी कि राष्ट्र को वाणी प्रदान की जाए। बोली बन्द हो चुकने वाले मृतप्राय राष्ट्र की वाचा फोड़ी जाए। ऐसी भाषा, जिसे उत्तर से दक्षिण तक अधिकांश लोग जान सकें। बोली बन्द होना तो मरण का लक्षण होता है। जीवन का लक्षण तो बोली ही है। अतः अखण्ड हिन्दुस्तान किसी का भी स्वप्न हो, उसका अधिष्ठान एक बोली है, एक भाषा है, राष्ट्रभाषा है।

यह आश्चर्य की बात है कि महाराष्ट्र प्रदेश में राष्ट्रभाषा इतनी शीघ्र फैल गयी! किन्तु 'महाराष्ट्र' में यह आश्चर्य की बात नहीं भी है। शताब्दियों से भारतीय स्वराज्य और स्वराज्य की भावना के पहरेदार, महाराष्ट्र से बढ़कर इस बात को कौन समझता कि एक राष्ट्र की एक बोली भी होती है। यही कारण है कि महाराष्ट्र में राष्ट्रभाषा इतनी तेजी से फैलती जा रही है। और इसलिए मैंने कहा, कि मुझे आश्चर्य है भी और नहीं भी है।

राष्ट्रभाषा आज और कल की गढ़ी हुई नहीं है, इसके प्रचार का कार्य महात्मा गांधी ने, काका कालेलकर ने, टण्डनजी ने, हम लोगों ने ही नहीं किया, 'प्रचारकों' ने नहीं किया, न जाने क्यों प्रचारक शब्द मुझे कभी अच्छा नहीं लगा, इसमें हृदयहीनता, तर्कहीनता और आवश्यकता की ईमानदारी का अभाव दीखता है, यह अँगरेजी के 'प्रोपेगैण्डिस्ट' शब्द का अवतरण है, जिस बाजू को हम उठा लें, उसकी कमजोरियों पर परदा डालकर, उसकी उचित और अनुचित, सत्य और आरोपित अच्छाइयों का गुणगान करते रहना, उन्हें फिर-फिर दोहराना, और अपने इस काम में हार न मानना—मैं यही अर्थ प्रचारक शब्द में पाता हूँ। आत्मबलि चढ़ाते आयरिश देशभक्त टेरेंस मेक्स्विनी को भी, आयरिश स्वतन्त्रता के 'प्रचारकों' के खिलाफ शिकायत थी, किन्तु हिन्दी प्रचारकता से नहीं बढ़ी। भारतीय संस्कृति के अमर स्रोत के सम्मेलन की वाणी बनकर ही हिन्दी बढ़ी है, और भविष्य में भी उसका वही काम हो, तो उसका राष्ट्रवाणी बनकर बढ़ना सार्थक हो। वैदिक युग के ऋषियों ने एक वाणी गढ़ी थी, किन्तु उनका भगवान्

क्षीरसागर में भगवती लक्ष्मी के साथ शेषशय्या पर विलास करने लगा, तब ऋषियों के काम को आगे बढ़ाने के लिए सन्त उत्पन्न हुए, उन्होंने भगवान् को क्षीरसागर से बाहर निकाल कर, भक्तों में भक्त, गरीबों में गरीब, मानवों में मानव, कष्ट-भोगियों में कष्ट-भोगी बन जाने के लिए बाध्य किया, सन्त-युग के भगवान् नामदेव की टूटी झोंपड़ी बाँधते, दामाजी की अनाज की कमी पूरी करते और क्या-क्या न करते, लोक-हृदय का नारायण बनने के अपने मिशन में सन्त दक्षिण से उत्तर और उत्तर से दक्षिण, पश्चिम से पूरब और पूरब से पश्चिम जाते-आते रहते। छत्रपति शिवाजी की शक्तियों ने और पेशवों की सेना ने नर्मदा लाँघकर, कुछ थोड़ी ही बार उत्तर हिन्दुस्तान की यात्रा की होगी, किन्तु सन्तों की यह वाणी यात्रा दक्षिण के तीर्थों से उत्तर के तीर्थों की ओर और उत्तर के तीर्थों से दक्षिण के तीर्थों की ओर कितनी ही बार कृष्णा, कावेरी, ताप्ती, नर्मदा, जमना और गंगा लाँघती रही है। उस समय भाषा का निर्माण, भाषा का संगोपन, भाषा का लेन-देन उन सन्तों के द्वारा होता रहता था। उन्हीं दिनों हिन्दी का निर्माण हुआ है। इसके बचपन के दिन सन्तों की जीभ की गोद में दुलार से बीते हैं, सन्तों की कलम पर खेलके इसने तारुण्य पाया है, और सन्तों की अखिल भारतीय यात्राओं में अखण्ड भारत की वाणी बनने का इसे अवसर प्राप्त हुआ है। अत: लोक-भाषा, राष्ट्र-वाणी, के उन्नयन के लिए सन्त की सी आवश्यकता होती है, उत्तर से दक्षिण और पूरब से पश्चिम। इसीलिए 'रघुपति राघव राजाराम' की धुन लगाते सन्त गांधी के ही प्रयत्नों से, राष्ट्र-वाणी ने पुन: प्राण-प्रतिष्ठा, राष्ट्र-निश्चय, और संचालन पाया। मेरी प्रर्थना है, हम प्रचारकता को सन्तत्व से बदल लें। यह सच है, कि भाषा के शब्दों को नये अर्थ देने में बोझ नहीं लगता, किन्तु परि-स्थितियों में पड़कर मानव की तरह ही मानव-भाषा के शब्द भी अपना महत्त्व खो देते हैं, 'राम' और 'सत्य'—इन दोनों ही शब्दों से पवित्र शब्द, इन दोनों साधनाओं से उज्ज्वल साधना और कौन-सी ? किन्तु 'राम राम सत्य है' कहिए कि राम और सत्य जैसे मंगल शब्दों के रहते भी अमंगल का संकेत, अमंगल का प्रभाव हुए बिना नहीं रहता। प्रचारक शब्द भी अर्थ खोया हुआ है। इसे उच्चत्व, महत्ता प्रदान करनी होगी। राजनीति के हाथों पड़कर इस शब्द ने अपने को भयंकर पतित बना लिया है। महाराष्ट्र के एक विनोदी लेखक ने अपने एक मराठी प्रबन्ध में एक ऐसे पात्र का वर्णन किया है जिसे कुत्ते से चिढ़ थी। एक दिन उसके यहाँ कोई कुत्ते का मिट्टी का खिलौना बच्चों के लिए ले आया। उस विनोद पात्र ने इसलिए कि वह कुत्ता बिल्ली-जैसा दीखने लगे, उस खिलौने की दुम घिसना शुरू किया। परिणामत: वह कुत्ता रहा नहीं, और बिल्ली हो न पाया। प्रचारकता ही से प्रचार शब्द पवित्र न होगा, इस पर सन्तत्व का अभिषेक करना होगा। 'प्रचारकता' कहाँ तक जाती है, इसका एक उदाहरण सुनिए। सन् 1923 की

बात है। कांग्रेस ने उस वर्ष कौंसिलों का बहिष्कार किया था, उन्हीं दिनों हमारे प्रान्त में नागपुर में हिन्दू-मुसलिम झगड़ा हो गया। एक महाशय, हमारे मित्रों में से ही एक महाशय, उस समय कौंसिल में खड़े होने की तैयारी कर चुके थे। अपना मेनिफेस्टो भी उन्होंने छपवा लिया था। ज्यों ही दंगा करते हुए हिन्दू-मुसलमानों की भीड़ उन्होंने नागपुर की गलियों में देखी, उन्हें अपना मेनिफेस्टो याद आ गया। वे लगे उदारतापूर्वक दंगे की एकत्रित भीड़ को अपना मेनिफेस्टो बाँटने। यह बात उस समय अखबार तक में छपी थी। वे मेरे मित्र थे, मैं उनका नाम नहीं बताऊँगा, गरज यह कि कीच से कीच नहीं धुलेगा। उसे तो जल से ही धोना होगा। राष्ट्र-भाषा के प्रचारक के उच्चत्व पर राष्ट्रवाणी का गौरव ठहरा हुआ है। वह राज-नीति और सामाजिक संघर्ष की कड़वाहटों में अपने मत रखकर भी सन्तों-जैसा अलिप्त रहे। राष्ट्रवाणी के एकतारे से बाहर, उसके पैर अन्य किसी स्वर पर विचलित न हों। उसकी आँखों में आदर्श, उसकी मुट्ठी में मनचाही सफलता, और उसके पैरों की गति में राष्ट्र की वीणा का उन्नत पथ नजर आये। हिन्दू, मुसलमान, पारसी, ईसाई कोई भेद उसमें न हो।

हिन्दी-प्रचार का असर समस्त देश पर हो रहा है। यदि हिन्दी कवियों और लेखकों ने उर्दू के शब्दों को अपनी वाणी में जगह दी है तो राष्ट्र की रुचि का मुसलिम कवियों में भी ईमानदारी से जागरण हुआ है। आप शायद यह कहें कि जहाँ खद्दरधारी बोला, कि वह मुसलमानों के गुणगान के बिना ही नहीं रह सकता; मैं आपसे कहना चाहता हूँ कि आज के कितने ही उर्दू कवि ऐसी कविता लिखते हैं जिसमें फारसी दूरबीन से ढूँढ़ने की जगह रह गयी है। मौलवी मकबूल हुसेन अहमदपुरी अपने एक गीत में लिखते हैं :

बंशीधर महाराज हमारे
हृदय-कुञ्ज में बंशी बजाओ।
सब भक्तों के राजा हो तुम
प्रेमगीत से मन को रिझाओ।
तुम सब प्यारों के प्यारे हो,
आओ, प्रीत की रीत सिखाओ!

मेरे हाथ में तो पुस्तक ही है।[1] कहिए तो मुसलमानों द्वारा, आज के मुसलमानों द्वारा, लिखे सरल हिन्दी के इतने उदाहरण सुनाऊँ कि घण्टों आप सुनते रहें।

---

1. उस समय श्री चतुर्वेदी जी के हाथ में श्री उपेन्द्रनाथ अश्क की, 'उर्दू काव्य की एक नयी धारा' नामक पुस्तक थी, जिसे प्रयाग की 'हिन्दुस्तानी एकेडेमी' ने सन् 1941 में ही प्रकाशित किया था।

प्रचारक, समाज में विश्वासपात्र, देश के आदर्श और प्रगति को जानने वाला, और समाज का एक श्रेष्ठ घटक हो। इस परिषद् में कौन-सा परदा है जिसे मैं हटा देता। आप तो मुझसे कुछ सुनना चाहते थे। मैं आ गया। आपके अध्यक्ष श्री काका कालेलकर नामी कलाकार भी हैं। वे आपका मार्ग-प्रदर्शन करेंगे ही। आप यह न भूलें कि क्रियापद और शब्द-भण्डार में अनुदार न होते हुए भी आप 'भारत की भाषा' का उत्थान और प्रचार कर रहे हैं। उस भाषा का भंग नहीं। निर्माण आपके हाथों गौरवपूर्ण होता जाता है। मल्लाह यदि लहरों से ऊँचाई छूती, किनारे गिराती, तरंगिणी में अपनी नौका चलाते हुए किसी यात्री का करुण गीत सुनकर मायूस होकर डाँड़ डाल दे और बैठ जाये, गाली-गलौज सुनकर खुद नौका में कुश्ती लड़ने लगे, अथवा वीरता का गीत सुनकर 'अपनी बाँहें चढ़ाकर' और खम ठोंककर नाव को बीच धार में छोड़, बाढ़मयी तरंगिणी में कूदकर अपनी बहादुरी की कसरत दिखाने लगे तो समस्त यात्रियों के प्राण ले लेने का खतरा, अपनी पवित्र भावना में भी, वह अपने पर लेगा। उसे तो केवल अपनी तरंगिणी की भाषा सुननी चाहिए और अपनी भुजा और अपने बादबान से हवा और तरंगों के रुख का सामना करते हुए, नौका को सुरक्षित 'उस पार' पहुँचाना चाहिए। मैं इस परिषद् का इसी सद्भावना के साथ उद्घाटन करता हूँ कि आपके हाथों राष्ट्रवाणी, राष्ट्रभाषा का भाव, उसका अस्तित्व, उसकी अखण्ड भारत की वाणी बने रहने की क्षमता सुरक्षित रहे। भगवान् आपके इस मंगल कार्य को सफल बनायें!

[राष्ट्रभाषा-प्रचार सम्मेलन, 1941]

अभिभाषण

स्वागतकारिणी के सभापति महोदय, प्रतिनिधि-गण और बहनो तथा भाइयो!

आपने मुझे अध्यक्षता देकर शायद अपना एक वर्ष बरबाद कर लिया। मेरा स्वास्थ्य जैसा रहता है, आप जानते हैं। इधर एक वर्ष मेरा स्वास्थ्य बहुत ही खराब रहा। आपके सहयोग का बल पाकर ही शायद मेरी कमी की पूर्ति हो जाए। साहित्य के नगाधिराज पर चढ़ने का बल तो मुझमें नहीं है; उसके दरवाजे तक आपकी आज्ञा से आ गया हूँ। आपकी इस कृपा के लिए धन्यवाद!

संस्कृति की माँग है कि जीवन को देखते समय हम स्मरण रखें कि मृत्यु का अपमान नहीं हुआ, गरीबी की उपेक्षा नहीं हुई, संकट-ग्रस्त का उपहास नहीं हुआ, विद्वत्ता के प्रति हम उद्दण्ड नहीं हुए, और सूली तक बढ़ती बलि-भावना की ओर से हमने भयभीत होकर आँखें नहीं मूंद लीं।

रवीन्द्र को खोकर हमने शताब्दियों की प्रतिभा का वैभव-संचय खोया; भारतीय साहित्य का आदर्श दान खोया; भारतीय भाषा में विश्व-सतह पर, विश्व से बोलने वाला मानो स्वयं भारतवर्ष खो दिया। हमने प्रसाद और प्रेमचन्द को खोकर जो कुछ खोया वह एक वर्ष की कसक नहीं है, भय है, कहीं एक सदी की कसक न हो। सूरदास और मीरा की मिठास को हम तीन शताब्दियों में नहीं जीत पाये; प्रसाद की मिठास का शिखर हमसे शीघ्र कैसे लाँघा जा सकेगा ? और प्रेमचन्द ? हमारे शहराती जीवन को गाँवों के जीवन के साथ मिलकर सम्पूर्ण राष्ट्र पर एक वाणी का अभिषेक करने वाली हमारी लोक-कथा-धारा रुक गयी। और जिन दिनों हरिद्वार की स्वागत-समिति टूट और बन रही थी, उन्हीं दिनों हमने अपनी भाषा का वह राष्ट्रीय कवि खोया, जिस पर हमारी वाणी को उन दिनों अभिमान रहा है जब देशभक्ति पर कलम चलाना अपने पर कठोर संकटों को न्यौतना होता था। इस वर्ष हमने पण्डित माधवरावजी सप्रे के वरद शिष्य और हिन्दी के ज्ञान-साधक रायपुर-निवासी पं० रामदयाल तिवारी को खोया। प्रतिभा की अमराई में उड़ने के पहले ही यम की जाल में पकड़ लिये जाने वाले हेमचन्द्र को खोया—अपने उन्नत साहित्य-लेखक और प्रकाशक श्रीयुत नाथूराम जी प्रेमी के पुत्र को। इन्दौर राज्य, मालवा और मध्यप्रान्त के सुधी साहित्यिक और लोकोपकारी श्रीयुत सूरजमलजी जैन को खोया। बुन्देलखण्ड की अतसी से हिन्दी-साहित्य को नीलम-पुष्पित करने वाले श्री घासीराम व्यास को खोया। और बुन्देलखण्ड के गौरव तथा हिन्दी के सुकवि द्वारकाप्रसादजी 'रसिकेन्द्र' को खोया। इसी वर्ष हमने साहित्य और राष्ट्रसेवी श्री चन्द्रभालजी जौहरी को खोया। आइए, इनको और उन सबको हम श्रद्धा के फूल चढ़ायें जो हमसे विदा हो गये हैं।

यह वर्ष संसार-भर के लिए संकट का है। अपने-अपने आदर्शों और देशों की रक्षा करने के लिए देश की महान् जातियों ने अपने सिर संकट न्यौत रखे हैं। विश्व में सत्य सूख उठा है; रक्त बह उठा है। सिर सस्ते हैं; ईमान महँगा हो गया है। प्राण हथेली पर हैं, और शान्ति का शब्द मानो शब्द-कोशों से भी भाग निकलना चाहता है। यदि साहित्य जीवन से विपरीत कोई वस्तु नहीं है, तो हम इस अधिवेशन और इससे बाहर दायें-बायें देख रहे हैं कि आज वे मूर्तियाँ हमारे पास नहीं हैं जो जहाँ एकत्रित हो जायें, वहाँ सम्मेलन कहलाने लगे। और इनके बन्दीगृह में रहते, आपके द्वारा आया हुआ यह सभापतित्व का सम्मान, लाचारी की तरह केवल कठोर कर्त्तव्य और दायित्व ही रह गया है।

गत वर्ष के हमारे सम्मेलन के अध्यक्ष महोदय ने अपने साधनों को उपयुक्तता, कीमती समय और अपने आनन्द और आराम की घड़ियों को दूर फेंककर देश के भिन्न-भिन्न स्थानों पर जाकर हिन्दी का अलख जगाया—और हिन्दी के राष्ट्र-भाषा-स्वरूप पर अपना मत व्यक्त किया। मुझसे यह सेवा कैसे बन पड़ेगी ? अतः

यह मंच ऐसा लगता है, मानो मैं अपने स्वास्थ्य और अपनी कठिनाइयों को देखते हुए इसके काम का न होऊँ।

जगत्, साहित्य के पीछे, अनिवार्य चला आ रहा है। जगत् के ऋषियों ने लोक-जीवन में फेर-फार करने के लिए जो कुछ कहा, वाणी के द्वारा; वही वाणी संगृहीत होकर साहित्य कहलायी। साहित्य में दो धाराएँ रही हैं। एक वे हैं जिन्होंने बहुत कहा है, और तुलसीदासजी ने जिनकी ओर—'तदपि कहे बिनु रहा न कोई' कहकर संकेत किया है। वे ज्ञान के धनी। दूसरे वे हैं, जिन्होंने बहुत सहा है। वे अनुभव के धनी। ज्ञान अपने प्रति सजग होता है और अपनी प्रचण्ड पहुँच के अवतरणों में भी अपनी सीमा-बद्धता की लाचारी व्यक्त किया करता है। अनुभव अपने अभिमत में अपनी सीमा खो चुकता है, अतः वह बोल चाहे बहुत कम पाये, संगीत की तरह उसके आनन्द में विराम नहीं होता। ज्ञानियों को हम विद्वान कहते हैं। अपने-आपको खोये हुए मनीषियों को हम सन्त कहते आये हैं। शब्दों में अर्थ होते हैं, और चाहे वे काव्य के ही शब्द क्यों न हों, अर्थ को आगे ढकेले बिना वे अपनी बाजार दर विश्व में सिद्ध नहीं कर पाते। संगीत है आवाज ही, है स्वर ही; किन्तु अर्थ का मुहताज नहीं। वह अर्थ को काफी पीछे फेंककर अपने को खोया हुआ-सा आगे बढ़ता है और अर्थों के अस्तित्व की तरह उसका आनन्द सीमारहित होता जाता है। इन्हीं दोनों ने मिलकर जगत् को जो कुछ दिया है उसे हम साहित्य कहते हैं। विश्व-निर्माता की तरह, साहित्य-निर्माता की कुछ जिम्मेदारियाँ, और माता की तरह निर्माता के पथ में कुछ लाचारियाँ भी हैं। किन्तु इस मातृत्व और निर्मातृत्व से आज का कलाकार जैसे ऊब उठा है। अब साहित्यिक कह रहा है कि उसे नाचने-कूदने और जीवन की रंगीनियाँ दिखाने के लिए छोड़ दिया जाये; मानो वह विचार-दान के तपोमय जीवन से ऊब गया है और उसे विश्राम चाहिए! 'विश्राम चाहिए'—इसलिए कि उसकी स्पर्धा में विश्व की तीन शक्तियाँ खड़ी हुई हैं।

एक इंजीनियर है, जिसने सिद्ध किया है कि उसके आविष्कारों की प्रभुसता के द्वार कलाकार असहाय है। मशीन से बने खाद्य पदार्थ, मशीन से निकलने वाले ग्रन्थ, मशीन से सुनाई पड़ने वाला संगीत, मशीन से आने वाला संवाद, मशीन से परदों पर फेंके जाने वाले अभिनय, इन्हें साहित्य-निर्माता के सामने रखकर इंजीनियर मानो गर्वित बोल उठा है कि कहाँ है साहित्य? क्या अपनी कलम मेरे पास रेहन रखने और मेरी मरजी पर, कभी दामों से और कभी बेदाम, रोने-हँसने के सिवा उसका कोई कर्त्तव्य बाकी है? इंजीनियर यहीं नहीं ठहरा। उसने अपने विशाल स्वरूप को युद्ध क्षेत्रों के रूप में व्यक्त कर मानव और उसके साहित्य को चुनौती दी है कि वह केवल उसकी मरजी पर कतार बनाकर मर जाने और मरने को त्यौहार कहते जाने की चीज मात्र है।

दूसरा है राजनीतिज्ञ ! उसने सन्धि और विग्रह के क्षेत्रों की तरह, साहित्य और साहित्यिकों के बेचने और खरीदने के हाट बना रखे हैं, और 'वाद' यानी 'इज्म' के ताने-बाने से बनी अपनी चादर के नीचे, विश्व की कलमों को बाँध लेने का आयोजन किया है। उसकी आज्ञा है कि लिखो वह, जो मैं चाहूँ और वह न लिखो जिसे मैं न चाहूँ। वह फासिस्ट है, वह नाजी है, वह साम्राज्यवादी है, वह बोलशेविक है। वह क्या नहीं है? वह क्या नहीं हो सकता? "कहते हैं फीस लीजिए और आह कीजिए"—का स्वर, राजनीतिक और आर्थिक हाट में बिके गरीब साहित्यिक के लिए परम सत्य साबित हो रहा है।

तीसरा है मनोविज्ञान ! मानव पढ़ा हो या बेपढ़ा, प्राणी होने के कारण मनोविज्ञान के परम उपहारों यानी हर्ष, शोक, घृणा, मद, मोह, प्रेम और द्वेष से उसकी मुक्ति नहीं है। मनोविज्ञान का दावा है कि यदि कलाकार अन्तर्द्वन्द्वों को नहीं लिखेगा और जीवन के विकारों से उत्पन्न गुत्थियों को नहीं सुलझा सकेगा, तो उसका विश्व की समस्याओं को सुलझाकर जीवित रहना कठिन हो जायेगा। कलाकार के पात्र हैं ही क्या, यदि वे मनोविकारों के सुकोमल कौशल नहीं हैं? अत: मनोविज्ञान कलाकार को अपने पास क्रीत समझता है।

क्या इंजीनियर, राजनीतिज्ञ और मनोवैज्ञानिक का सामना हम इसी बात से कर ले जायेंगे कि हमारे कलाकार ऐसे समय लचीली भावनाओं, रसीली कविताओं और विकार की मक्खियों से भिनकती रचनाओं को लेकर साहित्य-सृजन करते रहें? सूझ के धनी साहित्यिक ने पत्तियाँ खाते हुए और पत्ते पहनते हुए पशु-रूपी मानव प्राणी को अपनी सूझों से अपना भाग्य-निर्माण करने के लिए आत्मावलम्बी बनाया। क्या आज का साहित्यिक यह कहना चाहता है कि मेरी गढ़ी हुई दुनिया कुछ ऐसी बेतरतीब बन गयी है कि इसका बोझ अब मुझसे नहीं सँभलता; और कोई आकर अब इस कार्य को सँभाले?

तब क्या कलाकार, विश्व को इस शिकायत के लिए मौका देना चाहता है कि जिस सूझ के धनी के पीछे चलकर विश्व इतनी दूर तक आया, यदि वही नाचने-गाने की विकारों-भरी परम्परा की मौत मरना चाहते हैं तो शताब्दियों से गुमराह करने, और आज संघर्ष के बीच अधबीच में छोड़ने के अपराध पर विश्व उसे गोली क्यों न मार दे।

पर बात यहीं तक नहीं है। विलास का रक्त-कर वसूल करने वाली भावना को हम साहित्यिकों ने प्रेम का नाम दे रखा है। और नारी-रूप में विश्व को देखने में नर अपनी अतृप्त वासना को साहित्य का नाम देकर बुझाने के प्रयत्न में है। कहना कठिन है कि वह बुझती है या और अधिक जाग्रत हो उठती है। नारी बेचारी रमणी ही नहीं. वह पुत्री भी है, माता भी है; किन्तु कलाकार की उपासना रमणी-रूप पर चक्कर काट रही है। क्या यह प्रेम के मन्दिर में प्रतिभा के

सुकोमल आविष्कार हैं, जो सूझों के बाग में पुष्पों की तरह असहाय खिल-खिलकर युग-वृक्ष के विशाल मस्तक पर झूल रहे हैं ? या, यह हमारा वह साहित्य-सृजन है जो हमारी तरलाई की ढालू जमीन की ओर पतनोन्मुख ढुलकते जाना सिद्ध कर रहा है ?

कदाचित् साहित्य यहाँ भी ठहर गया होता ! पर वह तो आगे बढ़ा—बढ़ना उसका स्वभाव जो है ! चाह में कि त्याग में, बाजार में उसने अपनी रोटियों का सामान बेच दिया और प्रतिभा के जागरण के सपने लिखने के लिए कागज और ग्रंथ खरीद लाया। इधर रचना तैयार हो चली, उधर दाता और प्रदाता की तलाश में उसका मन घूम चला। धन, साम्राज्य और प्रभाव, मानो अपने इस प्रतिभा-जीवी गुलाम की प्रतीक्षा में थे। हाट हाजिर मिली; बोली लगने लगी; और इसने अपनी पूँजी अपने मालिक की मनोभावनाओं के हाथ बेंच दी। उस समय कुछ मनस्वियों की कलमें यदि ऐसी हुईं कि वे धनिक लहर या प्रखर राज महर पर बिकने से इन्कार कर दें, अपने कोमल या प्रखर चिन्तन के निर्मल वैभव को मानव-विद्रोह और मानव-विकास जाग्रत करने के काम में लायें, तो बिकी हुई कलम का धनी, बिकने से इन्कार करने वाली कलम के खिलाफ षड्यन्त्र की रचना करता है और ऐसा कुछ लिखता है जिससे आजाद कलम कलंकित हो सके। वह वैभववान् की कीर्ति की दूकान के मुनीम के नाते निर्भीक कलमों के लिए, उस कारागार का पहरेदार बन जाता है, जिसे विश्व की गरीबी के बलवान् न हो उठने देने के लिए वैभवशील शक्तियों ने गरीब बनाकर रख छोड़ा है।

जंगल में आग लगने पर पूरा जंगल जलने से रोकने के लिए लगी हुई आग के पास का जंगल इसलिए काटकर फेंक देना होता है जिससे उस दूरी को लाँघ कर लगी हुई आग सारे जंगल को भस्म न कर पावे। अधोमुखी साहित्य की भड़कीली बाजू के साथ भी हमें यही व्यवहार करना होगा। उस आग को बढ़ाने में अत्यधिक निकट पड़ने वाले कुछ साहित्य को हमें स्वयं काटकर फेंक देना होगा। उस साहित्य का एकमात्र कसूर यह है कि वह साहित्य और समाज में लगी हुई सर्वनाशकता की आग के बहुत निकट है और ऐसा भड़कीला है कि जिसके कारण लगी हुई आग बढ़ सकती है।

प्रतिभाशील साहित्यिक का पथ कड़वा भी तो है। किसी साधनाशील कला पर प्रतिभाहीनता के आक्रमण का वह उचित समय होता है, जब अपने क्रान्तिमय विचारों के कारण धनिक उससे बिगड़ उठते हैं और उसे साधनहीन रखकर दारिद्र्य प्रदान करते हैं; शासन उसे रूढ़ियों से ऊपर पाकर सन्देह करता है और ऐसा कोई कष्ट नहीं होता जो उसकी सूझ के प्रजनन पर उसे दिया न जा सके। ऐसे समय कलाकार के ऐसे साथी उसे अकेला छोड़ देते हैं जो अमीरी के आदी हैं और प्रभावशीलों का शिकार करते फिरते हैं। इस तरह राज, अमीर और

रूढ़िवादी लेखक गरीबी का गर्व करने वाले प्रतिभाशील के शत्रु के नाते, एक ओर होते हैं, और रूढ़िवादी धन और लेखन के बहकाये हुए कुछ भयभीत और कुछ प्रतिभाहीन अनुयायी दूसरी तरफ। कान्तिमय तेजस्विता का हनन, इन्हीं सन्धियों के बीच होता रहा है। जब अकेले पड़ गये तब कलम से क्रान्ति की उपासना के कुछ वीर राहगीर पतित होकर बिकने पर लाचार हुए। जो शेष रहे उनके अल्पत्व के प्रति हम लोग इतने उदासीन कि साहित्यिक गद्दियों और दलों में उनका कोई स्थान नहीं, उनका कोई मान नहीं, उनका कहीं नाम नहीं।

हम नहीं जानते कि आज का कलाकार मकान में रहता है कि कारागार में। उसे रोटियाँ मिलती हैं कि नहीं मिलतीं। उसके परिवार की जिम्मेवारियाँ भी उस पर हैं या वह पशुओं की तरह गैरजिम्मेवार है !

यदि कलाकार तेजस्वी है और झुकना नहीं जानता, तो उसका साहित्य नव रसों में से जिस रस में भी लिखा आता है, मंचों के महामानव, हम, उसकी हर कृति में दोष निकालते हैं।

हम ऐसे कलाकारों की कृतियों का स्वागत, पहले जान-बूझकर सजायी गयी उपेक्षा से करते हैं; तिस पर भी यदि वे जीवित और जाग्रत रह जायें तो हम खुला लोहा लेते हैं।

हमारी पराजय का चिह्न वह है, जब ऐसे कलाकार की वृद्धि में रुकावट न कर सकने पर हम मौन हो जाते हैं। और हमारा निर्लज्जता से भरा अधःपात वह है कि उस निर्भीक और गरीब साहित्यिक की वाणी, जब जन-जन और कण-कण में व्याप्त होती है, तब उसके स्वागत का जय-घोष करने वालों में अपने व्यवस्थित संगठन के कारण हम सबसे आगे होते हैं, और अपनी बलि के मूल्य पर उसे बढ़ाकर लाने वाले गरीबों को पीछे छोड़कर अपने चमकीले वैभव से हम वह चकाचौंध उत्पन्न करते हैं कि गरीब और विजयी कलाकार के कठोर कष्टों और सारी तपस्या को लोग भूल जायें और उस पर पथभ्रष्ट होकर स्वार्थ-साधन के इलजाम लगने लगें। साथ ही उसके तेजस्वी साथियों का समाज सम्मानित और संगठित न हो सके। अस्तु !

संसार में जितने धर्म चल रहे हैं, उनके बढ़ते जाने में एक अचम्भा आपने देखा है ? एक धर्म के जो विद्रोही परम नास्तिक कहे जाते हैं, उन्हीं के द्वारा धर्मों के दूसरे स्वरूपों का श्रीगणेश होता है, और धर्मशील उद्योगियों की यह जाति नास्तिकता का दोष अपने सिर पर लेकर नये धर्म और नयी सामाजिक धारणाओं को गढ़ती चली आती है।

यदि हम नवीन प्रतिभा के अपराधियों को साहित्य में भी क्षमा कर सकें; यदि हम उनके प्रखर तेज को सह सकें; उनको रूढ़ि और परम्पराओं के माप से न मापें और विश्वास करें।

विश्वास करें कि जिस तरह बोली जाने के बाद व्याकरण के नियम भाषा के पीछे-पीछे बनते चले आते हैं, उसी तरह नवीन साहित्य के निर्माण के बाद उसकी परम्परा को भी बनने में देर न लगेगी, तो साहित्य को कौन सी हानि होगी ?

हाँ, मेरा यह विश्वास अवश्य है और मैं इसे व्यक्त करता आ रहा हूँ कि साँस लेने, देखने और सुनने के स्थानों की तरह, हर स्थापित नियम, संस्था और परम्परा की जड़ उखाड़ फेंकना विद्रोह नहीं। हम सदैव चलते रहें, यह गति भले हो, प्रगति नहीं है। तेली का बैल अपनी गति से कौन-सी मंजिल पूरी करेगा ?

मुझे एक चीज जो खटकती रहती है, वह हमारे आलोचना-ग्रन्थों का मूल्य-मापन है। दस-पन्द्रह वर्ष के बीच के कलाकारों की जमीन लेकर हम चर्चा करने बैठ जाते हैं। कुछ को गण्य सिद्ध करते हैं; कुछ को नगण्य। अध्ययन और पहुँच का अभाव और सस्ते विशेषणों का उपहार हमारे ग्रन्थों की विशेषता होती है। आप जानते हैं ऐसे ग्रन्थों ने कौन-सा युग बनाया है? इनकी कृपा से पन्द्रह वर्ष के पहले के तरुण कलाकार इतने पुराने दीख पड़ते हैं कि आज के नये बाल कलाकार न उनकी वस्तु पढ़ते, न उनकी चर्चा सुनते, न हिन्दी-साहित्य में उनका स्थान मानते हैं। परिणामतः मौलिक द्रव्यों का जो भोंड़ा प्रदर्शन नयी कलमें करती हैं और उनमें बेपची-सी जो अँगरेजी कलम दुर्गन्धित होती है उससे कहीं अच्छी कलमें, उनसे कई गुना सन्निकट और सुदूर भूतकाल में लिख चुकी हैं।

मुहाफिजखानों की कब्रें उखाड़कर हर कलाकार की कीर्ति पर शोध और आलोचना के नाम पर शस्त्र-क्रिया होती है। किन्तु युग की पीढ़ी को देने के लिए अधिकांशतः कुछ नहीं होता। कर्तव्य की वह जिम्मेवारी और जागरण भी नहीं होता। जरीब लगाकर जमीन मापने-जैसा एक कार्य है जो चला आ रहा है और चला जायेगा। किन्तु निस्सन्देह, अभाव से सीमित सही, कुछ तो है। इसमें सन्देह नहीं कि विश्वविद्यालयों ने ज्ञान-वर्धन के क्षेत्र में बड़ा काम किया और हमें कितने ही महान् नेता, साहित्यकार, वैज्ञानिक, मनोवैज्ञानिक और शोधक दिये हैं। हमें सजग रहकर विस्तृत दृष्टिकोण के साथ अपने साहित्य का ऐसा लेखा-जोखा रखना चाहिए जिससे युग के कलाकार का उचित मूल्य-मापन हो सके।

अन्य साहित्यों में यह बात नहीं। उनका मूल्य-मापन सौ वर्षों से छोटा नहीं होता और साहित्य की विभिन्न धाराओं की चर्चा में शताब्दियों के लेखे-जोखे के साथ वर्तमान युग के कलाकारों को प्रस्तुत किया जाता है। परिणामतः योग्य कलाकारों की न हत्या होती है, न अकालमृत्यु।

स्व० राय देवीप्रसाद पूर्ण, सूझ के धनी स्व० नाथूराम शंकर शर्मा, नयी दृष्टि से देखने वाले पं० श्रीधर पाठक, पं० विनायकराव कविनायक, पं० बालकृष्ण भट्ट, पं० कामताप्रसाद गुरु और पं० माधव शुक्ल, और फेहरिस्त कितनी दूँ कि अनेक मनस्वियों के गद्य और पद्य को आज की अनेक आलोचना की पुस्तकों में आप

नहीं देख सकते ।

साहित्य के मूल्य-मापकों की एक दूसरी वृत्ति भी है । छोटी-छोटी पहचानों तथा अपनी तीव्र रुचि तथा अरुचि के फेर में पड़कर और हिन्दी संसार के समस्त प्रान्तों की आकलन-शील धारा से अपरिचित रहने के कारण, वे ऐसे नये, सच्चे और प्रखर कलाकारों का भी उचित मूल्य-मापन नहीं करते, जिनकी प्रतिभा, प्रखरता और सुकोमलता के क्षेत्रों में सूझ के नये से नये आविष्कार करती है ।

ऐसे 'कुछ' को वे जानते नहीं; 'कुछ' को वे ढूंढ़ते नहीं और 'कुछ' को वे शायद जान-बूझकर भूलते भी हैं ।

आचार्यत्व भी हिन्दी संसार की बहुत बड़ी कमजोरी है । हिन्दी जगत् के कुछ स्थान ऐसे हैं जहाँ आचार्य ही उत्पन्न होते हैं, अनुयायी उत्पन्न ही नहीं होते । फल यह होता है कि जब साहित्य-चर्चा का स्थल आता है, तब ग्रन्थों के पृष्ठ उन आचार्यों के वर्णन से इतने भर जाते हैं कि बिहार, राजस्थान, मध्यभारत मध्य-प्रान्त तथा हिन्दी जगत् के अन्य स्थानों के कलाकारों का जन-गणना की रिपोर्ट में लिखे नामों की तरह भी उल्लेख नहीं हो पाता । यद्यपि कितने ही आचार्य-प्रशंसितों की अपेक्षा हिन्दी जगत् के उन सुदूर स्थानों में नवीन प्रतिभाशील कला-श्रेणी विद्यमान है ।

साहित्य में हमने कुछ ऐसी परम्परा बना रखी है कि एक गद्दी से उतरे तो दूसरा गद्दी पर चढ़े । यही कारण है कि बड़प्पन के खिलाफ तरुणाई का विद्रोह होता है । उच्च कलाकार तो ज्यों-ज्यों अपनी कलम में भीगता जाता है, वह स्थानों को रोककर खड़ा ही नहीं होता, अपने मनस्वी कलाकार का आशीर्वाद समझकर पीछे आने वाली पीढ़ी उन स्थानों को अधिकार समझकर नहीं, कर्तव्य मानकर सँभालती चली आती है । साहित्य उस समय गद्दियाँ जीतने-हारने का मैदान नहीं होता ।

जिनकी गति चुक गयी है, कृति के पथ में वे कैसे खड़े रहेंगे ? इतिहास के मुहा-फिजखाने में उनका स्थान सुरक्षित है । हाँ, यदि उनकी कृति में गतिशीलता है तो वह उनकी पीढ़ी के सिर पर होगी । उन्हें शिकायत नहीं होनी चाहिए कि उनकी पीढ़ी उनकी कृति के प्रति उदासीन है ।

'कुछ नवीन चाहिए'—यह अत्यन्त प्राचीन माँग है । यदि इसका अर्थ गति है, तो ठीक है । गति नहीं है, तो आदत है । और आदत सदा ही भली नहीं होती ।

व्यक्ति-पूजा में कभी-कभी प्रतिभाहीन की पूजा होती है । जब झूठ झूठ के नाम पर आती है, तो लोग उसे सरलता से त्याग देते हैं; किन्तु जब वह सिद्धान्त के नाम पर आती है तब न त्यागें तो प्रतिभा रूठती है और आत्माभिमान अप-मानित होता है और त्यागें तो समाज नाराज होता है ।

एक जमाने में पूजा और नमाज को एक कहनेवाले सन्त हमारे यहाँ थे। आज हिन्दी-उर्दू को भी एक कहनेवाले सुधी हमारे यहाँ हैं। पहले एक के कहने से दूसरे को बन्द नहीं करना पड़ता था; आज दोनों को बन्द कर तीसरे की बात कही जा रही है।

जब हम अपने पर आक्रमणशील भाषाओं की चर्चा करते हैं, तब ईंट का जवाब पत्थर से देने के लिए ललचते हैं। क्या लोक-हृदय के खण्ड-खण्ड करके भाषा और देश का अखण्डत्व हम स्थापित करेंगे ?

आज का कलाकार इसलिए बेचैन है कि कुछ शब्द अपना मूल्य बढ़ाये बैठे हैं; कुछ धारणाएँ अपना मूल्य बढ़ाये बैठी हैं। प्रेम शब्द को लीज़िए। वेश्या से सन्त तक सब उसके हकदार ! उस शब्द का अर्थ उसके अर्थ खोने में ही रह गया है। सेवा की धारणा को लीजिए। कोटि-कोटि साधनों से भरे राज और वैभव-शील में थोड़ा-सा सतोगुण दीखा, थोड़ी-सी उदारता दीखी कि लगे हम उसे ईश्वर सिद्ध करने; और साधारण जन सन्तत्व-साधना में मर गया और हमने माना कि यह तो उसे करना ही था।

'मानस' में सीता को वन के योग्य न बताते हुए, वन के योग्यों में यह भी बताया है—

कै तापस तिय कानन जोगू।
जिन तप हेतु तजा सब भोगू ॥

यानी—जिन्होंने सब तज दिया उनका तो रोजगार था, और जो सम्पूर्ण भोगों के बीच थोड़ा-सा छोड़े, यह छोड़ना उनका ईश्वरत्व है। जिस जाति का हमने समाज बना रखा है, उस जाति का ही हमें साहित्य चाहिए ! पाँव के माप का ही तो जूता चाहिए; सो आवें कलाकार और बनावें !!

कला की कुछ धारणाएँ भी अपना मूल्य गँवा बैठीं। जैसे नृत्य। अत्यन्त श्रम और कला-साध्य होने पर भी वेश्या का धन्धा ! गायन—लफंगे, या उठाईगीरे, या चरित्रहीन स्त्रियाँ ! अभिनय—'नाच कूद करि लोग-रिझावन' ! चित्रकारी—कहीं गुनाह, कहीं उपेक्षा !

अभिनय ?—बनावटी जीवन है। जीवन-भर कृत्रिम और बनावटी जीवन बिताते जायेंगे, राजनीतिज्ञ का, चालबाज का, स्वार्थी का, धार्मिक ठग का, किन्तु क्षण-भर अभिनय में सूरदास, अकबर, या शूली पर ईसा बन गये, कि नकली जीवन बन गया !

हिन्दी संसार में प्रकाशन लेखक का यमदण्ड है। अन्य देशों में ग्रन्थकारों के नाम से ग्रन्थ परिचित होते हैं, हमारे यहाँ ग्रन्थ के शीर्षकों के नाम से ग्रन्थ परिचित होते हैं। प्रकाशक ने प्रथम दिन लेखक की प्रकटीकरण की लाचारी कहकर जिस पुस्तक को मुफ्त में छाप लिया, वही जब बिक निकली, तब उसका मूल्य किससे

कौन वसूल करे ? उधर प्रकाशक की भी कठिनाई है। वह स्वयं नहीं जानता कि कौन-सी पुस्तक बिक निकलेगी। लेखक जगत् में अपनी कलम के बल पर साधन-सम्पन्न है; हमारे यहाँ कलम लेखक का अभिशाप हो रही है। हमारे लेखक को यह विश्वास नहीं कि उसके श्रम का कोई मूल्य चुकायेगा। सम्मेलन में हम अनुभव करें कि हिन्दी की प्रतिभा के भयंकर शत्रु वे हैं, जो गरीब कलाकार का साहित्य मुफ्त में चाहते हैं। वे ही, लेखक को निराशा देते हैं कि कला के चिन्तन को, वह भूख की ज्वाला की आँच में अपने शुभ दिनों के लिए कुपथ्य से बढ़कर कुपथ्य समझे। हम शीघ्र से शीघ्र हिन्दी के कलाकार की कलम का मूल्य चुकाने योग्य हों — यह प्रयत्न होना चाहिए। और ऐसी धनराशि एकत्रित होनी चाहिए जिससे हिन्दी के कलाकार के साथ ईमानदारी का व्यवहार करने वाली प्रकाशन-संस्थाओं का निर्माण हो सके।

हिन्दी के राष्ट्रभाषा होने का उत्तरदायित्व यह भी है कि हम साहित्य सम्मेलन को केवल अ० भा० प्रचार सम्मेलन से उठाकर उसे अखिल भारतीय संस्कृति, साहित्य और कला का सम्मेलन बनावें; जहाँ हम प्रान्तीय भाषाओं के प्रतिभाशील मनीषियों को आमंत्रित कर सकें और उन भाषओं के कलाकारों की कला-कृतियों का अनुवाद अपने यहाँ प्रकाशित कर सकें।

हिन्दी के जो साहित्य-प्रेमी अपनी धारणाओं के आन्दोलन के कारण आज जेल में हैं, उनकी सुध लेना भी हमारा काम है। जिन्हें हमने बुरा कहा था उनका शासन ने तिरस्कार नहीं किया। जिनका शासन ने तिरस्कार किया है केवल उसी तिरस्कार पर हम अपने कलाकारों को न भुला दें। जेल जाने वालों में कितने ही साधन-सम्पन्न हैं। वे अपनी चिन्ता स्वयं कर लेंगे। किन्तु जो साधनहीन हैं, उन्हें हिन्दी-भाषी प्रान्तों में, प्रान्तों के द्वारा सहायता पहुँचाने का आयोजन क्या हम नहीं कर सकते ? हमें जानना चाहिए कि कितने गरीब साहित्य-सेवियों के बाल-बच्चे आज बे-घर-द्वार के हो रहे होंगे।

गरीब साहित्य-सेवियों के लिए अध्ययन के साधन उपस्थित करने की ओर भी हमारा ध्यान जाना चाहिए। हम यह हिसाब क्यों न लगायें कि हिन्दी-जगत् में कितने पुस्तकालय हैं और उनके पठन-पाठन की सामग्री किस श्रेणी की है तथा हिन्दी पुस्तकों के रखने में वे किन धारणाओं से संचालित हो रहे हैं। इस ओर ध्यान देने से सम्मेलन के लिए सम्भव होगा कि वह हिन्दी-जगत् के उचित प्रकाशनों को उचित स्थानों में, उचित समय के अन्दर बिकवा सके, और इस तरह लेखक की प्रत्यक्ष सहायता करने में सफल हो।

हिन्दी-जगत् में कितने ही विश्वविद्यालय हैं; तथा कितने ही रियासती और प्रान्तीय शासन हैं। वहाँ पाठ्य-पुस्तकों का निश्चय करने वाली समितियाँ हैं। विचार-विनिमय न होने से अद्भुत हानि होती है। मुझे एक घटना का यहाँ

उल्लेख करना चाहिए। सन् 1939 की बात है। काशी में मैंने पुस्तकों और पत्रों की वह सूची देखी थी जिसे युक्त प्रान्तीय सरकार की टैक्स्ट बुक और लाइब्रेरी कमेटी ने स्वीकार किया था। उसमें मैंने देखा कि प्रायः युक्तप्रान्त के ही लेखकों की लिखी और युक्तप्रान्त के प्रकाशकों द्वारा ही प्रकाशित पुस्तकें तथा यहीं के सामयिक तथा मासिक इस प्रान्त के पुस्तकालयों के लिए स्वीकृत किए गए थे। मैंने एक श्रद्धेय सज्जन से, जिनका इस सम्मेलनों में भी प्रभाव रहा है, पूछा कि अपवादों को छोड़कर अन्य हिन्दीप्रान्तीय प्रकाशनों को और विशेषतः मध्यभारत, मध्यप्रान्त और कुछ बिहार के प्रकाशनों और पत्रों को तो आपकी फेहरिस्त में स्थान ही नहीं मिल पाया; जबकि मध्यप्रान्त की ऐसी कमेटियों में समस्त हिन्दी संसार का अधिकतर खयाल रखा गया है! तब उन्होंने अपनी विवशता और दुःख प्रकट किया। किन्तु एक दूसरे सज्जन से जब मैंने यही बात खण्डवा में कही तब उन्होंने मानो कुछ महत्त्व न देते हुए कह दिया, हमें इन सब बातों की याद ही नहीं रही। ये पिछले सज्जन देश के एक प्रधान राजनीतिक दल के नेता हैं तथा अखिल भारतवर्षीय कांग्रेस कार्य-समिति के सदस्य भी रह चुके हैं। दोनों ही उल्लिखित सज्जन युक्तप्रान्त की पुस्तकालय और पाठ्य-पुस्तक कमेटी के सदस्य थे। मैंने भी जो पूछा था, अधिकार और जानकारी रखकर ही पूछा था।

मेरा निवेदन यह है कि हिन्दी संसार के समस्त शासन और रियासतें इस दिशा में यदि सम्मिलन-वृत्ति से काम लें तो विषमता उत्पन्न न होगी और इसका असर उच्च साहित्य की वृद्धि और हिन्दी के लेखक और प्रकाश के प्रत्यक्ष लाभ के रूप में दिखाई देने लगेगा।

वे भी दिन थे जब हमारे देश में अच्छा वह कहलाता था, जिसे युरोपियन अच्छा कह दें। अब साहित्य पर मत देने का काम बड़े आदमी करने लगे। किन्तु लेखक को इस तरह अपने सर्वनाश या सर्वोदय का 'मौन दर्शक' बनाकर नहीं रखा जा सकता। वह जुए के खुलने वाले अंकों की तरह अपने को क्षण-मात्र में किसी की कृपा के परिणाम पर बुरा या भला देखने को, मानने को, कहलाये जाने को तैयार नहीं।

आज का लेखक भी उन विचारों और भावों के इतिहास की एक कड़ी है, जिनके पीछे शताब्दियों की अनन्त कड़ियाँ जुड़ी हुई हैं और भविष्य की कड़ियों के जुड़ते जाने का जिसे अपने नम्र बलिदान के आधार पर अटूट विश्वास है।

आजकल कागज का अकाल है; और पुस्तकें प्रकाशित नहीं हो सकतीं। प्रकाशक का काम पुरानी पुस्तकें बेचकर चल सकता है; किन्तु गरीब लेखक सुबह और शाम की मेहनत का मुहताज है। तब यदि छपाई बन्द हुई है तो क्या हमने उसे भूखों मरने के लिए छोड़ दिया है? क्यों न हम उसकी पाण्डुलिपि लेकर उसका सम्मान करें?

सामयिक पत्रों का मूल्य विश्व की प्रगति में बहुत भारी है। विश्व से यदि समाचार-पत्र वापस ले लिये जायें तो बहुत अंशों में उसकी प्रगति एकदम ही रुक जायेगी। आज तो यह पागलखाने का विचार समझा जायेगा। साहित्य के उत्थान और पतन में भी समाचार-पत्रों का उत्तरदायित्व गुरुतर है। किन्तु हिन्दी-भाषी पाठक हमारी अपनी इस महान् संस्था के प्रति कितने उदासीन हैं! मैंने एक हिन्दी-भाषी अधिकारी देखा—बहुत सज्जन, बहुत कृपालु, उच्च-शिक्षण-प्राप्त, प्रान्तीय बैंकों का गवर्नर, धारा-सभा का सदस्य, साहित्य का हित-चिन्तक और क्या नहीं? मन्त्रिमण्डलों के तोड़ने और बनाने में जिसे सूझ प्राप्त। वह व्यक्ति एक पत्र के सम्पादक से उस पत्र की श्रेष्ठता की 46 मिनिट तक चर्चा करता रहा! सम्पादक बाग-बाग लौट गया—शायद बड़े गर्व से! मैंने अपने उस मित्र से पूछा—तुमने तो कई महीनों के उस अखबार के आवरण (रैपर) भी नहीं खोले! उस सुधी ने राजनैतिक उत्तर दिया, "मैंने वह भोजन सम्पादक को दे दिया, जो उसे चाहिए था।" मुझे ऐसा लगा कि राजनीतिज्ञ जी की श्रीमती जी का चूल्हा ही उस समाचार-पत्र को नियमित पढ़ता होगा। इतना उदासीन है हमारे बल पर गया हुआ प्रतिनिधि हमारे साहित्य के प्रति! तब हिन्दी-संसार की धारासभाओं में यदि हिन्दी पत्र चर्चा का विषय नहीं बनते और शासन की गति में यदि वे मत रखने वाले साबित नहीं हो सकते, तो उसका कारण क्यों खोजा जाए? सन् 1920 में जब कागज की महँगाई में उपाय योजना सोचनी पड़ी, तब स्वर्गीय गणेशशंकरजी विद्यार्थी ने, स्व० कृष्णकान्तजी मालवीय ने, और मैंने, साथ मिलकर 'प्रताप', 'अभ्युदय' और 'कर्मवीर' के मूल्य बढ़ाने की घोषणा की। किन्तु एकता का यह डोरा पिछले बीस वर्षों में हम कब से तोड़ बैठे हैं!

हमारा पत्रकार आज यदि किसी खास समाचार पर अन्य पत्रों के संगृहीत मत उद्धृत करता है तो अधिकतर अंगरेजी पत्रों के। अँगरेजी पत्रों से मसाला उठाता है और हिन्दी के पाठक को विचार-दान करता रहता है। वह वस्तु के निर्माण में नहीं, वस्तु के परोसने में ही निर्माता का सुख अनुभव कर लेता है। वह सुदूर की खबरों, संस्थाओं और व्यक्तियों के कार्यों के अनुवाद करके अपने पत्र में देता है; और अपने ही सन्निकट के मौलिक समाचार, श्रेष्ठ कौशल और निर्मल त्यागी की वह उपेक्षा करता है। उसे आदत पड़ गई है कि वह बिना नाम दिये इधर-उधर से चीजें उठा ले। वह अपने पाठक की योग्यता, आवश्यकता और अपने आदर्श की दृष्टि से नहीं; किन्तु अपने हाथ में पड़ी हुई सामग्री की दृष्टि से सम्पादन करता है। वह अखबार के बेचने वाले को 25 सैकड़ा कमीशन दे देता है; और लिखने वाले की सुध लेने का उसे अवकाश नहीं। वह जनता की वाणी में निकलता है; किन्तु बहुत थोड़ी तादाद में बिकता है। पत्रकार अपनी इज्जत का गलत बोझ अपने में रखे हुए है; क्योंकि अपने पत्र की इज्जत के साथ उसने

अपनी इज्जत को नहीं मिला दिया है।

हमारे पत्रकार का अपना पुस्तकालय नहीं है। वह रोटी खरीदकर खा सकता है, जो रोटी उसे अपने थोड़े से आश्रितों तक पहुँचानी होती है। किन्तु उसका मस्तिष्क ग्रन्थों और साहित्य के खाद्य पदार्थ से पुष्ट नहीं रखा जाता।

पत्रकार अभी भी भाषा में भावों की मनुहार पर जीना चाहता है; किन्तु वर्तमान लेखक, वर्तमान कलाकार, पहले साहित्य से यह चाहता है कि वह अपनी योग्यता सिद्ध करे, उच्चता व्यक्त करे, आवश्यकता दिखावे, अमरता तौले; और तभी और केवल तभी जन-मन को उकसाने वाली भावना की वाणी काम में लावे। ज्ञानहीनता की कैसी मनुहार? ध्यान देने की प्रार्थना पर भी, कोई चीज हो तब तो ध्यान दिया जाये।

मैं जानता हूँ, मैं प्रखर हो गया हूँ। किन्तु मैं लाचार हो गया हूँ। विश्व में समाचार-पत्र कला चौथी या छठवीं रियासत कही जाय और हिन्दी के पत्र, पुस्तकालयों और विश्व-संचालकों की अपेक्षा हलवाइयों की दूकानों पर अधिक बिकें—इसे मैं बरदाश्त नहीं कर पा रहा हूँ।

देशी भाषा के समाचार-पत्र को नगण्यता में फेंकने का अपराधी इस देश का शासन भी है, क्योंकि वह विदेशी है। तार अँगरेजी में आते हैं, और अनुवाद के बाद छापकर अँगरेजी पत्र की स्पर्द्धा में खड़ा होना कठिन है। शासन के विज्ञापन शासन अपने कीर्त्ति-गायक मुनीम पत्रकारों को देता है। वह पक्षपातहीन शासन सिद्ध नहीं होना चाहता। बड़े शहरों से छोटे स्थानों पर जाने वाले कागज पर बढ़े हुए रेल के महसूल के द्वारा यह सिद्ध होता है कि शासन की नीति से शहरों के अमीर को कागज सस्ता और गाँवों के गरीब को कागज महँगा पहुँचता है। डाकखाने में साहित्य के बँटवारे की असुविधा और हफ्ते में एक बार डाक बँटना देशी भाषा के पत्रों के फैलने में महान् संकट है। जहाँ अनेक पत्र हैं और रेडियो भी हाजिर है, वहाँ डाक दिन में कम से कम तीन बार; और जहाँ एक खबर का अकाल है वहाँ डाक हफ्ते में एक बार—मानो एक नियोजित षड्यन्त्र है जो एक तरफ देशी भाषा के पत्र को मार डालेगा और दूसरी तरफ ग्रामीण जनता को अज्ञान के अन्धकार में रखेगा।

पत्रों का सांस्कृतिक ह्रास भी हुआ है। त्यौहारों, उत्सवों, संस्कारों, चरित्रों, मुलाकातों, जानकारियों, खँडहरों, देवालयों, मसजिदों, यात्राओं, प्रकृति-सौन्दर्यों, अजायबघरों, अंकों, स्थानीय साहसों, प्रेरणा-पुंजों और अपनी सभ्यता की उथल-पुथल पर हम बहुत कम लिखते हैं। इसीलिए हमारे पत्रों को जन-मन अपना-सा नहीं समझ पाता। अपनी चिट्ठियों और चर्चाओं से आने वाले, रेलवे प्लेटफार्म और मुसाफिरखानों से प्राप्त होने वाले, सड़कों और बन्द कोठरियों में बोलने वाले संवादों की ओर हम दुर्लक्ष्य करते हैं, और रोजगारी संवादों का पका-

पकाया भाँड़ हम अपने पाठकों को परोसते हैं।

हम शासन, महत्त्व की संस्थाओं और प्रभाव के व्यक्तियों से, बराबरी के दावे से नहीं मिलते। मानो एक कृपा के मुहताज हैं जो दायें या बायें कहीं से मिल जायेगी। यही कारण है कि प्रभाव के क्षेत्रों और शासन-संचालन में हिन्दी-समाचार-पत्र अपने युग का भाग्य-निर्माण नहीं कर रहा। मराठी में 'केसरी', गुजराती में 'जन्म-भूमि', मद्रास में 'आन्ध्र पत्रिका', बंगाल में 'आनन्द बाजार पत्रिका,—ये अपनी सीमा की जनता के स्वामी बने बैठे हैं। वहाँ पत्रकार-कला गर्वित है, कि जन-जन पर उसका शासन है।

तिस पर इन कठिनाइयों के बीच यदि हम गर्वित हैं तो इसलिए कि पराड़करजी की कलम ने 'आज' का उच्च सम्पादन किया और हर्ष है कि उनके जाने के बाद 'आज' ने अपनी गतिविधि नहीं बदली। संकटों के बीच भी 'प्रताप' अपना पथ ग्रहण किए हुए है, वर्तमान उसके गति-पथ का साथी है। श्रीयुत मूलचन्दजी अग्रवाल ने दैनिक 'विश्वमित्र' के तीन संस्करण करके तीन राजधानियों से प्रकाशित किये हैं—भारत की पुरानी राजधानी कलकत्ता से, नयी राजधानी दिल्ली से, और देश की औद्योगिक राजधानी बम्बई से। इससे हिन्दी पत्रकार कला का गौरव बढ़ा है, मूलचन्दजी के धन का सदुपयोग हुआ है और बड़े पैमाने पर हिन्दी का एक प्रयोग परिणाम पर चढ़ा है। 'हिन्दुस्तान' जनता का पत्र कहे जाने के अपने लक्षणों से अधिक युक्त है। उसे 'हिन्दुस्तान टाइम्स' अँगरेजी दैनिक के समस्त साधन भी प्राप्त हैं। 'अर्जुन' भी जन-वाणी कहलाने में गौरवशील रहा है। 'भारत' की कलम में उत्तरदायित्व का बोझ अधिक है। 'सैनिक' बलिपथ का अंगारा है। उसके मरने और जीने का खेल हिन्दी पत्रकार-जगत् की त्याग-भावना का मापदण्ड है। पंजाब में 'हिन्दी मिलाप' सूझ और साधनों से चमत्कृत है। 'बिश्वबन्धु' ईमानदार आदर्श भावना का निर्मल उदाहरण है। लखनऊ के 'अधिकार' की कलम शासन से सुलझकर संकटों के बीच चलती है। पराड़करजी का नया दैनिक 'संसार' हिन्दी-जगत् की परीक्षा है कि वह अपने उच्च सन्तुलित जीवन के कलाकार के प्रति कितनी सजग, कितनी सहायक हैं। मेरे पिछड़े प्रान्त में भी 'नवभारत' की शक्तियाँ मानो साधनहीनता और प्रतिकूल परिस्थिति के असम्भव से जूझकर अपना अस्तित्व सिद्ध कर रही हैं। लोकमान्य तिलक से एक बार किसी ने पूछा कि यदि स्वराज मिल गया तो उसके बाद आप क्या करेंगे? सुनते हैं, उन्होंने जवाब दिया था कि मैं किसी शाला में गणित का एक अध्यापक होना चाहूँगा। यदि बड़ों की नकल छोटे करें, यह क्षम्य हो और कोई मुझसे पूछे कि तू समय मिलने पर क्या करेगा?—तो मैं कहूँ—कि स्वर्गीय गणेशजी की स्मृति 'प्रताप' की ओर समस्त हिन्दी जगत् को सहायता के लिए प्रेरित करना चाहूँगा।

यह उन दैनिकों की चर्चा है, जिनका मुझे पता है। हिन्दी-जगत् के अँग्रेजी

पत्रों में मैं केवल 'सर्चलाइट' के सम्पादन में हिन्दी संसार का सम्पूर्ण अपनापन प्रतिबिम्बित देखता हूँ। अन्य अँग्रेजी दैनिकों में मैं 'हिन्दी जगत्' के प्रति सजगता नहीं पाता। जिन दैनिकों की मुझे जानकारी नहीं, उनके प्रति अपने अज्ञान का अपराध मैं स्वीकार करता हूँ।

जिन दैनिकों के साप्ताहिक प्रकाशित होते हैं, उनकी चर्चा छोड़कर वयोवृद्ध साहित्यिक श्रीयुत हरिकृष्णजी जौहर के सम्पादकत्व में 'वेंकटेश्वर समाचार' बदस्तूर निकल रहा है। प्रयाग के इण्डियन प्रेस के 'देशदूत' में पृष्ठों की कमी रहे, सम्पादन में चातुर्य है। झाँसी का 'स्वतन्त्र' बहुत सजगता से सम्पादित होता है। लखनऊ से निकलनेवाला 'संघर्ष' युक्तप्रान्त की बलवान् शक्ति था, जो देश के संघर्ष में बन्द हो गया। अजमेर की 'नवज्योति' और वहाँ के 'राजस्थान' ने राजस्थान में इतिहास-निर्माण करने की क्षमता दिखलायी। पटना की 'नवशक्ति' देश के इने-गिने ऊँचे पत्रों के जोड़ में बैठती है। 'हुंकार' बिहार में स्वामी सहजानन्दजी की आवाज है। बेनीपुरीजी की 'जनता' बिहार की अदम्य आवाज थी जो बन्द हो गयी। परिस्थितियों की उथल-पुथल में कलकत्ता का 'विचार'-जैसा अच्छा पत्र बन्द हो गया। पटना के 'योगी' की धारा, अपना व्रत रखकर अथक प्रवाहित है। रंगून का 'प्राची प्रकाश' हिन्दी में गनीमत था; किन्तु अब भारत कहाँ और रंगून कहाँ? रियासत में अखबार निकालकर तेजस्विनी कलम रख ले जाना श्रीयुत मिलिन्दजी के जीवन का ही काम था; किन्तु वे बीमार होते हुए भी बन्दी हैं, और 'जीवन' बन्द है। इन्दौर की 'प्रजा मण्डल पत्रिका' दल का नाम भले व्यक्त करे; थी वह निर्भीक जनवाणी। बलिया का 'प्रभात' अपने भूभाग की साहित्यिक वाणी भी है और राष्ट्रीय भी। दरभंगा का 'मिथिलामिहिर' मिथिला की प्राचीन और अर्वाचीन संस्कृति और साहित्य-साधना का प्रबल उद्योग है। कलकत्ता की 'जागृति' की आदर्शप्रियता और निर्भीकता उस पत्र के चरित्र का मूल धन है। खण्डवा का 'स्वराज' रियासती प्रजा की मध्यभारतीय आवाज को निर्भीक व्यक्त करता आ रहा है। 'आर्यमित्र' युक्तप्रान्त (आगरा) से, 'आर्य सेवक' मध्य प्रान्त (होशंगाबाद) से, 'आर्य' दिल्ली से, और 'आर्य मार्तण्ड' अजमेर से निकलकर आर्य-जगत् के सन्देशवाहक हैं। श्रीयुत हरिशंकर जी शर्मा के सम्पादन के दिनों 'आर्यमित्र' अपनी साहित्यिक कीर्ति के उच्च शिखर पर था। 'किसान', 'हुंकार' (पटना) और 'कृषकबन्धु' (खण्डवा) कृषकों की निर्भीक वाणियाँ हैं। 'अग्रदूत' (रायपुर), 'शुभ चिन्तक' (जबलपुर), 'अंकुश' (खण्डवा), 'लोकमत' (नागपुर) और 'सावधान' (अर्द्ध साप्ताहिक, रायपुर) मध्यप्रान्त के जन-जागरण के सजग पहरेदार हैं। 'शुभचिन्तक' का सम्पादन अब तरंगीजी ने लिया है और 'अग्रदूत' श्री केशवप्रसाद वर्मा एम० ए० की कलम से लिखा जाता है। रियासतों से निकलने वाले पत्रों में देवास का 'मार्तण्ड'

महाराज और राज के कार्यों और सत्कार्यों का नम्र गायक और वादक है। 'जयाजीप्रताप' ग्वालियर राज्य की सीमा के हिन्दी कलाकारों को प्रोत्साहन देता है, किन्तु रिसायती गजट होने की नीरसता भी कम नहीं रखता। रीवाँ का 'प्रकाश' अपने में साहित्यिक सुस्वाद भी रखता है। कलकत्ता का 'समाज सेवक' मारवाड़ी समाज का पत्र है। वहाँ का इण्डस्ट्रियल गजट, हिन्दी में योग्य व्यापारिक चर्चा का श्रेष्ठ साधन है। डॉ० हेमचन्द्र की साप्ताहिक 'विश्ववाणी' अन्तर्राष्ट्रीय वैभव-भरी वस्तु थी जो बन्द हो गयी। कलकत्ता का 'विश्वबन्धु' अच्छा प्रयत्न है।

हमारे मासिकों में 'साहित्य-सन्देश', 'नागरी प्रचारिणी पत्रिका', 'हिन्दी', 'हिन्दुस्तानी,' 'सम्मेलन पत्रिका', 'शिक्षण पत्रिका' और यदि कीचड़-उछाल से भविष्य में भी दूर रह सके तो इन्दौर की मध्यभारतीय हिन्दी साहित्य समिति की 'वीणा' तथा मद्रास का 'हिन्दी प्रचार समाचार', और वर्धा की राष्ट्रभाषा प्रचार समिति का 'राष्ट्र भाषा समाचार'—ये उच्च श्रेणी में आते हैं। जिनके सामने निश्चित आदर्श हैं, जिनका पथ प्रखर सेवा का है, और जो अमर साहित्य प्रदान करने या राष्ट्रभाषा की सर्वतोमुखी बाजू अपने पाठकों के सामने रखने के लिए अपने चरित्र, व्यवहार, संस्थाओं के प्रतिनिधित्व तथा सम्पादकों की योग्यता के कारण अपने को उच्च परम्परा में बाँधे हुए हैं। 'साहित्य-सन्देश' हिन्दी के दैनन्दिन अध्ययनशील के लिए आज के नेत्र हैं। 'नागरी प्रचारिणी पत्रिका', 'हिन्दुस्तानी' और 'सम्मेलन पत्रिका' हमारी शोध के द्योतक हैं। 'हिन्दी' हमारे देश और भाषा की सांस्कृतिक उच्चता की प्रभावशील वकालत है। 'शिक्षण पत्रिका' नयी पीढ़ी के निर्माण में बालकों के पालकों के लिए अनमोल बोल है। वह विचार-पत्रिका भी है, व्यवहार-पत्रिका भी है। 'सरस्वती' अपनी साहित्यिक गौरव-रक्षा में सजग है। 'हंस', 'विशाल भारत' और 'विश्ववाणी' क्रियाशील प्रतिभा और क्रियाशील हिन्दी जगत् के निर्माण में हमारे ऊँचे उद्योग हैं। कहानी के जगत् में प्रेमचन्दजी ने 'हंस' के द्वारा जो धारा बहायी, उस धारा के जो पत्र मैं देख सका, उनमें 'माया', 'कहानी' और 'नयी कहानी' के आयोजन गनीमत हैं। 'भूगोल' अपने विषय-विवेचन में तथा सम्पादन के कौशल में हिन्दी की एक मूल्यवान् निधि है। 'दीपक' पंजाब में हिन्दी का प्रचार करने वाले अबोहर के तपस्वी स्वामी केशवानन्दजी का उज्ज्वल प्रकाश है। 'आरती' (पटना) को साहित्य की प्राचीन और नवीन धारा के संगम का उज्ज्वल आयोजन कहना चाहिए। हिन्दी के मासिकों में श्री बेनीपुरी के 'युवक' की पूर्ति हिन्दी-भाषी तरुणाई न कर सकी। अजमेर की 'त्यागभूमि', विहार की 'गंगा', मध्य भारत की 'वाणी' (खरगोन), मध्य प्रान्तीय 'प्रेमा' और 'श्रीशारदा', लाहौर की 'भारती' और कानपुर की 'प्रभा' ऐसी पत्रिकाएँ थीं जो अपने क्षेत्रों में हिन्दी की

सांस्कृतिक उन्नति के लिए याद आये बिना नहीं रहतीं।

'कल्पवृक्ष' हिन्दी में मानस-पूजा का विमल पथ है। 'कल्याण' इस देश में विकृत ज्ञान से बढ़ती हुई नास्तिकता की वृद्धि रोककर हिन्दी में हिन्दू समाज को सांस्कृतिक सिद्धि देने वाला एक वरदान है। 'विक्रम' मध्य-भारत का उज्ज्वल साहित्यमुखी आयोजन है, यदि वह आक्रमण करने के सस्ते लालच से सदैव बचा रह सके। 'मधुकर' बुन्देलखण्ड की संगठन शक्ति बनकर वहाँ के साहित्य का भारतीय भारती को भेंट करने का सफल प्रयत्न है, साथ ही नयी-नयी योजनाओं को पेश करने में बहुत बेचैन भी। 'आगामी कल' (खण्डवा) साहसी साहित्यिक नवीन प्रेरणा का नम्र आयोजन था; सम्पादक जेल में हैं, पत्र बन्द पड़ा है। मुरादाबाद का 'प्रदीप' एक छोटे-से कोने में रहकर युग का संकेत वहन करने वाली धारा बनकर रहा। 'हंस' की तरह वह तेजस्वी विचारधारा का निखरता स्वरूप सम्मुख लाता रहा। 'राष्ट्रभाषा समाचार' श्रीमन्नारायणजी अग्रवाल की भाषा-वादों के बीच की पक्षपातहीनता का स्वरूप बनकर निकला और सौभाग्य है कि उसने भदन्त आनन्द कौसल्यायन-जैसा तपस्वी, युगद्रष्टा और गति-पथ का समर्पणशील सम्पादक पाया। 'बालक', 'बालसखा', 'शिशु'—ये पत्र हमारे बाल-साहित्य के भूषण हैं। 'बालक' इन पत्रों में वस्तु से उठकर अब संस्था बन गया है। 'साधना', 'साहित्य-सन्देश' के गौरव की मानो पूरक वस्तु है। 'हल' एकमात्र उच्च श्रेणी का कृषक मासिक है,—अंकों, तथ्यों और सुरुचियों से भरा हुआ; युक्तप्रान्तीय सरकारी कृषि-विभाग की चर्चा बहुत करता है। 'दीदी' हिन्दी-भाषी स्त्रियों की आजकल एकमात्र योग्य पत्रिका है। 'ब्रज-भारती' उस ब्रजभाषा की अध्ययनशील चर्चा का साधन है, जिस पर प्राचीन हिन्दी काव्य ठहरा हुआ है। 'बान्धव' बघेलखण्ड और रीवाँ के साहित्यिक मित्रों का नया आयोजन है।

पूजा और प्रशंसा का यह आवश्यक भाग समाप्त होने पर अब हम फिर विचारों की की ओर मुड़ें।

समाचार-पत्र प्रतिशत के माप से हमारे यहाँ अभी व्यापार नहीं बन पाये। गिने-चुने अपवादों को छोड़कर पत्रकार के धन्धे से अभी कोई अमीर नहीं हुआ। इसलिए जो छोटे और बड़े क्षेत्रों में जहाँ भी सामयिक पत्रों का संचालन करते हैं, अभी उसे धर्म ही की तरह चला रहे हैं।

जिस दिन समाचार-पत्र के व्यवसाय में खर्च जाकर एक प्रतिशत का भी विशुद्ध होने लगेगा, उस दिन समाज के अमीर इस व्यवसाय में अपनी भारी पूँजियाँ लगा देंगे। क्योंकि मूल धन सुरक्षित रहते हुए, उन धनिकों का, समाज और देश के मतदाताओं पर प्रभाव रहेगा; उनकी कीर्ति की दूकानदारी भी धन की दूकानदारी के साथ सुरक्षित चल निकलेगी, और मूल धन का नफा मिलेगा सो अलग ही।

युद्ध हो रहा है।[1] यह बात हम, समाचारों से, कागज की महँगाई से और खाद्य पदार्थों के प्राप्त करने की कठिनता आदि के द्वारा ही अनुभव नहीं करते, हमारे देश की सीमा पर भी जापानी वायुयान मँडराते हैं। इस समय हिन्दी का कलाकार कहाँ है ? क्या वह किसी शत्रु के यहाँ कैदी है, जो वहाँ के रहस्यों का साहित्य कभी हमारे पास तक भी आ सके ? क्या वह अमेरिकन पत्रकारों की तरह युद्ध-क्षेत्रों में कहीं पत्रकार है ? क्या वह शत्रुओं के घर में घुसकर कहीं यह खबर देने में लगा हुआ है कि शत्रु की विशाल तैयारी का पूरा नक्शा उसकी जेब में है ? दुनिया के युद्ध-क्षेत्रों में मानवता कुचली जाने पर किस तरह उभरती है और न उभर सकने पर किस तरह परिस्थितियों के बीच अवसर की प्रतीक्षा और तैयारी करती है, इस बात का अनुभव भी कहीं हिन्दी का साहित्यिक ले रहा है ? व्यक्तिगत विकारों का संघर्ष, व्यक्तिगत विचारों का द्वन्द्व, राष्ट्रीय आवश्यकता का संघर्ष और अपने राष्ट्र के अन्तर्राष्ट्रीय स्वप्न पूरे करने के खतरे में जीवन-यापन करना—क्या मानव-जीवन के मरण को न्यौतकर अमर रहने के इन तीनों सम्मिलित पर्व-कालों के बीच कुछ हिन्दी साहित्यिक हैं जो अपनी जिन्दगी बिता रहे हैं ? क्या कहा, अवसर नहीं दिया जाता ?—तब आप मौत की साधना में मुहूर्त के लिए ठहरे हैं। प्रलयकी साधना का नाम लेकर प्राणों को दुलराने वाले हम साहित्यिक तो आकर्षण का सस्ता पथ ही निर्माण कर रहे हैं ! रक्तदान से लहू-लुहान राष्ट्र का भाग्य रक्त से लिखने में हम कैसे सफल हो सकते हैं ?

विश्व के भाव-भोजनालय और कर्म-कार्यालय का जब द्वार खुलेगा, तब हम अनुवादों की जूठन समेट कर अपनी पीढ़ी की साहित्यिक भूख बुझाते नजर आयेंगे। क्योंकि प्रत्यक्ष अनुभव में हमारे पास कुछ नहीं होगा। बर्मा से भागने के सुन्दर वर्णन के सिवा क्या हम अपने साहित्य को वीरता की कोई भेंट दे सके ?

क्या बढ़ने के लिए, पत्रकार को ब्रिटिश सरकार अवसर नहीं देती ? जो कांग्रेसी नहीं थे, जिन्हें कांग्रेस की वीरता मूर्खता मालूम होती थी, और जो शस्त्रों की बहादुरी पर विश्वास करते थे, उन विश्वासों के धुरीण हिन्दी साहित्यिक, आज कहाँ गये ? क्यों नहीं उनका साहित्य अरब से, फिलिस्तीन से, अफ्रीका से, चीन से, रूस से, अमेरिका से और युद्ध-क्षेत्रों से भारत में आ रहा ?

युद्ध ने विश्व को नयी भाषा दी है। हर भाषा को नये शब्द दिये हैं। परिस्थितियों में, बम-गोलों की तरह कुछ शब्द भी बने हैं। एक भाषा भी बनी है,—हर देश में, हर जगह। क्या इसमें हमारा भी कोई हिस्सा है ?

जब हमें विद्वत्ता का ज्वर चढ़ता है तब अवतरणों और अंकों की धूम मचा देते हैं; और जब भावुकता का ज्वार आता है तब जोश या द्वेष या करुणा की

---

1. द्वितीय महायुद्ध।

धारा बहाने लगते हैं। यों अवतरण ज्ञान का गर्व और अध्ययन का अभिषेक है। किन्तु अवतरणबाजी ज्ञान का आडम्बर और अपने अज्ञान पर डाला हुआ कृत्रिम आवरण-मात्र है। हम विश्व के साहित्य के इस वर्तमानत्व को समझते ही कहाँ हैं कि उसे भावों का उपयोग करने का अधिकार नहीं जिसे तथ्यों का अनुभव न हो; और उसे अवतरण उगलने का अद्रव्य साहित्य को नहीं देना चाहिए, जिसकी जीवन-धारा का ईमान उसकी कलम की धारा के साथ न हो। यदि अमरूद के कीड़ों के पेट से अमरूद निकल सकते तो पुस्तकों के कीड़ों के पेट से साहित्य भी निकल सकता था। छापेखाने की वेदी से कलम की मूर्ति के आराधक के नाते श्यामल अभिमत के उपासक साहित्यिक भाई! जिस देश में कलम तलवार-जैसी प्रखर और क्रियाशील नहीं होती, उस देश में तलवार भी तलवार बनकर नहीं रह सकती।

क्या हानि थी अगर हममें से 'कुछ' विश्व की नाप-जोख में अपने साहित्य को 'कुछ' देने के लिए मर-खप गये होते? क्या इन्फ्लुएंजा, प्लेग, प्रताड़ना और भूख में लाचारी से मरकर नष्ट की जाने वाली हमारी जिन्दगी, विचारों की उन्मुक्तता के पथ में चढ़ायी गयी अपनी जिन्दगी से अधिक लाड़ करने योग्य या अधिक मूल्यवान् मालूम देती है? तब हम साहित्य के नहीं, शरीर-पूजा के पैगम्बर हैं। क्या हमीं से यह पूछा जायेगा कि कल का विश्व कैसा बने? कल का देश कैसा बने? कल का साहित्य कैसा हो?

साहित्य की भी दो धाराएँ हैं—मानता हूँ। एक युद्धोन्मत्त नाश-धारा; दूसरी विधायक या सृजनशील धारा। अपने कायर जीवन को हम यही कहकर तो शताब्दियों से सम्मानित रखते आये हैं कि सृजनशील, युद्धशील न हो। किन्तु क्षेत्र भले ही भिन्न हो, संघर्ष उसी हद तक सृजन का आवश्यक अंग है।

यह सम्मेलन, और हमारे ऐसे सम्मेलन, उसी हद तक साहित्य के जन्मोत्सव हैं जिस हद तक हमारी कलमें तेजस्विनी हैं। क्या हम शपथ ले सकते हैं कि साहित्यिकों की भी एक तरुणाई है, और खतरों के मूल्य पर अपने जीवन का लेखा-जोखा वह हिन्दी-साहित्य को निकट-भविष्य में अवश्य देगी? तुलसी-दल? गंगा-जल? ना, ये कोई स्वर्ग न भेज सकेंगे। हजारों मील की दूरी चीरकर हिन्दी की एक निर्माणशीला वाणी को भारत की ओर आने दो, भारत की ओर से जाने दो। उसकी ध्वनियों मात्र से समस्त धर्मों का स्वर्ग साहित्य के प्रांगण में ललचकर उतर आयेगा। युग की माँग का यह बीड़ा कौन चबाता है?

हमारी राष्ट्रभाषा का सम्बन्ध प्रान्तीय भाषाओं से है। किन्तु यह कल्पना उचित नहीं कि प्रान्तीय भाषाएँ राज हैं, और राष्ट्र-भाषा साम्राज्य है। प्रान्तीय भाषाओं की ज्ञानहीनता, हिन्दी को राष्ट्र-भाषा का पद प्रदान नहीं किये हुए है। यदि कुछ प्रान्तीय भाषाओं का यह गर्व हो, तो बेदाग रहे, कि

उनमें हिन्दी से अधिक श्रेष्ठ साहित्य है। हम तो राष्ट्र-भाषा की उपासना समस्त देश को साथ रखकर इसीलिए किये हुए हैं कि वह देश की अन्य सब भाषाओं की अपेक्षा अधिक सरलता से देश के अधिकांश भाग में समझी और सीखी जा सकती है। हमने हिन्दी को राष्ट्र-भाषा के रूप में प्रस्तुत नहीं किया है। सन्तवाणी होने के नाते देश की संस्कृति का, पूरब और पश्चिम तथा उत्तर और दक्षिण में लौट-लौटकर वहन करते-करते हिन्दी ने स्वयं अपने को शताब्दियों में राष्ट्र-भाषा बनाया है।

हिन्दी का यह भाग्य रहा कि सन्तों ने उसे सदा वहन किया, जनता ने उसे सदा ग्रहण किया और सिंहासनों ने उसे कभी सहारा नहीं दिया।

परन्तु हमारे ज्ञान के बोझ ने, मस्तिष्क के व्यभिचार ने, समाज की धनिकता ने उच्चत्व के स्वप्न ने, रूढ़ि की दासता ने, सफेदपोशी के पक्षपात ने, हिन्दी को गाँवों की बोली बनने से रोकना प्रारम्भ किया। यही कारण है कि कुल-वधुओं के ग्राम-गीतों की ध्वनि हमारी साहित्यिक बनावट से दूर पड़ गयी। और श्री रामनरेशजी त्रिपाठी के बाद, अत्युच्च पैमाने पर, अपना सम्पूर्ण जीवन लगाकर, इस साहित्य की ओर समस्त देश का ध्यान एक तपस्वी और तरुण लेखक, श्री देवेन्द्र सत्यार्थी ने खींचा। गाँवों की चौपालों पर गायी जाने वाली लावनियाँ हमारे आदेशों की धनिकता में हमें हलकी दीख पड़ती हैं। खेतों और खलिहानों में गाये जाने वाले गीत हमने गँवारों के लिए छोड़ दिये हैं। सन्तों की बेजोड़ और व्याकरण-विकृत बोलियाँ, हमने कुछ चुन ली हैं, बहुत छोड़ दी हैं। वर्षा की, वसन्त की, ऋतुओं के अदल-बदल की, मुहावरों की, तानों की, उपचारों की, पहेलियों की, नित्य काम में आने वाली बोलियाँ, मानो भाषा के ब्राह्मणत्व में शूद्रत्व है जो दूर रखा गया है। हमारी खोज मुहाफिजखानों में होती है; खेतों और खलिहानों में नहीं।

साहित्य में जहाँ स्वाद आता है, और भाषा जहाँ अनेकार्थवती होती है, वे स्थल हैं—मुहावरों, पहेलियों, लोकोक्तियों और कहावतों के उपयोग के। ये आज भी जैसे गाँव में समझे जाते हैं वैसे शहरों में। भारत में भाषा का यह वैभव हमें कदाचित् गाँवों ने अधिक दिया था। जहाँ जीवन था, वहीं तो साहित्य बनता? अब हमने गाँव का भाषा-सम्बन्धी वैभव तो ले लिया है और उसे इतना कठिन बना दिया है कि वह गाँव के काम न आ सके। कलम उठाते समय गाँव कभी हमारी नजर पर ही नहीं होता। मानो गाय का दूध पीकर हमारी सारी बुद्धि बैल को मात करने में लगी है। खैर; मजाक छोड़िए! चौरासी फीसदी लोगों के लिए साहित्य को अयोग्य बनाकर सोलह फीसदी कृत्रिम जीवन के लोगों के लिए साहित्य जनने का हमारा यह कैसा मोह है?

क्या यही हमारी पुरोगामिता है कि हमारी उपयोग की हुई भाषा को लोग समझ न सकें, और हमारा साहित्य गतिशील होने के बजाय उसे मुहाफिजखानों

में रखना पड़े ? प्रतिगामी भाषा की पीठ पर पुरोगामी भावों की यह यात्रा किस मंजिल पर पहुँचेगी और कितने दिनों में ? क्या हम मुट्ठी-भर कॉलेज के लड़कों की शोध और विनोद के लिए भाषा ढाल रहे हैं ? संस्कृत भी इसी रास्ते जाकर लोक-भाषा के मैदान में भरी थी। अब हम पण्डित हिन्दी को भी उसी तरह दण्डित करके छोड़ेंगे।

सन्तत्व शहर में कहाँ रहे, जहाँ रेल के डिब्बों-जैसे घर हैं, आत्म-पूजा जहाँ की आराधना है, हाथी के दाँतों की तरह जहाँ वाणी बदलती है, और जहाँ ईमान जरूरत के कारखानों में ढलता और परिस्थिति के कारीगरों के यहाँ टूट-फूटकर मरम्मत किया जाता रहता है ?

प्राचीन सन्तों की वाणियाँ हमने समेटकर रख ली हैं। उचित किया है। सन्तों ने बेजोड़ वाणियाँ लिखी हैं। व्याकरण टूटा है, काव्य के नियम टूटे हैं, मद-मत्तों की मर्यादा टूटी है, और स्वार्थियों के स्वार्थ टूटे हैं। क्या आज जो सन्त हैं, उन्हें हम शहराती जीवधारी प्राचीन सन्तों-जैसी भाषा के क्षेत्र में स्वतन्त्रता नहीं दे सकते ? क्यों ? और क्या आज के सन्तों का साहित्य हम उस दिन बटोरेंगे जिस दिन वे मर जायेंगे ? क्या ज्ञान की शोध में हमने यही नवीनता सीखी कि पूज्य वह जो पुराना हो ? नहीं तो आज के सन्तों और सेवकों की वाणियाँ शैलों, सरोवरों, नदियों, झोपड़ियों और खँडहरों में हम क्यों न ढूँढ़ें ? किन्तु वर्तमान कलाकार बेचारा जब दिमागी खिलौने जनकर कीर्ति पा लेता है, तब शहराती भोग-विलास छोड़कर वह सन्तत्व का पीछा पकड़ने का पागलपन क्यों ग्रहण करे ? क्या कुछ सुधी लोग आगे आकर राष्ट्र-वाणी को शहर-वाणी बनने के मरण से बचा सकेंगे ? क्या वे प्रयत्न कर सकेंगे कि आज के कलाकार का स्वर गाँव के गँवार के स्वर से मिल सके ? किससे कहूँ कि राष्ट्र-वाणी को अमर करने के लिए इस पथ में आगे आओ ?

एक ग्रामीण जिज्ञासु ने मुझे चिट्ठी लिखी है। उस चिट्ठी के सम्मुख मेरे सभापतित्व का सारा सम्मान अपमानित और लज्जित है, जो भावों की अन्नपूर्णा वाणी का स्वामी हो, उसे हमने कलावान् और विद्वान् होने के गर्व में इस तरह करुण वाणी से भीख-सी माँगने के लिए विवश किया है ! हमने साहित्य की तसवीर पर आसक्त होकर साहित्य के मूल दैवत का अपमान किया है। रैंपुरा (जिला बाँदा) के श्री चन्द्रभानु विशारद ने मुझे लिखा है—

"सादर वन्दे,"

परिचय न होते हुए भी आपसे कुछ प्रश्न करने की धृष्टता कर रहा हूँ, और इसके लिए प्रारम्भ में ही क्षमा-प्रार्थी हूँ।

बात यह है कि मैं एक ग्राम का निवासी हूँ और कविता तथा लेख लिखने से मुझे प्रेम है। कभी-कभी मेरी कुछ कविताएँ तथा लेख पत्रों में प्रकाशित हो जाते

है, पर पथ-प्रदर्शन के अभाव में मैं यथोचित उन्नति नहीं कर पाता। इतने साधन मेरे पास नहीं कि किसी केन्द्रीय नगर में जाकर रह सकूँ। यही परिस्थिति मेरे-जैसे अन्य पचासों लेखकों तथा कवियों की है। यदि आप अपने विस्तृत अनुभव से मेरा कुछ पथ-प्रदर्शन कर सकें तो अत्यन्त कृतज्ञ होऊँगा। मेरे प्रश्न ये हैं—

1. ग्रामों में पड़े हुए हिन्दी कवि और लेखकों की रचनाओं में संशोधन कैसे हो?

2. ग्रामीण साहित्य-सेवियों को मानसिक भोजन कैसे और कहाँ से प्राप्त हो?

3. क. क्या कोई ग्रन्थ ऐसे हैं, जिनसे हम लोगों को उचित प्रेरणा तथा सहायता मिल सके? ख. क्या आप कृपा कर ग्रामीण साहित्यकों के लिए पचीस उपयोगी ग्रन्थों की सूची बना देंगे? कृपया उनके नाम तथा प्राप्ति-स्थान भी लिखिए।

4. योग्यतर साहित्यिकों तमा सम्मानशील कवियों या लेखकों के सम्पर्क में हम लोग कैसे आवें?

5. लेखों का मसाला कहाँ से इकट्ठा किया जाए?

6. क्या आप कुछ ऐसे सज्जनों के नाम तथा पते बताने की कृपा करेंगे जो हम छुटभैयों की रचनाओं में संशोधन कर सकें?

7. क्या आप जैसे महानुभाव कभी इधर के ग्रामों की यात्रा पर आ सकते हैं जिससे हम लोग आपके सत्संग का लाभ उठा सकें?

8. क्या प्रारम्भिक लेखकों को इतना पैसा भी मिल सकता है जिससे कागज तथा पोस्टेज का व्यय चला सकें।

जैसा कि ऊपर लिख चुका हूँ, हमारे सैकड़ों ही साहित्यक बन्धु मेरी जैसी स्थिति में हैं। आपके अनुभवपूर्ण उत्तरों से उनका भी हित होगा, इसी आशा से मैंने यह निवेदन आपकी सेवा में किया है।"

यह चिट्ठी उत्तर माँगती है और मुझे आशा है कि इस सम्मेलन में एकत्रित साहित्यिक विद्वान् इस चिट्ठी के स्वर को गाँवों में निवास करने वाले लोगों को भाषा का स्वर मानकर अवश्य इसका उत्तर देंगे।

अँगरेजी सीमा के भारतीय शासन को यदि ब्रिटिश भारत कहते हैं तो देशी रियासतों को भारतीय भारत। हैदराबाद और भोपाल का भारतीय भारत उर्दू भाषा को उसी जोश और उत्साह से सहायता दे रहा है जिस तरह वह इसलाम की धार्मिक संस्थाओं की सहायता करता है। वहाँ इतनी अनुदारता से काम लिया जाता है कि भोपाल में आज्ञा माँगे जाने पर भी सन् 1941 के दिसम्बर के तीसरे सप्ताह में वहाँ के मजिस्ट्रेट ने एक हिन्दी की साहित्यिक सभा करने की इजाजत न दी। हैदराबाद के शासन ने हैदराबाद की ओर से आमन्त्रित हिन्दी साहित्य

सम्मेलन का अधिवेशन हैदराबाद में नहीं होने दिया। यह अलग से कहने की जरूरत नहीं कि इन दोनों राज्यों की अधिकांश जनता राज्य की इस भाषा-सम्बन्धी कृति को जनता पर की जाने वाली जबरदस्ती समझती है। ये शासन अपनी सीमा में तो बिलकुल उर्दू न जानने वाली जनता पर जबरदस्ती उर्दू लादेंगे; किन्तु कश्मीर में जहाँ शासक भाषा को साम्प्रदायिकता के साथ नहीं मिलाना चाहता, कोशिश की जाती है कि वहाँ के हिन्दू भी जबरदस्ती उर्दू पढ़ने के लिए बाध्य किए जायें।

अब जरा हिन्दू राज्यों की तरफ दृष्टि डालिए। इन्दौर जनता की भाषा और राज्य की भाषा दोनों के प्रति ईमानदार और सजग है। शासनों के अनेक परिवर्तनों के बाद भी उस राज की भाषा-नीति बिगड़ने नहीं पाती। इन्दौर राज्य के वजनदार विद्वान् यत्नशील हैं कि मध्य भारत की सम्मिलित शक्ति से श्रीयुत सिंहलजी की वह योजवा सफल हो सके जो हिन्दी विश्वविद्यालय की योजना के नाम से प्रसिद्ध है और जिसकी चर्चा इस सम्मेलन के इन्दौर के अधिवेशन हो चुकी है।

बड़ौदा के शासक मराठी-भाषी हैं और वहाँ की जनता गुजराती-भाषी; किन्तु राज्य ने अपनी कचहरियों की भाषा घोषित की हिन्दी। चूँकि हमारा अखिल भारतीय संगठन केन्द्र में अभी पूर्ण बलवान् नहीं हो पाया, इसलिए दुःख है, बड़ौदा की सहायता के लिए हमारा कोई बलवान् और कार्यशील प्रतिनिधि-मण्डल बड़ौदा नहीं पहुँच गया।

हिन्दी जगत् की सीमा के हिन्दी-भाषी राजाओं द्वारा संचालित अन्य राज्यों पर दृष्टि डालिए। ओरछा इस दिशा में सजग है। और अब तो बुन्देलखण्ड के भाषा-सम्बन्धी उत्थान का संगठित कार्य वहाँ होना चाहता है जो स्तुत्य है।

झालावाड़ स्टेट के महाराणा स्वयं हिन्दी के सुकवि और कलाकार हैं। समय के संकेतों के पढ़ने की क्षमता भी रखते हैं। किन्तु हिन्दी-सम्बन्धी किसी विराट् आयोजन की ओर हैदराबाद और भोपाल जैसी दृष्टि रखकर कार्य क्यों नहीं प्रारम्भ होता, मैं नहीं जानता।

हिन्दी जगत् की बड़ी रियासतों में इन्दौर और काश्मीर के उल्लेख के बाद ग्वालियर का उल्लेख होना चाहिए। ग्वालियर पं० बालकृष्ण शर्मा 'नवीन', श्रीयुत रामजीदास वैद्य, श्रीयुत लालचन्दजी सेठी, श्रीयुत सिद्धनाथ माधव आगरकर, श्रीयुत जगन्नाथप्रसाद मिलिन्द, स्वर्गीय गणेशशंकरजी विद्यार्थी, स्व० गणपति जानकीराम दुबे, श्रीयुत गणेशदत्त शर्मा 'इन्द्र', श्रीयुत हरिकृष्ण प्रेमी, ज्योतिषाचार्य सूर्यनारायणजी व्यास, स्व० रमाशंकरजी शुक्ल और प्रो० प्रभाकर माचवे-जैसे व्यक्ति अपने में रखने का गौरव पाले हुए है। किन्तु इन विद्वानों की भाषा राज की भाषा नहीं। वहाँ एक अद्भुत भयभीत शासन काम कर रहा है, जिससे लाभ उठाकर कुछ व्यक्तियों द्वारा ग्वालियर में एक नवीन आन्दोलन खड़ा किया गया

है। इस आन्दोलन की शिकायत है कि "ग्वालियर की कानूनी भाषा दिन पर दिन अधिक संस्कृतमय होती जा रही है; और साधारण जनता तथा विशेषकर मुसलमान उसे समझ नहीं सकते।" यह खयाल रखने की बात है कि ग्वालियर राज के कानून की किताबें फारसी और अरबी शब्दों से लादी हुई हैं। क्रिया-पद के सिवा हिन्दी प्रायः उनमें अधिक नहीं होती। इसके अलावा गत कई वर्षों से इस भाषा में कोई परिवर्तन नहीं हुआ। फिर भी इस नवीन आन्दोलन का परिणाम यह हुआ है कि हिज हाईनेस ने एक कमेटी ऑफिशियल तथा जनता के सदस्यों की, सैयद हकीम अहमद (राज्य के एक मन्त्री) की अध्यक्षता में बना दी है ताकि वह यदि आवश्यक समझे तो इसे सबकी राय से सरल बनाने का प्रत्यन करे।"

जयपुर में रामचन्द्र शर्मा 'वीर' को इसलिए उपवास करना पड़ा कि वहाँ हिन्दी का प्रचार हो। सरकार ने आश्वासन भी दिया। 28 जनवरी को राज की आज्ञा निकली कि "श्री महाराजा साहब बहादुर की अधिकांश प्रजा देवनागरी लिपि इस्तेमाल करती है। इसलिए गवर्नमेण्ट की यह मंशा है कि तमाम दफ्तर और अदालतें देवनागरी लिपि का प्रयोग करें, ताकि सम्बन्धित जनता को किसी क़िस्म की असुविधा न हो।" क़िन्तु साथ ही उसी आज्ञा में ये शब्द भी लिखे गये हैं—"मगर इस आर्डर की मंशा यह नहीं है कि देवनागरी लिपि ठीक तरह न जानने वालों के लिए उर्दू लिपि इस्तेमाल करने पर किसी किस्म की रुकावट है।" जब जनता ने इस आज्ञा को एक हाथ से देकर दूसरे हाथ से सुविधा छीन लेना समझा, तब 8 फरवरी सन् 1943 के नोट में जयपुर दरबार के पब्लिसिटी अफसर ने शासन की ओर से अधिकारपूर्वक यह स्पष्टीकरण किया कि उनकी पहली आज्ञा के मंशा शब्द के मानी सरकार की यही मरजी या निर्णय है। राज ने यह भी स्पष्ट किया कि "देवनागरी लिपि ठीक तरह से नहीं जानने वालों के लिए से सरकार का अभिप्राय यह है कि 'जल्दी से जल्दी सरकारी दफ्तरों और अदालतों व देवनागरी लिपि का आम व्यबहार होना चाहिए।" किन्तु 15 फरवरी को फिर मक्खी छींक गयी। एक सरकारी आज्ञा निकली जिसमें 28 जनवरी के सरकारी मेमोरेण्डम और 8 फरवरी के पब्लिसिटी अफसर के नोट का उल्लेख करते हुए राज के पब्लिसिटी अफसर ने फिर स्पष्ट किया कि "जब कि सरकार का इरादा देवनागरी लिपि को कचहरियों में 'आम लिपि' बना देना है, तथापि उर्दू में लिखे कागजात इस बिना पर, कि वे उर्दू में लिखे हुए हैं, अस्वीकृत नहीं किये जायेंगे।"

कम से कम कहें तो हमारे विचार से राज्य को अपनी एक नीति बनाकर दृढ़ रहना चाहिए।

इन्दौर के 24वें अधिवेशन में सम्मेलन ने पं० गिरिधर शर्माजी 'नवरत्न' के प्रस्ताव पर देवास राज्य को हिन्दी राज-भाषा बनाने पर बधाई दी थी। वहाँ,

यह कार्य, मुझे खबर मिली है कि, ईमानदारी से चल रहा है। इसी प्रस्ताव में "उन राज्यों से, जहाँ की अधिकांश प्रजा हिन्दी-भाषी है" अनुरोध किया गया था कि वे हिन्दी को राज-भाषा बनायें।

मेरे विचार से हमें अपने प्रतिनिधि-मण्डलों द्वारा हिन्दी-भाषी राज्यों में राज-भाषा के निर्णय पर राजाज्ञा प्राप्त करने का यत्न करना चाहिए और वहाँ नष्ट होते हुए प्राचीन और अर्वाचीन हिन्दी साहित्य की रक्षा करनी चाहिए।

हमने महात्मा गांधी के तत्त्वावधान में अहिन्दी-भाषी प्रान्तों में राष्ट्रभाषा प्रचार का जो काम किया वह खूब सफल हुआ। किन्तु हम एक बात भूल गये। समस्त हिन्दी-भाषी प्रान्तों और रियासतों में नष्ट होते हुए हिन्दी साहित्य को बचाने की ओर ध्यान न दे सके। हमने ब्रज, अवधी और भोजपुरी तथा कुछ बुन्देलखण्डी भाषाओं के प्राचीन साहित्य पर शोध की और उन्हीं भाषाओं के प्राचीन शब्द-भण्डारों को अपनी मूल निधि मान लिया; किन्तु मारवाड़, मेवाड़, मालवा, निमाड़, हरियाणा—इन स्थानों की भाषा और उनमें घड़े हुए साहित्यों की ओर ध्यान नहीं दिया। इसी तरह हमने मिथिला और उसके आस-पास के भाषा-क्षेत्रों की खोज-खबर नहीं ली। यदि हम सम्पूर्ण हिन्दी-संसार के क्षेत्र-फल और जन-संख्या का लेखा-जोखा अपनी दृष्टि के सामने रखें, तो हमसे यह गलती नहीं होगी। हमें समस्त हिन्दी संसार की प्रकृत कल्पना, सुनिश्चित मूर्ति और सम्पूर्ण साहित्य-वैभव को हिन्दी-जगत् और राष्ट्रभाषा के उद्योगियों के सामने रखना चाहिए।

इस विषय में मैं समस्त हिन्दी संसार के बलवर्धन के लिए पं० बनारसीदास चतुर्वेदी के जनपदों की स्थापना अथवा मण्डलों की स्थापना के सुझाव का समर्थन करता हूँ—वहाँ तक जहाँ तक कि दिल्ली के सम्मेलन का प्रस्ताव आज्ञा देता है। यों हिन्दी भाषा के भारी विस्तार और गुरुतर कार्य-भार के कारण कुछ संस्थाएँ हिन्दी साहित्य सम्मेलन के अन्तर्गत होकर भी अपना कार्य अबाध रूप से अलग कर रही हैं। काशी नागरी प्रचारिणी सभा, इन्दौर की मध्य भारतीय हिन्दी साहित्य समिति, बिहार, पंजाब, मध्यप्रान्त और मालवा का हिन्दी साहित्य सम्मेलन, वर्धा की राष्ट्रभाषा प्रचार समिति, विद्वान् धीरेन्द्र वर्मा-द्वारा स्थापित और इस सम्मेलन के गत वर्ष के अध्यक्ष विद्वद्वर पं० अमरनाथजी झा द्वारा उद्घाटित भारतीय हिन्दी परिषद्—ये संस्थाएँ अपना-अपना कार्य किये जा रही हैं और प्रयाग का सम्मेलन कार्यालय इनके कार्यों को सन्देह की दृष्टि से नहीं देखता। पंजाब के हिन्दी-प्रेमी मित्रों ने इस वर्ष पंजाब में हिन्दी-प्रचार की जो धूम मचायी है, वह सिकन्दरी शासन में उत्पन्न हिन्दी की अवज्ञा के दुष्प्रयत्न का काफी उचित उत्तर है। किन्तु मैं इन प्रयत्नों को विकेन्द्रीकरण का प्रयत्न नहीं कहता। मैं यह तो चाहता हूँ कि मारवाड़ी, मालवी, बुन्देलखण्डी, ब्रज भाषा,

मैथिली आदि का नष्ट होता हुआ साहित्य उज्ज्वल रूप में सम्मुख आये; किन्तु मैं यह हरगिज नहीं समझ सकता कि इन प्रान्तों की पाठ्य-पुस्तकें वहाँ की बोलियों में छपने लगें। प्रान्तीय अभिमान को जाग्रत करना बुरी बात नहीं, किन्तु इनके गृह-कलह से मुझे सम्पूर्ण हिन्दी जगत् के नाश हो जाने का भय मालूम होता है। मेरे विचार से अँगरेजी के राजरथ को हिन्दी के क्षेत्रों में बलवान् बनाकर अखिल हिन्दी जगत् को एवं हिन्दी भाषा को कमजोर करने का इससे सुन्दर तरीका दूसरा नहीं हो सकता कि प्रान्तीय उत्तेजना में पड़कर एक दिन मैथिली का बोलने वाला मारवाड़ी न समझे और मारवाड़ी का बोलने वाला मैथिली। तब परिणामतः हाईस्कूलों और कॉलेजों द्वारा प्रदत्त अँगरेजी भाषा धीरे से आकर, हमारे हिन्दी जगत् के प्रान्तों के बीच की व्यवहार और सुविधा की भाषा बन जाये। हाँ, प्रान्तों में हिन्दी भाषा में ही हम प्राचीन प्रान्तीय साहित्यों को समझें और समझायें। जो मारवाड़ी और मैथिली जानते हैं, वे मूल को समझ लें। जो नहीं जानते उन्हें हम अपने साहित्यिक ग्रन्थ प्रचलित हिन्दी में समझायें। प्रयाग के केन्द्रीकरण का हम विकेन्द्रीकरण से इलाज न करें; क्योंकि इस इलाज से तो बीमारी के भी भयंकर हो जाने का भय है। हाँ, प्रान्तों की ओर चल पड़िए और वहाँ के दबे साहित्य और उपेक्षित साहित्य-सेवियों का संगठन कर समस्त हिन्दी जगत् की सम्पूर्ण मूर्ति के दर्शन कीजिए।

हमें जिस हिन्दी-साहित्य पर गर्व है, उसके निर्माण करने वाले सुधी-वर्ग की इस समय दो धाराएँ हैं। एक वे हैं जिनका सम्बन्ध विश्वविद्यालयों से है। दूसरे वे हैं जिनका सम्बन्ध विश्वविद्यालयों की सुरक्षा से परे प्रकृत हिन्दी-साहित्य से है। पहले प्रकार के साहित्यिक को रोटियों की चिन्ता नहीं है, पुस्तकालय प्राप्त हैं, शोध के साधन हैं और ज्ञान को परिमार्जित किये रहने के लिए विद्यार्थी हैं। हाँ, ये साहित्यिक कुछ दूर पड़ते हैं। दूसरी तरफ वे साहित्यिक हैं जिनकी पढ़ने की भूख की तृप्ति उनकी रोटियाँ बेचकर भी पूरी नहीं होती; जिनके ग्रन्थ प्रकाशक आठ आने पृष्ठ तक माँगने का दुस्साहस कर सकते हैं, जो विवश हैं कि वे अपने साहित्य को बेचें, क्योंकि उसके बिना रोटियाँ सम्भव नहीं; और एक जगह से दूसरी जगह घूमना ही जिनका भाग्य-चक्र है। सुविधा का धनी कॉलेज का साहित्यिक अपने ज्ञान का गर्व करता है, और संकटों का साथी कॉलेज के बाहर का साहित्यिक अपनी सेना और अपने बलिदान को अपमानित नहीं देखना चाहता। ऐसे समय साधनों से हीन साहित्यिक जब अपनी रचना में अपना मस्तक और अपना हृदय महान् ऊँचाई से उतार कर रख देता है तब वह सिर पर चढ़ाने की चीज है, मजाक उड़ाने की नहीं। हाँ, यह सच है कि लेखन की शर्त ज्ञान है। अज्ञान चाहे जितना ईमानदार हो वह ज्ञान के भाव नहीं खरीदा जा सकता। हमें यत्न करना चाहिए कि हिन्दी प्रान्तों में और हिन्दी जगत् के भिन्न-भिन्न

स्थानों में हम यह देख लें कि जिस तरह कलाकार भूखों न मरे, उसी तरह वह दिमागी भूख से कहीं बौना न रह जाये।

भारत की जिस जमीन पर हम हैं उसकी यादों की तह को यदि हम उखाड़ दें तो शताब्दियों के साहित्य-साधक उसमें से निकल कर हमसे बोलने लगेंगे। वात्सल्य का विश्वविजयी वरदान लेकर सूर निकल आयें और सारल्य की समर्थ धारा लेकर तुलसी। हिन्दी जगत् के सत्य बनकर बोझीली विद्वत्ता के विद्रोही कबीर निकल आयें और रस की बिन्दु-बिन्दु में अपने को लिख जाने वाले बिहारी। एक राजा की लड़की और दूसरे राजा की वधू होकर भी गिरिधरगोपाल के चरणों में सर्मपिता समाज की अमर विद्रोहिणी मीरा निकल आये, जिसकी वाणी के चरणों में भाव सेवक हैं, रस रेहन रखा हुआ है, और काँटों के पथ का वर्णन, शहद की धारा बहाने वाली उँगलियों से किया गया है। जिसमें तुलसी से पहले हिन्दी बोलते जायसी मिलें और हरि-रस में ओतप्रोत रसखान ! जिसमें शासन की कलम और काव्य की कलम साथ-साथ चलाने वाले खानखाना मिलें और बुन्देल-खण्ड के करिकवि के दर्शन हों। जहाँ सैयद अमीर अली 'मीर' की वाणी में सुन पड़े कि—

"सब ते मीर गरीब है, आप गरीब-निवाज।
कृपा कोरि करि फेरिबी, वै दिन वै सुखसाज।।" (1913)

स्वदेशी आन्दोलन में अपना घर (देवरी-जिला सागर सी० पी०) छोड़ने को बाध्य हुए सैयद अमीर अली 'मीर' कहीं यह कहते सुनाई पड़ें कि—

"धन के हित छोड़ी धना घर में
धन ज्यों हिम अद्रि की खोह भयौ;
हम साथ मिटे थे गुनी जन के
अब भी तन हूँ ते बिछोह भयौ।
घर जात बने न बने बसे बाहिर
'मीर' कहा यह छोह भयौ;
दुबिधा में पर्‌यौ मन मेरौ सखा
दुइ चुम्बक बीच कौ लोह भयौ।"

धर्मजयगढ़ राज के दीवान-पद से अपनी देश-भक्ति के कारण निकाले गये 'मीर' के बाद हमें अजमेरीजी की वाणी सुनाई पड़े, जो युग की नयी से नयी सूझों से संघर्ष लेती दिखाई दे।

फिर थोड़े पीछे लौटें। हम देव की कोमल और चमत्कार-भरी सूझें देखें; युग-निर्माता भारतेन्दु की वाणी में हम देश, समाज और साहित्य की आवश्यकताओं का चित्र प्रतिबिम्बित देखें और फिर भी उनका यह समर्पण देखें—

"सरबस रसिक के, सुदास दास प्रेमिन के
सखा प्यारे कृष्ण के, गुलाम राधा रानी के !"

फिर युग आये कि हम नाथूराम शंकर शर्मा के दर्शन करें, जिनकी सूझ का स्वरूप है कि मानो—

"तेज ने तिमिर के हिये में तीर मारा है।"

फिर हमें मिलें हिमालय पर विचरण करते श्रीधर पाठक जो नगाधिराज की शोभा पर मस्त होकर कह रहे हों—

"कैधों जादू-भरी विश्व बाजीगर थैली,
खेलत में खुलि परी शैल के सिर पर फैली।"

और गिरि-शृंगों की परछाहीं सरोवरों में देख कर बदलता हुआ मौसम उनसे कहलवा रहा हो—

"प्रकृति यहाँ एकान्त बैठि निज रूप सँवारति;
पल पल पलटति भेष छनकि छन छन छबि धारति।"

मार्ग में हमें राय देवीप्रसाद पूर्ण मिल जायें, जो "भाव रस छन्दन की कविता निबन्धन की पूरन प्रसिद्धि सिद्धि सिद्धन की स्वामिनी" सरस्वती की आराधना में मग्न हों।

फिर मिल जायें हमारे साथी सत्यनारायण कविरत्न और पं० बनारसीदास चतुर्वेदी। खबर पूछने के बाद छीना-झपटी करने पर अपनी दुपल्ली टोपी वाला सिर झुका कर कह दें—

"कोरौ सत्य ग्राम कौ बासी
कहा तकल्लुफ जाने।"

और इस बात की शिकायत करें कि सम्मेलन की सीमा में क्यों यह 'सत्यनारायण कुटीर' बनवा दी गयी जब अभी तक गणेशशंकर विद्यार्थी की ओर लोगों का ध्यान नहीं गया ?

ज्यों ही हम तहों को बरबस मूंदें—क्योंकि यदि गुन-गान किये ही जायें तो गुन-गाथा चुके नहीं—तो हमारा युग हमारे सामने खड़ा है।

बाबू मैथिलीशरणजी गुप्त देश के शौर्य, वीर्य, आदर्श, अभिमान, बलिदान, और सूझों का कोमलतम और प्रखरतर प्रसाद लिये उपस्थित हैं। गो वे कहते हैं कि—

"जो पीछे आ रहे, उन्हीं का
मैं आगे का जय जयकार।"

किन्तु कौन इनकार कर सकता है कि रसों की फिसलन पर बिना ललचे रसों की कलम से युग लिखने का उत्तरदायित्व वे अपने पर लिये चले जा रहे हैं ! उनके लिए वही रस रस है जो समस्त युग को दिया जा सके और शेष रस विष है जिसे

छूने के लिए सूझों के सुनहले झूले पर भी वे नीचे को उतरने को तैयार नहीं। हरिऔधजी उपस्थित हैं—हिन्दी में अपने युग में छन्द की, कहन की, कहानी की, और कला की नयी विधि से बात कहने के लिए—ऋषि-वाणी और उदासीन नेत्र लिये ऋषि लोक में झाँकते-से। सनेहीजी हैं, सामने ही—कितने तरुणों ने उनसे कलम पकड़ने का शऊर नहीं सीखा? वे काव्य ही बोलते हैं, काव्य में ही चर्चा करते हैं। युग की तेज दौड़ को लड़कपन कहकर नाराज भी हो उठते हैं, किन्तु युग उनके काँधों पर बैठकर खेला है।

जयशंकर प्रकाश की धारा हैं। स्मरण की हिलती-डुलती उँगलियां श्रद्धा का सुगन्धित हार, सूझों के पुष्पों से गूँथ कर, नेह की नित्य-नवीन सुगन्धों का अमर वैभव, जब अत्युच्च की सतह पर चढ़ाने लगती हैं, तब मानो प्रसाद की कहन वाणी बनकर अवतरित होती है। पन्त की प्रतिभा के पंखों की फड़फड़ाहट में उन्मत तरुणाई ने इन्द्रधनुष की-सी उँगलियाँ न पहुँच सकने वाली रंगीनी दी कि देव-बालाओं के नूपुर बज उठे; और वाणी यथार्थ रूप में नेह-गर्भा हो उठी। किन्तु फिर उन्हें मानव याद आ गया—मानो हवाई जहांज पर किसी को खेतों और खलिहानों की याद आ गयी हो। 'निराला'—सूझों के पथ में अभेद्य गिरि-शृंगों की चट्टान फोड़कर रक्त से लहूलुहान; अपने ही भाग्य पर हँसता-सा यह मस्ताना वैभव, वह चट्टान तोड़े ही जायेगा। नवीन! प्रणय और प्रलय मानो एक ही अभिमत की उसके पास दो तसवीरें हैं। उसके प्रलय का मूल्य है कि रक्त-दान के बाद भी आँखों की धारा प्रवाहित है; और उसके प्रणय का मूल्य है कि वह जीवन में आग लगाकर सारे सुखों-सपनों को ताप बैठा है। सियारामशरण हैं, मानो एक झरना है जो कहता है—महलों के प्रतिबिम्ब मुझ पर हैं, और झोंपड़ियों के दृश्य; छन्दों में अर्थ की तरह छिपे-से, किन्तु टपकते हुए आँसुओं से असहाय प्रतिभा से निःसृत। लोचनप्रसाद मध्यप्रान्त के वैभव और द्विवेदी-युग की देन, जो कोमल, निर्मल, अमर, श्रद्धामय कहते हैं—

"देखेंगे दृश्य नाना, सुरगण फिर भी, आर्य स्वाधीनता के।"

और उनकी पीठ पर खड़े हैं उस युग के छन्द शास्त्रकार आचार्य जगन्नाथप्रसाद 'भानु' और व्याकरणकार विद्वद्वर कामताप्रसादजी गुरु।

महादेवी और सुभद्रा मानो युग की दो संकेत-वाहिकाएँ हैं। 'बलि' सुभद्राजी का युग-गीत है; 'आत्म-बलि' महादेवीजी की अमरधारा है। महादेवी की धारा का पथ वहाँ है जहाँ सूझों का वैभव लेकर ही पहुँचा जा सकता है। जीवन, प्रखरतर जीवन साध, कोमलतर भावनाओं में भक्ति के हृदय-पथ को छूकर लोक-लोक में फैली जा रही है। तारा पाण्डे, मानो अपने काव्य के अर्थों से अपने अभिमत को सूझों पर चढ़ाकर सँवार रही हैं। विद्यावती कोकिल सेवा का पथ, आदर्श का भान और समर्पण की भावना के साथ अपने स्वर में युग को गूँथ रही हैं। सुमित्रा

जो मानो युग की किसी बाजू को प्रश्न-चिह्न लगाये बिना नहीं छोड़तीं। वे मनोभावों के प्रकटीकरण के लिए वाणी की मुहताज हैं, उसे छिपाने के लिए नहीं। मुकुटधर 'माधुरी' लेकर आये और मातृ-पूजन कर चुप हो रहे।

बच्चन, बाँध तोड़ने का मस्ताना वैभव लेकर आये। लोगों ने छन्द, काव्य, नीति, शास्त्र, मर्यादा, क्या-क्या नहीं वसूल करना चाहा, विधि की इस मस्तानी देन से। लोग ठहरे नहीं कि जरा इस बाढ़ का तेज सम्पूर्ण अपनी पर आने पर देखें; और पन्त की तरह धारा बदल गयी। मिलिन्द की उज्ज्वलता, मस्ती और अभिमान तीनों मानो एक-दूसरे से होड़ लेते है। सूझें हैं कि उच्चत्व से उतरना नहीं चाहतीं। हरिकृष्ण प्रेमी कवि हैं। अपने इरादों पर बलिदान, समर्पण के पागलपन से परेशान। जिस दिन वो बोल उठता है, उस दिन बोली उमँग उठती है।

जनार्दन झा स्नेह की पृष्ठभूमि पर सूझों की तसवीरों से कला-मन्दिर सजाता-सा कवि है। दिनकर की एक मुट्ठी में भूतकाल का देवत्व अपने समस्त समर्थकों को लेकर छटपटा रहा है और दूसरी मुट्ठी में विश्व का विकसित मस्ताना समस्त सूझों के साथ प्रगमनशील है। उसके मस्तक में ऊँचाई है; कलेजे में धारा का प्रवाह है, आँखें दूर तक देखती हैं और उनमें अंगारे हैं; मुट्ठी में मानो कुछ बँधा-सा है और कलम में मनचाही है। 'नेपाली' नगाधिराज का हिन्दी कविता के पथ में प्रहरी प्रतिनिधि है। वह झरनों और चट्टानों की भाषा में ज्वार घोलता है, प्यार बोलता है। भगवतीचरण वर्मा, हृदय की कहन हैं, कभी काव्य में डूबी-सी, कभी कहानी में तैरती-सी। रामकुमार मस्तक के कुछ नीचे और हृदय के कुछ ऊपर त्रिवेणी की तरह शीतल और नर्मदा की तरह मुखर हैं—अपनी सूझों के बेदाग वैभव से युग की स्वर्ण-रेखा बनता चला आने वाला स्वर्गंगा का स्वरूप। कठिन है, कि इस समय 'उग्र' की याद न आये। काश, वे चिनगारियाँ आज प्रलय कर सकी होतीं; वे हिलोरें आज युग की लोरियाँ बन सकी होतीं! अभी भी 'उग्र' से उसके गीत दूर नहीं पड़ते, यदि उसे सूइयाँ चुभोकर आदर्शवादिता न सिखायी जाये। मुँहफट है? विभु के विस्तृत विश्व का ऐसा भी एक स्वभाव दर्शन होता है,—क्यों न मानें? श्री नाथसिंह एक बेकाबू धारा है, किनारे तोड़कर चलती है, चट्टानों में चिंघाड़ती है, और कोमल घड़ियों में गुदगुदाती है। दूर से और देर से एक गायक पुकार रहा है—उदयशंकर भट्ट। यदि इसका हृदय-वैभव सम्पूर्णतः अपनी पर आ जाये, तो यह अनमोल खजाना किसी दिन हिन्दी को निहाल करेगा। 'हृदय' के मरने से जो कराहें जी उठीं, उन्हें वे प्रतिभाएँ जानेंगी जिन्हें जानने की मसोस होती है। उसकी प्रतिभा के पंख फड़फड़ाये ही थे कि मालव के वैभव का भक्षक यमराज जाग उठा। वाणी के देव-मन्दिर में माचवे सिर के बल चढ़ रहा है। युग इस प्रतीक्षा में है कि वह क्या चढ़ायेगा। मराली के

गायक केसरी अपनी श्रद्धांजलि लिये युग-पथ पर अपना रथ लिये पत्र-पुष्प-फल-तोय लेकर चला जा रहा है। मनोरंजन, मानो हमारी प्रतिभा-विभूति का लुभावना खिलौना है। नर्मदा खरे, वाणी की सहज गतिशीला ध्वनियों से श्रद्धावनत गुंजित है। जो याद आने को याद आये, वह भगवतीप्रसाद वाजपेयी कोमल घड़ियों का मधुर और जाग्रत गायक है। शान्तिप्रिय कितना उपेक्षित, किन्तु कैसा निर्मल! भाग्य-सा बेकाबू और आकांक्षाओं-सा प्रगतिशील। वीरेन्द्र, ताजमहल का गायक, हृदय के डोरे अभिमत को चढ़ाता-सा। रामानुज, मानो काव्य की कोमलता और भावों की सरलता का अपना नाम है। प्रभाव, पुरुषार्थ और प्रतिभा पर अपने को चढ़ाये हुए बलिपन्थी-सा है।

सोहनलाल द्विवेदी, इस युग की धारा के प्रतिनिधि कवि हैं। उनकी कलम अन्तर्मुखी भी है, बहिर्मुखी भी। अपनी प्रतिभा-यात्रा में वे हिन्दी जगत् के अमर अभिमान होकर रहेंगे। डॉ० बलदेवप्रसाद पर न केवल महाकोशल को किन्तु हिन्दी जगत् को गर्व होना चाहिए। यह 'राजहंस' जब प्रतिभा के प्रांगण में उड़ता है, विभु की नावीन्य-वाहिनी का चमत्कार व्यक्त करता चलता है। भुवनेश्वरसिंह 'भुवन' वैशाली के गरबीले गायक हैं। सूर्यनारायण व्यास महाकाल के द्वार पर राष्ट्रभारती की ध्वनि पहुँचाये जा रहे हैं। भुवनेश्वरसिंह 'माधव' कम लिखते है, पर हृदय लिखते हैं। वीरात्मा को यदि कोई पकड़कर काव्य-कुंज में रख सकता तो एक अटूट मधुर ध्वनि निर्बाध सुनी जाती। जगदम्बाप्रसाद हितैषी धारा की प्रचण्डता के गायक हैं। नरेन्द्र के पास आकर युग मनुहार करता है कि उसके ऊँचे से बोले हुए बोल पुनः-पुनः सुनने को मिलें। ललितकुमार सिंह 'नटवर' गो नाटकों के नायक भी हैं, किन्तु राष्ट्रभारती के गायक होने का अभिमान उनका अक्षुण्ण है। दाराबखाँ अभिलाषी मालव की नेहमयी भारती के आकर्षण हैं और बन्देअली फातमी महाकोशल की स्नेहस्निग्धा वाणी के दूत, युग लिखने में प्रखर हैं, सजग हैं। और युग में भाग्य-रेखा खींचने के लिए जो बेहद बेचैन हैं वे हैं—अंचल और सर्वदानन्द। निरंकारदेव अपने विहगकुमार से ऊब उठे हैं। अब वे चट्टानों की ध्वनियों से प्रताड़ितों के स्वर में बोलना चाहते हैं। प्रभुदयाल अग्निहोत्री युग-धारा की कसक को व्यक्त करते हैं।

उर्दू और हिन्दी का झगड़ा हम कृत्रिम रूप से राष्ट्रभाषा का सवाल बनाये हुए हैं। हमने जो भाषाएँ गढ़ रखी हैं वे शहराती हैं और फारसी और अरबी के विदेशी शब्द तथा संस्कृत के कठिन शब्द—दोनों की हिमायत हमें एक ही जगह पहुँचाती है—यानी वह राष्ट्रभाषा को शहर में रोक लेती है; उसकी गाँवों तक जाने की क्षमता नष्ट कर देती है। जो लोग पाकिस्तान की माँग करते हैं, उन्हें भाषा में भी पाकिस्तान चाहिए। किन्तु गरीबों द्वारा की जाने वाली देश की सर्वांगीण क्रान्ति में ये पाकिस्तान टिकेंगे नहीं। जब कठिन उर्दू और फारसी के

शब्दों की माँग की जाती है तब देश के टुकड़े कर, तब भाषा के टुकड़े कर, उसको एक अलग स्वरूप, बोझ की तरह देश पर लादा जाता है। किन्तु जब हम कठिन संस्कृत शब्द हिन्दी में ठूँसकर उसकी गतिशीलता नष्ट करते हैं, तब हम भाषा के सन्त-वाणी की तरह सरल होने के पथ में रोड़े अटकाते हैं और पाकिस्तान की माँग का सिद्धान्ततः समर्थन करते हैं। मैं तो राष्ट्रभाषा को लेकर जब दक्षिण भारत में जाऊँ तब बँगला, उड़िया, तेलुगु, तमिल, मलयालम, कन्नड़, मराठी और गुजराती-भाषियों से राष्ट्रभाषा में बोलूँगा; तब उन भाषाओं में जितने सर्व-साधारण संस्कृत शब्द काम में आ रहे होंगे और हिन्दी भाषा को जिन संस्कृत शब्दों द्वारा समझे जाने में सरलता प्राप्त होगी, संस्कृत के उस समस्त खजाने को मैं स्वीकार कर लूँगा। क्योंकि न मुझे शासन के इशारे पर भाषा गढ़ना स्वीकार है, न परिस्थितियों से घबराकर भाषा मढ़ना स्वीकार है; किन्तु जब मैं सिन्ध में जाऊँगा, हैदराबाद में जाऊँगा, पंजाब में जाऊँगा, काश्मीर में जाऊँगा, सीमान्त में जाऊँगा, और काबुल में जाऊँगा, तब मैं उन शब्दों को स्वीकार कर लेना चाहूँगा जिनके ले लेने से मेरी भाषा मेरे देश की उन सीमाओं में समझी जाने की चीज हो सके। हाँ, मैं जापानी, चीनी, तुर्की, अरबी और अँगरेजी शब्दों को विदेशी मानूँगा और जब स्वीकार करूँगा, लाचारी की तरह; और सदैव यत्नशील रहूँगा कि मैं उन लाचारी से ग्रहण किये हुए शब्दों के प्रतिशब्द इस देश की संस्कृति और इस देश के साहित्य को व्यक्त करने वाली प्रान्तीय तथा भारतीय भाषाओं में से चुन लूँ। मैं यह कभी सह नहीं सकता कि भाषा का कृत्रिम झगड़ा खड़ा कर हम जीवन को व्यक्त करने वाले अपने संकटपूर्ण उत्तरदायित्व से मुँह मोड़ें!

आप जानते हैं, राष्ट्रभाषा की विरोधिनी भाषा कौन बना रहा है? और वह कहाँ बन रही है? न वह प्रयाग, काशी या पटना में ढल रही है और न लखनऊ, दिल्ली तथा लाहौर में। मिडिल स्कूलों से लगाकर विश्वविद्यालयों तक देश-भर में वह कौन-सी भाषा है जिसका पढ़ना हमारे बच्चों के लिए अनिवार्य है? आसेतु हिमाचल देश के न्यायाधीश सूरज के अस्त न होने का गर्व करने वाले अँगरेजी राज की कृपा से किस भाषा में अपने फैसले लिखते हैं? देश-भर की स्थानीय स्वराज संस्थाओं से लगाकर धारासभाओं तक पर किस भाषा की प्रभुता लादी गयी है? शासन के नायब तहसीलदार से लगाकर गवर्नर और गवर्नर-जनरल तक किस भाषा में राजाज्ञाएँ दे रहे हैं? हमारी संस्कृति की, चाहे वह मुगल-युग की हो या राजपूत-युग की या अति प्राचीन युग की, शोध करने वाले विद्वान् अपनी शोधों को किस भाषा में रखकर विश्वविद्यालयों के आचार्य बन रहे हैं? वह कौन-सी भाषा है जिसमें अपनी योग्यता सिद्ध किये बिना इस देश का चिन्तक, चतुर और चाकर—कोई योग्य नहीं माना जाता। जब सारे देश में अपनी वाणी पहुँचानी पड़ी तब किस भाषा में लोकमान्य तिलक को 'मराठा', लाला लाजपतराय

को 'पीपुल', श्रीमती एनी बेसेण्ट को 'न्यू इण्डिया' और 'कामनवील', सर सुरेन्द्रनाथ बनर्जी को 'बंगाली', श्री कस्तूरी रंगा आयंगर को 'हिन्दू' और महात्मा गांधी को 'यंग इण्डिया' और 'हरिजन' प्रकाशित करने पड़े ? वह कौन भाषा है जिसे हम पढ़े-लिखे के नाते प्रान्तों में अपनी बात पहुँचाने के लिए चिट्ठियों में, और चिट्ठियों के पतों में लिखा करते हैं ? राष्ट्र के शरीर पर आर्थिक शस्त्र-क्रिया की तरह दौड़ने वाली रेलों का विशाल कारबार किस भाषा में चल रहा है ? भारत में किस भाषा के पत्र अत्युच्च हैं जिनके अवतरण और अनुवादों को लेकर देशी भाषा के पत्र अपने कलेवरों को नित्य कलंकित कर धन्य होते हैं ? हमारे दरवाजों पर किन भाषाओं में तख्ते लगे हैं ? विद्वत्ता के शहराती आसमान में विचरण करते हुए आज कम पढ़ा-लिखा भी, अपने हर वाक्य में किस भाषा के दो-तीन शब्द मिलाये बिना नहीं रहता ? हम क्यों आँखें मूँदते हैं कि अँगरेजी इस देश की साधारण भाषा नहीं बनायी जा रही है ? हमें तो तभी आश्चर्य करना चाहिए था, जब राष्ट्रभाषा के पथ में हमारा आपस में झगड़ा न होता। स्वराज्य की चर्चा है तो पाकिस्तान हाजिर है, राष्ट्रभाषा की चर्चा है तो झगड़ा हाजिर है। यह झगड़ा हमारा अपना नहीं है। इस झगड़े की अधिक चर्चा करके हम इसकी नींवें अधिक गहरी नहीं होने देना चाहते। इस बात को हम क्यों भूलते हैं कि जहाँ अँगरेजी देश के समस्त विश्वविद्यालयों में अनिवार्य है, वहाँ इस देश की कोई भाषा अँगरेजी की तरह अनिवार्य रूप से पढ़ायी नहीं जाती ? हम ज्ञान को विदेशी नहीं मानते; क्योंकि सूर्य और वायु को विदेशी नहीं मानते। किन्तु सूरज की तीव्रता में भी हम दरवाजे बन्द कर ठण्ढक में रह लेते हैं; और वायु की तीव्रता में हम अपने वस्त्रों और आवरणों से अपनी रक्षा कर लेते हैं; किन्तु अँगरेजी के प्रहार से हम सर्वथा अरक्षणीय हैं। संस्कृत को, जो देश-भर में फैली हुई है और इसी देश की भाषा है, कभी रुचि और कभी अरुचि से लोग पढ़ते हैं, और यह उस समय जब देश के महान् बहुमत की धार्मिक, सामाजिक, सांस्कृतिक परम्परा उस भाषा में गड़ी हुई है। हम सम्पूर्ण एशिया का स्वप्न सामने रखकर भी कभी पश्तो, तुर्की, फारसी, बर्मी, नेपाली, तिब्बती और चीनी पढ़ नहीं पाते, उन दिशाओं में समान रूप से बढ़ नहीं पाते। थोड़े-से चिन्तक और ज्ञानशील अँगरेजी पढ़ें सो बात नहीं। थोड़ी-सी तालीम शुरू होते न होते हमारे देश के हर बच्चे को अँगरेजी पढ़ायी जा रही है। अँगरेजी के भाण्ड में ज्ञान रखकर उसे देशी भाषाओं में इसलिए नहीं आने दिया जाता कि उससे कहीं अँगरेजी कमजोर न पड़ जाये। यह सब देख-सुनकर भी हम आपस में लड़कर कहते हैं कि राष्ट्रभाषा का दुश्मन कौन है ? मैं नहीं चाहता कि इस समस्या पर रंगीन पर्दे डालकर समस्या को अपने-अपने रंगों में चित्रित करने का घातक खेल हम और अधिक खेलें। हम दूर रहना चाहते हैं, तो थोड़े दिनों बाद जानेंगे कि हमने भूल की; हम निकट आना चाहते

हैं तो निकट आने से हमें कोई नहीं रोक सकता। और यदि हम अपनी भाषा ऐसी नहीं रख सकते कि हिन्दुस्तान की समस्त भाषाओं में वह शीघ्र परिचित हो सके और हिन्दुस्तान के गाँवों के गरीबों तक समझी जाये, तो हम अपने मस्तिष्क के व्यभिचार के खिलवाड़ शहरों में किये रहें। इस देश में अशभ्रंश के रूप में एक परिचित और सरल भाषा बनती रही है और वह बोलने वालों की आवश्यकता पर परिवर्तित होती रही है। कठिन शब्द डालने की जिद करने वालों और उनकी अकड़ की हत्या से युग के हाथ सदा लाल होते आये हैं। चाहे वह जिद कठिन फारसी की हो, चाहे कठिन संस्कृत की। आज की हिन्दी वैसी ही अपभ्रंश का स्वरूप है और वह अधिकाधिक सरल होती जाये।

रेडियो का नियन्त्रण भी भारत सरकार करती है और अपने प्रकाशन विभाग का भी। किन्तु अपने हिन्दी के प्रकाशन-विभाग की भाषा को यानी रेडियो के 'सारंग' पाक्षिक की भाषा को वह हिन्दी के रेडियो मंच पर नहीं चढ़ने देती। भाषा गढ़ने का यह 'अव्यापारेषु व्यापार', समाचार और मनोरंजन, कलाप्रियता और ज्ञान-वृद्धि की जनता की लाचारी से लाभ उठाकर सहस्रों घरों में एक दूषित भाषा लाद रहा है। युद्ध के लिए चन्दा लेते समय विज्ञापनों में सरकार और हिन्दी बोलती है और रेडियो में समाचार सुनाते समय ठीक दूसरी हिन्दी। पण्डित, मौलवी और पादरी खरीद रखे गये हैं कि वे गीता सुनायें, कुरान शरीफ सुनायें और बाइबल सुनायें। और भारती बहुजन समाज की भाषा को नीचे गिराने का बड़े पैमाने पर प्रयत्न जारी है। आकाशवाणी के द्वारा हितैषीजी ने इस ओर जनता का ध्यान खींचा था और राजनाथ पाण्डेय आदि सज्जनों ने कुछ प्रयत्न भी किये थे; किन्तु संगठित उद्योग न हो, तब तक कुछ कैसे हो?

पैसा देकर पतन, प्रतिभाहीनता और बुरी भाषा पाने का दूसरा स्थल सिनेमा है। किन्तु इधर उसमें सुधार हुए हैं। हिन्दी-भाषी मूलधन और हिन्दी-भाषी नियन्त्रण से इस दिशा में हमें संगठित होना चाहिए तभी हम अपने सुदर्शन, सहगल, मोतीलाल, चन्द्रमोहन, नटवर, भगवतीचरण, नरेन्द्र, प्रदीप, सन्तोषी, किशोर, प्रभा-जैसे कलाकारों को भाषा का नियमन करने का अधिकारी बना सकेंगे। भोजन, गायन, नृत्य,अभिनय, युद्ध व भाषण—इन सबमें मशीनों ने गुणन और बिजली ने गति दे दी है। हम इनसे दूर रहने का सपना छोड़ें और प्रस्तुत परिस्थिति का सामना करें।

हम लिपि-सुधार से न घबरायें। इस आर्थिक युग में हमें सस्ते उपकरणों से अधिक विस्तार चाहिए। इस वैज्ञानिक युग में हमारी शोध लिपि के क्षेत्र में वहीं समाप्त नहीं हो गयी जहाँ हमारे पूर्वज छोड़ गये थे; और इस मुद्रण-युग में लिपि पर मुद्रण द्वारा की हुई माँगों को मानने से इनकार करना लिपि को कमजोर बनाना है। मुझे भय है कि सन्निकट भविष्य में यदि हमने अपनी लिपि को सरल

नहीं बनाया तो देश में रोमन भाषा प्रचलित करने का धन्यवाद लिपि-सुधार-विरोधी मित्रों के घर पहुँचाये बिना युग शायद न मानेगा। लिपि प्रतिमा नहीं है। लिपि में परिवर्तन होते आये हैं और राष्ट्रभाषा के नाते समस्त प्रान्तीय भाषाओं का रुख रखकर तथा बोलने की तरह छापने में भी अत्यन्त सुविधाजनक बनाने के लिए उसमें सुधार करने होंगे।

दक्षिण भारत का हिन्दी-प्रचार हमारा गौरव है; महाराष्ट्र का हिन्दी प्रचार हमारी अभूतपूर्व सफलता। काका कालेलकर-जैसे चिन्तक, कलाकार, शिल्पी और राष्ट्रभाषा के प्रचारक के परम उपकार-भार से हम अवनत हैं। हरिहर शर्मा, हृषीकेश शर्मा, सत्यनारायण, सिद्धनाथ पन्त और दक्षिण भारत के समस्त राष्ट्र-भाषा-प्रचारकों की उन उँगलियों का हमें अभिमान है जिन्होंने राष्ट्रभाषा का प्रचार कर कठिन भूखण्डों में महान् संयुक्त भारत की नींव डाली और पुरुषोत्तम के स्वप्न को महात्माजी के संकेत पर सत्य किया। इसी तरह आसाम, बंगाल और उड़ीसा के प्रचारों की ओर हमारी दृष्टि हो। इस मंच से मुझे कहना चाहिए कि हमारे प्रचारकों का मूल्य वही है जो इंग्लैण्ड के निकट उसके मल्लाहों का मूल्य है।

जो लोग हमारे बीच लिखते हैं, वे न तो पागलखाने का साहित्य लिखें जिसमें एक सूझ का जोड़ दूसरी सूझ से न बैठे; न वे अनाथालय का साहित्य लिखें जो केवल पढ़ने वालों की परम उपेक्षा में किसी तरह उनकी कृपा पर जीवन बिता ले; न हम पुराण वस्तु संग्रहालय यानी मुहाफिजखानों का ही साहित्य लिखें जो केवल बस्तों में बँधा रहे और छठे-छमासे व्यवस्था देने वालों के द्वारा देखा जा सके। दूसरी ओर हम इस बात से भी सावधान रहें कि जो कुछ लिखा जाये, वह चाहे बँधे दिनों में प्रकाशित होने वाला सामयिक पत्र-साहित्य भले न हो, किन्तु बँधे वर्षों में प्रकाशित होने वाला, सन्निकट आवश्यकताओं पर बहस करने वाला क्षण-जीवी साहित्य मात्र भी न हो जाये। हम लिखें वह जो प्रतिभा की नवीनता और विवेचन की ज्ञानगर्भित शैली के कारण अनन्त वर्षों तक जीने की सामर्थ्य अपने में रखे; साथ ही जो साहित्य दिमागी ऐयाश से लगाकर खेतों और खलिहानों में काम करने वाले का भी जीवन-साथी कहला सके। हम लिखें वह जो कोटि-कोटि नर-मुण्डों के स्वप्नों का जागरण हो सके और उतरते हुए आदर्श, चढ़ते हुए पौरुष, उभरते हुए उद्योग और समर्पित होती हुई सेवा के पथ में अपना साहित्य बनकर ठहर सके। वह राहगीरों के समय काटने का कुल्हाड़ा मात्र न हो, किन्तु समय का पथ-प्रदर्शक राहगीर भी हो सके।

तीर्थ-क्षेत्रों में, युद्ध-क्षेत्रों में, औद्योगिक क्षेत्रों में और संकट-स्थलों में नजर डालकर देख हिन्दी के कलाकार! कि तू कहाँ है? तेरी कृति कहाँ है? तेरा प्रभाव कहाँ है? तेरी प्रतिभाहीनता में, तेरे पृष्ठ गिनने के श्रम के फल-स्वरूप, भले ही

तुझे स्वर्ग से विमान आ जाये, या तेरे सपनों का रौरव तुझे स्वर्ग दीखने लगे; किन्तु लोक-मस्तक पर चढ़ने के लिए विश्व के विचारों से टकराने और लोक-हृदय में उतरने के लिए, साँसों-जैसा विश्व का आकर्षण और उसकी आवश्यकता बनाने के लिए जब तक तू अपने को परास्त पाता है, तब तक कोटि-कोटि नर-मुण्डों के वीणाधारी कहलाने का और कोटि-कोटि नर-मुण्डों को हथेली पर उतार कर उन्हें आराध्य पर चढ़ा देने की तर्जनी उठाने का लालच तुझे छोड़ना पड़ेगा। मानव-शरीर में हड्डियाँ हैं; मस्तिष्क और हृदय में भी कुछ ठूँसा, कुछ भरा है। किन्तु शरीर में पोली जगह है। वहाँ प्राण रहता है वहाँ से नाद पर चढ़कर बोली बनकर आती है। उस जगह से मूल्यवान् शरीर में कुछ नहीं होता। क्या वही बोली, विश्व की उलट-पुलट का वही ऐरावत, आज निन्दा और पक्षपात का म्युनिस्पल कूड़ा ढोने के काम में लाया जाने लगे ? और यह भी सब साहित्य के नाम पर ? हिन्दी पद्य परसों तक ब्रज भाषा में लिखा जाता था; कल मैथिलीशरण गुप्त की उँगली ने गद्य और पद्य के युग को मिलाया। गद्य भी बेचारा लल्लूजीलाल के बाद पथ ढूँढ़ता रहा कि हिन्दी में अपनी कोई गति बना ले। द्विवेदीजी ने उसे गति दी, प्रगति दी। शब्दों ने अधिक अर्थ देना पाया, मुहावरों ने समय पर आना, वाक्यों ने अर्थ का रुककर ठहरना, पृष्ठ-खण्डों ने अर्थ-वहन की रेलगाड़ी के रास्तों पर लाल झण्डी और हरी झण्डी बनना सीखा। चिह्नों और संकेतों ने भाषा की विशाल बारहदरी पर कदम-कदम पर पहरे देना सीखा और विषय की विविधता के भिन्न-भिन्न संकेतों ने यह दिखाया कि किसी दशरथ का रथ दशों दिशा में जाय या न जाये, भाषा के निर्माता की सूझ का रथ दशों दिशाओं में खूब आता-जाता है। द्विवेदी-युग ने जो संकेत दिये, हम वहीं ठहरे हैं। जीते हुए देशों पर कब्जा करना तो दूर, कमसरियट के सिपाहियों की तरह डेरे-तम्बू उखाड़ते और ढोते सुस्ती आती है। हमारी यह बेहोशी समाप्त हो।

गाँवों की ओर, गरीबों की ओर, जरूरतमन्दों की ओर कौन जायेगा ? क्रान्ति क्या कलेजे में ही हो लेने को है ? क्या गाँवों में रस नहीं कि कहानियाँ नहीं ? गाँवों में तीर्थ नहीं कि तर्पण नहीं ? गाँवों में रक्त नहीं कि भुजदण्ड नहीं ? फिर शहराती वेश्यालय बनाने के बजाय हमने गाँवों में रक्त-तर्पण क्यों नहीं किया ? जिस काशीप्रसाद जायसवाल ने खँडहरों को वाचा देकर हमारे लिए शताब्दियों की भारतीय शासन-नीति ढूँढ़ी, हमने स्वयं काशीप्रसाद की याद पर अपने अज्ञान का खँडहर खड़ा कर दिया। क्या हम अपनी उपेक्षा से गौरवमय गौरीशंकर हीराचन्द को, ऐतिहासिक सूझों के वैभव जयचन्द्र विद्यालंकार को, विप्रव के भिन्न-भिन्न देशों की उथल-पुथल के ज्ञान में से भारतीय सूझ का डोरा बनकर गुजर आने वाले बावा रामोदार यानी राहुल सांकृत्यायन को और छत्तीस-गढ़ के कोने में महाकोशल के इतिहास के नाम पर हमारी उपेक्षा की चट्टान पर

अपने ऐतिहासिक प्रयत्नों के आँसू चढ़ाये जाने वाले लोचनप्रसाद पाण्डेय को, जो रायबहादुर हीरालाल-जैसे इतिहासज्ञ के समय से पहले ही स्वर्गवासी हो जाने के कारण, कविता का पथ छोड़ इतिहास की अर्चना में लग गये—इन लोगों को भी जिनकी उँगलियों पर आमुख होकर हमारा विदेशियों द्वारा बदनाम भूतकाल विश्व का परम सत्य बनकर आना चाहता है, हमारी वाणी के यशःशरीर के इन अंगों को,—उपेक्षा की उसी मौत मार डालना चाहते हैं, जिस मौत कि हम साहित्य के युगावतार जायसवाल को भूल जाने में यत्नशील हैं! अपनी सनकों में असाधारण प्रतिभा ढूँढ़ने का रोजगार करने, और मूसल से ढोल पीटकर उस नगण्य को गण्य कहलवाने के व्रती हम, क्या अनुभव कर सकेंगे कि साधारण प्रतिभा के असाधारण और अथक तप से मँजकर विचारों और भावों की जो स्मरण-यात्रा कलाकार की जीवन-यात्रा बनकर आती है, वह भी अपने निखरे स्वरूप को उद्दण्ड और असाधारण प्रतिभा कहला सकती है ?

लिखना रक्त-कर नहीं है जिसे वसूल करना ही पड़े; लिखना बेजानकारी का प्रदर्शन नहीं है; वह भाषा पर उपकार नहीं है; वह समाज को छोटा मानकर अपने बड़प्पन की डींग नहीं है; वह युग बनाने का क्षुद्र तमाशा दिखाने का जादू-घर नहीं है। वह धन है, जिसे वही दे सकता है जिसके पास हो; वह साधन है जिस पर से समूची की समूची जाति धारणाओं के एक युद्ध-स्थल से दूसरे युद्ध-स्थल को पहुँच जाती है; वह एक प्रकटीकरण है उन घड़ियों का, जिनके प्रकट न करने पर, पीढ़ी की पीढ़ी के अन्धकार में भटकते रहने का डर है; वह दान है, रक्त-दान है—उस युग को जिसमें शक्ति का संचार कर माता की तरह गर्वित और विश्व-निर्माता की तरह शक्तिमय बनकर हम साहित्य के बाग में वह रसदान करते हैं जिससे बेलियाँ अपने प्राणों में उन्मेष लेकर ऊँचे को उठें; वृक्ष भूमि के आकर्षण से विद्रोह कर आसमान की ओर चल पड़ें; और अपनी यात्रा के परम फलों को अपनी मातृभूमि की गोद पर बाँहें झुकाकर समर्पित कर दें। साहित्यिक! तू नगाधिराज है। गंगा और जमुना बहाने को तेरे पास हैं। तू युग की मानवता का मस्तक है। किन्तु यह देख कि क्या तुझसे भी किसी भूमिखण्ड की रक्षा हो रही है? तेरे कृपा-कणों की धारा के किनारे भी क्या हरे-भरे और उपजाऊ हो उठे हैं? क्या अनन्त जल-राशि रत्नाकर तक तू पहुँचकर मानेगा? और तेरी तरलता नहीं चुकेगी? तब देव! तेरी बाढ़ें और उनके सत्यानाश हरियाला लोक-जीवन सह लेगा। तेरी प्रतिभाधारा की गोद से विश्व अपने जीवन-यापन का व्यापार चला लेगा, जरूरत पड़ने पर, वह तेरे तीव्र स्वरूप की धारा के आर-पार हो लेगा, इसलिए कि अपनी पीढ़ी और परिस्थिति को हरी-हरी रखने के लिए पुष्पगन्धा और फलवती बनाये रखने के लिए तूने चढ़ाव के देवत्व का लालच छोड़कर युग-सेवा के लिए लगातार उतार का ढालू पथ ग्रहण किया है।

तुझे याद रहे कि तुझे कोटि-कोटि नर-मुण्डों के सामने अपराधी की तरह खड़े होकर जवाब देना है कि इंजीनियर के लोहे से तेरे शब्दों में अर्थ वहन करने की अधिक शक्ति और विश्व-रचना का अधिक प्राण है; और इंजीनियर प्राण-प्राप्ति के लिए तेरा मुहताज है। राजनीतिज्ञ कल मर जाने के लिए अपनी आज की प्रलय-साधना इसलिए गरबीली अनुभव करेगा कि आज अपने क्रान्ति के सपनों पर मरकर कल और कल के बाद अनन्त कालों को वेध सकने वाले युग में तू जिन्दा रहे। और पीढ़ियों की यादों में से, पुस्तकालयों में से, मूर्तियों में से, चित्रों में से, रागिनियों में से, और खँडहरों में से तू पुकारता रहे कि रास्ता यहीं से, इसी ऊँचे पर से, सिर की सूझों पर सिर उतारकर रख देने के इसी मैदान में से, है, चले आओ! मनोविज्ञान तेरा पथ न पकड़ेगा। वह तेरे पथ को सरल करेगा। शब्दों के व्याकरण ने तेरा पथ नहीं रोका, तो भावों और विकारों का व्याकरण तेरा पथ क्यों कर रोकेगा? प्रेम, घृणा, क्रोध, मत्सर, दर्प, मोह और लोभ, मनोविज्ञान का इतना ही तो मूलधन है। यदि इन्हें लेकर उपदेशक बनने के लालच में तू उपदेश ही उगलने और आदर्श ही निगलने लगे, तो तुझे मरने से कौन बचा सकता है? किन्तु यदि तू अपनी कलाकृति के उदाहरणों के रूप में सारे विकारों पर प्रतिभापूर्ण शोध करे, तो नन्द के यहाँ अब कृष्ण पैदा हो या न हो, किन्तु व्यास! तेरी कलम से उतरने वाला कृष्ण शताब्दियों की छाती वेध-वेधकर लोगों की आँखों पर झूले झूलता, लोगों के हृदय पर उन्मेष करता और युगों-युगों तक लोगों की जीभ पर खेलता नजर आयेगा। यदि अनुभव करने वाला न हो, तो रोने वाले का रुदन उठा ही क्यों हो? और तू अनुभव कर कि सेवाग्राम की भारतीय शक्ति ने तेरी वाणी चाही थी, इसलिए कि इस वाणी से वह उनके भाग्य का लिखा मिटा सके जिनके भाग्य पर 'गुलाम' लिखा है; और, तेरी वाणी में— उस वाणी में जो आसेतु-हिमाचल व्याप रही है—'मुक्त जीवन' उनके भाग्य पर लिख सके। वह तरुणाई, जो कारखानों में जल रही है, खेतों में खप रही है, क्रान्ति की साधना के लिए तेरा मुँह ताक रही है।

हमने आज तक राजाओं को लिखा, नवाबों को लिखा, भामाशाहों को लिखा। वैभवशील के द्वार के श्वान बनने में हमने कौन-सा गौरव अनुभव नहीं किया? ज्ञान बढ़ा तो हम खरीदे गये, हमारी शोध खरीद ली गयी; किन्तु जब शोधों से द्रव्य बने तो राजा निकला, अमीर निकला, और मेरा पुत्र और पुत्र का पुत्र फिर बिक गया। क्या यह कुत्सित घेरा जो हमारी सामर्थ्यहीनता के बल पर ही हमारा भाग्य बना चला आ रहा है, तुझसे न टूटेगा कलाकार? ये पाठशालाएँ हैं; यहाँ गुलाम ढलते हैं। ये विश्वविद्यालय हैं; यहाँ बोझीला ज्ञान आश्रय के बाजार की पगडण्डी ढूंढ़ने आया करता है। ये ग्रन्थ हैं; इनमें बड़ों का पतन भी उत्थान है, और छोटों का उत्थान भी पतन। ये विश्वविद्यालय हैं; जिनमें तू नहीं

तेरे शासक तैयार होते हैं ! जो स्वरूप में भले ही तुझसे मिलते,हों, स्वभाव में वे सुरक्षा रखकर सेवा नहीं, शासन ग्रहण करते हैं। वे तेरे मालिक की पराधीनता की दूकानदारी के तुझ पर खड़े रहने वाले पहरेदार ढालते हैं। वह लाख-लाख जनता ? उसके पास अक्षर इसलिए नहीं पहुँचे कि फिर उसके अज्ञान से तराजू, तर्क और तलवार लाभ न उठा सकेंगे। तू बैठा गीत ही गाता रहा, और तराजू तलवार, तर्क और सेवा की, लोगों ने सिंहासनों के द्वार, कतार में जातियाँ बना-कर खड़ी कर दीं। जहाँ पढ़े-लिखे बीस फीसदी भी नहीं, वहाँ श्रेणियाँ बन गयीं। ऊँचा खयाल और दुर्बलता यदि हमारी जमीन पर साथ-साथ न जायें, तभी आश्चर्य है। संग्रह गिने-चुनों के हाथ है; वह गिने-चुनों की जाति है और श्रम, साँस, सपने और सर्वनाश—कोटि-कोटि के। 'सब कुछ', 'कुछ' के काम आने की चीजें हैं; कहते हैं, पशु की बोली पशु समझ लेता है। तुलसीदास जी कहते हैं—

'खग जाने खग ही की भाखा।

और तूने यह उद्धार किया है कलाकार ! कि तेरी बिक्री के बाजार खुल गये; किन्तु मानव की बोली को मानव नहीं समझ पाया ! भाषा में सुधार हुए, तू घबराया; लिपि में सुधार हुए, तू घबराया; आदर्श बदले, तू घबराया; दुनिया बदली, तू घबराया। किन्तु तुझे स्मरण रहे भाई ! तेरा नाम घबराहट नहीं ! घबराहट लाचारी होती है; और लाचारी को लोग नष्ट किया करते हैं; पाल-पोसकर अपने पास नहीं रखा करते। यही नरक या सरग है जिसे तूने निर्माण किया है ! और इसी को और इसी द्रव्य को झिंझोड़ कर, तोड़कर या मरोड़कर तुझे वह दुनिया बना देनी है, जिसे अपनी पीढ़ियों को सौंपते समय तू अपने को मुक्त अनुभव करे।

सम्मेलन ! जाने यह जन्मोत्सव है, या मरण-त्यौहार ! गाडी का बैल है नहीं, और हवाई जहाजों के मोल-तोल का हिसाब लिखा जा रहा है। विद्वद्वर अमरनाथजी झा शायद मेरी कठिनाइयों को समझते हों। मेरे लिए सम्मेलन एक प्रतिमा है। वह 1911 से यत्न करती चली आ रही है। वह है कि आज प्रयाग में है, कल नाभा के दीवान के पद पर है, परसों फिर प्रयाग में है, और बार-बार जेल में बन्दी है फिर वह लाहौर के किसी बैंक में मैनेजर है; और फिर लोक-सेवक-समिति के सिर पर है। किन्तु मैंने सदा उस प्रतिमा को हिन्दी जगत् की कठोर बाजू रखते हुए, हिन्दी जगत् के चरणों में ही देखा है। वह प्रतिमा मुझे सिपहसालार, सन्त और साहित्यिक—तीनों रूपों में दीख पड़ती है। उसके मनसूबों में क्रान्ति है, मुट्ठी में निश्चय है, और उसकी बेतरतीब हिलती दाढ़ी के कुछ ऊपर चमकती आँखों में राष्ट्रभाषा के अभिमान की जाज्वल्य ज्वाला है। यह सम्मेलन, जब तक, मेरे मत में, उस कवि की दिव्य कविता बनकर रहेगा तब तक हमारी पीढ़ी का समर्पण उसके चरणों में रहना चाहिए; और तभी तक प्रयाग,

तीर्थराज होने के अपने जीवन के पट्टे को बढ़ाये हुए है।

मैंने कुछ मित्रों को पत्र लिखे थे और कुछ मित्रों ने मुझे। जो सूचनाएँ मिलीं उनमें मद्रास हिन्दी प्रचार के परम उद्योगी और आज राष्ट्रभाषा-प्रचार के उद्योगी तथा हिन्दी-प्रचार की मूर्तिमान् स्फूर्त्ति श्रीमान् काका कालेलकर के दाहिने हाथ, श्रीयुत हृषीकेष शर्मा ने सूचित किया है कि राजगोपालाचारी मन्त्रि-मण्डल के दिनों में मद्रास में जो हिन्दी-विरोधी आन्दोलन चल रहा था, वह उस प्रान्त की राजनैतिक टेढ़ के कारण उत्पन्न हुआ था। और कांग्रेस को दण्ड देने के उद्योगियों ने हिन्दी के विरोध को राजनैतिक साधन बना लिया था। नागपुर-विश्वविद्यालय के हिन्दी विभाग के अध्यक्ष डॉ० बलदेवप्रसाद मिश्र की राय है कि पंजाव-विश्वविद्यालय की प्रभाकर आदि परीक्षाओं का अनुकरण नागपुर तथा हिन्दी संसार के अन्य विश्वविद्यालय भी करें। बरेली कॉलेज के प्रसिद्ध साहित्यसेवी प्राध्यापक श्रीयुत शंकरसहाय जी सक्सेना ने जोर दिया है कि कि विश्वविद्यालयों की शिक्षा का माध्यम हिन्दी हो। हिन्दी की सभी संस्थाएँ प्रतिवर्ष हिन्दी-सप्ताह मनायें, हिन्दी में समालोचना की एक व्यवस्था निश्चित हो, और हिन्दी लेखकों की समस्या की ओर दुर्लक्ष्य न किया जाये। प्राध्यापक श्री प्रभाकर माचवे ने सूचित किया है कि मध्यभारत के सहृदय सुकवि श्री हृदयजी की कविताओं का संग्रह अ० भा० स० द्वारा प्रकाशित किया जाये तथा अजमेर का मैट्रिक और इण्टरमीडिएट बोर्ड अपनी संस्थाओं के शिक्षण में हिन्दी भाषा का माध्यम स्वीकार करे। पं० बनारसीदास जी चतुर्वेदी ने विकेन्द्रीकरण की धूम मचा ही दी है; और श्री वासुदेवशरण जी अग्रवाल ने जनपदों के साहित्यिक संगठन के लिए एक वर्ष का कार्यक्रम सूचित किया है।

यदि मैं अपने स्वास्थ्य पर काबू पा सकता और अपनी योजना पर सम्मेलन और हिन्दी जगत् को मना सकता तो मैं यह योजना रखता—

1. हिन्दी-भाषा के विस्तार और स्वरूप-निश्चय का दृष्टिकोण सामने रख-कर देश में प्रचलित प्रान्तीय भाषा के उन शब्दों, मुहावरों और कहावतों की खोज की जाये, जो या तो हिन्दी भाषा में हैं या हिन्दी के विकृत स्वरूप हैं, या जिनका हिन्दी में लेना उनके मूल रूप के कारण सरल है। एक क्रियाशील समिति ही यह कार्य कर सकती है।

2. हिन्दी-भाषी सन्तों, सामन्तों और साहित्यिकों की जयन्तियाँ तथा पुण्य-तिथियाँ मनाने के लिए सम्मेलन अपनी सम्बद्ध संस्थाओं को सूचना दे और वर्ष-भर के इस देश-व्यापी आयोजन का जो विवरण प्राप्त हो,उसका प्रकाशन सम्मेलन पत्रिका के किसी एक अंक में विशेष रूप से किया जाये।

3. बन्दीगृह में बन्द हिन्दी के कलाकारों और लेखकों की सुधि लेने और उनके परिवारों को सहायता पहुँचाने के लिए एक समिति, हिन्दी जगत् के भिन्न-

भिन्न प्रान्तों से सहयोग प्राप्त कर, उद्योग करे।

4. जिन साहित्य-सेवियों का स्वर्गवास हो गया और जिनके परिवार दुःख में पड़ गये, उनकी हमने क्या सहायता की; तथा जो साहित्यिक गरीब हैं, उन्हें हम किस तरह सहायक हुए -- इसका लेखा-जोखा रखा जाये।

5. लिपि-सुधार में देर करके हम रोमन लिपि को अप्रत्यक्ष आमन्त्रण न दें; आवश्यक सुधारों के लिए निश्चित समिति अपनी योजना प्रस्तुत करे।

6. वर्ष के महान् ग्रन्थों के ग्रन्थकारों की रचनाओं पर हम अपनी साहित्य-परिषद् में अपने-आप चर्चा करें और अपने कलाकारों की गौरव-वृद्धि करें। जिन विषयों पर हमें साहित्य में नयी पुस्तकें चाहिए, उनका निर्देश भी करें।

7. हिन्दी-जगत् के समस्त प्रान्तों के पुस्तकालयों, वाचनालयों, स्कूली वाचनालयों, ग्रामीण तथा चलते-फिरते पुस्तकालयों, तथा हमारी प्रकाशन-संस्थाओं की संपूर्ण सूची तैयार की जाये और उनके संगठन और नियन्त्रण की योजना बनायी जाये।

8. देशी राज्यों में हमारी एक निश्चित समिति अथवा प्रतिनिधि-मण्डल काम करे और हिन्दी-प्रचार और हिन्दी के ग्रन्थों के पथ की कठिनाइयाँ दूर करने के लिए राज्यों में स्थानीय संगठन भी करें। वे संगठन स्थानीय धन द्वारा संचालित किये जायें, और केन्द्र से उनका उचित नियन्त्रण किया जाये।

9. सुविधा का समय आने पर उपनिवेशों में तथा सन्निकट देशों से हमारा भाषा-सम्बन्धी प्रतिनिधि-मण्डल जाकर हिन्दी के साथ विभिन्न भाषाओं के साथ सामंजस्य पर विचार करे और उन देशों के आवश्यक साहित्य के हिन्दी में अनूदित होने की आवश्यकता हो तो सूचना करे। यदि वहाँ सम्भव हो तो हिन्दी-समितियाँ या राष्ट्र-भाषा समितियाँ स्थापित करे। इस कार्य में देश के दूर दृष्टि रखने वाले प्रधान राष्ट्रभाषा-प्रेमी धनिकों से सहायता ली जाये।

10. इस देश में विदेशों से जो साहित्यिक विद्वान् आयें, उनका हम अपनी संस्थाओं में स्वागत करें और उनके द्वारा प्राप्त ज्ञान का विवरण हमारी वार्षिक सूची में मुद्रित हो। ऐसे विद्वान् चाहे जिस देश, धर्म, जाति या समाज के हों। इस विषय में एशियाई दृष्टि रखकर काम करने को विशेष महत्त्व दिया जाये।

11. भारतीय समाचार-पत्रों विशेषतः हिन्दी समाचार-पत्रों को हम अकेला न छोड़ दें। उनसे भारी जमानत ली जाने पर, उन्हें कठोर कष्ट दिये जाने पर, कागज न मिलने पर, शासन की साधारण सुविधाओं से उन्हें वंचित किये जाने पर तथा अन्य ऐसे ही अवसरों पर हिन्दी-भाषी प्रधान संस्था के नाते हम उनके कार्यों में अपना दायित्व सिद्ध करें।

12. समाचार-पत्रों के लिए हम हिन्दी में तार भेजने, सस्ते अखबारी टिकट चलवाने, गाँवों में शीघ्र डाक पहुँचाने, शहरों का कागज, गाँव या छोटे-

शहरों में सुरक्षा पहुँच सकने आदि के विषय में, सरकार का आसन डोलायमान

13. रेडियो विभाग ने हिन्दी का प्रायः सम्पूर्ण बहिष्कार कर रखा है। उसे उचित पथ पर लाने के लिए उक्त विभाग तथा सुनने वालों से हम अपना संसर्ग बढ़ायें रेडियो रखने वालों की सूची बनायें और कार्य को घर-घर पहुँचाने का प्रयत्न करें। आवश्यकता हो तो इस कार्य के लिए एक पत्र भी प्रकाशित करें।

14. सिनेमा में हिन्दी नटों, कलाकारों, हिन्दी साहित्य तथा उस विषय के पत्रों के हित-रक्षण पर ध्यान दें। उद्योग करें कि हिन्दी-भाषी मूलधन और साधनों पर चल-चित्र संगठन कायम हो सके।

15. सेना में गये या सेना से लौटे हिन्दी-भाषी सैनिकों के पत्रों और साहित्यों का संग्रह करें, और उनका वर्णनात्मक तथा ज्ञानात्मक उपयोगी भाग प्रकाशित करें।

16. प्रान्तों में अभी भी जो सन्त-गद्दियाँ हों और उनका कोई साहित्य प्रकाशित होता हो, तो उसकी जाँच कर, उनका साहित्य-वृद्धि या भाषा-विस्तार में सहायक हो सकने वाला साहित्य हम प्रकाश में लायें।

17. हिन्दी प्रान्तों की धारा-सभाओं तथा शासनों में अपने प्रामाणिक लघु-लेखक और शीघ्र-मुद्रक पहुँचाने के लिए उद्योग करें और इनके न पहुँचने से होने वाली हानियाँ प्रकाश में लायें।

18. प्रतिवर्ष सम्मेलन के अधिवेशन के समय या आवश्यक होने पर स्थायी समिति की बैठकों में प्रान्तीय भाषाओं के चिन्तकों और कलाकारों को आमन्त्रित कर भाषा की देश-व्यापी समस्याओं पर विचार-विनिमय करें, और उनके सम्मिलित उद्योगों के आधार पर देश के सामने अपनी योजनाएँ रखें।

19. हिन्दी-भाषी गायकों, चित्रकारों तथा अन्य कलाकारों की पूरी सूची बनायें और कलाकारों से अपना सम्पर्क स्थापित कर भाषा के विस्तार तथा साहित्य के उत्थान के लिए, हम उनके कौशल और व्यक्तित्व का उपयोग करें। और अपने अन्य कलाकारों की तरह हम अपने बीच उन्हें उत्साहित और सम्मानित करें।

20. जो हिन्दी साहित्य-सेवी शासन में अधिकारों, श्रमों या मजदूरियों की जगह पर कार्य कर रहे हैं, उनके साथ हम अपनी राजनैतिक, सामाजिक या व्यक्तिगत धारणाओं की क्षुद्रता दिखाये बिना भाषा-सम्बन्धी सम्पर्क स्थापित करें, और भाषा-साहित्य के आयोजनों में उन्हें साथ लें।

21. ग्रामीण साहित्य, ग्रामीण लेखक तथा गाँवों तक समझे जाने वाले साहित्य से हम उच्चता वसूल करने की जिद छोड़कर सम्पर्क स्थापित करें और उसकी वृद्धि में पूर्ण सहयोग दें तथा ऐसे साहित्यिकों तथा कवियों का इसीलिए

आदर करें कि उनकी वाणी गाँवों के सहस्र-सहस्र लोगों तक कला और हमारे आदर्शों की पूर्णता लेकर पहुँच रही है।

22. विश्वविद्यालयों में शिक्षा का माध्यम हिन्दी करने के लिए केवल चिट्ठियों और चिल्लाहट ही से काम न लें; हिन्दी-जगत् के विश्वविद्यालयों के उद्योगियों से मिलकर पाठ्य-पुस्तकों की स्वीकृति, नव-साहित्य-निर्माण और भावी आवश्य-ताओं तथा कठिनाइयों में हम विश्वविद्यालयों से सहयोग करें।

23. जिन हिन्दी-भाषी कवियों और कलाकारों ने संकटों का बलिपथ ग्रहण किया, उनके साहित्य, चरित्र, जीवन-क्रम, उद्योग और उनकी छोड़ी हुई अधूरी रचनाओं की ओर हम दुर्लक्ष्य न करें। उनके साहित्य और जीवन की ओर दुर्लक्ष्य करने से हम अपने साहित्य और इतिहास के खजाने की एक मूल्यवान् वस्तु खो बैठेंगे। उनके गीत, उपन्यास, यात्रा, जीवन-घटना, उनकी प्रार्थना और सिद्धान्त सबका ऐतिहासिक संग्रह हमारे पास होना चाहिए।

24. केवल विदेशी जानकर यूरोपीय व्यापारियों, विद्वानों, अध्यापकों और शासकों आदि को न हम अपना दुश्मन समझें, न उनसे दूर रहें। भाषा के क्षेत्र में हम उनसे अपना अधिकाधिक सम्बन्ध स्थापित करें और सहयोग लें।

25. सम्मेलन के संग्रहालय को हम समस्त हिन्दी-जगत् के गौरव का केन्द्र मानकर उसकी सहायता के लिए समस्त हिन्दी-संसार का ध्यान आर्कषित करें।

26. हम प्रतिवर्ष ऐसे कलाकारों की कृति को सम्मानित करें जिन्होंने हमारे साहित्य में प्रतिभा या युग की आवश्यकता की दृष्टि से नवीन वस्तु उपस्थित की है और नवीन शैली का आयोजन किया है। हम प्रशंसा से कलाकार को पथ-भ्रष्ट न करें; किन्तु उपेक्षा से उसे मार भी न डालें।

मेरी उक्त सूचनाएँ कहाँ तक अर्थवती हो सकती हैं, जब तक एक तो सम्मेलन इस दिशा में सम्पूर्ण शक्ति न लगाये और दूसरे हिन्दी-जगत् का तथा राष्ट्रभाषा-संसार का धनिक वर्ग यह साबित न करे कि धन की अधिकता के साथ उसमें राष्ट्रभाषा की दूर-दृष्टि और सोचने-समझने की अधिकता भी है।

इतिहास के विषय में डॉ० रामप्रसाद त्रिपाठी, डॉ० बेनीप्रसाद, डॉ० ईश्वरी-प्रसाद, डॉ० रामशंकर त्रिपाठी, डॉ० बनारसीप्रसाद आदि कितने ही इतिहासज्ञ हमारे बीच हैं। किन्तु एक तो उनकी कृतियाँ अँगरेजी में छपकर रह जाती हैं, दूसरे मराठी के इतिहासकार सरदेसाई और राजवाड़े की तरह धूनी रमाकर हिन्दी-जगत् के इतिहास के पीछे ओझाजी की तरह पड़ जाने वाले मनस्वियों और तपस्वियों का हमारे पास टोटा है। यही कारण है कि राजस्थान, बुन्देलखण्ड और बिहार तथा युक्तप्रान्त और इन्द्रप्रस्थ में हमारा इतिहास फैला हुआ है; किन्तु अपने युग की जनता में उस इतिहास के प्रति अभिमान उत्पन्न करने में हम आज सफल नहीं हो रहे।

उपन्यास की स्थिर धारा हिन्दी जगत् को प्रेमचन्दजी की देन है। 'गढ़कुण्डार' के मनस्वी लेखक वृन्दावनलालजी वर्मा हिन्दी को प्रेमचन्दजी की जोड़ का दान देंगे। युग के बीच आज जैनेन्द्र नवीन धारा में अपनी कृतियाँ लेकर उन्नत हैं। यदि उनका निबन्ध-लालच उनके काबू का रह सके, उनका दार्शनिक उन्हें उपन्यास की निर्मल साधारणता से दूर न धकेल दे, और वे उपन्यास की कलम को प्रेमचन्दजी की तरह एकान्त स्थान दे सकें तो वे युग की माँग पूरी करने योग्य उपन्यास और लघु कथाएँ हिन्दी को देते रहेंगे। इस मौलिक पथ में हमें चन्द्रगुप्त, इलाचन्द्र जोशी और भगवतीचरण की ओर आशा-भरी दृष्टि से देखना चाहिए। एक गर्व करने योग्य चमत्कार वात्स्यायन और यशपाल की कलम पर भी उतरना चाहता है, ऐसा दीखता है।

चरित्र-लेखन हमारे यहाँ प्रायः प्रारम्भ ही नहीं हुआ। पं० बनारसीदास चतुर्वेदी, कविरत्न सत्यनारायण और भारत-भक्त एण्ड्रूज के सिवा कुछ न लिख पाये; और बिड़लाजी ने जो श्री जमनालालजी और महात्मा गांधी पर लिखा है शुभ है, खूब काम का भी है; किन्तु वह चरित्र-लेखन की सम्पूर्ण सीमा में नहीं आता। वह तो स्मृतियों का साहित्य है और उन-जैसी परिस्थिति-प्राप्त कलमों को इस दिशा में खूब लिखना चाहिए। आत्मचरित लिखते भी हमारा हिन्दी मनीषी मानो सकुचता है। जहाँ तक मैं जानता हूँ, केवल गुलाबरायजी ने लिखा और नाम दिया है—'मेरी असफलताएँ'। श्रीमती शिवरानी देवी ने भी अपने पति प्रेमचन्दजी की कुछ स्मृतियाँ लिखी हैं। इस दिशा में झिझक और मतदान की कंजूसी छोड़कर अध्ययनपूर्वक हमें आगे बढ़ना चाहिए।

नाटक की दिशा में प्रसादजी ने प्रतिभा के वैभव के साथ जो लिखा है उच्च है, श्रेष्ठ है। किन्तु जो लिखा है, उसमें रंगमंच पर पहुँचने जैसा बहुत नहीं है—श्रव्य अधिक है। इस दिशा में स्वर्गीय बदरीनाथ भट्ट की कमी श्री वृन्दावनलाल वर्मा पूरी कर सकते थे। बाबू गोविन्ददास ने छोटे-बड़े तीस से ऊपर नाटक लिखकर मानो नाटकों की धूम मचा दी है। जो नाटक प्रतिभा की गरिमा और खेलने की विशेषताओं से भरे हैं, उनके लेखक हैं श्री हरिकृष्ण प्रेमी, श्री उदयशंकर भट्ट और ठाकुर लक्ष्मणसिंह। प्रेमीजी का 'रक्षाबन्धन' और ठाकुर साहब के नाटकों में 'उत्सर्ग' श्रेष्ठ नाटक है। इस दिशा में उपेन्द्रनाथ 'अश्क' तथा अन्य कई विद्वान् लिख रहे हैं।

एकांकी नाटकों में श्री सद्गुरुशरण अवस्थी ने प्रसादजी के नाटकों की तरह सूझ का कौशल और विचारदान का वैचित्र्य अपनी रचना में खूब दिखाया है। किन्तु उनकी भाषा मंचों पर और चौपालों पर सरल न होगी। रामकुमार वर्मा के एकांकी मजे के हैं, वे कलम के खिलवाड़ हैं। इस दिशा में गोविन्ददास, भुवनेश्वरप्रसाद और वीरेश्वरसिंह का उद्योग आशाप्रद है।

कहानियों में कौशिक और सुदर्शन के साथ हमें भगवतीप्रसाद और उदयशंकर पर गर्व होना चाहिए। यों शिवरानी देवी, सुभद्राकुमारी, सद्गुरुशरण, गोविन्द-वल्लभ, उषा मित्रा, नर्मदाप्रसाद खरे, श्री पहाड़ी, विनोदशंकर आदि कुछ कहानी-लेखक हमारे बीच सतत उद्योगी हैं; किन्तु कौशिकजी को प्राचीन मानें और जैनेन्द्रजी को छोड़ दें तो प्रेमचन्दजी की तरह कहानियों की नौका की पतवार का सफल सँभालने वाला अभी आगे नहीं आया। नयी धारा में उपेन्द्रनाथ, विष्णु, यशपाल, अज्ञेय, शिवदानसिंह, वीरेन्द्र तथा कुछ और हैं, किन्तु अभी देर है जब उनकी लघुकथा का पूर्ण स्वरूप निश्चय हो सके। यहाँ भी 'उग्र' की प्रतिभा याद आये बिना नहीं रहती, यदि वे युग की वस्तु दे सकें।

जहाँ तक मैं जानता हूँ, सम्पादन-कला पर श्रीयुत विष्णुदत्त जी की 'पत्रकार कला' के सिवा और कोई बड़ी पुस्तक देखने में नहीं आयी। हाँ, छपाई के सम्बन्ध में इलाहाबाद लॉ जर्नल प्रेस के मैनेजर श्रीयुत कृष्णदेव प्रसाद दर ने 'आधुनिक छपाई' नामक श्रेष्ठ पुस्तक लिखी है। श्री रामनारायण मिश्र अपने 'भूगोल' मासिक द्वारा हिन्दी को अन्तर्राष्ट्रीय जानकारियाँ देने में सफल हुए हैं। प्रयाग की विज्ञान-परिषद् ने हिन्दी को विज्ञान का साहित्य दिया है।

युग की रेखा बनकर जो कलाकार खड़े हैं, उनमें काशी के सहृदय सुहृद् राय कृष्णदासजी कवि, कलाकार और चिन्तक के नाते हिन्दी के गर्व हैं। साधुमना सुकवि श्री वियोगी हरिजी ने कलम इसलिए उठाकर फेंक दी, क्योंकि वह उन्हें जीवन के ईमानदार प्रकटीकरण की बाधा दीख पड़ी। किन्तु उन्होंने जो लिखा, उच्च लिखा; साधु लिखा। सीतामऊ के युवराज रघुवीरसिंहजी पर मालवा और हिन्दी जगत् दोनों को गर्व है। अपनी तपोपूर्ण प्रतिभा लेकर हिन्दी के विस्तार और उसकी श्री-वृद्धि में सहायक होने के लिए श्री काका कालेलकर हमारे बीच आये हैं। श्री मोहनलाल नेहरू कभी-कभी लिखते हैं, किन्तु उच्च रुचि से लिखते हैं।

मध्य प्रान्त में विद्वद्वर डॉ० बलदेवप्रसादजी, व्यौहार राजेन्द्रसिंहजी, सुकवि और समालीचक श्री विनयमोहन शर्मा, वयोवृद्ध श्रीसुखराम चौबेजी गुणाकर, कुमारहृदय श्री रामेश्वरप्रसाद गुरु, पण्डित द्वारकाप्रसाद मिश्र, सुकवि श्री ज्वालाप्रसाद ज्योतिषी, श्री जहूरबख्श, श्री रामगोपाल माहेश्वरी, श्री अनन्त-गोपाल शेवड़े, श्री हृषीकेशजी शर्मा, श्री भवानीप्रसाद-द्वय आदि की सेवाएँ उल्लेखनीय हैं। यों प्रवासी होकर भी डॉ० रामकुमार जी वर्मा, प्रो० दयाशंकर दुबे, श्री पद्मनारायण आचार्य और श्री लल्लीप्रसाद पाण्डेय मध्यप्रान्त की ही निधियों हैं। श्रीयुत लोकनायजी सिलकारी ने मध्यप्रान्त के साहित्यिक इतिहास पर एक सुन्दर ग्रन्थ लिखा है। श्रीयुत केशव पाठक एक जाज्वल्यमान काव्य-प्रतिभा हैं जिनसे हिन्दी-काव्य आशा कर सकता है। इस अंचल में युग की सर्वथा

ताजी कलम श्री भवानी मिश्र, श्री रामेश्वर गुरु और श्रीकेशव वर्मा उठाते दीख रहे हैं। किन्तु सम्पूर्ण काव्य-क्षेत्र सुभद्राकुमारी जी के बाद श्री केशव पाठक, श्री रामानुज, श्री नर्मदा खरे और श्री ज्वालाप्रसाद ज्योतिषी के हाथ में दीख रहा है। श्री लक्ष्मीप्रसाद कविहृदय, श्री रतनकुमारी, श्री शकुन्तला और श्री सरला आदि भी काव्य-धारा के पथिक हैं।

मध्य भारत में श्रीमन्त सरदार माधवरावजी किबे, श्रीमती कमला बाई साहिबा किबे, श्रीमान् गिरिधर शर्मा जी कविरत्न, श्रीयुत प्रयागनारायण जी संगम, श्रीयुत सिद्धनाथजी माधव आगरकर, श्रीयुत गणेशदत्त जी इन्द्र, श्रीयुत विश्वनाथ सखाराम खोड़े, श्रीयुत ज्वालाप्रसादजी सिंहल, श्रीयुत जगन्नाथ-प्रसाद मिलिन्द, श्रीयुत शान्तिप्रसाद वर्मा, श्रीयुत कमलाशंकर मिश्र, श्रीयुत शिखरचन्द जैन आदि कलाकारों और कर्मण्यों पर मालवमेदिनी गर्वित रह सकती हैं। मिलिन्द, शान्तिप्रसाद, माचवे, वीरेन्द्र, ईश्वर और रत्नकुमार मालव तरुणाई के प्रतिनिधि हैं।

राजस्थान में श्री ओझा जी के सिवा उच्च साहित्य के उन्नायक श्री हरि-भाऊ जी उपाध्याय, नवीन युग के कलाकार श्री जनार्दन राय, मीरा के सम्पादक श्रीमाथुर, कोषकार और ग्रन्थकार श्री सुखसम्पत्तिराय जी भण्डारी, आचार्य श्री गिरिधर शर्मा जी चतुर्वेदी, डॉ० मोहनसिंह मेहता, श्री जयनारायण व्यास, श्री विजयसिंह पथिक, श्री रामनारायण चौधरी आदि मनीषियों पर राजस्थान गर्व कर सकता है।

बिहार में देश-पूज्य राजेन्द्र बाबू, म० म० सकलनारायण शर्मा, पं० जनार्दन झा जनसीदन, श्री मिथिलेश, राजा राधिकारमण प्रसाद सिंह, फौलादी कलम के धनी श्री रामवृक्ष बेनीपुरी, श्री रागलोचनशरण बिहारी, साहित्य की विभूति श्री शिवपूजनसहाय जी और श्री मोहनलाल महतो, श्री नन्दकिशोर तिवारी, श्री देवव्रतजी शास्त्री, श्री श्रीकान्त ठाकुर विद्यालंकार, श्री ब्रजशंकर, श्री जगन्नाथप्रसाद मिश्र एम० ए० बी० एल०, श्री छविनाथ पाण्डेय, आचार्य बद्रीनाथ वर्मा, श्री पीर मुहम्मद मूनिस, श्री भुवनेश्वरसिंह भुवन, श्री भुवनेश्वर 'माधव' आदि पर बिहार जितना गर्व करे, थोड़ा है; क्योंकि इन पर तो समस्त हिन्दी जगत् गर्वित है।

युक्त प्रान्त का तो गर्व है कि हिन्दी जगत् पर उसका एकाधिकार है। देवतुल्य मालवीय जी महाराज, साधुमना टण्डन जी, नीतिमान् दानी बाबू शिवप्रसाद गुप्त, महान् चिन्तक बाबू भगवानदास जी, हिन्दी के इतिहास की स्वर्ण-रेखा बाबू श्यामसुन्दरदास जी, मिश्रबन्धु, विद्वद्वर अमरनाथ झा, श्री श्रीनारायण जी चतुर्वेदी, डॉ० धीरेन्द्र वर्मा, डॉ० बाबूराम सक्सेना, श्री देवीदत्त शुक्ल, श्री शालिग्राम वर्मा, श्री हीरालाल खन्ना, श्री पराड़करजी, श्री लक्ष्मणनारायण गर्दे,

मनस्वी श्रीकृष्णदत्त जी पालीवाल, श्री गुलाबराय जी, श्री हरिशंकर शर्मा, श्री महेन्द्र जी, श्री शंकरसहाय जी सक्सेना, श्री रामनाथ सुमन, श्री रामबहोरी शुक्ल, आचार्य केशवप्रसाद जी मिश्र, विद्वद्वर सम्पूर्णानन्द जी, श्री रामनारायण यादवेन्दु, श्री विजयानन्द त्रिपाठी, श्री नन्ददुलारे वाजपेयी, श्री सीताराम चतुर्वेदी, श्री जगदीशप्रसाद अग्रवाल एम० ए०, डॉ० रामविलास, श्री रघुपति सहाय, शिकार के वीर लेखक विशाल-भारत-सम्पादक श्री श्रीराम शर्मा आदि सज्जनों का नाम ही हिन्दी जगत् का बहुत बड़ा अभिमान है।

बरार प्रान्त तथा मराठी सी० पी० में स्वर्गीय देशभक्त जमनालाल बजाज की महान् शक्तियों ने जो जन-जागरण किया, उसने मध्य देश के हिन्दी-भाषियों का मस्तक बहुत ऊँचा किया। इस दिशा में श्रीमती जानकीदेवी बजाज, स्वर्गीय जमनालाल जी की इच्छा बनकर यत्नशीला हैं। बरार में श्रीयुत बृजलाल जी बियाणी ने हिन्दी प्रचार में अद्भुत जागरण किया है। और श्रीमती राधादेवी गोयनका बरार-प्रान्तीय हिन्दी साहित्य सम्मेलन की अध्यक्ष के नाते खूब श्रम कर रही हैं। इस दिशा में श्रीयुत श्रीराम शर्मा का उद्योग भी सराहनीय है।

पंजाब में भी हिन्दी, आदर्श हिन्दी-व्रती स्वामी केशवानन्दजी, गोस्वामी गणेशदत्तजी, श्री ठाकुरदत्त शर्मा, श्री सन्तरामजी बी० ए०, श्री भगवद्दत्त जी, श्री खुशहालचन्द जी खुरसन्द, कविवर श्री हरिकृष्णजी प्रेमी, कविवर श्री उदयशंकरजी भट्ट, विश्वबन्धु-सम्पादक श्री माधवजी, श्रीमती शन्नोदेवीजी, श्रीमती सीतादेवीजी, श्रीयुत चन्द्रगुप्तजी विद्यालंकार, श्री देवचन्द्रजी, श्री राजेन्द्रकुमारजी जैन, श्री देवेन्द्र सत्यार्थी, श्री तेगराम आदि सज्जनों के प्रयत्नों को देखकर आशा बँधती है कि एक दिन पंजाब में हिन्दी अपना उचित गौरवपूर्ण स्थान पा लेगी।

दिल्ली में, विद्वद्वर इन्द्र विद्यावाचस्पति जी, श्री उदित मिश्र, परम उद्योगी श्री घनश्यामदासजी बिड़ला, प्रसिद्ध कलाकार श्री जैनेन्द्रकुमारजी, आचार्य श्री चतुरसेनजी शास्त्री, श्री सत्यदेवजी विद्यालंकार, श्री रामगोपालजी विद्यालंकार, श्री मुकुटबिहारी वर्मा, मुन्नूलाल जी, श्री वियोगी हरिजी आदि की शक्ति पर हिन्दी को अभिमान है।

बम्बई में, एक बार गुजराती-साहित्य के सर्जक और श्रेष्ठ कलाकार श्री कन्हैयालाल जी मुंशी ने, हिन्दी जगत् के गौरव स्वर्गीय श्री प्रेमचन्द जी के साथ समस्त देशी भाषाओं में सम्पर्क स्थापित करने के लिए, मासिक 'हंस' का सम्पादन किया था। आज पुनः ऐसे उद्योगों की अत्यन्त आवश्यकता है। वहाँ दैनिक 'विश्वमित्र' की शक्तियाँ, 'वेंकटेश्वर समाचार' की शक्तियाँ, श्री निरंजन शर्मा अजित, श्री भानुकुमार, श्री रामदेव जी पोद्दार आदि सज्जन खूब काम करते हैं। अब वहाँ हिन्दी के प्रसिद्ध और अन्तर्राष्ट्रीय दृष्टिकोण के विद्वान् डॉ० हेमचन्द्र

जी जोशी भी पहुँच गये हैं तथा सिनेमा-व्यवसाय के कारण श्री भगवतीचरण जी वर्मा, श्री नरेन्द्र जी, श्री कश्यप जी, श्री प्यारेलाल सन्तोषी, श्री नीलकण्ठ तिवारी, श्री बृजमोहन दीक्षित, श्री किशोर साहू, श्री सत्यकाम विद्यालंकार आदि सज्जन वहाँ हैं, तथा बलवान हिन्दी-भाषी तथा राजस्थानी शक्तियाँ वहाँ हैं !

कलकत्ता में श्री मूलचन्द जी अग्रवाल की शक्ति के सिवा सेकसरिया पुरस्कार प्रदाता श्री सीताराम सेकसरिया, श्री वसन्तलाल जी मुरारका, श्री नटवर, श्री मोहनसिंह सेंगर, श्री ललिताप्रसादजी सुकुल, श्री हजारीप्रसाद जी द्विवेदी, श्री धीमानजी, श्री हिमकरजी, लोकमान्य, जाग्रति, विश्वबन्धु, समाज-सेवक, विशाल भारत और विश्वमित्र की शक्तियों आदि से बंगाल का क्षेत्र आशापूर्ण है। तिस पर विद्वान् श्री सुनीतिकुमार जी चाटुर्ज्या-जैसे मनस्वियों का सम्पर्क है।

युग की कलम जो तरुण अपने हाथ में देखते हैं उनमें श्री जैनेन्द्र, डॉ० रामविलास, श्री रामनाथ 'सुमन', श्री जगदीश एम० ए०, श्री मिलिन्द, श्री बेनीपुरी, श्री अज्ञेय, श्री शान्तिप्रसाद, श्री शिवदानसिंह, श्री गिरिजाकुमार, श्रीमती सुमित्राकुमारी सिनहा, श्री पूरनचन्द्र जोशी, श्री सोहनलाल द्विवेदी, श्री शिवमंगल सिंह 'सुमन', श्री पद्मकान्त मालवीय, श्री अंचल, श्री सर्वदानन्द', श्री माचवे और श्री यशपाल आदि मुख्य हैं।

कुछ लेखक हैं, जो लेखन में, सन्निकट स्वार्थ से तथा सदर हलचल से भिन्न, सर्वथा उच्च साहित्यिक दृष्टि रखकर लिखते हैं। उनमें ठाकुर सुरेश सिंह, श्री रामनारायण यादवेन्दु, श्री लक्ष्मीनारायण मिश्र, श्री श्रीनारायण चतुर्वेदी, श्री प्रयागदत्त शुक्ल आदि मुख्य हैं।

हम अपनी सीमा के रक्षकों को देखकर गर्बित हैं। मद्रास में श्री राजगोपालाचार्य जी, डॉ० पट्टाभि सीतारामैया और अनेक सुधी हमारे मद्रास के हिन्दी-प्रचार का कंकण अपने हाथ में बाँधे हुए हैं। महाराष्ट्र में समस्त दल अपना भेदभाव छोड़कर राष्ट्रभाषा की उपासना में लीन हैं। गुजरात में मुनि जिनविजय जी, श्रीयुत कन्हैयालालजी तथा श्रीमती लीलावतीजी मुंशी, बंगाल में डॉ० सुनीतिकुमार जी तथा कितने भी अन्य सुधी जन, इसी प्रकार आन्ध्र, तामिलनाड, आसाम, कर्नाटक, उड़ीसा आदि समस्त स्थानों में राष्ट्रभाषा की समाराधना में संलग्न हैं; और श्री पुरुषोत्तमदास जी टण्डन की ध्येय-साधना तथा काका कालेलकर जैसे तपस्वियों की सेवा सफल हो रही है।

राष्ट्रभाषा उसकी वाणी है जिसका मस्तक नगाधिराज के बोझ से बोझीला, चमकीला और द्रवित है। नगाधिराज राष्ट्र का प्रहरी होकर भी पराधीन है। किन्तु भौगोलिक देवता का तो वह रजत-मुकुट ही है। और उसी देवता के गले में गंगा और जमना का हार लहरा रहा है; इरावती और सिन्धु जिसकी भुजाओं

के संकेत बनकर सीमा बन रही हैं; नर्मदा और ताप्ती जिसकी कमर की करधनी बनकर लहरा रही हैं; कृष्णा और कावेरी जिसकी साड़ी के किनारों में खेल रही हैं और हिन्द महासागर जिसके चरणों को धो रहा है। भारतवासियों के समस्त धर्मों, समस्त जातियों और समस्त भाषाओं की यह जननी है। इसी की वाणी को हम राष्ट्रवाणी कहते हैं, और इसी के स्वरूप के हम टुकड़े-टुकड़े नहीं देख सकते।

जो इसकी बेड़ियाँ तोड़ने आयेगा, वह इसकी वाणी को आसेतु-हिमाचल फैलायेगा। आज भी एक भुजा है जो राष्ट्र-वाणी लिखती है, राष्ट्र का भाग्य वाणी से लिखती है।

एक सूझ है जो मानव-स्वाधीनता के लिए संकटों को न्यौतती हुई भूतकाल में से रस ले रही है, भविष्य को सँवार रही है, वर्तमान को प्राणदान कर रही है।

देखो, वह जोर से सोच रहा है—मानो धीरे-धीरे गुनगुना रहा है। वह हमारा भविष्य कह रहा है; किन्तु ज्योतिषी नहीं है, युग-द्रष्टा है वह!

उसके चरणों के साथ हमारे पग उठते हैं। वह समय का स्वामी है। जाने वाली चीजें समय को लौटा रहा है, आने वाले युग की बात कह रहा है।

जो ईंट और पत्थर गौरव बरसाकर उसके निवास को महल नहीं बना सकते, वही ईंट और पत्थर उसके बन्धन को कारागार नहीं बना सकते। वह परम उन्मुक्त है।

एक संकेत है जो झोंपड़ियों से महलों तक सूर्य-किरणों की तरह फैल रहा है; और जिसकी प्रकाश-रेखाओं पर राष्ट्रीय उत्थान के संकल्पों का काफिला ठहरा हुआ है।

वह बन्दी है, क्योंकि उसके संकल्प उन्मुक्त हैं। वह अपमानित है, क्योंकि उसकी प्रतिज्ञा कोटि-कोटि जीवन के हृदय-मन्दिर से सम्मानित है।

वह हमसे दूर है, क्योंकि वह हमारे हृदयों के इतना पास है जितना पास कोई नहीं।

वह उनका भाग्य लिख रहा है जिन्हें लिखना नहीं आता; उनकी ओर से बोल रहा है जिनकी वाचा नहीं फूटती।

समस्त नदियाँ किसके अभिषेक को मचल रही हैं? समस्त हरियालापन किसके संकेत पर भूमि से विद्रोह किये ऊपर को उठ रहा है? भारतीय मानव रीझने और खीझनेवालों में बँटकर किस वाणी के आस-पास चक्कर काट रहा है? उसके सिर पर श्वेत वस्त्र बँधा है; उसके बदन में लँगोटी लगी है। मुट्ठी-भर हड्डियाँ हैं और प्राणों को इतना तपा रहा है, मानो उसे झीनी चादर बनाकर अपने अभिमत को उसमें से झाँक लेना चाहता है।

धारणाशील राष्ट्र-वाणी की रक्षा उसमें देख रहे हैं। तरुणाई अपने इरादों के अनुवाद में इतनी बेचैन है कि उस युग-वाणी को पीछे छोड़कर मानो नगाधि-

राज पर चढ़ जायेगी। उसकी विजय इतिहास है। और अपनी विजय से उसकी पराजय युग का महान् पुरुषार्थ होगी।

उस युग-पुरुष के हाथों राष्ट्र-वाणी है; चाहे वह सेवाग्राम में रहे, कारागार में रहे या किसी और लोक में रहे।

उसके वन्दन, और नयी पीढ़ी के निर्माण की प्रतिज्ञा के साथ हिन्दी-भाषी गायक, आओ, 'अक्षर' की आराधना करें; शब्द को साथ करें; स्वर का गुंजन करें; भारती के चरणों में व्यंजन चढ़ावें; टूटते देश और टूटती भाषा में सन्धि-साधन करें; पदों को सँभालकर जमावें; अंगों को बलवान् बनावें; और राष्ट्र-भारती को मस्तक उठाकर, मस्तक झुकाकर और आवश्यकता होने पर हथेली पर मस्तक उतारकर वहाँ ले चलें, जहाँ वह विश्व की स्वतन्त्र भाषाओं से बराबरी के बोल बोल सके। इसके लिए जितना संगठित प्राण, जितना बलिदान, जितना गौरव-गान और जितने स्वप्नों का जागरण आवश्यक हो, हमारी पीढ़ी दे सके; तभी हमारी हरिद्वार की तीर्थ-यात्रा सफल होगी, और तभी नगाधिराज के द्वार पर बहती भागीरथी की समुद्रमुखी धारा का अर्थ हम समझ सकेंगे।

[33वें अ० भा० साहित्य-सम्मेलन का अध्यक्षीय भाषण, 1943]

बी० एन० एस० डी० कालेज कानपुर में दिया गया भाषण

सभापति महाशय, प्रिन्सिपल भाई खन्नाजी, मेरे मित्र अध्यापक वर्ग और मेरे साथी तथा परम मित्र विद्यार्थियो!

मैं आपके सम्मुख अक्सर आता रहा हूँ, कुछ न कुछ कहता भी रहा हूँ। इसलिए जब आप मेरा परिचय कराने लगते हैं तो मुझे ऐसा लगता है, मानो मेरी सन्निकटता से घबड़ाकर आप दूर खड़े रहने का आयोजन कर रहे हों।

साहित्य और हिन्दी साहित्य में आज इतना ही अन्तर है, जितना नाम लेने और स्वाद लेने में। विश्व का महान् साहित्य अपनी गति में नक्षत्रों से बातें कर रहा है जबकि हिन्दी-साहित्य अपनी छकड़ा-गाड़ी की चाल से चला जा रहा है। आज मैं इस छकड़ा-गाड़ी की ही चर्चा करूँगा। वायुयान पर चढ़ने की जल्दी मुझे नहीं है।

मुद्रा पूर्ण हिन्दी जब भाषा बनी, तब से आज तक उसकी जीवन-यात्रा में एक सौभाग्य और एक दुर्भाग्य सदा रहा है। सौभाग्य है कि सन्तों ने उसका वहन किया और दुर्भाग्य यह कि राजगद्दियों से उसे तिरस्कृत होना पड़ा। सिंहासनों द्वारा तिरस्कृत और संतों द्वारा प्रचारित यह भाषा ही जनता की भाषा है। इसलिए इसके उत्थान में सिंहासन हिलाने के बजाय जनता के हृदय हिलाने की

शक्ति का ही संचार करना चाहिए ।

हिन्दी-सेवियों की कुछ विचित्र धारणाएँ हैं जिनसे हिन्दी को काफी हानि पहुँची है । जिस तरह बच्चों को समझाने या बहलाने के लिए हर घर का नागरिक जापानी खिलौने लाया करता है, उसी तरह आज का साहित्य-निर्माता जनवाणी लिखने और जनसम्पर्क स्थापित करने के बहाने जापानी खिलौनों सा साहित्य गढ़ने में लगा है । और ये खिलौने पुस्तक-विक्रेताओं के दरवाजों पर, कभी कदमों के ऊपर और कभी जूतों के नीचे सड़ती हुई पुस्तकों के रूप में दिखाई पड़ते हैं ।

साहित्य अन्तरात्मा में उतरकर आँखों पर तरंगित होता-सा, ओठों पर फड़कता-सा, गालों पर लाली लाता-सा और बंधी हुई मुट्ठियों में निश्चयात्मक बल के रूप में जब प्रकट हुआ तो लोगों ने आभार माना कि उन्होंने एक महान् वस्तु पा ली । लेकिन जब साहित्य की फैक्टरियाँ खुलने लगीं तो जमीन के मानव ने साहित्य के आभार से 'आ' उपसर्ग निकाल दिया और अब वह केवल 'भार' रह गया है ।

हम विचित्र तरह से लिखते हैं । एक नारा है कि प्रगतिगामी साहित्य लिखना चाहिए—प्रगतिगामी काव्य-निर्माण करना चाहिए—प्रगतिगामी जीवन बनाना चाहिए—बात बुरी नहीं है । प्रगति का अर्थ है कि हम चलते रहें और आगे बढ़ते रहें । लेकिन हमारी भाषा पीछे जाती है और भाव आगे दौड़ते हैं । पीछे जाने वाली घोड़ी पर आगे जाने वाला यह सामान कहाँ पहुँचेगा !

दूसरे साहित्य को रोककर शहरातियों के मनोरंजन का साधन बना डाला है और दिमागी ऐयाशी का यह अधमताधारी व्यापार हम चलाये जा रहे हैं। हमें यह खयाल ही नहीं रहता कि करोड़ों का उत्तरदायित्व हमारे कन्धों पर है । हमने भाषा में दो भेद कर दिये हैं—देहाती और शहराती । शहर के गिने-चुने व्यक्तियों द्वारा बोली जाने वाली भाषा साहित्य की भाषा है और जिस भाषा को करोड़ों व्यक्ति बोलते हैं, उसका साहित्य से कोई सम्बन्ध नहीं । यही सबसे बड़ा शत्रु है जिसने हमारे साहित्य की गतिविधि को रोक रखा है ।

आज का कवि पहेलियाँ बुझाता है । कबीर की सी मस्ती. सूर की सी सूझ, तुलसी की सी वर्णनात्मक शैली और मीरा की सी वह मिठास, जो सर्वांग से प्रकट होकर अपने गिरिधर गोपाल के चरणों में समर्पित हो— इनका हमारे कवि में अभाव है । वह तो बुझौवलें लिखकर चाहता है कि लोग उन्हें सुलझावें । यह बात अब और अधिक चलने की नहीं । इसका सुबूत यह है कि सूर, तुलसी और मीरा के साथ और भी कवि चले थे लेकिन वे कब मर गये इसका किसी को पता नहीं । जीवन की दौड़-धूप में नित्य काम में आने वाली, वस्तु न देकर वे कब तक जिन्दा रह सकते थे ?

आज से चालीस वर्ष पहले के कवि राय देवीप्रसाद 'पूर्ण', नाथूराम शंकर शर्मा, श्रीधर पाठक बहुत अच्छे कवि थे। उनके मरने के बाद यहाँ के इण्टर के विद्यार्थियों से नहीं, विश्वविद्यालयों में जाकर पूछिये कि 'पूर्ण' कौन थे ? तो 99 प्रतिशत पूछेंगे, कौन पूर्ण ? लेकिन उन्हीं से पूछिये कि तुलसी को जानते हो ? तो वे आश्चर्य करेंगे कि यह भी कोई पूछने की बात है ! इन दो उत्तरों के बीच साहित्य की परिभाषा तड़पकर रह गयी है !

क्या कारण है कि वैद्यक का एक ग्रन्थ एक हजार वर्ष बाद भी समाज में पुराना नहीं पड़ता और हमारे कविता-संग्रह तीन वर्ष में ही बासी हो जाते हैं। कविर्मनीषी परिभूः स्वयंभू[1] का दावा करने का दावा करने वाले हम इस कठोर सत्य को क्यों नहीं समझ पाते ! यदि हम युग को साहित्य के द्वारा नियन्त्रित, संगोपित और गोपित रखना चाहते हैं तो हमें मानव-मनोभावनाओं का चित्रण करने वाली सरल भाषा का प्रयोग करना होगा।

लोग कहते हैं कि हिन्दी की दुश्मन उर्दू है। दुश्मन वाला प्रश्न मैं पीछे लूँगा, पहिले सुनिए कि—

वाइज शराब पीने दे, मस्जिद में बैठकर,
या वह जगह बता दे जहाँ पर खुदा नहीं !

कितने सीधे ढंग से वे बात कह देते हैं। हम तो बिना तोड़-मोड़ के कोई बात कहना ही नहीं चाहते। हमारी भाषा हमारे भावों पर उसी तरह पहरा देती है जिस तरह हरिजनों को रोकने के लिए मन्दिर के द्वार पर डण्डा लिये पुजारी खड़ा हो।

उर्दू के हिमायती मित्र यदि हमारे साथ काश्मीर से कन्याकुमारी तक यात्रा करें और पंजाबी, राजस्थानी, गुजराती, मराठी, तमिल, तेलगु, मलयालम और प्रान्तीय भाषाओं की धातुओं को परखें तो उन्हें मानना पड़ेगा कि यदि कोई भाषा इस देश की राष्ट्रीभाषा हो सकती है तो वह संस्कृत-जन्य हिन्दी ही है।

सर जफरुल्ला खाँ साहब ने सात दिसम्बर 1941 को लाहौर विश्व-विद्यलय में दीक्षान्त-भाषण देते हुए कहा था कि उर्दू, हिन्दुस्तान की मुश्तरकः जुबान है—यदि हिन्दू उर्दू और मुस्लिम उर्दू का झगड़ा छोड़ दिया जाए तो।

यह कहकर खाँ साहब ने उर्दू पर रहा-सहा दावा भी खतम कर दिया क्योंकि नागपुर जाकर वहाँ के हिन्दू से इस भाषा में बातचीत करिए, वह आपकी बात नहीं समझेगा। यह तो हुई हिन्दू उर्दू की हालत। अब मुस्लिम उर्दू को लीजिए—शहरों में तो लोग आपकी बात समझ लेंगे, लेकिन गाँवों में कोई नहीं समझेगा। इसके सिवा मारवाड़ में सबकी भाषा मारवाड़ी है, गुजरात में गुजराती, महाराष्ट्र

1. ईशावास्योपनिषद्

में मराठी। फिर यह मुस्लिम उर्दू किस गाँव—किस घर की भाषा है ? जिस तरह मनुष्य को रुपया देकर उससे गुनाह कराया जाए, उसी तरह शासन को साथ लेकर किसी भाषा को श्रेष्ठ सिद्ध करना सबके लिए अहितकर होगा।

जहाँ सीमा की भाषा है वहाँ हम सब तरह के शब्दों को अपने साथ लेकर चलते हैं। हम इसे जनवाणी बनाने के लिए चाहे जिस भाषा के शब्द लेने को तैयार हैं—चाहे जितना नीचे उतरने को तैयार हैं। इस पर संस्कृतज्ञ कहते हैं 'तुम मुसलमान हो।' असल में ये दोनों ही संस्कृतज्ञ और उर्दू दाँ भाषा के क्षेत्र में दो पाकिस्तान बनाना चाहते हैं। और इसी पाकिस्तान को तोड़ने के लिए 'हिन्दी साहित्य सम्मेलन' की स्थापना हुई। जैसाकि श्री अमरनाथजी झा और श्री बनारसीदासजी चतुर्वेदी का मत है, भाषा के क्षेत्र मेंकाग्रेस केबाद दूसरीसंस्था हिन्दी साहित्य सम्मेलन ही है।

इस सारी चर्चा के कोई मानी नहीं, यदि हमारे पास श्रेष्ठ साहित्य न हो। तरुणों को कलम पड़कना सीखने के पहले खूब सावधान हो जाना चाहिए। जब आप कलम पकड़ें तो मन में एक गुदगुदी-सी हो कि मानवों में आप वह व्यक्ति हैं जिसकी इच्छा अपने अन्तर को कलम पर उतारने की हुई है। लेकिन इरादे से कलम पर आने वाला विचार यदि एकदम आया तो वह ऐसा दूषित द्रव्य होगा जिसे जो खाएगा वही मरेगा। इसलिए हर विचार को बार-बार कलम कर दिया जाय और तब तक ठहरा जाए, जब तक कि उसमें हजारा गुलाब जैसी फूल उठने की शक्ति उत्पन्न न हो। प्रतिभा क्या है ? ईश्वर-सिद्ध-साहित्यिक नाम की बात मैं नहीं मानता। मैं तो सजग श्रम को, एकतानता के प्रत्येक शोध के कण को, साहित्य मानता हूँ। प्रतिभा का नाम लेकर ईश्वर को न घसीटा जाए। उसे पनाह दी जाए। वह कोई चपरासी नहीं है जो आपकी सेवा में प्रत्येक द्वार पर हाजिर रहे।

लोग कहते हैं—'अमुक व्यक्ति इतना वीर है कि वह अपना मस्तक सदा हथेली पर लिये घूमता है।' वीर अपनी प्रकृत उँगलियों पर अपना सिर उतार-कर रखे या न रखे, लेकिन साहित्यिक अपनी उँगलियों पर अपना मस्तक हमेशा उतारकर रखा करता है। आप देखिए कि आपका मस्तक यथार्थ रूप में आपकी कृति में उतरा है या नहीं।

मानव में जब 'क्यों ?' का उदय हुआ, तभी साहित्य का उदय हुआ। और जब 'क्यों ?' का उत्तर 'इसलिए' में मिला तो विकसित मानव निर्माण होने लगे। 'क्यों ?' और 'इसलिए' पर चली हुई हरएक बात साहित्य का ही रूप है। यह 'क्यों ?' साहित्यिक का प्राण है। इस पर जो 'इसलिए' चढ़ा सके वह महान् है, युग-पुरुष है। जिस प्रकार जन्म लेने वाले के लिए मृत्यु ध्रुव सत्य है, आस्तिक के लिए ईश्वर सत्य है, उसी प्रकार विकासवादी के लिए 'क्यों ?' सत्य है।

कठिन शब्दों का उपयोग कभी-कभी आवश्यक हो उठता है। स्मृति की चिमटी से कल्पना छूट न पड़े इसलिए साहित्यिक कठिन या सरल जैसी हो, वैसी भाषा में उसे बाँध लेता है। लेकिन वह सदा अमर रहने की चीज नहीं। वह तो मील का पत्थर है। मंजिल तक पहुँचने के लिए उसके आगे लम्बा रास्ता तय करना बाकी रह जाता है।

कल की दुनिया का निर्माण तरुणों के ही हाथों होता है, बूढ़ों के नहीं। दो बूढ़े जब आपस में मिलते हैं और रंगत में होते हैं तो कहा करते हैं कि 'जब हम जवान रहे तो हमने यों किया, त्यों किया।' जवानी का गर्व जब आज भी उनकी जबान पर खेल उठता है तो नौजवानों की अल्हड़ता पर उनका नाराज हो उठना समझ में नहीं आता।

राष्ट्र सीमित है, मानव-ज्ञान सीमित नहीं, इसलिए इसका दरवाजा खुला होना चाहिए। वह चाहे जिस दिशा से आवे, उसे ग्रहण करना चाहिए। जब सूरज विदेशी नहीं है, चाँद विदेशी नहीं है तो ज्ञान··· [अपूर्ण]

[1943]

साहित्य और साहित्यिक

सभापति महोदय तथा मित्रो,

मुझे हृदय की धड़कन की शिकायत है इसलिए खड़ा न हो सकूँ और इस कारण अपनी अवज्ञा का अपराधी आप मुझे मानें तो मुझे क्षमा कर दें, यह मेरी प्रार्थना है।

आपके बीच में दो शब्द बोलते मुझे सुख मालूम होता है। मुरादाबाद आने का यह मेरा पहला मौका है, यद्यपि मुरादाबाद स्टेशन से पिछले तीस वर्षों में मैं कई बार आ-जा चुका हूँ।

साहित्य दिमागी ऐयाशी नहीं है, न वह हमारे पतन का सुन्दर शब्दों में किया गया गायन ही है। जो जाति अपने पतन को गीतों में गाकर सुखी होती है, वह साहसी विचारों को सँभालने की क्षमता कैसे रखेगी? साहित्य हमारे जीवन की समस्या है। उसमें हमारा सम्पूर्ण जीवन प्रतिबिम्बित होता है। वह जीवन के मीठे क्षणों का संग्रह-मात्र नहीं है।

किसी व्यक्ति की वाणी उसी समय लड़खड़ाने लगती है, जब वह अपनी सारी शक्ति खो चुकता है। किसी राष्ट्र की वाणी भी उसी समय लड़खड़ाती है जब कि सम्पूर्ण राष्ट्र लड़खड़ाने की स्थिति में हो।

अनेक प्राणियों के साथ मानव भी उत्पन्न हुआ। बंकिम बाबू के शब्दों में,

मानव का विकास हुआ, इसलिए उसने ईश्वर की कल्पना मानव के ही रूप में की। यदि सिंह का विकास हुआ होता, वह अपने ईश्वर की कल्पना सिंह के रूप में करता।

एक दिन मनुष्य के मन में एक विचार आया और उसकी बोली से उस विचार को व्यक्त करने वाले स्पष्ट अर्थ निकलने लगे। तभी उसके मन में 'क्यों?' का उदय हुआ और उसका समाधान उसे 'इसलिए' में मिला। इसी 'क्यों?' से आरम्भ होकर 'इसलिए' में समाप्त होने वाली वस्तु का नाम साहित्य है।

आलोचना और सहानुभूति एक ही वस्तु के दो नाम हैं। हम एक सन्तरा खरीदते हैं। उसके बीज और छिलके निकालकर फेंक देते हैं और रस चूस लेते हैं। आलोचक भी यदि हमारे साहित्य के साथ यही व्यवहार करता है, तो कहाँ गलती करता है?

हमारा साहित्यिक—मेरा मतलब भारतीय साहित्यिक से है—अपने उत्तर-दायित्व को नहीं समझता। विश्व के निर्माण में साहित्यिक का बहुत बड़ा हिस्सा है। व्यास और वाल्मीकि-जैसे ऋषि विश्व को विचार-दान करते रहे और यह दुनिया आगे बढ़ती रही।

साहित्यिक तो विश्व का आनन्द-दाता है। उसके रुदन में, हास में, पीड़ा में विश्व को आनन्द मिलता है। लेकिन साहित्यिक यदि उस आनन्द का स्वयं उपभोग करने लगे, तो अपना और अपनी पीढ़ी दोनों का नाश कर बैठता है। लेबोटरेरी में भिन्न-भिन्न चीजों का विश्लेषणकर्त्ता यदि उन वस्तुओं को खाने लगे तो उसकी जो गति होगी, वही ऐसे साहित्यिक की होती है।

हमारे आज के साहित्यिक ने अपने-आपको ऐसा ही बना रखा है। उसने भगवान् को पाया तो नाचने लगा। स्त्री को उसने सिर्फ रमणी-रूप में ही देखना आरम्भ किया। वह भूल ही गया कि स्त्री माँ भी है, पुत्री भी है, बहिन भी है। ऐसे ही साहित्यिक के विषय में दुनिया सोचने को बाध्य होती है कि यह मार डालने लायक पागल कुत्ता तो नहीं है?

मैं मीठे विचारों के खिलाफ नहीं हूँ। मीठे विचार देना 'भी' साहित्यिक का कर्त्तव्य है, लेकिन मीठे विचार देना 'ही' नहीं। हमारे साहित्यिक मिठास को मर्यादा देते हुए साहित्य का निर्माण करें। विकारों का मक्खियों से भिनभिनता कुम्भीपाक नरक न बनायें।

क्या हमारा आज का कवि यह दावा कर सकता है कि गाँव का आदयी उसकी बात समझ लेगा?

आज हमारे राष्ट्र-शरीर का सिर तो शहर में है और धड़ गाँव में। सिर धड़ की परवाह नहीं करता और धड़ सिर को समझ नहीं पाता। ये ही राहु और केतु हमारे देश के दुश्मन हो रहे हैं। ऐसे ही समय, ऐसे महान् साहित्यिक की जरूरत

होती है, जो इन दोनों को मिला दे। अन्यथा शहराती धारणाओं की मिठास, लचक या कटुता से बनने वाले साहित्य के जापानी खिलौनों पर बैठकर कोई जाति कैसे जीवन-यात्रा कर सकती है !

लोग कहते हैं—राष्ट्रभाषा बढ़े कैसे ? उसके मार्ग में उसकी दुश्मन बनकर उर्दू जो बैठी हुई है। लेकिन बात कुछ और है। हम देखते हैं कि हर शासन ने अपने ही देश की भाषा को राजभाषा चुना, लेकिन जब अँगरेजी शासन इस देश में आया तो उसने यहाँ की किसी भाषा को राज्यभाषा नहीं बनाया। उसने अपनी भाषा हम पर जबरदस्ती लादी। नतीजा यह हुआ कि इस देश का कारबार एक सात ससुद्र पार की भाषा में चलने लगा। इसलिए हमारी राष्ट्रभाषा की दुश्मन उर्दू नहीं, तमिल नहीं, मराठी नहीं, गुजराती नहीं। हमारी दुश्मन अँगरेजी है। इसलिए नहीं कि वह अँगरेजों की भाषा है, इसलिए नहीं कि वह ज्ञान से खाली है, किन्तु वह इसलिए कि उसने हमारे राष्ट्र की वाणियों के आसन को खुद हथियाकर, राष्ट्र को अपने ही घर में, अपनी ही दृष्टि में निरुपयोगी बना दिया है। अब हम शासन से माँग करते हैं कि सेण्ट्रल असेम्बली खाली करो, प्रान्तीय असेम्बली खाली करो और वहाँ हमारी भाषा को स्थान दो। हमारा खजाना है, हमारी रेलें हैं—वहाँ हमारी ही भाषा चलेगी।

कुछ लोग भाषा गढ़ने की बात कहते हैं और कुछ भाषा गढ़ने की आवश्यकता नहीं बताते हैं। सबसे आवश्यक बात यह है कि हमारे साहित्यिक जन-सम्पर्क स्थापित करें। साहित्य के नाम पर बहुत थोड़े लोगों का एकत्रित होना भाषा का दिवालियापन नहीं, स्थानीय साहित्यिकों की प्रभावहीनता ही साबित करता है।

प्रचार इस देश की स्वाभाविक परम्परा नहीं है। हमारी परम्परा तो सन्तत्व है। हमारी भाषा को उत्तर-भारत से दक्षिण-भारत तक और दक्षिण-भारत से उत्तर-भारत तक ले जाने वाले सन्त थे, व्यापारी थे और शासक थे। इन्हीं की दी हुई भाषा हमारी आज की राष्ट्रभाषा है।

इस भाषा में हम जबरदस्ती संस्कृत शब्द न ठूँसें, क्योंकि अपने जिन गुणों के कारण संस्कृत स्वयं मरी, उन्हीं को अपनी भाषा में लाकर उसे हम जिन्दा नहीं रख सकेंगे। साथ ही हमें यह भी न भूल जाना चाहिए कि संस्कृत की धातुओं के आधार पर ही हिन्दुस्तान की नौ भाषाएँ बनी हैं।

यह गंगा-जमुना का युक्त प्रान्त और बुद्ध का बिहार। यहाँ तो संस्कृति ने जन्म लिया है, इसलिए यहाँ प्रचार की आवश्यकता नहीं पड़नी चाहिए।

हम भाषा के प्रश्न को देश का महान् प्रश्न समझें, क्योंकि जिनकी भाषा मरी, उनके आदर्श मरे और जिसके आदर्श मरे, वह जाति भी नष्ट हो गयी। धर्म का काम पुरानी भाषा से चल सकता है लेकिन आज के साहित्य को तो व्यास के बल पर नहीं, मैथिलीशरण, प्रसाद, निराला के बल पर जिन्दा रखना पड़ेगा।

भगवान् कृष्ण के नाम को बढ़ाने के लिए यशोदा की गोद थी, इस पर बहस हो सकती है। नन्द यशोदा के थे या न थे, यह प्रश्न विचाराधीन हो सकता है; लेकिन जिस कृष्ण को व्यास ने जन्म दिया, उस पर बहस नहीं हो सकती।

यों तो हर घर में बच्चे पैदा हुए थे लेकिन कलम के धनी ने जिस पर लिख दिया, वह युगों की छाती चीरता हुआ आगे बढ़ गया।

आज का साहित्यिक जब तक आज की समस्याएँ नहीं लिखेगा, तब तक समाज उसके साथ नहीं रह सकता। यह समाज एक समुद्र की तरह है। समुद्र में छोटी-छोटी नावें, स्टीम-बोट, बड़े-बड़े जहाज तैरते रहते हैं। लहरों की मरजी पर वे डूब सकते हैं। चूर-चूर हो सकते हैं, लेकिन समुद्र में ही एक और वस्तु खड़ी रहती है, जिसका सिर लहरों की मरजी पर नहीं झुकता, जो डावाँडोल होना नहीं जानता वह है—प्रकाशस्तम्भ—जो गुमराहों को रास्ता बताता रहता है। समाज अपने साहित्यिक से भी यही आशा करता है कि वह क्षणिक लहरों और परिस्थितियों से ऊपर उठकर बोले।

हमारा एक देवता है। समाज का कोई व्यक्ति उससे नहीं बच सकता। जो बचे वह देशघातक है। ऐसा आदमी हमारे देश में कोई स्थान नहीं पा सकता। वह देवता कौन है? वह है हमारी मातृ-भूमि—हिन्दुस्तान—जो उस देवता पर समर्पित नहीं हो सकता, वह नष्ट कर देने योग्य है। इसी देवता की वाणी हमारी राष्ट्रभाषा है। मेरे अध्यक्ष होने से कोई फायदा नहीं जब तक आप स्वयं न सोचें कि हिन्दी को उन्नत करने के लिए क्या-क्या उपाय करने चाहिए। क्योंकि शक्ति आप में है, मुझे तो संकेत-वहन और संकेत-निर्देश ही करना है। हमारे जो प्रस्ताव जो संकल्प उपयोग में न उतर पायेंगे, वे हम पर, हमारी पीढ़ी के द्वारा उधार होंगे, और हमारा जीवन हमारी पीढ़ी के सम्मुख, मातृ-भाषा के न्यायालयों में दिवालिया घोषित होगा। आइए, हिन्दी-प्रेमियों की संयुक्त शक्ति को मस्तक झुकाकर, हम अपनी कोटि-कोटि कण्ठों की वाणी का अवरुद्ध पथ मुक्त करें। जहाँ तक 'हमारा' शब्द कहा जा सकता हो, वहाँ तक हिन्दी को विजयिनी देखें।

[हिन्दी साहित्य समिति, मुरादाबाद, 1943]

समय के सिर पर तेरा वन्दन : अभिनदन !

आपने मुझे अपनी साहित्य-संस्था सुहृद् संघ के नवें वार्षिकोत्सव का अध्यक्ष चुनकर जो कृपा दिखायी है, उसके लिए मैं आपको धन्यवाद देता हूँ। मेरी सबसे बड़ी शिकायत आपकी संस्था से यह है कि किसी साहित्यिक संस्था में काबुली तकाजे वाले नहीं रखना चाहिए। आपकी संस्था के प्रधान मन्त्री श्रीयुत नीतीश्वर जी ने

मुझे इतना तंग किया कि मुझे मुजफ्फरपुर आना पड़ा और भाषण भी लिखना पड़ा और यह दो शर्तें एक ही साथ मनवायी गयीं। आपकी संस्था में बातचीत करने के समय साहित्य पर मैं क्या कहूँ, समझ में नहीं आता तो भी कहना तो कुछ होगा ही।

आपने कभी सोचा है कि हिन्दी के ग्रन्थों के एक हजार से अधिक के संस्करण क्यों नहीं हो पाते? सच यह है कि जो कुछ हम लिखते हैं, उसके लिखने में ही हमें इतना सन्तोष हो जाता है कि हम इस बात को देखते ही नहीं कि जिनके लिए हमने उनको लिखा था, उनके पास वह पहुँचा या नहीं। जिन्हें केवल आकाश के भाव लिखने हैं वे भूमि का भार ही क्यों बढ़ाये हुए हैं? वे तो मानो भूमि पर रहकर भी स्वर्गवासी हैं और उन्हें साहित्य की गति से नहीं, अपनी कृति से ही सन्तोष हो जाता है। लोक-जीवन की समझ में न आ सकने वाली भाषा में आने वाला सन्तोष, सन्तोष है या रचना? यदि सन्तोष ही उद्देश्य है, तो पुण्यात्माओं को चिर मौन में भी सन्तोष प्राप्त हो सकता है।

युद्ध हो रहा है। राजनीतिज्ञ अनेक उपकरणों को लेकर नया जग बनाने की बात सोच रहा है। पुराना जग टूट न जाये, इसलिए नये जग का झूठा प्रलोभन देकर वह विश्व को बहकाना चाहता है। हर लड़ाई के बाद नया जग बनाने वाले अपने मुनीमों द्वारा अपनी राष्ट्ररूपी दूकान की साख जगत् पर जमाये रखने का प्रयत्न करते रहे हैं। इस नवीन व्यवस्था की बीमारी के कीड़े की तरह विचार फैलाने वालों के प्रधान ऐजेण्ट हुआ करते हैं, हम साहित्यिक। राजनीतिज्ञों के प्रभावों से पराजित हम, अपने रोटीदाताओं के लाभ के पाठों को पुस्तक बनाकर बेचने का रोजगार करने लगते हैं। पृथ्वी के घूमते हुए गोले और लटकते हुए नक्शे पर अपनी स्वयं की दृष्टि न रखकर, यदि साहित्यिक राजनीति के ही हाथ में खेले, तो विश्व को विचार-दान देने वाले साहित्य की उपादेयता को हमें दूरबीन लेकर खोजना पड़ेगा।

साहित्य में कभी निकट से और कभी दूर से दो ध्वनियाँ सुनाई पड़ती हैं। एक स्वर है, 'मैं कभी न बदलूंगा, मैं परिवर्तन पसन्द नहीं करता!' दूसरी आवाज है, 'मैं कालिदास की रमणीयता का अवतार हूँ, मैं क्षण-क्षण बदलूंगा।' क्षण-क्षण बदलने वाली दुनिया का लेखा-जोखा रखकर मानव-सभ्यता ने विश्व में पत्रकार-कला को जन्म दिया। समय से बँधी हुई सूचनाओं, व्यक्तियों, घटनाओं और समय से लाँघे जाने वाले सत्य की तरह हमने विश्व की घटनाओं, वस्तुओं, व्यक्तियों, संस्थाओं, समाजों और संसार के गुप्त और प्रकट भेदों की, मनोविज्ञान से तौलकर तथा सन्निकट स्वार्थ और सुदूर उपादेयता की राजनीतिक धारणाओं से छानकर और मानव-विकास के तत्त्व-चिन्तन का स्वरूप उनमें भरकर विश्व को साहित्य के रूप में प्रदान किया। किन्तु चाहे हम क्षण-क्षण बदलने वाला

साहित्य लिखें या शीघ्र न बदलने वाला, हमें विश्व के और मानव-स्वभाव के स्थायी सत्य को आँख से ओझल नहीं करना होगा।

यथार्थ और आदर्श को हमने रूढ़ि, दुराग्रह, सम्प्रदाय और मूर्खता की सीमा तक नाम लेने और स्वाद लेने की तरह दूर रखा और साहित्य की हर पहुँच को हम आदर्शों के हवाले करते गये। परिणामतः सत्य की उपेक्षा का ऋण हम पर बहुत बढ़ गया। अब उथल-पुथल होते हुए जगत् में सत्य ने ऐसी समस्याएँ हमारे सामने जाग्रत कर दी हैं कि हमें अपने आदर्शों से यह कहना आवश्यक हो गया है कि वे आकाश के नक्षत्रों की तरह हमसे बहुत दूरी पर खड़े होने के बजाय, हमारी नित्य की समस्याओं से न घबड़ायें, न मुँह मोड़ें।

सत्य हमसे कहता है, 'एक गरीब है, जो चूसा जाता है; एक अमीर है जो चूस रहा है।' किन्तु सत्य 'यह ही' नहीं कहता; 'यह भी' कहता है। यह प्रेम के नाम पर मक्खियों को भिनकाने वाली दुर्गन्धित उन्मुक्तता जो हम ले रहे हैं, वह किस गरीब और अमीर का झगड़ा है? यह स्पर्धा में विवेक और ज्ञान के दोनों नेत्र बन्द कर, सड़क पर खड़े कुत्ते की तरह हमने अपनी ध्वनियों से जो आतंक-पूरित और विकारमय कोलाहल उपस्थित कर दिया है, और साहित्य के क्षेत्र में गालियों और विकारों के कुम्भीपाक निर्माण कर जो स्तुत्य पथ हमने ग्रहण कर रखा है, वह किस गरीबी और अमीरी का भेद है? इस क्षेत्र में तो हम गरीब-गरीब भी लड़ते हैं, गरीब-अमीर भी लड़ते हैं और अमीर-अमीर भी लड़ते हैं।

क्या कारण है कि सूर, मीरा, तुलसी, कबीर — इन सन्तों के गीत देश के गाँवों तक पहुँच गये और कोटि-कोटि मानव उन्हें गाकर मस्तक डुलाने लगे; किन्तु हमारे आज के साहित्यिक के बूढ़े होने तक पड़ोस की तहसील तक के आदमी नहीं जानते कि 'यह भी कोई गायक हैं, यह भी कोई कवि हैं।' सत्य तो यह है कि विश्व के साहित्य, विश्व के तीर्थ-स्थल और विश्व के ऐतिहासिक स्थानों पर मानव-धारणाओं की तहें जमी हुई हैं। और ये धारणाएँ अपना बहुत-सा अंश धार्मिक उदाहरणों, व्यवस्थाओं, उपदेशों और निर्णयों से ग्रहण करती आयी हैं। जिस तरह योरोप के साहित्य से ईसाई धारणाएँ हटाना कठिन है, वहाँ नास्तिकवाद के रूप में भी जिन लोगों ने चर्चाएँ कीं, उनमें से कितनी ही चर्चा और रचनाओं में ऐसी योजनाओं, ऐसे कार्यों, ऐसी परम्पराओं, ऐसे व्यवहारों को शुभ बताया है जिन्हें आस्तिक ईसाई समाज ने भी शुभ बताया था। उसी तरह पूर्वी एशिया के देशों के साहित्य में से बुद्ध-धारणाएँ दूर नहीं की जा सकतीं और पश्चिम एशिया में कुस्तुन्तुनिया से कराँची और उसके आगे तक के साहित्य में से मुस्लिम धारणाओं को धोकर नहीं फेंका जा सकता। पश्चिम के लेखक इसीलिए जब विश्व-सत्य और विश्व-धर्मों की आलोचना करते हैं तब वे यह कार्य, समस्त धर्मों की धारणाओं से ऊँचे उठ-कर नहीं करते। वे अपने धर्म की धारणा से अपनी बुद्धि का माप बनाते हैं और

उसी माप से सब धर्मों को माप कर अच्छाई या बुराई का निर्णय देते हैं। इसी प्रकार अन्य धर्मों की धारणाओं का प्रभाव होता है। यदि हमारे साहित्य में भी हमारी सांस्कृतिक धारणाएँ स्पष्ट नहीं हैं तो वे बारीक खयालों के कारण थोड़ी देर सिर भले ही डुलवा लें किन्तु वे मानव-मन पर अधिक दिनों तक नहीं ठहर सकतीं। हम नया जग, नया जमाना बनाते समय, धारणाओं में भारी परिवर्तन किये बिना, केवल बारीक-खयाली के बल पर, केवल उत्तेजना-भरे किसी तौल की और कभी बेतौल की उभाड़ों के बल पर, साहित्य में अनर्थ नहीं कर सकते। और धारणाएँ बनाने में तो हमें पवित्रता के बल बनकर, अपनी ही हड्डियों की नींव पर, नये युग की दुनिया बसानी पड़ेगी। ब्रिटिश शासन ने हमारे देश में आकर पहले सुख-सुविधा और शासन की उच्चता की धारणाएँ बनायीं और अपने कोटि-कोटि प्रचारों और कामों से उन धारणाओं को देश के कोने-कोने में पहुँचा दिया। आज स्वतन्त्रता के विचार फैलाने वालों को उन्हीं धारणाओं से लड़ना है। जो लोग देश में नया युग लाना चाहते हैं, उनमें से चिन्तक उठें, और विश्व की गति-विधि का अर्थदान कराने वाली नयी धारणाओं को जन्म दें, तभी नयी विचार-श्रेणी देश की जनता के द्वारा अपनायी जा सकती है।

साहित्य का भविष्य उसी के हाथ में होता है, जिसके हाथ में देश का भविष्य होता है। देश की स्थिति में समाज की मनोभावना द्वारा बेचैनियों और आवश्यकताओं का जो स्वभाव-दर्शन होगा, हमारे जीवित साहित्य में उसी का प्रतिबिम्ब दिखाई देगा। कभी नयी बात आयेगी; कभी पुरानी बात नया अर्थ लेकर आयेगी। कभी सत्य की सूझ भाषा के प्रकटीकरण का नया पथ लेकर आया करेगी; और कभी उसी सूझ का वैभव रसों की तरंग-मालाओं पर हमारे सामने आयेगा। यदि समाज की उथल-पुथल को व्यक्त न कर सकने वाली ध्वनि हमारी वाणी में आये, तो हम यह जाने रहें कि उसकी उम्र अधिक नहीं है। इसीलिए हम समाज के कोलाहल से क्षण भर अलग रहकर सोचने और लिखने का समय भले माँग लें; किन्तु हम समाज से दूर भागकर एकान्त का मरण खोजने का नाटक न करें।

कुछ लोग कहते हैं कि साहित्य को अपने-आप चलने दिया जाये। साहित्य में नृत्य भी रहे, यह माना जा सकता है; किन्तु यह कैसे मानें कि नृत्य ही रहे? नृत्य कला तो है, किन्तु गति नहीं। यह सम्भव नहीं कि गतिशील समाज केवल नृत्य करने के लिए छोड़ दिया जाये, यानी उसे उद्देश्य-रहित अपने-आप चलने दिया जाये। साहित्य को प्रकाश-दर्शक बनकर गतिदान करना ही होगा।

कभी-कभी बुद्धि के अनाथालय को हम धन की धनिकता से अमीर बनाने की बात सोचते हैं। हम यह भूल जाते हैं कि हमने धन ही के खिलाफ यह शिकायत की थी कि उसने बुद्धि को अपने यहाँ 'रेहन' रखकर उसे क्रान्तिशील नहीं बनने दिया।

जरा कविता को लीजिए। कविता का पहला काम कवि की सनक होना नहीं है; कविता होना है, एक अच्छी कविता होना है। ईंटों का ढेर, पत्थरों का समूह और हमारे आसपास मैदान का कीचमकीच गीला हो जाना, इन सबका एकत्रित नाम भवन-निर्माण नहीं। भवन-निर्माण इसका नाम भी नहीं है कि ईंट, पत्थर और कीच को मनमाने ढंग से टेढ़ा-मेढ़ा रखकर उसमें एक गुफा निकाल लें, जो पहली ही वर्षा की मार न सह सके। हम स्वयं उस गुफा में रहें और सारी पीढ़ी को उसमें आने को आमन्त्रित करने लगें! हम अनेक सहस्राब्दियों के मानव-विकास के अस्तित्व से इनकार नहीं कर सकते। हम अक्षरों, शब्दों, उपमाओं और सूझों को मनमाने ढंग से उलट-पुलट रखकर साहित्य-विश्व की अपनी कठोर पराजयों को और विचारदान के क्षेत्र में प्रकट होने वाले अपने दीवालखोरेपन को न छुपा सकते हैं, न उसे साहित्य ही कहलवा सकते हैं।

कविता को यदि हम उचित वर्णों, उचित भावनाओं, उचित स्वर-गति, उचित मिठास और उचित पुरुषार्थ में नहीं बाँधते तो हम बीते हुए कवियों की मिठास के सम्मुख अपनी पराजय स्वीकार करते हैं, और नये युग की धारणाओं के निश्शंक स्वर-पथिक न होने के कारण सन्त तुकाराम के इस पद के स्वरूप बनते हैं कि :

'मैंने अपनी मौत अपनी आँखों देखी,—'

अथवा यह है कि, हमारा मरण संवत् 1999 है, किन्तु दफनाये जाने या दहन किये जाने का संवत् 2020 या 2040 होगा। हम इतने वर्षों जीवित मृतक रहेंगे!

पीढ़ी में हम लोगों की याद ही नहीं बन पायी, तो भूली हुई याद की तरह हम कैसे याद आयेंगे? डिजाइन बदलने से सत्य नहीं बदलता, माना। किन्तु डिजाइन 'बदलने' से, 'नष्ट करने' से नहीं।

हमारा काव्य, हमारी रचना, स्वयं ही हमारी आलोचना है। हम युग के आलोचकों के क्यों हाथ जोड़ते हैं कि वे हमें जिन्दा रखें? आलोचकों पर युग लिखने का उत्तरदायित्व है, पर वे हमें मनमाना लिखने के लिए खरीदे हुए गुलाम नहीं हैं।

हम तो शहराती साहित्य लिखते हैं। थोड़े-से दिमागी ऐयाशों को ढूँढ़कर, उनकी रसों पर भिनकती या सूझों पर सनकती इच्छाओं के वशीभूत जब उनकी तालियाँ सुन लेते हैं, हम निहाल हो जाते हैं। तब हममें गाँवों और शहरों में एक साथ निवास करने वाले भारतीय मानव के पास अपनी वाणी पहुँचाने की इच्छा भी कब जाग्रत हो? और हो भी तो अपने-आपको दिये गये उज्ज्वल धोखे से बढ़कर उसका मूल्य ही क्या है?

और अमीरी से घृणा करने वाले हम, अमीरी का अनुकरण स्वयं जो करते हैं!

अमीरों के भावों के कवि ने अपना कला-विलास ऐसी मनोभूमि पर किया था जहाँ से कुछ छोड़े-से आदमी उसे समझ लें। विचारों की धनिकता और धन की धनिकता के कुछ ऐयाश मात्र ने उसे सरल मानव के पास नहीं जाने दिया। और आज हम जो लिखने लगे हैं, माना कि वह अमीरों और अमीरी को कोस-कोसकर लिखते हैं, किन्तु लिखा वह ऐसी भाषा में है, जो गरीब और साधारण की समझ में न आ सके। तब समझे न जाने के बाजार में हममें और अमीरों में अन्तर कौन-सा रहा ? हमने सोचा था कि अमीर के यौन-काव्य का गरीब तक न जाना ही अच्छा है। किन्तु यौन काव्य लिखने में हम तो नवाबों को मात करने लगे ! और हमारा क्रान्ति-काव्य भी इतना कठिन है कि जिसे क्रान्ति करनी है, उसी के पास वह नहीं पहुँच पाता। हमें तो आज भी बारीक-खयाली के दोस्तों के मन-बहलाव का साधन बनकर ही अपनी 'युग-देवता' की उपाधि सार्थक कर लेनी पड़ती है।

साहित्य को यह भी पता है कि विश्व में युद्ध हो रहा है ? और चुम्बन और आलिंगन की साँस और उसाँसों में हमें यह भी याद है कि जिस समय हम तरुणी और वारुणी में लवलीन हैं, उसी समय किसी भूमि-खण्ड पर मानव बारूद की ज्वाला-मालाओं में प्राण-दान के खेल खेल रहा है ? जब युगों में बारूद व्याप्त है और रक्त का सरोवर लहरा रहा है; जब एक हुंकार और दूसरी चीत्कार पर युग-स्वर ठहरा हुआ है; तब उस बारूद, उस खून, उस हुंकार, उस चीत्कार से खाली हमारी नवरंगिणी वाणी-वेश्या, युग-वाणी कैसे बन गयी ?

और यह भी क्या हमें याद है कि भारत के तीन तरफ समुद्र लहरा रहा है ? यदि भारत के अखण्ड नरमुण्डों के जागरण को आज का साहित्य कहें, तो हमारी साहित्य-सनक कभी भी साहित्य कहला सकेगी ? जब कि उसमें तरंगों को चीरते जहाजी बेड़े के, तरंगों की मरजी पर डोलती नौका के मल्लाह के और समुद्र की तरंगों के उत्थान और पतन के स्वर सुनाई देते हैं।

चालीस करोड़ हम समाज हैं कि समूह हैं ? हमें पता है कि हमारे पड़ोसी तिब्बत में कौन-सी बोली बोली जाती है और नेपाल में कौन-सी, चीन में कौन-सी और आस-पास के छोटे-मोटे देशों में कौन-सी ? हजारों मील की अँगरेजी के उच्चारण और शब्द-विन्यास में हम कितने पटु हैं ? उस देश की बोली हमें आती है जिस देश में फैलने का भारतीय मानव को अधिकार नहीं। और उन पड़ोसी देशों की सीमा, जलवायु, बोली और वैभव से हम अपरिचित हैं जिनके साथ कदम बढ़ाकर चीन के स्वर मिलाकर हम किसी दिन एशियाई साहित्यिक कहलाने का गर्व कर सकते हैं।

बिहार से पूर्वी एशिया का वैभव बहुत ही निकट है। यहाँ से खड़े होकर अरब समुद्र से लेकर उत्तर चीन तक यदि हम साहित्यिक सपना देख सकें, तो हम

वह साहित्य देश को दे सकते हैं जिसकी उसे युद्धोत्तर जग में कल ही आवश्यकता पड़ने वाली है।

जिनकी मूँछें अभी उगती आ रही हैं और जिनकी भुजाओं का पानी अभी मर नहीं गया, वे कविता के रसीले कुम्भीपाक नरक में क्यों नजर आ रहे हैं ? उनका क्षेत्र है फौलाद के इरादे लेकर एशिया के भिन्न-भिन्न देशों में चेतनामय संकल्पों की ओर कदम बढ़ाना। और अपनी ज्ञान की साधना से विस्तृत और महान् एशिया को समझना और लौटकर इस देश को वह जीवित साहित्य देना जिसे पढ़कर वाल्मीकि की सीता और व्यास के कृष्ण की तरह एक ऐसी पीढ़ी बनती आवे, जो एशिया की अमर पीढ़ी कहला सके ! जो 'महान् रसीला साहित्य' आप लिखते हैं उससे कहीं अच्छा, कहीं उज्ज्वल, कहीं निर्मल लड़कियाँ लिखने लगी हैं। उनसे पराजित होकर भी आपका रस पराजित नहीं होता ?

साहित्य के महामानव, समय के सिर पर तेरा वन्दन और अभिनन्दन होने दे, और सिर पर मँडराते हुए हवाई जहाजों में वह दिन आने दे कि विश्व का ज्ञान और उथल-पुथल की क्षमता लेकर लोक-लोक से तू आता और तू लौटता नजर आये। साढ़े चार करोड़ अँगरेजों की बोली विश्व-भाषा कहलाती है और 14 करोड़ों की इस मातृ-भाषा तथा 22 करोड़ों की इस राष्ट्रभाषा को वर्नाक्यूलर कहा जाता है। इसलिए कि तुझ में और मुझमें वह बल नहीं है कि हम विश्व से अपनी वाणी को वाणी और अपने बल को बल कहला सकें।

कवि-सम्मेलन और ललित साहित्य की तालियों, इण्टर क्लास के रेल-किरायों और रसों के इन अड्डों से यथार्थ साहित्य इतना घबड़ा गया है कि अन्य साहित्यिक की कीर्ति कोई सुनता ही नहीं। विवेकशील दिग्गज भी अपने ग्रन्थों की रचनाएँ चुपचाप कर रहे हैं; मानो छुपकर कोई अपराध कर रहे हों और जिसके लिए जनता की प्रशंसा और पुरस्कार पाने का मानो उन्हें कोई हक न हो।

फिर हम हैं राष्ट्र-भाषा के दिग्गज, किन्तु राष्ट्र के प्रान्तों की भाषाओं और उनके विद्वानों से न हमारी कोई पहचान; न हमारा कोई सम्बन्ध। मानो हम वह वृक्ष हैं जो अपने जीवन का सारा रस अपनी ही जड़ों से ले लेंगे, हमें प्रान्तीय भाषाओं की वायु के सम्पर्क की आवश्यकता ही नहीं होगी।

यही कारण है कि मैथिली, बुन्देलखण्डी, राजस्थानी तथा अन्य कितनी ही भाषाओं के क्षेत्रों में हमारी अकर्मण्यता पर बेचैनी पैदा हो गयी है। और हम हैं कि चुप हैं। मानो उन भाषाओं के शोधों और उनके साहित्यों के प्रति की गयी अपनी उपेक्षाओं को या तो हम उचित समझ रहे हैं; या इतने अयोग्य हैं कि उनकी खोज-खबर नहीं ले सकते।

विद्वत्ता मेरा रोजगार नहीं है, शिथिल गति मेरा स्वभाव नहीं है, गरम आग

से या ठण्डे पानी से मैं तो प्रलय ही होती देखना चाहता हूँ। वह प्रलय रूस से उधार आये, अँग्रेजों के द्वारा भेजा जाये या हिन्दुस्तान के धनिकों के कारखानों में गढ़ा जाये, यह कुछ भी मुझे स्वीकार नहीं।

आपकी और केवल आपकी अंगुलियों पर मेरा विश्वास है। कलम पर उतरे तो, अथवा कलम किया जाये तो---वह सिर तो मेरा और आपका ही होना चाहिए। कौन कहता है कि हम कोटि-कोटि नरमुण्ड अपनी भाषा के 'अक्षर' नहीं और हमारे सम्मिलन से कोई ग्रन्थ नहीं बनता, कोई पन्थ नहीं बनता ?

गीता लेकर सूली परं चढ़ने वाले बच्चे बंगाल ने दिये थे। हम ही हैं कि आज बंगाल को भूखों मरता देख रहे हैं। हमारी उदासीनता क्या कह रही है ? क्या मैं भाई कन्हैयालाल मुन्शी से पूछूं कि बंगाल के भूखों मरते हुए भारत का साहित्य क्या अखण्ड भारत का क्रियात्मक उच्चारण कर रहा है ? क्या हम साहित्यिकों ने कठिन और समझ में न आने वाली वाणियाँ लिखकर देश की समझ, सूझ और जिज्ञासा को भी भूखों नहीं मार रखा है ?

शासन ने 200 वर्षों में 11 फी सदी पढ़े-लिखे दिये, यानी 89 फी सदी मूर्ख ! पर हमने ऐसी भाषा लिखी कि उन 11 फी सदी तक भी हमारी बात नहीं पहुँच पायी। ज्ञान के क्षेत्र में हम जन-जिज्ञासा के लिए शासन से भी अधिक कठिन साबित हुए।

नये साहित्यिक, तरुण साहित्यिक, तरुण चिन्तक ! अब कलम तेरे हाथ है और युग तेरे सामने। जो इतिहास में जी सकते हैं, उन्हें युग में मत खड़ा रहने दे और जो युग पर खड़े हैं, उन्हें आगे बढ़ने के लिए बाध्य कर ! हमारे युग की साहित्य-साधना की पराजय का परिणाम है तेरी आज की प्रतिभाहीनता, तेरी आज की पराधीनता। कल के युग तुझे किस तरह बनाना है, सोच और रास्ता निकाल; भोंडा गर्व न कर कि तू सब-कुछ है। यदि अन्य अंक साथ हैं, तो शून्य भी अंक है; नहीं तो नहीं !

जमीन, हवा, पानी, विज्ञान, तर्क, अर्थशास्त्र, भूगोल, सेना, व्यापार, कृषि, गाथा, खँडहर, जंगल, वीरान, गाँव और शहर, सरोवर, नदी, नद और समुद्र सबके सिर पर तेरी सत्ता चाहिए। सबका पता तेरी वाणी में चाहिए।

भगवान् करें, हम अपनी जीवन-दात्री वाणी का, अपने बल और अपनी बात से अभिषेक और अभिनन्दन करने में सफल हों !

उस दिन हमारे आत्माभिमान की किस्मत का एक बलवान कँगूरा टूट गया—श्रीमती कस्तूरबा गान्धी नहीं रहीं। महात्माजी ने इस देश में जो क्रान्ति की, वह जीवन और वाणी के बल पर। वाणी पर जो आता है, मौन भाषा उसे पहले ही हम में गुनगुना उठती है। राष्ट्र के परम देवता की वही मौन भाषा आज छिन गयी है ! श्री महादेव देसाई को खोकर, वाणी के उस परम तपी ने

अपना दाहिना हाथ खोया था, आज 'वामांग' भी बिछुड़ गया। आगाखाँ-महल के भाग्य में, राष्ट्रीय देवता का केवल बन्दीगृह होना ही नहीं, भारतीयता का शोक-भवन होना भी बदा था। बन्दिनी 'बा' के प्रस्थान से, बन्दीगृह से स्वर्ग तक जो स्वर्ण-रेखा बन गयी है, मानो अभी दूर तक वही भारतीय मानव की कर्तव्य-रेखा है, और उस पर चढ़कर ही देश के 40 कोटि 'देवदास' अपने मातृ-वियोग का पथ अपनी मातृभाषा और मातृ-भूमि में ढूंढ़ सकते हैं। यदि रक्त की काफी बूंदें हम में हों, तो बा के श्राद्ध पर, आँसुओं की बूंदें ढूंढ़ने का प्रयत्न हम क्यों करें? यह क्यों न जाने रहें कि उन्हें बन्दिनी मरना पड़ा!

[सुहृद्-संघ, मुजफ्फरपुर 1944]

मध्यप्रान्त विदर्भप्रान्तीय हिन्दी साहित्य सम्मेलन का उद्घाटन-भाषण

स्वागताध्यक्षा महोदया, मनोनीत सभापति भाई गोविन्ददासजी !

बहिनो तथा भाइयो !

मुझे कल प्रयाग में होना चाहिए था, प्रयाग-विश्वविद्यालय की हीरक जयन्ती में। किन्तु आपकी आज्ञा पर मैं आपके सम्मुख उपस्थित हूँ। मैं अभी भी आपकी लगायी हुई विशेषाज्ञा से दुखी हूँ। मेरी इच्छा थी कि शासन के संचालक अथवा विश्वविद्यालय के संचालक सज्जनों के हाथों आज का उद्घाटन होना चाहिए था। शासन-संचालकों में दो सज्जन—माननीय श्री शुक्लजी (नागपुर-अधिवेशन, 1922) और माननीय श्री मिश्रजी (सागर-अधिवेशन 1931) आपकी आदरणीय संस्था के भूतपूर्व सभापति हैं। माननीय मेहताजी भाषा, व्याकरण, और प्राचीन काव्य—विशेषतः बिहारी—पर मार्ग-प्रदर्शन के योग्य अपने मत रखते हैं। नागपुर-विश्वविद्यालय के दोनों उन्नायक श्रीयुत कुंजीलालजी दुबे तथा विद्वद्वर उमावर मिश्र, इस संस्था का उचित रूप से वन्दन और अभिनन्दन करते। ज्ञान-धन श्री पुराणिकजी, गम्भीरचेता नियोगीजी अथवा अध्ययन-प्रिय श्री केदारजी उपकुलपति होते, तब भी मैं उनके द्वारा इस या ऐसे अधिवेशन का उद्घाटन गौरव की बात समझता। अभी उस दिन इस प्रान्त के गवर्नर महामान्य पकवासा जी ने जबलपुर में एक साहित्यिक समारोह में गौरवपूर्ण भाग लिया था। मुझे गर्व होता, यदि वे इस संस्था का उद्घाटन करते। आपने मुझे पकड़ बुलवाया, संस्थाओं के उद्घाटन का उत्तरदायित्व लेकर, जिसके पास देने को कुछ नहीं है।

---

1. श्री मंगलदास पकवासा

कदाचित् आपने यह सोचा हो कि साहित्य-सृजन के मार्ग में सौ की संख्या को पराजित करने वाले प्रसिद्ध नाटककार और राजनैतिक क्षेत्र के जन-नायक श्रीयुत बाबू गोविन्ददासजी को आपने अध्यक्ष चुन लिया है, अत: मेरी न्यूनताओं की पूर्ति हो जायगी। अस्तु, आपने जो भी सोचा हो, मैं तो इस संस्था का उद्घाटन इसी भावना से करना चाहूँगा कि एक ही लिपि में लिखी जाने के कारण, हिन्दी और मराठी, दो भाषाएँ होकर भी उनका शरीर—लिपि—एक ही है, और उनके निर्माण का प्राण-पथ एक ही जननी, संस्कृत, की साँसों से आ रहा है, अत: बरार का यह अधिवेशन, मराठी के देवमन्दिर की सीमा में, अपनी राष्ट्र-भाषा का सम्मान है। मेरे मन में दूसरा भाव यह रहेगा कि शासन के और संस्था के भाषा-सम्बन्धी आदर्शों में आज कोई भेद नहीं रहा, क्यों न शासन अपने राष्ट्र-भाषा सम्बन्धी संकल्पों और कामों का उत्तरदायित्व इस प्रान्त में इस संस्था को सौंपे ?

राजनीति में हम नारेबाजी अथवा जयघोषों के लिए प्रसिद्ध हैं। स्वाभाविक था कि हमारी यह वृत्ति हमारी ज्ञान-जीवी और चिन्तनशील संस्थाओं में भी आ जाती। किन्तु शासन-सूत्रों के स्वतन्त्र होने के पश्चात् 'जयघोष' अर्थ-हीन हो गये हैं। आन्दोलनों के समस्त आशीर्वादों ने अब शासन और उत्तरदायित्व का रूप ले लिया है। आज का प्रत्येक जयघोष, हमारी क्रियाशीलता पर समझकर 'जयघोष' करे तो एक प्रश्न-चिह्न, और बे-समझी से जै-जैकार करे तो एक आश्चर्य का चिह्न है। 'आत्म-दर्शन' जब 'आत्म-संकीर्तन' में परिणत होने लगता है तब वह हमारे मतचिन्तन, मत-प्रकाशन और मतानुकूल वर्तन की चौमुख ज्ञान-साधना का तपोभंग कर देता है। तिस पर यदि हम ऐसी संस्थाओं का उपयोग प्रभाव-वर्धन या राजनैतिक कारणों से करें, तब तो, वैष्णव धारणा से कहूँ, तो शालिग्राम की शिला से दीवार की कील ठोंकने का उपयोग लेना हो जायगा। यह संस्था, या ऐसी संस्थाएँ, तो एक पवित्र चादर की तरह होती हैं, जो विचारों के जगत् के नग्न, अपाहिज और दरिद्री मानव को, संकल्पों की पूर्ति का वरण ही नहीं, अपने अभावों पर आवरण भी देती है। कबीर की वाणी के द्वारा लगाये गये इल्जाम और दिये गये संकेत से, हम इन संस्थाओं की उपयोगिता समझें। वे कहते हैं—

यह चादर सुर नर मुनि ओढ़ी, ओढ़ि के मैली कीन्हीं।
दास कबीर जतन सों ओढ़ी, ज्यूँ की त्यूँ धरि दीन्हीं।।

क्योंकि कबीर के मत से यह चादर झीनी है। साहित्य-सर्जन का पर्दा इतना जालीदार होता है, कि शिक्षण ने, अपने को, जो नहीं है वह दिखा ले जाने की, और जो है उसका अधिकांश छुपा ले जाने की जो विश्वासघातकतापूर्ण कला सिखा दी है—राजनीति, साहित्य और सर्जन के इस जालीदार पर्दे में से, उसका

रूप छन-छनकर जन-जन के पास पहुँचने लगता, और हमारे अल्पत्व की वह सुगन्धि-दुर्गन्धि अपनी पीढ़ी का विश्वास, सर्जक में से नष्ट करने लगती है। उद्घाटन के मानी तो श्रीगणेश के होते हैं, पूजा को वाणी के, साहित्य के, कोमल तन्तुओं को नत-मस्तक होकर ही, हम सूझों के वे कुछ क्षण, अपनी अंगुलियों पर उतरे-से देख सकते हैं, जिन क्षणों का न पा सकना, हमारे जीवन को ज्ञान का विक्षिप्तालय नहीं तो अनाथालय अवश्य बनाये रखता है। उन लोगों ने, जिनकी वाणी को समय कभी पुरानी नहीं कर पाता, इन्हीं ज्ञान-तन्तुओं को लक्ष्य कर लिखा है—

सूक्ष्माय शुचये तस्मै नमो वाक्तत्त्वतंन्तवे।
विचित्रो यस्य विन्यासो विदधाति जगत्पटम् ॥

सो आइये, जगत् के ज्ञान-पट के बुनने वाली, विचित्र विन्यास और सूक्ष्म तन्तुओं वाली वाणी का हम वन्दन करें, और तब उसके देवमन्दिर में प्रवेश करें।

हमारा यह प्रवेश, इस मन्दिर में, यह बारहवीं बार है। इस बार हम पर खूब उत्तरदायित्व है। और सबसे परम उत्तरदायित्व है, भारतीय संघ की भाषा, राष्ट्रभाषा, हिन्दी घोषित करवा लेने का। हर्ष है, आपके अध्यक्ष राष्ट्र की विधान-सभा के एक कर्मण्य सदस्य हैं तथा नागपुर से अकोला, सम्मेलन आमन्त्रित करके लाने वाले श्री बियाणीजी भी विधान-सभा के सदस्य हैं। आशा है, ये सज्जन, अपने सम्पूर्ण बल से भारतीय विधान-परिषद् में हिन्दी को राष्ट्र-भाषा के रूप में विजयिनी देख सकेंगे।

जब भारतीय संघ की समस्त बोलियों का मूलाधार संस्कृत और उसकी प्राकृत हैं, जब संघ के प्रान्तों में विद्वान् अपने प्राचीन ग्रन्थों को देवनागरी लिपि में लिखा पाते हैं, और देवनागरी से परिचित हैं, जब उर्दू लिपि का सारे 'संघ में' कहीं भी बलवान अस्तित्व नहीं है, जब उर्दू के अरबी शब्दों की व्युत्पत्ति में हमारे व्याकरण और भाषा-शास्त्र की परम्पराओं के बिगड़ जाने का भय है, जब हमारे देश की समस्त प्रान्तीय भाषाओं के ढाँचे 10 फीसदी से 63 फीसदी तक संस्कृत या प्राकृत शब्दों से बने हुए हैं, जब आज भी हमारा लेखक उर्दू लिपि में अपना ज्ञान नहीं लिखता, तब क्यों उर्दू लिपि जबर्दस्ती देश पर लादने की व्यवस्था की जा रही है? अब तो पंजाब, सीमान्त और सिन्ध भारतीय संघ के सूबे भी नहीं रहे, जहाँ शायद सरकारी कर्मचारी बन कर हमारे यहाँ के लोगों को जाना पड़ता. और उर्दू लिपि से काम पड़ता? अब उर्दू लिपि सीखने का बोझ देश पर क्यों डाला जा रहा है? युक्तप्रान्त ने हिन्दी भाषा और देवनागरी लिपि को अपनी राजभाषा घोषित कर उचित मार्गदर्शन किया है। बिहार की झिझक भी अधिक दिन नहीं रहेगी—वहाँ राष्ट्रभाषा हिन्दी और राष्ट्र-लिपि देवनागरी के सिवा और कोई बात न की जा सकेगी। मध्यप्रान्त, मध्यभारत और राजपूताने में तो

इस बात के सपने भी नहीं देखे जा सकते। यों उर्दू किसी प्रान्त की मातृभाषा भी तो नहीं है—सिन्ध में सिन्धी है, बलूचिस्तान और सीमान्त में पश्तो, पंजाब पर गुरुमुखी का आसन है, और बंगाल के पाकिस्तान में बँगला का अधिराज्य। जब स्वयं मुसलिम बहुमत के प्रान्तों में उर्दू मातृभाषा नहीं, तब उसकी लिपि का भारतीय संघ में आग्रह करना प्रजा-सत्ता के युग में एक अजीब डिक्टेटरशिप है। देश की रग-रग में प्रजा-सत्ता बोने वाले हाथ यदि लिपि में डिक्टेटरशिप दिखावें ही, तो प्रजा-सत्ता के हाथों पराजित क्यों न हों? और यह हिन्दुस्तानी, केवल राष्ट्रभाषा हिन्दी के सिर पर कुठाराघात मात्र हो, सो बात नहीं—यह उर्दू के अध्ययन में भी भयंकर संकट है। उर्दू अपने जीवन का रस और रचना का प्राण, अपनी उपमा, अपने अलंकार, अपनी प्रेरणा, अपने संस्कार—सब-कुछ, समस्त रूप में फारसी और अरबी से लेती है। आज हम दाग, गालिब, जौक, इकबाल, अकबर, हसरत और जिन-जिन श्रेष्ठ विद्वानों के 'दीवान' पढ़ते हैं, उनमें संस्कृतजन्य शब्दों के मिलने के बाद, भाषा के प्रवाह और शब्दों के अर्थदान में एक विचित्र रुकावट पैदा हो जाएगी। अतः उर्दू को उर्दू का गौरव नष्ट न होने देने के लिए भी यह आवश्यक है कि उर्दू रहने दिया जाए। उसे हिन्दुस्तानी कहकर न तो किसी को धोखा दिया जाय, न खुद धोखा खाया जाय। यदि पश्चिमी एशिया में हमारे देशवासियों को जाना होगा, तो उन्हें पूरी पश्तो, फारसी और अरबी सीखनी होगी। यह उर्दू लिपि भर सीख लेना किसी काम न आवेगा। उधर लंका, मलाया, बाली आदि देशों की भाषाओं में अभी प्रचुर मात्रा में संस्कृत के शब्द हैं, और शेष पूर्व एशिया के देशों की भाषाओं पर खोजें होनी बाकी हैं, अतः उर्दू लिपि का अतिरिक्त बोझ लाद कर, हमारे देश के बच्चों से व्यर्थ का रक्त-कर वसूल न किया जाय। हाँ, जो लोग उर्दू, फारसी और अरबी पूरी सीखें, उनके लिए हमारे विश्वविद्यालयों में सुविधा रहे, किन्तु वह पूरी उर्दू हो, शीन-काफ से दुरुस्त और उर्दू के ज्ञान-मन्दिर का दिव्य द्वार खोलने वाली। हमारे नेतृत्व के कुछ सनक-पसन्द लोगों ने सम्भव है कुछ थोड़ी-सी उर्दू लिपि सीख ली हो, और कुछ उर्दू शब्द उन्हें आने भी लगे हों, किन्तु ईश्वर के लिए वे अपनी 'भाषा न जान सकने' की अक्षमता को क्षमता का नाम न दें। वे यह न कहें कि वे उर्दू या हिन्दी दोनों में से किसी भाषा पर अपना 'अन्तिम मत' रखते हैं। राजनैतिक शस्त्रागारों में वे सब-कुछ ढालें, वाणी न ढालें। वाणी का काम पृथ्वी भर में विशेषज्ञों को सौंपा गया है। वही यहाँ भी होने दें। तिस पर देवनागरी लिपि में चाहे जो शोध और संस्कार आप करें, किन्तु दो बातें मानकर। एक तो यह कि इस देश में इसे कोटि-कोटि व्यक्ति जानते हैं, और दूसरा यह कि वह वैज्ञानिक ढंग से परिपूर्ण लिपि है। मुझे आशा है कि आप सन्देह-रहित शब्दों में व्यक्त करेंगे कि भाषा या तो हिन्दी है, या उर्दू। हिन्दुस्तानी भाषा नाम की

कोई वस्तु नहीं है। यदि वह कुछ होगी, तो वह पाकिस्तान में उर्दू है, और भारतीय संघ में हिन्दी। उर्दू को तो पूरा पाकिस्तान भी नहीं मान रहा। अभी-अभी पूर्व बंगाल के पाकिस्तान ने तय किया है कि राज-भाषा बँगला रहेगी, उर्दू नहीं। कुछ शहरातियों को छोड़कर—जिनमें भेद डालने का उद्योग पुराने शासन ने डेढ़-सौ बरस किया—इस प्रान्त के गाँवों के मुसलमान तो आज भी उर्दू नहीं जानते। वे सीधी-सादी हिन्दी बोलते हैं। उसे ही समझते हैं। वे उर्दू तभी जान पाते हैं, जब उसे नियमपूर्वक पढ़ लेते हैं।

नागपुर-विश्वविद्यालय ने तय किया है कि उसकी पढ़ाई की कार्यवाही मराठी में होगी। मैं इस बात से प्रसन्न हुआ; किन्तु अन्य भाषा-भाषियों पर ज्ञान के क्षेत्र में जबर्दस्ती कैसे चलेगी ? मराठी जिलों में हिन्दी-भाषियों और हिन्दी विद्यार्थियों की तादाद कम तो नहीं है। अतः मेरा निवेदन है कि भाषा के क्षेत्र में 'हाथ उठाने' के बल पर निर्णय करने के बजाय हृदय मिलाने के बल पर निर्णय होने चाहिए।

हम अपनी शालाओं और महाविद्यालयों के माध्यम देशी भाषाएँ कर दें, किन्तु अँग्रेजी भाषा के उचित शिक्षण के साथ अधिक छेड़छाड़ न करें। ब्रिटिश राज की प्रभुता बनकर रहने वाली अँग्रेजी का हमने विरोध किया, किन्तु विश्व के ज्ञान के हमारे घर आने का द्वार बनकर रहने वाली तथा इंगलैंड, अमरीका महाद्वीप, कनाडा, अफ्रीका, बर्मा, सीलोन तथा अन्य अन्तर्राष्ट्रीय क्षेत्रों में विश्व के ज्ञान-मन्दिरों से परिचय रखने वाली, तथा हमारे सामन्तों, योद्धाओं, व्यापारियों, राजनीतिज्ञों और ज्ञान-यात्रियों का विश्व में ज्ञान-नेत्र बन सकने वाली, आज की प्राप्त अँग्रेजी को, हम अप्राप्त अवस्था में न पहुँचा दें। बल्कि हमा विश्वविद्यालयों में चीनी, नेपाली, जापानी, रूसी आदि भाषाओं का अध्ययन शुरू किया जाए, हमारे विद्यार्थी बृहत्तर भारत के पड़ोसी देशों की भाषाएँ चाव से सीखें, और प्रतिवर्ष उन देशों में पहुँचने का प्रण ठानें। हम नर्मदा, ताप्ती, महानदी और गोदावरी की बानी पर यह कलंक न आने दें कि हमारे तरुण, मल्लाह, सेनानी, व्यापारी, विद्वान् शोधक और कर्मशील बनकर, सीमोल्लंघन करना नहीं जानते, नहीं कर सकते

ॐ के अक्षर को हम प्रणव-मन्त्र कहते हैं। आज का हमारा यह प्रणव अक्षर है, मध्यप्रान्त में डा० रघुवीर, जो राष्ट्र-भाषा में पारिभाषिक शब्दों का निर्माण कर रहे हैं, यह संस्था उनके प्रयत्नों का गौरव करे, उन्हें सहारा दे। भाषा के खँडहरों में खोज करने वाले को हम अपनी यादों के देश में खँडहर बनाकर उपेक्षित न कर दें। उनकी इस बात में परम सत्य है कि लंका की भाषा में संस्कृत का भारी हिस्सा है। उनका यह कथन भी सत्य है कि अँग्रेजी के छोटे पारिभाषिक शब्दों से काम न चलाकर जापान ने अपने निज के बड़े शब्दों द्वारा अर्थ व्यक्त

करके विश्व के ज्ञान और आविष्कारों को अपना बना लिया। वे भी शब्द-निर्माण में यही पथ लें। हर्ष है, युक्तप्रान्तीय सरकार ने भी इस कार्य के लिए एक कमेटी बनाई है, और बिहार सरकार किसी रूप में इस कार्य में पहले से संलग्न है। मेरा निवेदन है, डा० रघुवीर और प्रान्तीय सरकार तीनों प्रान्तों में सामंजस्य स्थापित करें, जिससे इस कार्य की गति बढ़ सके और शब्दों के चयन की सर्व-सम्पन्नता का पथ अधिक प्रशस्त हो।

हमारी पीढ़ियाँ जानें कि किसी भी मन्दिर के उद्‌घाटन का अर्थ, कुछ संस्कारों का जागरण है। अतः प्रथम हम दिवंगतों को अपनी पूजा के फूल चढ़ावें। हमने जबलपुर की तीर्थ-यात्रा पूज्यपाद गुरुजी[1] के रहते-रहते की हो या न की हो, किन्तु अब अनुभव करें कि उन्हें खोकर हमने कितना खो दिया। साथ ही मराठी के ही नहीं, ज्ञान के प्रतिभापूर्ण अग्रणी श्री० नरसिंह चिंतामणि केलकरजी के प्रति हम अपनी श्रद्धा व्यक्त करें। विश्वकवि रवि ठाकुर के बाद ज्ञान की साधना में, इस देश में मैं केलकरजी का स्थान मानता हूँ। उनकी-सी सर्वतोमुखी प्रतिभा के व्यक्ति देश में बार-बार पैदा नहीं हुआ करते। दूसरा ध्यान हमारा उन लोगों की ओर जाना चाहिए, जिन्होंने साहित्य को आज के स्थान पर पहुँचा दिया— उन बूढ़ों की ओर। तीसरा ध्यान हमारा उनकी ओर जावे जो दारिद्र्य के कारण अपनी प्रतिभा के पंखों की फड़फड़ाहट से दिङ्मंडल में परम संचार कर सब लोकों को आलोकित नहीं कर पाते। मेरी चौथी पूजा उन गरीबों और अपाहिजों को है जिनकी वेदना कोटि-कोटि जनता के पास पहुँचकर भी अनपहुँची रह गई है। पाँचवीं पूजा हमारी उनके चरणों पर पहुँचे जो बीमार हैं और हमारी श्रद्धा, सहायता, सहानुभूति और हमारे स्नेह की पूजा, समय से पहले उनके पास पहुँचे। छठवाँ ध्यान हमारा उनकी ओर पहुँचे जिन्हें शासन में या शासन से बाहर हमने कार्य-संचालन सौंपे हैं, और हमारी रचनाओं से जिनका मस्तक ऊँचा उठने से, समस्त देश का मस्तक ऊँचा उठता है। सातवाँ ध्यान हमारा उनकी ओर जावे, जो औरों की इच्छा से आज जेल और सूलियों पर नहीं हैं, किन्तु देश की आन पर आज सिपाहियों का बाना लिये, कभी काश्मीर पर और कभी कहीं, खून से लथपथ, राष्ट्र के विजय और रक्षा के रथ-पथ आगे बढ़ाये चले जा रहे हैं। आठवीं पूजा हमारी यह हो कि राष्ट्रनिर्माण की वसुन्धरा बनाता हुआ हमारा श्रमजीवी साहित्य में से अपने लिए स्पन्दन, सेहत, श्रम की महत्ता और स्नेह के स्वर और गान पा सके। नवीं पूजा हमारी यह हो कि शहरों ने जिन्हें उजाड़ दिया और विदेशी शासन की कूटनीति ने हरे-भरे खेतों और खलियानों के जिन स्वामियों को जीते-जी, साँसों

---

1. आ० कामताप्रसाद गुरु

वाली लाख बनाकर अपाहिज कर दिया, वे स्पष्ट भाषा में गीतों, कहानियों और रचनाओं में, स्वतन्त्र शासन द्वारा दिये जाने वाले प्राण का वह अर्थ पा सकें जिसे पाकर वे हमारी शस्य मातृभूमि श्यामला के पुनः सच्चे कृषक और यथार्थ में अन्न दाता होंगे। दसवीं पूजा हमारी उस पीढ़ी के पास पहुँचे जिसका प्रतिनिधित्व और नेतृत्व, ज्ञान, पुरुषार्थ और काव्य की देवता श्रीमती सुभद्रा कुमारी चौहान, श्रीमती विमलाबाई देशपाण्डे, श्रीमती दुर्गाताई जोशी, श्रीमती अनसूया बाई काले, श्रीमती राधादेवी गोयनका आदि इन जैसी देवियों के हाथों में है। जो माता भी हैं, निर्माता भी—और जिनके आशीर्वादों, गोदों और साधनों पर कल आने वाला जगत् नन्हा-सा शिशु बनकर नई पीढ़ी का स्वप्न बनता है और फिर समय की किरणों पर चढ़कर स्वयं स्वप्नदर्शी तथा सूर्य और चन्द्र का रथ-संचालक बनता है। और हमारा ग्यारहवाँ वन्दन उस मातृभूमि को हो जिसमें बापू का पुण्य-संकेत, कोटि-कोटि अर्थदान कर रहा हो और जवाहर जिनके प्रणव-मंत्र का पुण्य अक्षर है। किन्तु भारत का पुण्य बल बनकर और विश्व का संकेतवाहक बनकर जिस देश का तारुण्य भविष्य के देश के निर्माण के स्वप्न लेकर प्रतिक्षण झगड़ रहा हो, विद्रोह कर रहा हो कि कल का भारत भविष्य में अनुपम दीख सके।

आप यह कभी न भूलें कि शासन या प्रान्त अलग होने से राष्ट्रभाषा के अथवा हिन्दी जगत् के टुकड़े नहीं हो जाते। जहाँ तक हिन्दी जगत् में राष्ट्रभाषा के बलवान होने का प्रश्न है, आप प्रत्येक क्षण अनुभव करें कि समस्त हिन्दी जगत् में इस बल, विश्वास, अभिमान और अपने समस्त को खतरे में डालने का सम्मिलित नाम पुरुषोत्तमदास टण्डन है।

देश का हो या न हो, किन्तु साहित्य का दैवत बन-माली भी होता है और मुण्डमाली भी। पद्य और गद्य के बीच की, स्वर और अर्थ की, ध्वनि और अवरोह के बीच की, संगीत और हुंकार के बीच की, नृत्य और गति के बीच की, रंग और कूँची के बीच की, और राग और रक्त के बीच की, वनमाला और मुण्डमाला ही तो नियोजक रेखा है। आइये, हम वनमाली की बाँसुरी का स्वर सुनकर मोहित हों। हम मुण्डमाली के ताण्डव को कलम पर उतारकर जगत् को बतायें कि हमारे नगाधिराज हिमालय, हमारे अरावली, हमारे विन्ध्या और सतपुड़ा, हमारे सह्याद्रि और नीलगिरि तथा हमारा वह हिन्दूकुश और वह कराकोरम, अपनी ऊँचाई से देश के तीन तरफ लहराते हुए हिन्द महासागर की गहराई का पता दे रहे हैं। एक आँग्ल कवि के शब्दों में नवीन भारत से अपनी वाणी में कहो—

Through Fair Air And water
Thy Trial Must Be
And Those Who Love Life Best
Die Gladly For Thee

जल-थल-नभ आगी उगलेंगे, होगी जाँच कठोर।
माँ का हो अभिमान कि उसके बच्चे तीस करोर ॥
हिम से ढके उच्च शिखरों की लाज तुम्हारे हाथ।
गंगा, जमुना और नर्मदा, हो मत जायँ अनाथ ॥
जो देहली की देहली पर हों कोटि-कोटि सिर आज।
कोटि-कोटि युग विजयी होवे, यह भाषा, यह राज ॥

इन शब्दों में, आज की सभा के नायक और आप सब सज्जनों को द्वार-प्रवेश का अधिकार देते हुए मैं इस समारोह का उद्घाटन करता हूँ।

(अकोला, 13.12.47)

33वां वार्षिकोत्सव
श्री मध्यभारत हिन्दी साहित्य समिति

हिन्दी के राष्ट्र-भाषा बनने में अब कोई सन्देह नहीं है। राष्ट्रभाषा सम्मेलनों एवं संस्थाओं द्वारा निर्मित नहीं होती। राष्ट्र की वाणी तो उन संतों और भक्तों की वीणा से झंकृत होती है जो नंगे पैर कफनी धारण किये हुए देश के इस कोने से उस कोने तक विचरा करते हैं। राष्ट्र की भाषा तो वह है जो कबीर, दादू, तुलसी, सूर, मीरा, नामदेव आदि संतों के मुख से प्रवाहित हुई है। इनकी वाणी को आज साम्राज्यवादी कौन कह सकता है ? इनकी वाणी में यदि हम हिन्दी का आग्रह आज करते हैं तो उसमें साम्राज्यवाद की बू कहीं नहीं है।

वर्तमान जगत् पूँजीवाद को समूल नष्ट करने पर आतुरता से कटिबद्ध है। उसका एक गौण कारण तो यह है पूँजीपतियों ने धनोपार्जन एवं धनोपभोग के नशे में स्वार्थ-सिद्धि के मार्ग का अवलंबन किया। उसे इतना निष्ठुर, अमानुषिक, अकल्याणकारी एवं सामान्य मानव की प्रगति का अवरोधक सिद्ध किया। फलस्वरूप भौतिकता के पुजारी द्वेषाग्नि में प्रज्वलित होकर धन-धान्य को ही भाग्य का निर्माता, आनन्द का दाता, क्षणिक इच्छा एवं दुःख का त्राता जानकर—उसकी मृग-तृष्णा में ही कल्याण, आत्म-लाभ एवं मोक्ष का दर्शन करने लगे। मानवात्मा यह अत्याचार कब तक सहन कर सकती थी ! उसने इसका विरोध किया तथा उस पर विजय प्राप्त की। वह विजय भी कलात्मक रूप से, सत्य-निर्माण के उद्देश्य से, अपने साधन और साध्य का सामंजस्य रखते हुए जिस कलाकार ने प्राप्त की है, उस कलाकार को दुनिया मोहनदास करमचंद गांधी कहती है। कल तक भारत एक विगत मोहन की सम्मोहक तान में झूमता हुआ, लौकिक दुःखों को

भूलता हुआ, एक छाया में ही जीवन का चरमोत्कर्ष समझता हुआ चला जा रहा था, किन्तु आज उसने एक मोहन पाया जिसकी बाँसुरी में शिव का तांडव नृत्य है, सरस्वती की वरद वीणा की झंकार है और परमानंद के सौन्दर्य की एक सम्मोहिनी झाँकी है, जिसमें शील का मधुर हास खेल रहा है, जिसमें देव-दानव दोनों की आत्माओं को झकझोरने की शक्ति है और जिसमें संतोष की पूर्णाभिव्यक्ति भी है। यह श्रेष्ठ कलाकार राष्ट्र का निर्माता है और राष्ट्र-चेतना का प्राण और प्रतीक है।

कलाकार वर्तमान की भूमि पर अपने जीवन-धनुष को रखता है जिस पर श्वासों और चिन्तन का तीर है और जो बुद्धि-रज्जु से नियंत्रित है, वह उसमें ज्ञान, विज्ञान, गरिमा और अनुभव भरकर उसे शक्तिशाली बनाता है और फिर पीछे को खींचकर अर्थात् अतीत का अध्ययन, अतीत की सभ्यता और संस्कृति से एकात्मक कर, बल संचय कर उसे छोड़ता है जिससे उसका तीर भविष्य में दूर से दूर तक लक्ष्य-भेद करता है। अतीत काल से यह कला का पंछी काल की छाती को चीरता हुआ चला आ रहा है, इस प्रयास में विसर्जित होता है केवल कलाकार का भौतिक शरीर। कला स्वयं अनन्त है—अमर है—केवल इतना ही नहीं, कला स्वयं में इतनी अनुपम शक्ति है कि उसके द्वारा 'पागल' भी साहित्य का प्राण बन जाता है। वह प्रेमचन्द की ही कला थी जिसने 'रंगभूमि' के प्रमुख पात्र सूरदास को अमर कर दिया, जिससे कई आँख वाले भी अपनी-अपनी आँखें खोलेंगे। यह है कला की अमर शक्ति, कला की निर्माण-शक्ति! ईश्वर का, स्वयं का विश्वास कला में है। वह उसकी निर्माण-शक्ति में है—वह चित्रकार की तूलिका में, शिल्पकार की टाँकनी में, कृषक के हल में विद्यमान है—तूलिका के मधुरतम स्वर में और शिल्पकार की 'कट-कट' में निनादित है। शिल्पकार द्वारा विनिर्मित बुद्ध भगवान् की मूर्ति में कला का प्राण उसके सुव्यवस्थित और सुगठित आकार-प्रकार में ही नहीं, वरन् उसकी मुख-सुशोभित भाव-सौम्यता के अमर आकर्षण में है—जिसका प्रभाव बुद्ध के दर्शन से भी अधिक मोहक है। यहीं कलाकारकी कला का प्राण अनुप्राणित है, अनुरंजित है। आकर्षण और समवेदना जिनका गारा-मिट्टी और कंकर है, ईश्वर में विश्वास जिसकी नींव है, मानव-कल्याण जिसका स्वर्ण-कलश है। वह एकत्व का प्राण है—विभाजन की दीवार नहीं, जो केवल प्राकृतिक विभागों पर—धर्म, रंग और जाति-भेद पर अवलम्बित हो, जो हजारों बच्चों को अनाथ, नारियों को विधवा, माताओं को निःसंतान कर दे। इस भारतीय कलान्तर्गत राष्ट्रीयता का आदि-अन्त सत्य-शिव-सुन्दर से अनुप्राणित है, सम्बन्धित है। कलाकारों को और कला-प्रेमियों को इस महान् सौन्दर्यशाली भव्य भवन को बनाने की आज चुनौती है!

[जनवरी 1948]

इकसठवीं वर्षगाँठ पर

बरार-प्रान्तीय हिन्दी साहित्य सम्मेलन ने जो आमन्त्रण मुझे दिया, उसके लिए मैं आपका आभारी हूँ। मैं आपसे क्या कहूँ, मुझे तो उर्दू के बहुत-से शायरों की याद आ जाती है। जब आप तरह-तरह की चर्चा करते हैं तो बताइये, कहाँ छिपूँ।

इस तरह आज बड़े संकट का समय मेरे लिए उपस्थित है। श्रीमती राधादेवी गोइनका ने, श्री प्रभुदयाल जी अग्निहोत्री ने, श्री प्रयागदत्त जी शुक्ल ने और भाई मेहता जी ने क्या-क्या नहीं कह डाला ! तीस वर्ष पहले जब इसी तरह का एक संकट मेरे ऊपर आया तो मुझे वह दिन याद है, राजद्रोह का कैदी जबलपुर जेल से छूटा था। यह 4 मार्च 1922 की बात है। बड़ा-सा समूह मुझे ले चला था। भाई गोविन्ददासजी उस समारोह के नायक थे। राजा गोकुलदासजी की सजी हुई गाड़ी में चार घोड़े जुते हुए थे और बाबू गोविन्ददास जी कार्यकर्त्ताओं के साथ मुझे लेकर जा रहे थे। जनता में जाना था, सन्देश सुनाना था और जाने क्या-क्या करना था।

बाबू गोविन्ददास जी के साथ गाड़ी में बैठे-बैठे मुझे सूझा कि अँगरेजों के जेलखाने से निकला तो राष्ट्रीयता और मित्रों के जेलखाने में आ गया। और भाई गोविन्ददास जी तो जेल के सुपरिण्टेण्डेण्ट ही दिखाई देते थे। जेल के दरवाजे पर जेलवालों ने मुझे वे चिट्ठियाँ दीं, महीनों-पुरानी, जो कैदी के नाते मुझे नहीं दी थीं। मैंने फटे हुए उलटे लिफाफों पर कुछ लिखना शुरू किया था। जो लिखा था, चार मार्च 1922 को, जबलपुर में सुनाया था। और 14 अप्रैल 1950 को आपको भी सुनाऊँ, ऐसा ही कुछ कठिन प्रसंग उपस्थित दीखता है। मैंने लिखा था उस सारे स्वागत-समारोह और मुझे बन्दी करके ले जाने के दृश्य को यह मानकर कि अँगरेजों का जेलखाना बाहर का ज्यों-का-त्यों जेलखाना बन गया है। पंक्तियाँ ये थीं :

ये जयति-जय घोष के काँटे गड़े,
लोटने ये हार सर्पों-से लगे।
छोड़कर आदर्श 'देव-उपासना'
बन्धु, तुम किस तुच्छ-पूजा को जगे !
बँध चली ममता कसी जंजीर-सी
यह परिस्थिति का 'गुनहखाना'[1] बना।
घिरे चले आत्मीय, मैं बेबस हुआ
स्नेह भरे प्रहार, दीवाना बना !

---

1. सालिटेरी सेल को जेल में 'गुनहखाना' कहते हैं।

कठिन शिष्टाचार का लंगर लगा
मोह कैसा है कि ताला पड़ चला।
वासना के सन्तरी दल का सबल
दो दृगों के द्वार पहरा पड़ चला !
था वहाँ 'सन', अब सदैव विकर्म की
कह रहे हैं, रस्सियाँ बुनने लगो ![1]
थी छटाँकें चार, अब मन-भर हुए
हृदय कहता है कि सिर धुनने लगो !
दूर था, जो और भी सौ कोस पर,
हाय, वह आराध्य जीवन-धन हुआ !
छोड़ दो मुझको, दया होगी बड़ी
मुक्ति क्या, यह तो महाबन्धन हुआ !

सो तीस, वर्ष पुरानी वाणी में फिर से यही कहने को जी चाहता है। भारत की वाणी में कहूँ तो :

कै तुम जानहु मोर हित, कै आपन बड़ काज।

मेरी इकसठवीं वर्षगाँठ मनाकर आप मेरा सम्मान कर रहे हैं या अपनी इच्छाओं का? आपने भाई मेहताजी को अध्यक्ष बनाया। मध्यप्रान्तीय सरकार के उद्योग-मन्त्री अध्यक्ष हों, इससे आपको प्रसन्नता होना स्वाभाविक है, किन्तु मुझे इनके साथ की अनेक पुरानी घटनाओं में से एक याद आती है।

सन् 1932 की जनवरी में मैं श्रीयुत स्वर्गीय गंगाधर रावजी, श्री खण्डे और भाई मणिकलाल जी कोचर के साथ नवीन प्रान्त महाकोशल की प्रथम कांग्रेस कमेटियों के निर्माण के लिए सिवनी गया था। मेहताजी वहाँ वकालत करते थे और सर्वश्रेष्ठ वकीलों में थे। यह भी सुना कि उस समय के जूडीशियल कमिश्नर बनाये जाने वाले व्यक्तियों की फेहरिस्त में कभी-कभी एक नाम श्री मेहताजी का लिया जाता था। फिर मेहताजी मिले, फरवरी 1921 में। महात्मा गांधी ने महाकोशल का दौरा प्रारम्भ किया। मैं वर्धा गया, महात्मा जी को लेकर जबलपुर आया। स्वर्गीय भाई जमनालाल जी बजाज महात्माजी के दौरे की सफलता में नायक की तरह साथ थे, और स्वर्गीय महादेव भाई देसाई शब्द-शब्द को लिखने के लिए। नागपुर से राष्ट्रनायक का दल जब चला, तो सिवनी में मैंने मेहताजी के यहाँ सबके ठहरने की व्यवस्था की।

---

1. जेल में चतुर्वेदी जी को सन की बारीक ट्वाइन, यानी सुतली, बनाने के लिए कहा गया था, जो वजन में चार छटाँक हो। वह सुतली सींने के काम में लायी जाती थी और दिन-भर में चार छटाँक बनना बहुत होता था।

सिवनी से आगे जबलपुर की ओर चलने के पश्चात् मुझसे कैफियत ली गयी मोटर ही में, कि मेहताजी ने वकालत नहीं छोड़ी है अतः उनके यहाँ महात्माजी को क्यों ठहराया गया ? मेरा निवेदन था कि आन्दोलन अभी शुरू ही हुआ है। मेरा विश्वास है कि मेहताजी अपने सब आवरण फेंकेंगे, वे अपने को असहयोग की बाजी पर चढ़ाए बिना न रहेंगे। किन्तु मित्रों को इससे सन्तोष न हुआ, और मैं चुपचाप रह गया। 13 मई 1921 में मैं गिरफ्तार हो गया और बिलासपुर में सजा हो गयी। दिसम्बर 1921 में मेहताजी का एक कार्ड मुझे मिला। लिखा था, "महात्माजी को मेरे यहाँ ठहराने पर आपको झाड़ें सहनी पड़ीं, यह मुझे अभी-अभी मालूम हुआ। मैं इस कार्ड के द्वारा आपको सूचित करता हूँ कि मैंने वकालत और उससे सम्बन्धित सारी आकांक्षाएँ छोड़ दी हैं, पुराने वस्त्रों का परित्याग कर दिया है और सम्पूर्णतः कांग्रेस के कार्य में उतर आया हूँ। मुझे नहीं मालूम था कि मेरे एक मित्र को मेरे कारण अपमानित होना पड़ा। यदि मुझे महात्माजी की प्रतिज्ञा का पता होता तो उनके ठहरने की अपने बँगले के बाहर ही व्यवस्था करता। भाई माखनलाल जी, अब तो गहरे पानी में उतर आया हूँ, विश्वास करो, इस पथ से अब लौटना मेरे लिए सम्भव नहीं है। अब मेरे कारण तुम्हें कभी अपमानित नहीं होना पड़ेगा।" पत्र पर पता लिखा था : माखनलाल चतुर्वेदी, कैदी धारा 124 ए और 20 बी, पोलिटिकल प्रिजनर, डिस्ट्रिक्ट जेल, बिलासपुर।

सो उन मेहताजी को आपने आज का अध्यक्ष चुना है। इनने शपथ ली थी कि ये मुझे कभी अपमानित न होने देंगे और वे ही आज घेरकर मालाएँ चढ़वाने बैठे हुए हैं !

यों मुझसे तो हानि भी हुई है। वहीं जेल में उन्हीं दिनों (1921 में) हिन्दी के मधुर और गौरवशील कवि पूज्य सैयद अमीर अली 'मीर' ने धर्मजगगढ़ राज्य के दीवान होते हुए सजा होने पर मुझे बधाई भेज दी थी, और राज्य की दीवानी से हटाये जाकर उन्हें एक बीड़ी के कारखाने में साधारण-सी मैनेजरी अपने मरण समय तक करनी पड़ी थी। सो यह मालाओं का मेला हारों का ही जैसे ढेर हो गया है। ये मालाएँ मेरी हार की प्रतीक हैं !

बड़ों से मैं आशीर्वाद चाहता हूँ, छोटों को मैं आशीर्वाद देना चाहता हूँ और इस समस्त समारोह में मैं ईमानदारी से ये अनुभव कर रहा हूँ कि ये पुष्प साहित्य पर भले चढ़ रहे हों, मुझ पर बिलकुल नहीं चढ़ रहे हैं। उन सुहृद् जनों पर भले चढ़ रहे हों, जिनका आशीर्वाद मुझे प्राप्त है और जिनकी प्रेरणा मुझे मिलती रही है। उन्हीं के चरणों पर ये पुष्प हैं। मेरा वास्ता इन पुष्पों से बहुत कम है ! समाज और स्नेहियों के ये पुष्प मुझ पर नहीं, मेरे द्वारा साहित्य पर और गुरु-जनों पर पहुँच रहे हैं। ये पुष्प उन तरुणों पर चढ़ रहे हैं जिनकी उमंगों की दुनिया हरी है,

जो मस्तक का पानी लेखनी पर उतारते हैं या राष्ट्र और मानवता से संकेतों पर मस्तक उतारकर रख देने वालों की दुनिया बनाते आये हैं।

मैंने साहित्य की सेवा की? मैंने कौन-सी सेवा की? अपनी उमंगों की लाचारियों में 'तड़प उठना' इसने मुझे सेवा के अहसानों से लाद दिया। मैं लिखे बिना रह ही नहीं सकता था अतः लिखता गया और जो छप गया है उससे अधिक बिना छपा जो कूड़ा-कर्कट पड़ा है, वह क्या तिथियों-बँधा इतिहास है? घटनाओं-बँधा जन-जीवन है? परिस्थितियों-बँधा आविष्कार है? शोधों-बँधा अनन्त भूत-काल है? जी नहीं, यह सब-कुछ नहीं; ये युग की लाचारियाँ हैं जो रीझ उठीं तो स्नेह और समर्पण कहला गयीं और खीझ उठीं तो विद्रोह कहला उठीं! विकारों के संस्कार! जब तक जन-जीवन नियन्त्रणकारी साहित्य बनते रहेंगे और जब तक उनमें आकृति, मानव-प्रकृति और मानव-सूझें ज्यों-की-त्यों उतरती रहेंगी, तब तक अपनी सूरत पद आप फिदा होने वाले प्रेमी की तरह मानव, कला और साहित्यकार ठगा रहेगा, बिका रहेगा। अस्पष्ट को पूजने की इसी भावना के भ्रम से यदि आप मुझ पर पुष्प उठाकर ले दौड़े, तो प्रभु, आप यह मेरा अपराध न मानिए।

साहित्य-सेवा? कला का बड़ा अटपटा स्वभाव है। मूर्ति और चित्र को देखिये, ऐसी भाषा में लिखे हैं कि दुनिया के किसी कोने में उन्हें भेजिए, सभी पढ़ लेंगे! चित्र में आया हुआ बछड़ा और मूर्ति पर उतरी हुई करुणा-विह्वल नारी, किसी देश में ले जाइये, सब पढ़ लेंगे, सब समझ लेंगे।

संगीत और नृत्य को लीजिए, काव्य का वह क्रियाओं पर उतरना, रस, संयम और सूझ की त्रिवेणी का गालों पर, भुजाओं पर, चरणों पर, लीला और लहर के साथ संगीत की मात्राओं में घुलकर ताल की तरंगों पर यों उतर पड़ना! बस, देखिए कि जिस देश के संगीत पर नृत्य और गान उतरा है, उस देश की सीमा तक नृत्य और गान को समझने और गद्‌गद होने की आनन्दमयी पहचान उतर पड़ी है। राष्ट्र की सीमा तक इसको कोई दलाल नहीं चाहिए कि जो इसे लोगों तक पहुँचाये; इसको कोई दलील नहीं चाहिए कि लोग गद्‌गद हो उठें।

किन्तु अनन्त सौभाग्यों को रखकर भी साहित्य अभागा, और वह पथ मैंने लिया--काव्य है, कहानी है, नाटक है, उपन्यास है, गद्य-काव्य है—किन्तु सब, वे सब, कितने मोहताज कि भाषा के खलिहान के बाहर दूसरी भाषा में इनकी कोई पूछ नहीं, जब तक इनका कोई पढ़ने वाला नहीं, जब तक इनका अनुवाद न हो जाये। साहित्य देश-व्याप्त होने के लिए ही अनुवाद का मोहताज है; तब उस समय क्यों न होगा जब उसे विश्व-व्याप्त होना हो!

मेरे कहने का मतलब यह था कि चित्र और मूर्ति बनाते, तो कलाकारों की अपील विश्व-व्याप्त होती; नृत्य और संगीत में समर्पित होते तो कला की अपील

राष्ट्रीय (देश-व्यापिनी) होती। साहित्य के पंचमार्गी होने में तो अनुवाद की लाचारियों में भाषा के बन्दी-खाने में बन्द एक बन्दी का ही पथ तो मैंने ग्रहण किया और वही न सधा। रह-रहकर किसी विद्वान् का एक शेर मेरी लाचारियों में याददिहानी की तरह आता रहता :

आबरू ली कलम उठाने ने,
लायकी जान ली जमाने ने।
थी खामुशी बयान से अच्छी,
ब़ात खो दी, जुबाँ हिलाने ने !

मुझ से आप पूछें तो मैं तो आपके गुणगान का गायक हूँ। यदि सुहृद् और सज्जनों का स्नेह, प्रभु का समर्पण और राष्ट्र-प्रभु का चरण-वन्दन कभी हो गया हो, तो मुझ पर युग के गोवर्धन-धारण का गौरव लेकर न दौड़िए, मेरा चारण का अधिकार ही बस है। गोवर्धन-धारी तो मेरा आराध्य है !

[वर्षगाँठ-समारोह, अकोला, 1948]

खण्डवा के श्री नीलकण्ठेश्वर कालेज के कार्यारम्भ समारोह के अवसर पर दिये गये भाषण के कुछ अंश

"हर्ष की बात है कि आज का दिन ऊगा जब हमारी बड़ी-बड़ी कठिनाइयाँ दूर हुईं तो छोटी छोटी कठिनाइयों ने विशाल रूप धारण किया। जिस प्रकार शस्त्रास्त्रों से लैस सैनिक को तुच्छ चमार का बनाया जूता त्रस्त कर देता है ठीक उसी प्रकार विद्वानों और कर्मवीरों के सद्प्रयत्नों को सरकारी रुकावटों ने त्रस्त किया।

हम कॉलेज के रूप में विचारों की नींव बालकों में भरते हैं। हमें यह देखना है कि इमारत की नींव मजबूत है या इन विचारों की नींव। हमें युद्ध से पराजित होने वाला, जीवन को रोटी के टुकड़ों के लिए बेचने वाला तथा रात्रि में डरने वाला बालक नहीं चाहिए। हमें तो लौह पुरुष की आवश्यकता है। इसे सफल बनाने का श्रेय यहाँ के अध्यापकों को रहेगा। उनका चरित्र, उनकी दृढ़ता, उनका त्याग और उनके मस्तिष्क का वैभव ही हमारा चरित्र, हमारी दृढ़ता, हमारा त्याग और हमारे मस्तिष्क का वैभव होगा। हमें यह देखना है कि 15 अगस्त के बाद हमारा विद्यार्थी कहीं दुनिया का सौदा न हो जाय। पाठक (शिक्षक) एक बड़े मल्लाह और पहरेदार के समान है। वह अपनी धारणाएँ बालक को देता है। कालेज के विद्यार्थियों के रूप में समस्त भारतवर्ष ही कालेज में है।

देश की नयी स्वतन्त्रता के संरक्षण के लिए अनुशासन की अत्यन्त आवश्यकता

है। जिस प्रकार गुलाब के पुष्प के लिए काँटा आवश्यक हो जाता है, उसी प्रकार अनुशासन के लिए सख्ती आवश्यक है। यदि अनुशासन पालन कराने में सख्ती की गयी तो हमें कोई आपत्ति न होगी, परन्तु यदि वर्षों बालक को अपने सम्पर्क में रखने के बाद आप उसकी शिकायत करें तो वह दिन पाठकों के इस्तीफे का दिन होना चाहिए। ज्ञान के क्षेत्र में जो पौधे पाठकों को दिये जाते हैं, उनकी रक्षा करना पाठकों का धर्म है।

नागरिकों के निर्माण का दायित्व भी पाठकों पर ही है। हमें इन्हीं बच्चों में से कुछ को इटली और जापान और देश-देशान्तरों में भेजना है। अब दायित्व बढ़ गया है। इन्हीं के चरित्र से समूचे भारत का चरित्र आँका जायेगा।

वृक्ष सदैव ऊपर ही जाता है। इसी प्रकार विधाता की इस सृष्टि में हमारा विद्यार्थी भी प्रकृति से लड़ते-झगते हमेशा ही ऊपर को उठता जावे। पं० जवाहरलाल नेहरू को विदेशों में भेजने के लिए 300 सुयोग्य व्यक्तियों की आवश्यकता पड़ी, परन्तु उन्हें मिले केवल 50 प्रतिशत। यदि पाठक ऐसे व्यक्ति निर्माण कर सकें, तो नर्मदा की लहरें निनादित हो उठें और विंध्य गर्वित हो जाये!

[8 जुलाई, 1948]

रचना शीर्षक ढूंढ़तो है

सज्जनवृन्द!

मैं कृतज्ञ हूँ कि आपने मुझे इस समारोह का अध्यक्ष चुना। देश में अनेकों जातियों की तरह हमारी भाषा में कवियों की भी एक जाति होती चली आ रही है। और पता नहीं कि "ज्यों रहीम सुख नीपजै, बढ़त देखि कुल गोत" वाली उक्ति की तरह इस पर सुख मनाया भी जा सकता है या नहीं।

क्रियाशीलता से कवि ज्यों-ज्यों हटता है, त्यों-त्यों उसे अपना और औरों का पतन निमन्त्रित करने वाली जाति का व्यक्ति कहकर ज्ञाताओं के बीच उसका परिचय कराया जाता है। कलाकार इस अपवाद को चुनौती मानता है और विश्व के बड़े-से-बड़े परिवर्तनों का उत्तरदायित्व लेकर यह साबित करने के लिए बाध्य है कि वह उत्थान का सन्देशवाहक है, पतन का पृष्ठपोषक नहीं।

इस वर्ष भारतवर्ष ने एक बहुत बड़ा द्रष्टा, एक बहुत बड़ा ऋषि, एक बहुत बड़ा योद्धा, एक बहुत बड़ा कवि खो दिया। जो चिन्तन की घड़ियों को जब क्रिया से तोलता था, तब वाणी से बोलता था। लोक-जीवन की करुणा के कोटि-कोटि स्वर पुरुषार्थ के संकेत बनकर जिसकी वाणी में फूट पड़ते और जिसकी क्रिया में टूट पड़ते थे, विश्व का ऐसा अनहोना काव्य हमने खो दिया। उसकी

कलम जब उठती, भाषा का सुहाग और देश का भाग्य लिखती थी। देश की दलित पीढ़ियाँ उसके अन्तःकरण में पुकार उठती थीं। सेना न होते हुए भी जिसकी बात राजाज्ञा की तरह पालन की जाती थी; गद्दी न होते हुए भी जिसकी बात धर्माज्ञा की तरह मस्तक झुका कर स्वीकार की जाती थी; स्वर-माधुर्य न होते भी जिसकी बात पर सहस्र-सहस्र मस्तक डोल उठते थे; धनिक न होते हुए भी जिसकी बात सुनकर सहस्र-सहस्र प्राणियों और शत-शत संस्थाओं की रक्षा के लिए धन बरस पड़ता था; और प्रियतम और प्रियतमा का पागलपन न होते हुए भी जिसका ईमान और बलिदान, जिसकी कीर्त्ति और मूर्त्ति पीढ़ियों में दुलरायी जाती थी, उसे हमने खो दिया। जिसके नेत्रों में दुखियों की चीत्कारें भर आतीं, जिसकी साँसों में जरूरतमन्दों की झंकारें सुनाई पड़तीं, जिसकी मुद्रा में विश्व के परिवर्तन की मनुहार होती और जिसके स्वर में साम्राज्यों को कम्पित करने वाली हुंकार होती, उसी महान् मानव-काव्य अथवा काव्य-मानव को हमारे देश की भूमि ने खो दिया।

विश्व में तो नन्हीं उम्र का बच्चा अच्छा मालूम पड़ता है किन्तु हमारे दिवंगत युग-निर्माता की मरण-तिथि अभी आठ महीने कुछ दिन की है और जन्मतिथि अस्सी बरस तेरह दिन की, किन्तु कौन उन अस्सी बरसों को प्यार नहीं करता और किन्हें ये आठ महीनें प्यारे हैं? सच तो यह है कि हमने अपने देश का वर्चस्व और राष्ट्र का वाणी-सर्वस्व खो दिया। साहित्य यदि प्रतिबिम्ब है तो हमने अपनी वाणी में प्रतिबिम्बित होने वाला महान् बिम्ब खो दिया। हमने महात्मा गांधी को खो दिया और महात्मा गांधी को खोकर इस प्राच्य विद्या-परिषद् का उत्तर-दायित्व भी देश के सामने अधिक बढ़ गया।

इस पुण्य स्मरण के बाद मुझे एक ही बात कहनी है। जिस तरह जब हम ऋषभ के स्वर में रूढ़ एक गीत की पंक्ति को ऋषभ में न उतारकर गान्धार में, मध्यम में, पंचम में उतार देते हैं, तब हमारे संगीत के निर्देश का स्वर अनुनय, आनन्द और समर्पण का स्वर बन जाता है, उसी तरह जब हम तुकों और बेतुकों में बँधे स्वरों को जीवन का सूझों-भरा रस देकर कोमल में, धीमे में, उतार में गद्गद होकर गुहार उठते हैं, तो काव्य स्वर के मीठेपन की लाचारी का अवलम्ब छोड़कर श्रद्धा के हृदय-प्रदेश में सीधा प्रवेश पा जाता है। उस समय तानसेन की प्रशंसा में सूर द्वारा कही गयी किंवदन्ती की तरह कोई कह-सा उठता है:

बिधना यह जिय जानि कै, सेसहिं दियें न कान।
धरा मेरु सब डोलि हैं, तानसेन की तान॥

कवि बेचारा अपनी लाचारी क्या कहे। अपने ही रक्त से पहले वह खुद गीला होता है और फिर अपने उसी वैभव को लोक-रुचि के सम्मुख रख देता है, केवल यह लाचारी प्रकट करते हुए कि—'विधाता ने मुझे तन्त्री तो दी है किन्तु उसमें

तार नहीं दिये।

काव्य केवल एक ही जीवधारी से सधा —मनुष्य से ! सूझ और पुरुषार्थ जब मिथिला की जनकदुलारी और अयोध्या के अवधबिहारी बनकर कवि के अन्तर में उतरे, तब भावों की जिस भूमि पर कवि बैठा था, उसमें प्रेरणा का भूकम्प क्यों न आ जाता ! उस समय उसकी वन्दनशील घड़ियाँ मानस का निर्माण करें या साकेत का, उसके सूझ के रथ के पथ को रोकने वाला कौन है ?

ऐसे स्थल पर आकर काव्य दो धाराओं में बँट गया। एक वह धारा थी जिसमें वाल्मीकि से लेकर तुलसी, मैथिलीशरण और कृष्णायन के रचयिता आ गये। ये अपने वर्णन को, अपने आराध्य के विवेचन को, अपने आदर्श के गायन को इतना ऊँचा उठाते कि उस वर्णन में अपनी कला, अपना लालित्य, अपना अस्तित्व सब-कुछ भूल जाते। उनके संकल्पों की शाश्वत समाधि में से उनके आराध्य की सुगन्ध आती है। दूसरी ओर वे कवि हैं जिन्हें प्रतिक्षण स्मरण है कि सूझ ही उनकी लाचारी, सूझ ही उनका वैभव, सूझ ही उनका आस्तिक्य है—कालिदास से लेकर बाण, बिहारी, प्रसाद, निराला, पन्त, महादेवी, दिनकर, नवीन और अपनी सूझों का अनन्त वैभव अपनी काली बूँदों से उजला बनाकर उँड़ेलने वाले वे समस्त मस्त, जो कला के मैदान में कलम पकड़ने की साध लेकर कल तक आये हैं और आज भी आ रहे हैं। गान ओर संगीत के सामंजस्य की तरह इन्हीं दो धाराओं पर काव्य का बेदाग वैभव ठहरा हुआ है।

कलम, कूँची, छेनी या रस-भरे आत्म-नियन्त्रण अथवा कौशल को लेकर कलाकार ने अपने अंगों के टुकड़ों से तोड़-तोड़कर कला का स्वर, स्वरूप और साध युग में बिखेरना प्रारम्भ किया। जब-जब उसकी कलाइयाँ उठीं, और उसकी सूझें झूम उठीं, जब-जब उसने अपने को पत्थर पर, दीवार पर, कागज पर, कण्ठ पर, जमीन पर और अपने ही अंगों पर उतरता हुआ देखा, तब-तब अपने रचना-कौशल की ढेरी की चोटी पर चढ़कर उसने अनुभव किया कि जगत् को छोटा मानने का जुएँ का दाँव मानो वह हार चुका है। वह तो स्वयं अपने ही व्यक्तित्व को मापने, अपने ही तरंगायमान भावों का लेखा-जोखा पेश करने में उद्योगी सिद्ध हुआ है। उसकी रचना समष्टि के आनन्द का साधन बनकर भी सृजन के पथ में व्यष्टि की सीमाओं का ईमानदार स्वीकृति-पत्र मात्र है।

श्रावण आया, श्रवण की कथा याद आयी। बहुएँ और बेटियाँ उठीं, उन्होंने गेरू का रंग बनाया और दीवार पर श्वेत पृष्ठभूमि बनाकर दरवाजों के आस-पास काँवरि काँधे रखे अपने अन्धे माँ-बाप को बैठाये यात्रा करते हुए, तरुण श्रवण के चित्र बना दिये; घी-शक्कर मुँह पर लगाकर कुलवधुओं ने चित्र के श्रवण की पूजा कर दी। कलाकार के उस विकार को, जिसमें वह नारी को शृंगारिणी कहता है, नारी का जवाब कितना स्पष्ट है—क्या नारी से केवल

अपरिपक्व तरुण-आवेगों को प्रेरणा मिलती है ? हम अपनी दुर्गन्धित अतृप्ति का विश्व की जननी पर यह आरोप क्यों करते हैं कि वह प्रियतम के रंग में केवल विषय-सुख ढूँढ़ती है। अटपटे कलाहीन चित्र बनकर बेटियों, बहिनों और बहुओं की जो साधें श्रवण बनकर दीवार पर उतरती हैं और पूजित होती हैं, उनमें जननी का उत्तरदायित्व अधिक गुंजित होता है। वे विश्व के निर्माण का वरदान माँगती हैं, पतन का अभिशाप नहीं।

चित्रों और मूर्त्तियों की कला विश्व की ऐसी भाषा है, जिसे अनुवादक का अभिशाप छूकर कलंकित नहीं कर पाता। वह इतनी सरल भाषा भी है कि जिसे समझने के लिए शब्द-कोषों की आवश्यकता नहीं हुआ करती। वह ऐसी भोली कला है जो घटनाओं की उलझन का पता दिए बिना हमारे अन्तरंग पर रसपूर्णता और उसकी बेचैनियों को बिलकुल बेढंगा खड़ा कर देती है। मानो वह हमारे अन्तःकरण की खिड़की है जिसमें आनन्दमय, उल्लासमय, करुणामय अथवा प्रभावित के रूप में हमारा सब-कुछ जगत् को दीख रहा हो। कला की नन्हीं-नन्हीं उलझी और सुलझी डोरियाँ अतीत से वर्त्तमान तक शोधक के शोध की स्मरण-यात्रा के संकेत-चिह्न हैं। कला की सीमा मानवीय अनुभव की मधुरतर, कठोरतम और कटु यादों की सीमा है। नामों, शीर्षकों और घटनाओं का मोह लाँघते हुए, कला का स्वर सूझों की चरण-ध्वनि है। मानव-विकारों से निर्मित स्वभाव युगों-युगों में कला की रचना के रूप में शाश्वत है और उन्हें दिए हुए नाम तथा उन्हें पहनाये हुए कथा के आवरण सर्वथा आकस्मिक दीख पड़ते हैं। वाणी से कोयल कहिए और शत-शत नामों से भिन्न-भिन्न भाषा-भाषी लोगों को पृथ्वी-भर में समझाते बैठिए, किन्तु कोयल का चित्र खींचिए या जी में दुःख उठने वाली उसकी कूक का परिचय कराइये और जन-जन के मन तक सरलता से पहुँचा दीजिए कि आप क्या कह रहे हैं। जहाँ ज्ञान जानकारी के बोझ से थक उठा हो और सूक्ष्म विचारकता उसकी बीमारी बन गयी हो, वहाँ उस थके हुए यात्री की रक्षा के लिए कला की पुकार कीजिए। वह आराधनाशीला ज्ञान की रक्षा कर ले जायगी। जो सन्देश केवल वर्णन के द्वारा मानव की समझ में वर्षों नहीं आ पाये, सूझ-भरे 'दर्शन' ने उन्हें क्षण-भर में समझा दिया।

हाँ, कला लहर है किन्तु लहर-मात्र नहीं। कला जीवन के स्वभाव, स्वरूप और कौशल का सत्य है, ठीक है; किन्तु आकलन की उंगलियाँ अपने अभिमत को नेह-भरे या विद्रोह-भरे रंग से ज्यों का त्यों उतार सकें, इसके लिए हमारी एक लहर की अपेक्षा लहरों की चिरन्तन यात्रा की, यानी साधनामय अभ्यास की आवश्यकता है। हमारा अटूट सौन्दर्य, अजेय साहस और अपरिमित आग्रह कला का तरलत्व मात्र है। कला का रूप-दान और प्राणदान तो हमारा चिरन्तन स्नेहमय अभ्यास ही है। अभ्यास के क्षण स्नेहदान के इस परमयोग में भी जितने ही क्षीण किये जायेंगे,

अज्ञान के स्तर कला में से उतने ही ऊँचे उठकर बोलने लगेंगे। चित्र, काव्य, नृत्य, गीत, मूर्त्ति—कोई भी इसका अपवाद नहीं।

विचार आया, राग भाया, अनुराग आन्दोलित हुआ, आदर्श गुदगुदाया और लोक-जीवन पर उतरने के लिए, मानो जीवित रहने के लिए, ये सब के सब चल पड़े कला का माध्यम ढूँढ़ने। चल पड़े ये किसी की कलम, कण्ठ या कूँची के मोहताज होने। सूझ कला का बल है। माध्यम और अभ्यास उसके पंख हैं, जिनके बिना वह उड़ नहीं सकती। आत्मा से कृति तक और अपरिपक्व आवेगों से ईश्वरीय समझे जाने वाले संकेतों तक कला के जो डोरे हिल रहे हैं और उन पर रस-भींगा किन्तु पथ खोजता मानव-विश्वास बैठ कर उड़ता और उड़-उड़कर बैठता-सा जो दिखाई दे रहा है वहाँ कला का जो संग्रह इतिहास बन रहा है, शोध के सुकोमल क्षणों तक ने हजार-हजार बार की दुहराहटों के अभ्यास के बाद ही कला के उस कौशल को जीवित रहने का वरदान दिया है। स्वाध्याय और श्रम, जीवन की तरह ही, कला के अस्तित्व को चिरन्तन रखने के आकर्षण-बिन्दु हैं।

कला को यह क्षुद्रता नहीं शोभती कि वह केवल अपने में व्यस्त हो, अपने ही अभ्यस्त हो। आप दत्तक तो न लें, दूसरे के पुत्र को अपना न कहें; दूसरे की वस्तु को कलापूर्वक परोसने के रसोइयेपन को भी आप अपनी मौलिकता न कहें; किन्तु कला का ही नहीं, किसी भी उत्तरदायित्व के निर्माण-देश का पथिक औरों की रचना के प्रति उपेक्षा और उदासीनता रखकर निर्माता नहीं रह सकता। शताब्दियों के संचय से उधार लिये बगैर धारणाएँ और सूझें अज्ञान रह जायेंगी और अज्ञान की उद्दण्डता प्रकाश की पीढ़ियों को किसी भी मूल्य पर स्वीकृत न हो सकेंगी। जिस तरह गाँवों में अपना घर ढूँढ़ने वाला व्यक्ति अनेकों के घरों और दरवाजों के सामने की जमीन लाँघता हुआ अपने घर पहुँच पाता है, अथवा जिस तरह अपने खेत तक पहुँचने वाला कृषक अनेकों के खेतों और जंगलों को पार करके ही अपने खेत तक पहुँच पाता है, उसी तरह रचनाशीलों को अनेकों की रचनाओं से प्रेरित होकर ही विश्व को अपनी मौलिक उसाँसें, अपनी मौलिक वन्दनाएँ देनी होती हैं। प्रगति की साध का यात्री गतिपथ से उदासीन कैसे रह सकता है?

विद्रोह! हाँ, आज का कलाकार विद्रोह की आवश्यकता अनुभव करता है। किन्तु जिस तरह कल तक के शोध आज का साहित्य कहला रहे हैं, उसी तरह आज का विद्रोह कल की रूढ़ि कहलाने लगेगा। विद्रोह और रुढ़ि—ये दोनों आज के शत्रु और कल के पुराने भाई-बहिन कहलाते आये हैं। समय शाश्वत है, यद्यपि हम उसके तीन टुकड़े करके अपना सन्तोष कर लेते हैं। जिस तरह चित्रकार निस्सीम पृष्ठभूमि पर छोटी-छोटी सीमाएँ बनाकर वस्तुओं के प्राण और अस्तित्व का भान कराया करता है, उसी तरह हम समय के टुकड़े करके युगों की अपनी अज्ञता और विज्ञता का परिचय कराया करते हैं। जिसे हम भूतकाल

कहते हैं। वह अनन्त है; शोधों, यादों और कृतियों के इतिहास से भरा हुआ है। जिसे हम भविष्य-काल कहते हैं वह हमारी सृजन-शक्ति का अटल विश्वास है, जिसे हमने भूतकाल की संचित निधि से पाया है। किन्तु जिसे हम वर्त्तमान कहते हैं, वह हमारी साँसों में से इस तरह फिसल रहा है मानो वह अभी-अभी है और अभी ही हाथ से निकल जायेगा। वर्तमान हमें बाजार में बिकती हुई बरफ की चट्टान की तरह मिला, जिस पर अपने इरादों को पत्थर की लकीर बनाने के लिए हमने अपनी रचना लिखी और देखते-देखते वह चट्टान रचना और रचनाकार दोनों को पानी में मिलाकर न जाने कहाँ विलीन हो गयी। आकर्षणों के अन्धे हम आत्म-संकीर्तन के क्षणों में इसी वर्तमान से पराजित हैं। बर्फ की चट्टान को संगमरमर की चट्टान समझकर हम बैठ गये हैं—न हमने उसे भूतकाल के हथौड़े से परखा, न भविष्य के सूर्य की किरणों से उसकी जाँच की। हमें अवकाश कहाँ था। पानी की चट्टान पर अपने सपनों के चित्र बनाने बैठ गये हैं। अतः जो काल की पृष्ठभूमि चुनने में भूल करता है उसके चित्र धुँधले हों, उसके गीत दुरूह हों, उसके स्वर अर्थहीन हों और उसकी इच्छाएँ लोकरुचि तक पहुँचने में असमर्थ हों, तो इसमें आश्चर्य क्यों होना चाहिए? युग-वधू की अमर नूपुर-ध्वनि बनने के लिए चरण रखने की जमीन दृढ़ जो चाहिए। इसीलिए भूतकाल यानी इतिहास ऐसे निर्माणों को अपने पास संचित रखने से इनकार कर देता है और वर्त्तमान काल, यानी लोकरुचि, उसे सुनने में बहरी हो जाया करती है। यही कारण है कि आज के तरुण को युग ने विद्रोह के लिए आमन्त्रित किया है।

'ध्वन्यालोकलोचन' में अभिनवगुप्त ने प्रतिभा के विषय में लिखा है—'प्रतिभा अपूर्ववस्तुनिर्माणक्षमा प्रज्ञा।' आज का कलाकार इस कथन को टालकर नहीं, इस कथन को सम्पूर्णतः मानकर विद्रोह के लिए उपस्थित है। इसलिए कि बीते युग के कलाकरों ने और पाठकों ने कला को स्मरण नहीं, विस्मरण माना। कला मानो जगत् के द्वन्द्वों को भुला देने में एक मोहक, कोमल, सुन्दर भुलावा रही है। आज का कलाकार कला में कष्टों का इतिवृत्त लिखने की क्षमता चाहता है। वह वस्तु-स्थिति का विस्मरण नहीं, चित्रण चाहता है। वेदान्त का वैराग्य, धन की हृदयहीनता और उद्दण्डता और कला की विस्मरणशीलता का काव्य-शास्त्र-विनोद—आज के कलाकार के ये सब मानो एक ही थैली के चट्टे-बट्टे हैं। वह साहित्य को दोनों सिरों से जलायी जाने वाली मोमबत्ती का एक ऐसा खेल नहीं मानता जिसके प्रकाश के कुछ मानी न हों और जिसका अस्तित्व क्षण-भर में नष्ट किया जा सके। इसीलिए आज का कलाकार कालिदास का कला-वैभव लेकर तुलसीदास के चरणों में चढ़ाने को बाध्य है। बेहोशी भुलावा बनकर चाहे शराब से आये चाहे कला से, जब तक रोम-रोम में रमकर अभिमत को आँखों और उँगलियों पर उतारने की क्षमता उस बेहोशी में न हो, आज का कलाकार उसे

विश्व का स्थिर तन्तु मानने के लिए तैयार नहीं है। आज के चिन्तक के लिए कला अयथार्थ का ऐसा आवरण नहीं है जो यथार्थ के कष्टों से बचा ले जाने के लिए खुद धोखा खा सके और पीढ़ी को भी धोखा खाने के लिए समर्थ कर सके। वह यह भी नहीं मानता कि प्राचीन कौशल को थोड़ा-सा बदल देने से नवीन कला का निर्माण हो जायेगा। वह मानव-धारणा की समूची पृष्ठभूमि में ही परिवर्तन चाहता है। सूझों के नित नव वैभव से भरी कला ऐसी सूझहीन कैसे होगी जो बदलते युग का सामना न कर सके? किसी युग के कलाकार का विष्णु शेषनाग की गोद में लेटे हुए लक्ष्मी से पैर दबवाते हुए क्षीरसागर में निवास करता था। बदले युग का बलिपन्थी कलाकार साश्रु-नयन भक्त बनकर आया और उसने क्षीरसागर से खींचकर अपने प्रभु से नामदेव की कुटिया बनवाई। भिन्न-भिन्न रूपों में भक्तों ने अपने मालिक से कौन-कौन-सी मजदूरियाँ नहीं लीं? यदि आज का कलाकार अपने भक्त पूर्वजों की इन स्नेह-भरी सूझों से सबक लेता है तो उसे अपराधी कैसे माना जाये? जो धारणाएँ बहुत बूढ़ी हो गयी हैं, जिनमें विश्व में चलने-फिरने की क्षमता नहीं रह गयी है, वे समाधि क्यों न ले लें? यदि वे निन्दित होने से पहले समाधि ले लेंगी तो इतिहास में ठहरने के लिए जगह पा लेंगी; नहीं तो वे साँस लेकर जीने वाला मुरदा बनकर जियें भले ही, वायुयान की गति से दौड़ते हुए विश्व के द्वारा उनके भाग्य में नष्ट और दुर्गन्धित होना ही लिखा है।

ऐतिहासिक पृष्ठभूमि, धार्मिक धारणा, राष्ट्रीय आवश्यकता, नैतिक आधार और व्यक्ति की उमंगें और जरूरतें, ये अपनी जगह पर ठीक हैं—ये अपने बन्धनों में जकड़कर कलाकार से सब कुछ माँगें, किन्तु उससे सूझहीनता और स्नेह-हीनता की माँग न करें। ये उसे हर्ष न दें किन्तु उसका आदर्श न छीनें। ये प्रेरणा की पवित्रता का अभिमान अपने में रखें, अनुकरण की अनुदारता की माँग न करें। रूढ़ियों ने अनुदारता माँगी थी और कबीर, तुलसी और मीरा ने विद्रोह किया था। परम्परा के वैभव के रथों को त्यागकर आज का कलाकार अपने ही पैरों द्वारा यात्रा करने के लिए बाध्य हो गया है। वह जान गया है कि परम्परा के विशाल वट-वृक्ष की अपेक्षा सूझ के दो नन्हे-नन्हे पंखों पर उसके श्रद्धा के अस्तित्व की उड़ान सुरक्षित है। जिस नवीनता से हम घबराते हैं उस नवीनता की प्रेरणा तो हमें अप्राप्य भविष्य ने नहीं, प्राप्त इतिहास ने ही दी है। मन्द दृष्टि रूढ़ि को सिर पर लादकर चलती है, और तीव्र दृष्टि आज की अचानकता को कल का आश्चर्य बनाती है और परसों के अभ्यास का रूप देकर आये-दिन के आविष्कारों का निर्माण कर युग के वैभव के रूप में उन्हें प्रस्तुत कर देती है। आविष्कार निश्चय की स्पष्ट छाया है। कला और साहित्य, दोनों इस निश्चय, इस निर्णय से घबराते हुए नहीं शोभते। निर्णय तो सूझ की ससुराल है। यदि उसे सृजनशीला रहना है, तो निश्चय तक पहुँचकर ही।

जॉन मार्ले ने अपने 'ऑन कम्प्रोमाइज' ग्रन्थ में एक जगह कहा है कि यदि समाज कुछ हानिकर मतों और प्रथाओं से जकड़ा हुआ हो और नवीन विचारों का शत्रु हो तो कभी-कभी अपने विद्रोह को हमें रोककर रखना होगा, किन्तु कुछ को स्वीकार और कुछ को इनकार करने का मध्यबिन्दु कला की तकदीर में नहीं बदा है, उसका रस शाश्वत अमरत्व है और चिन्तन से चढ़कर निश्चय तक बढ़ जाना उसका सुकोमल पथ है। यह सम्भव नहीं कि अपने रक्त से बनी हुई आत्म-प्रकटीकरण की भूख का वह अपमान कर सके। पूजा की पवित्रता आ जाने के बाद सूझों की समर्पणशीलता अपनी नहीं, अपने अभिमत की वस्तु हो जाया करती है। यदि ऐसी कला को कलाकार रोके तो साधु विनोबा उस पर यह अपराध लगाये बिना नहीं छोड़ते कि कलाकार अपने माधुर्य-भरे पुरुषार्थ का अथवा पुरुषार्थ-भरे माधुर्य का आत्मविलासी हो गया है, स्वयं उपभोग करने लगा है : वे कहते हैं कि श्रद्धा ने सूझों के आसमान से पानी बरसाया किन्तु रूढ़ि के हिमालय पर वह पत्थर बनकर बैठ गया। नीचे जन-जीवन में जाना होगा, प्रवाहमयी गंगा के इस स्वभाव से वह घबरा उठा। इसीलिए 'काव्यशास्त्रविनोदेन कालो गच्छति धीमताम्' की बात इस युग के नन्हें कलाकार को स्वीकार नहीं है। वह तो रस के आनन्द से गर्वीला होकर भी जीवन की कीमत कूतने से इनकार नही कर सकता। वह लोक-जीवन की उपेक्षा में पुरुषार्थ का अनुभव नहीं करता। वह जीवन की पूरी कीमत कूतना चाहता है और उस पर हँसकर मिट जाने में रस का अनुभव करता है। यह सच है कि कला की कलम को वे नहीं छू सकते जो तन्मयता न उत्पन्न कर सकें। जिन्होंने शस्त्र चलाना ही नहीं सीखा है, वे शस्त्र लादकर यदि हैदराबाद की यात्रा करते भी तो क्या करते ? सच तो यह कि कला की कलम में दर्पण की तरह समाज के संचित बल और भविष्य के संकेतों का दर्शन होना चाहिए। कहते हैं, कला जीवन का प्रतिबिम्ब है। वह प्रतिबिम्ब कैसा जो बिम्ब की कमियाँ न सुझा सके।

जीवन तो मानव की गति को रोकने वाली रुकावटों से लड़ते हुए उनका नाश करने और अनुकूलता में गड़ने वाले काँटों को उखाड़ फेंकने और युग की पुस्तक के पन्नों को उत्तरदायित्व की स्नेह-भरी उँगलियों से पलटते जाने में ही अपनी परिभाषा देखता है। कला इस जीवन से दूर रहकर कहाँ रहेगी ? क्या जीवन जलता रहेगा और कला बाँसुरी बजाती रहेगी? क्या वह इतनी क्रूर, इतनी निष्ठुर हो सकेगी ? जिस तरह समुद्र की लहरें सौ-सौ मील आगे और पीछे जाकर भी गम्भीर जल में शाश्वत सजगता का निर्माण किये रहती हैं, उसी तरह कला को द्रवित, मधुर, शीतल, प्राणमय रहते हुए भी उसमें जीवन को सँवारने की शाश्वत सजगता होनी चाहिए।

महान् गुर्जर कवि नानालाल ने एक बार लिखा था कि पूर्व और पश्चिम,

पृथ्वी की तराजू के ये दोनों पलड़े हैं और भारतवर्ष इन दोनों पलड़ों के बीच डाँडी है। नानालाल जो उत्तरदायित्व भारतीय कला को सौंपना चाहते हैं, प्रभु करें, हममें क्षमता हो कि हम उसे स्वीकार कर सकें !

क्या देश के नक्शे पर कला अपना कोई चिह्न नहीं चाहती ? चिह्न के मानी हैं प्रतिनिधित्व। और उत्तरदायित्व के खतरों से अपना मुँह चुराकर प्रतिनिधित्व कैसा ? मोहक शब्द, मीठे शब्द, उलझे अर्थ, सलौनी आकृति, सुन्दर स्वरूप इन सबके एकत्रित कांजीहाउस को साहित्य कैसे कह सकेंगे ? जीवित समाज के प्रतिबिम्ब तो स्वयं जीवित होंगे। एक-दूसरे से बोलते हुए, एक-दूसरे से होड़ लेते हुए। देश की स्वतन्त्रता के चौदह महीनों पर बैठकर ज्ञान.का लेखा-जोखा लेने वाले हम लोग अपना लेखा-जोखा लेना न भूलें। संघर्ष, शोध, खतरे, परिवर्तन, क्रियाशीलता और पुरुषार्थ इन सबके बीच हमारी प्राणवान कला का स्वर प्रतिबिम्बित होना चाहिए। हमारी कला देश की उबासियों-जैसी अल्पप्राण न हो, वह श्वासों-जैसी महाप्राण होनी चाहिए। लगभग तेरह शताब्दियों के पश्चात् भारतीय स्वतन्त्रता की टूटी कड़ियाँ फिर जुड़ी हैं। इन कड़ियों के जुड़ने का स्वर हमारी कला में प्रतिबिम्बित होना चाहिए। मुझे तो एक ही बात कहनी थी और मैंने एक ही बात कही कि प्रभु करें, यह मस्तक और यह मस्तकशील उस देश की आराधिका राधिका के स्वर के खिलवाड़ बन सकें, जिसके आकर्षण से प्रभावित मुरलीधर, गिरिधर और कृष्णमुरारी कहला सके। जीवन हमारा कृष्ण हो, कला हमारी राधिका हो और हम ऐसे तीर्थ-यात्री हों जो अपने दैवत पर अपना समस्त चढ़ा सकें, अपना सब-कुछ समर्पित कर सकें।

[ओरिएण्टल कॉन्फ्रेन्स, पटना, 1948]

शिक्षा : नारी-शिक्षा : सीमा और दायित्व

[राजकीय कन्या महाविद्यालय खण्डवा के स्नेह-सम्मेलन में दिया गया भाषण]

अध्यक्ष महोदया, अध्यापिका महोदया, नागरिक बहिनो, नन्हीं-नन्हीं विद्यार्थिनी बेटियो तथा उपस्थित सज्जनो !

आपने कृपा करके मुझे आज इस संस्था के स्नेह-सम्मेलन का उद्घाटन करने के लिए आमंत्रित किया है, इसके लिए मैं आपका आभारी हूँ। सभाध्यक्ष महोदया ने कहा कि मैंने सभाओं में अपने पकड़े जाने पर नाराज होकर कहा था कि जो कोई अब मुझे सभाध्यक्षता के लिए या उद्घाटन-भाषण के लिए पकड़ने खण्डवा आवेगा, उसे मैं पीटूँगा, यह सच है, किन्तु यह बात मैंने लड़कियों के लिए नहीं कही थी। चौंतीस वर्ष हुए, लड़कियों पर नाराज होने का मेरा अधिकार

विधाता ने छीन लिया।

मैं शिष्टाचारवश नहीं, किन्तु बिलकुल सत्य कह रहा हूँ और आप इस पर अवश्य विश्वास करें कि नन्हें-नन्हें बच्चों से कुछ कहने की मुझमें बिलकुल तमीज नहीं। मेरे पास ऐसा कुछ नहीं दीखता कि मैं नन्हें बच्चों-बच्चियों को कुछ समझा सकूँ। किन्तु तिस पर भी आप मुझ पर विश्वास नहीं करते और यहाँ-वहाँ खींच ले जाते हैं।

इस देश के पुरुषों में यदि उनका सचमुच पौरुष से कोई रिश्ता रह सके, आजकल लगभग 11 प्रतिशत पढ़े-लिखे हैं और लड़कियों में दशमलव नौ प्रतिशत से लगाकर एक प्रतिशत तक। यदि अपनी डेमोक्रैटिक रिपब्लिक की भाषा में बहुमत का ध्यान कर बोलें तो हमारा राष्ट्रीय मतदान पुरुषों में 89 फी सदी के 'अज्ञानतापूर्ण' बहुमत से होता है। ब्रिटिश प्रभुता हमें उत्तराधिकार में यही अनन्त अज्ञान दे गई है। विश्व-भर में बड़ा 'ज्ञानवान' ब्रिटेन, ज्ञान के क्षेत्र में और हमें दे भी क्या जाता ?

किन्तु क्या अब 11 फी सदी पुरुष और एक फी सदी स्त्रियाँ हैं, इतने भी पढ़े-लिखे इस देश में है ? यह भी बड़ी कटु कहानी है। जिस तरह मवेशी कांजी-हाउस और देशभक्त जेल हो आये हैं, उसी तरह पुरुष-स्त्री क्रमशः ग्यारह और एक फी सदी स्कूल हो आये हैं। बस, इतना ही।

यदि किसी गाँव में डाकखाने से कोई चिट्ठी आ जाय, भले ही गाँव की आबादी 400, 500 या 600 हो, तो भी चिट्ठी पाने वाला, चिट्ठी पढ़ने वाले को ढूँढ़ने के लिए अड़ोस-पड़ोस में जाएगा। कारण यह कि इस देश के ब्रिटिश शासन और शिक्षण-विभाग ने यह कभी देखा ही नहीं कि आखिर जिन्हें एक दिन स्कूल में पढ़ाया था, वे पढ़े-लिखे रह भी गये या नहीं।

सो, जो इस तरह पढ़कर पढ़ना भूल गये, उन कोटि-कोटि को पढ़ा-लिखा मानना, लोगों को झूठा अक्लमन्द कहने के नाम पर, स्वयं अपनी अक्लमंदी व्यक्त करना मात्र है। सच तो यह है कि यथार्थ गणना में देश में तीन या चार फी-सदी पढ़े-लिखे भी शायद ही हों। बाकी तो 'भूल गये' की फेहरिस्त में चले गये। इसी तरह स्त्रियों के पढ़े-लिखे-पन की गणना का हाल समझिये। जो कुछ पढ़े-लिखे हैं, वे सब देश की समस्त आबादी के 13-14 फी-सदी जन-गणना (शहरों में 86-87 फी-सदी जन-गणना)। गाँवों में तो बस भगवान शंकर का पूर्ण रूप ही शून्याकृति बनकर विद्यमान है। इसीलिए जिस तरह अपने चारों तरफ समुद्र से घिरे हुए देशों में उन देशों के मल्लाहों की डाँड सँभालने वाली कलाइयाँ अभिमान की वस्तु हैं, हमारे देश में शिक्षक-शिक्षिकाओं की भुजाएँ अभिमानयोग्य हैं, जो अज्ञान के नरक से ज्ञान के स्वर्ग की ओर हमारे देश की पीढ़ियों को ले जा रहे हैं।

आप देख तो रहे हैं देश की सीमा पर क्या हो रहा है ? वहाँ मानव प्राणों के

रक्त से खेलने वाले खूंख्वार जानवर मानवों का संहार कर रहे हैं। वे भारतीय मानव के प्राण लेने का बहाना ही ढूंढ़ा करते हैं। प्राण लेना, पशुओं की तरह, उनकी कला है। पशु तो अपने उपकारी को छोड़ देता है किन्तु भारतीय सीमा का पशु न यह उदारता जानता है, न यह नीति-नियम। अतः समय का रुख कह रहा है कि इस देश के पुरुष वर्ग के काफी महत्त्वपूर्ण पुरुष को शिक्षण-आदि के उपद्रव-रहित शान्त कार्य छोड़ने पड़ेंगे। शिक्षण देने का कार्य यूरोप तथा पश्चिम के देशों की तरह बहिनों और बेटियों के हाथ में आने वाला है, पुरुष वर्ग को तो इस देश की सीमा-रक्षा करनी होगी। हमारे देश के तीन तरफ समुद्र है, और शेष भागों की सीमाओं पर नारी, धन और जीवन हरण करने वाले डाकू रहते हैं।

जब हम अपने कार्य का श्रीगणेश करते हैं तब माधुर्य से, और उसकी परि-समाप्ति करते हैं तब भी माधुर्य से। हम प्रभु का पूजन करते हैं तब गायन और वाद्य से, मंगलकार्य करते हैं तो गायन और वाद्य से, युद्ध पर जाते हैं तो वाद्य बजा-कर तथा जीतकर लौटते हैं तो वाद्य बजाते हुए। वाद्य और संगीत मानो हमारी संस्कृति के उच्चत्व के अंग हैं। इसीलिए आपने आज के कार्य को संगीत के माधुर्य से प्रारम्भ किया। बेटियों की शिक्षण-संस्था तथा वीणा-धारिणी सरस्वती का विजयोत्सव भला संगीत से शुरू क्यों न हो ? किन्तु आप ध्यान रखें कि संगीत, संगीत हो। कला विशुद्ध कला हो, कलाबाजी न हो। खण्डवा में होने वाली पिछली शिक्षण-परिषद की परिसमाप्ति पर जो संगीत हुआ उसमें हमारे यहाँ आई हुई एक माननीया महिला मेहमान ने कहा :

Why this funeral way of singing ? It scorches my heart. It is most intolerable. Why they arrange such things with out Preparation.

मैं तो मानो यह सुनकर जमीन में गड़ गया। किसी मन्दिर में बिल्कुल मूर्ति न हो, यह सहा जा सकता है क्योंकि उस हालत में वह साधारण मकान तो रहेगा। न रहें देवता, मनुष्य तो रहेंगे। किन्तु किसी मन्दिर में मूर्ति को खण्डित कर पूजन सजाना, कला तो नहीं ही है, अपमानजनक निर्दयता भी है। अतः मेरा निवेदन है कि जब भी आप संगीत प्रारम्भ करें, वह सर्वथा संगीत हो ! अनुराग के देवता किसी राग का प्रतिमा-भंग न होने पाये।

शिक्षण, जैसाकि मैंने आपसे निवेदन किया, आज की बहुत बड़ी आवश्यकता है। इसीलिए शिक्षक और शिक्षिकाएँ हमारे समाज के वरदान हैं। किन्तु शिक्षण देने वालों में प्रायः दोष आ जाया करते हैं। क्योंकि मैं स्वयं शिक्षक रह चुका हूँ और आज भी अपने को शिक्षक मानता हूँ, अतः जानता हूँ, कि किस तरह के दुर्गुण हमारे यानी शिक्षकों के जीवन में घर कर जाते हैं।

वे दुर्गुण इस तरह हैं :

(1) शिक्षक की कुर्सी उसका विश्राम है। किन्तु कुर्सी की कृपा से हमारे शिक्षकों का एक खासा भाग परिश्रमहीन अतः क्षीणकाय हो जाता है। शिक्षक यह मानने से इनकार करे कि शिक्षक का कमरा उसका जेलखाना है और क्षीणकाय होना उसकी विशेषता। क्योंकि क्षीणकाय शिक्षक बहादुरी के उम्मीदवार बच्चों के लिए अपना स्वयं-स्वीकृत धिक्कार है। अतः शिक्षक भुजाओं के बल को गुंडई मानने की गलत धारणा छोड़े और अपने स्वस्थ अस्तित्व का उदाहरण उपस्थित करे।

(2) शिक्षक ऐसी मशीन हो जाता है कि वह पढ़ाता तो बहुत है किन्तु पढ़ता बहुत कम है। प्राथमिक और माध्यमिक शालाओं के अध्यापक अपने स्वयं-स्वीकृत अज्ञान के, अधिकांश, अनुभवी विशेषज्ञ हो जाते हैं। ज्ञान-दान करने वाले के पास ज्ञानार्जन के साधन बन्द हो गये हों, तो वह दान-दाता हमारी भावी पीढ़ियों के लिए अभिशाप है। पाठ्यक्रम की पुस्तकें, कुछ हमारे ज्ञान का चौका नहीं कि ज्ञान परोसने का रोजगार करने वाले हम, उस चौके के बाहर न जा सकें। जो नित नवज्ञान पाता तो न हो, किन्तु देता अवश्य जाता हो, उसे कोई क्या कहेगा? अतः हमारे शिक्षक पाठ्यक्रम के बाहर का ऐसा और इतना पढ़ें कि पाठ्य उनके ज्ञान-मन्दिर की अनन्त छवियों में, एक छवि-मात्र रह जाए। सिर-चढ़ी उधारी चुकाने वाले ज्ञान-दरिद्री की तरह हम बच्चों के सामने अपने कर्त्तव्य की अदायगी मात्र न करें। किन्तु जानकारी, तत्त्व-चिन्तन और सूझ में कोण रखने वाले ज्ञान-धनी की तरह हम अपने बालकों को ज्ञान के अनचाहे अभिशाप नहीं, मनचाहे वरदान दे सकें। हम पाठ्यक्रम का बोझ ही पूरा न करें, समाज को उचित नागरिक भी प्रदान कर सकें।

(3) नन्हें बच्चों को बरसों शिक्षणालय या पाठशाला में पढ़ाते रहने के कारण हमारी आदत हर बात को हम खास तरह से कहने की हो जाती है। कथन के उस प्रकार को हम विशेषज्ञता भी मानने लगते हैं। दुःख तो तब होता है जब अध्यापक को कभी समाज के सामने अपने विचार रखने पड़ते हैं, उस समय शिक्षक ऐसी बातें ऐसे स्वर में ऐसे तर्क के बचपन से और ऐसी क्लास-रूम जैसी संकीर्ण दृष्टि रखकर करने लगता है, मानो वह समाज के जानकारों, विद्वानों, जरूरतमन्दों और ज्ञान-जीवियों के सामने नहीं, किन्तु नन्हे बच्चों के सामने खड़ा होकर बोल रहा हो। लोग उस समय शिक्षक को शिक्षक न मानकर उसके ज्ञान पर गर्व न कर उसे अपने पेशे से पराजित, दया के योग्य प्राणी, मानकर सहते हैं। उसकी ज्ञान-साधना की जाँच नहीं किया करते, वे समाज की महान् शिक्षक-श्रेणी की बुद्धि की बौनी और ज्ञान को ओछा बनाने का अपराध किया करते हैं। अतः शासन, समाज और स्वयं शिक्षक तीनों, शिक्षक की योग्यता के प्रति जागरूक रहें, यह आवश्यक है।

(4) जो बच्चे मेधावी होते हैं उनकी अपेक्षा, जो बच्चे आज्ञाकारी होते हैं उन पर, शिक्षक विशेष प्रेम करता है। मेधावी बच्चों पर भी प्रेम करता है किन्तु अपनी कमजोरी के रूप में। बिना परिश्रम अनन्त कीर्ति देने वाले बालक भला किस शिक्षक को अच्छे न लगेंगे? इस दिशा में पहली टेढ़ वहाँ आती है जहाँ शिक्षक अपने कृपा-पात्रों को अपने जैसा, यानी अध्यापक ही, बनाना चाहता है। वह यह सोचता ही नहीं कि सम्पूर्ण मानव-विकास की सत्ता निश्चित करने में उसका स्थान बहुत ही छोटा है, अत: उसके बाँटे हुए छोटे आदर्श बच्चों की बाढ़ को सदा के लिए रोक सकते हैं। बच्चों को वह नहीं बनना है जो स्वयं मास्टर साहब हैं अथवा जो वह अधूरे आदर्शों की जानकारी-वश चाहते हैं। बच्चों को तो वह होना है जिस ओर कि समस्त राष्ट्र का तथा प्राय: विश्व का लक्ष्य लगा हुआ रहता है। अत: अपने-जैसा बनाने के मोह से, ऐसी गलती से, अध्यापक को बचना चाहिए। बच्चे-बच्चियों की एक श्रेणी अध्यापक भी होगी, माना, किन्तु बहुत गिनी-चुनी-सी एक श्रेणी। एक ऐसी श्रेणी जो अध्यापक बनकर ही व्यक्ति को राष्ट्र के लिए उपयोगी और राष्ट्र को व्यक्ति के लिए जागरूक बना सकती है।

(5) साधारण अध्यापक की पाँचवीं कमजोरी यह होती है कि अधिकांश के पास आकलन नहीं होता। हाथ में पड़ा हुआ बच्चा और देश की सर्वोच्च आवश्यकता, इन दोनों के बीच की दिव्य दृष्टि से पकड़ी जाने वाली दूरी के विषय में यदि सबसे अधिक कोई जाति बेखबर होती है तो वह बच्चों को सदैव सिखाने वाली वर्तमान शिक्षक-श्रेणी। अपवादों की बात मैं नहीं कहता, न यह निराशा की भावना से कहता हूँ—शिक्षक को उचित मनोवैज्ञानिक ज्ञान देने, उनके लिए पुस्तकों की सुविधा देने और उन्हें पेट-भर भोजन और जीवनोपयोगी सुविधा देने के साधन मुहैया करने होंगे। शिक्षक का गौरव अर्थहीनता वश खो न जाए, यह सावधानी लेनी होगी। क्योंकि शिक्षक कुछ ऐसा एकतरफा पेशे वाला बन गया है कि समाज के उत्थान और पतन के थपेड़ों, उत्तरदायित्वों और क्रियात्मकताओं से दूर जा पड़ा है। किन्तु आज का शिक्षक जिसे नवीन भारतवर्ष गढ़ना है इस आदत का नहीं रहने दिया जा सकता। यह कथन सर्वथा असत्य साबित करना होगा कि 'हम बेचारे शिक्षक क्या कर सकते हैं।' समाज को शाला के ज्ञान-मन्दिर में ज्ञान की सुविधा और गौरव का आसन देते हुए, नवीन शिक्षक की प्राण-प्रतिष्ठा करनी होगी।

जैसा कि मैंने इस जिले की शिक्षण-परिषद् का उद्घाटन करते हुए गत 18 दिसम्बर[1] के तीसरे पहर कहा था, प्रारम्भिक शालाओं के अध्यापकों को अपने विद्यार्थियों को पूरा का-पूरा अपने पास से देना होता है। उनके अटपटे बोलों में

---

1. 19 या 20 दिसम्बर 1948

से, राष्ट्र, शब्दों के अर्थों का उचित आरोप, अर्थ का अर्थों के साथ शब्दों में मिलकर बैठना और एक सम्पूर्ण अर्थ की खोज, फिर प्रत्यय और विभक्तियों के साथ पूरे वाक्य का निर्माण तथा इस निर्माण के बल से, बिन्दु-बिन्दु से सागर, अथवा खण्ड-खण्ड से समस्त अर्थदान का प्रयत्न प्रारम्भिक शिक्षक को ही करना होता है। प्रारम्भिक शिक्षण के विद्यार्थी की जीवन-रचना और वाक्य-रचना का यह उपक्रम, ज्ञान के क्षेत्र में उनकी लम्बी यात्रा की तैयारी होता है। प्राथमिक शाला के शिक्षक पर यही उत्तरदायित्व होता है। उधर कालेज के अध्यापक का विद्यार्थी अपने शिक्षण की अन्तिम सीढ़ियों पर होता है। शिक्षण-समृद्धि के अनुकूल या प्रतिकूल मुहूर्त पर ही उस जीवन को बोझ सँभालने के लिए प्रस्तुत होना पड़ता है। इतनी समझ, शक्ति, रखने वाले विद्यार्थी के शिक्षक का उत्तरदायित्व उतना ही कम हो जाता है। क्योंकि अध्यापक को सम्पूर्ण ज्ञान का कोण और उसकी पकड़ पूर्णतया विद्यार्थी में ही जाग्रत देखनी होती है। इसलिए केवल शिक्षण-पथ के चढ़ावों, उतारों, घुमावों और ज्ञान-बिन्दुओं की जानकारी और सन्देह के स्थलों ही पर विद्यार्थी शिक्षक का सहारा लेता है—और कितने ही अंशों में सर्वथा किंचित्।

किन्तु माध्यमिक शाला के पाठक या पाठिकाओं के उत्तरदायित्व जरा भिन्न होते हैं। बालक प्राथमिक शालाओं से शिक्षक के बोलों के कुछ अर्थ पकड़ लेना सीखकर आता है। मानो वह अक्षरारम्भ के अर्थदान की जमीन पर जानकारी के प्रारम्भ की अँगुलियाँ पकड़ना सीखता है। अतः शिक्षक को शब्द-दान के अवशेष अधिकांश को अर्थदान से भरकर ज्ञान-दान के क्षेत्र में अर्थ-संगम, अर्थ-प्रकाशन, अर्थ-बुद्धि, अर्थ-निश्चय, अथार्नुकूल भाव तथा विचार का ज्ञान, विचारों का विश्लेषण, विश्लेषण पर मत-चिन्तन, मत-निश्चय और कुछ मतानुकूल वर्तन की ओर बालक को खींचना होता है। माध्यामिक शाला में पचास फी सदी कमी की पूर्ति स्वयं अध्यापक करता है किन्तु शेष पचास फी सदी के आकलन और वस्तु-ग्रहण तथा अर्थ-ग्रहण के लिए शिक्षक बच्चों को तैयार करता जाता है। इसलिए माध्यमिक शाला के अध्यापक का उत्तरदायित्व, मैंने कहा न, जरा भिन्न-सा है। इतने बड़े उत्तरदायित्व को वहन करने वाले शिक्षक की आवश्यकताओं की समाज भी उपेक्षा नहीं कर सकता। शिक्षक उनके बच्चों को सँवारता है, समाज शिक्षक के परिवार और बच्चों को सुविधा और साधनों से सँवारे। उसे कभी छोटा न होने दे। बड़े-से-बड़े अधिकारी के सम्मुख भी शिक्षक को छोटा न होंने देना सुसंस्कृत समाज की निशानी है।

क्या ये बातें मैं शिक्षकों से ही कह रहा हू, शिक्षिकाओं से नहीं? अथवा ये बातें कुछ खास शिक्षक-शिक्षिकाओं ही के लिए कही जा रही हैं? मेरा निवेदन तो यह है कि सुझाव सदा टोपियों की दुकान पर रखी हुई टोपियों की तरह हुआ करते

हैं। वे जिनके मस्तक पर 'फिट' हों, वे अपने जीवन-क्षणों की कीमत दें और पहिन कर देख लें।

ये बातें मैं अचानक ही कह गया हूँ। शीघ्र ही मुझ से उद्‌घाटन-भाषण देने के लिए कहा गया और शीघ्र मैं देने आ गया। इतनी शीघ्रता में किसी देवता का प्रसाद कैसे बन पाता, गण्यमान्यता के बीच 'न कुछ' और 'नगण्यता' समेट कर चला आया।

हमारे समाज यानी शासन की, शिक्षकों और बालकों के प्रति गुरुतर जिम्मेदारियाँ हैं। कौन बच्चे किस शिक्षण के लिए उपयोगी हैं, इस बात के लिए हमारी शिक्षण-संस्थाओं के पास हमने ऐसे मनोवैज्ञानिक साधन ही कहाँ दिए हैं कि वे इस बात की जाँच कर, विद्यार्थियों का दिशा-दर्शन करें? आज तो जानकार या बेजानकार पालक ही अपने बालकों का शिक्षण-पथ तय कर लेता है, और कर्म अपने भाग्य पर खीझता, और कभी-कभी रीझता, अँधेरे में निश्चित की गई बच्चों की शिक्षण-दिशाओं का फल भोगता है। किन्तु पूरा पालक और शिक्षक-वर्ग उस परिणाम से बेखबर है, जो बच्चों की गलत, अधूरी और विपरीत तैयारियों के कारण राष्ट्र को भोगने पड़ते हैं।

यों बेटी संसार भर में और हमारे देश में भी, समाज का नगण्य अंश बनाकर रखी गई। यदि शिक्षण की समझ से कोई सम्बन्ध हो तो, बेटियों की समझ-शक्ति बेटों से पहले जाग्रत होती है। जिस उम्र में बेटा अपनी आवारगी नहीं छोड़ पाता, उस उम्र में बेटी एक परिवार के हानि-लाभ का उत्तरदायित्व सोचने लगती है। किन्तु उसी बेटी के लिए शिक्षण मना रहा है। मेरे बचपन में मेरे पिताजी के बड़े भाई मेरे ताऊ जी ने मेरी बहिनों को इसलिए नहीं पढ़ने दिया था कि पढ़ाने में बेटियाँ विधवा हो जाती हैं। यहाँ की स्थानीय परोपकारिणी शाला में माध्यमिक शिक्षण का जिसमें अँगरेजी भी सम्मिलित थी, श्रीगणेश ही नहीं होने दिया गया। किन्तु आज जब नवयुग हमारे द्वार आया तब हमने देखा कि हमने बेटियाँ को अशिक्षित, अपाहिज, भयभीत और उपेक्षित रखकर बेटियों पर और स्वयं अपने समाज पर, देश की सीमाओं पर और देश में भी कैसे-कैसे संकट न्यौते?

बेटा हमारे घर का चलता-फिरता दीपक है। वह उस ओर जाने को बाध्य है, जहाँ गृह-जीवन की आवश्यकताएँ उसे ले जायँ। बेटी हमारी देहरी का स्थायी दीप है "तुलसी भीतर बाहिरै, जो चाहसि उजियार" की साध हो तो मन्दिर-मन्दिर को अन्तर-बाह्य प्रकाशित किए रखने वाले इस दीप को हम सदा जगमगाता रखें।

नारी के विषय में, मानव के नाते हमारी धारणाएँ बहुत विकृत हैं। इस विषय में कितने ही लेखकों और कवियों ने अक्षम्य अपराध किए हैं। वे सूझों के धनी 'महान्' कहलाकर भी जीवन के आवारा साबित हुए हैं। बेटियाँ सावधान

रहें कि हर मानव मानव नहीं है। यदि उनमें रूप अथवा यौवन का सौन्दर्य है तो वे अनुभव करें कि उनके भुजाएँ भी हैं, और पैरों में जूतियाँ भी हैं। यदि कोई रूप या तारुण्य की प्यास से प्रताड़ित आए, तो वह आवारा है। रक्षण के उत्तर-दायित्व के साथ रक्षा-बन्धन में बँधकर अपनी दृष्टि नारी-तारुण्य पर पूजा-भाव से चढ़ाने के लिए वह आगे नहीं आ रहा। रक्त-कर वसूल करने की इच्छा, धन या सौन्दर्य किसी भी वेश में, किसी भी स्वार्थी की क्यों न हो, वह अत्याचारी है, अतः दण्डनीय है। तारुण्य का तो गौरव, अभिमत-रूपी देवता के चरणों पर चढ़ना है, उसको दोष-दृष्टि से देखने वाले के लिए तो चाहिए :

"काटिय तासु जीभ जु बसाई।
श्रवन मूँदि न तु चलिय पराई।"

जो लेखक, केवल तरुणी के वर्णन में, अपनी कुत्सित अतृप्ति का प्रदर्शन करता है, और जिसे नारी का बेटी, बहिन और माता का रूप कभी याद नहीं आता या जिसकी कलम पर कभी नहीं उतरता, वह भारतीय ऋषि-जीवन, वीर-जीवन, सेवा-परायण जीवन के लिए एक शोहदा है, जिसके दूषित मनोभावों की भक्तियाँ हमारे सुन्दरतर समाज में अधःपतन की बीमारी बो सकती हैं।

बेटियों के मस्तक पर, यदि अनन्त उच्चत्व के नीलाम की प्रगाढ़ श्यामलता उतरी हुई है, तो उनके ललाट पर, युग के शीतल प्रकाश का दैवत चन्द्र बन कर उतर आया है। उनकी कलाइयों पर के बोलों से इन्द्रधनुषों के रंग उतरे हैं तो उनके बस्त्रों में के तार-तार में जगत् की लज्जा-रक्षण करने वाले सन्तवर कपास की रक्षणशीलता, आर्य जाति की सांस्कृतिक मर्यादा उतरी हुई है। उनके नेत्रों में यदि जीवन-रस, गोद में खेलने वाले नये नन्हें-मुन्नों की कहानी बनकर तरंगित होता दीखता है, तो उनके आबद्ध ओठों का मौन कोटि-कोटि काव्यों और कथानकों की वाणी बनकर फूट रहा है। किन्तु बेटियों का सबसे बड़ा गौरव, सबसे बड़ा महत्त्व यह है कि वे चाहे वाणी-धारिणी हों, रत्न-धारिणी हों या खड्ग-धारिणी हों, उनकी हथेली की हस्त-रेखाओं पर विधि के विधान ने लिख रखा है कि वे मानव के निर्माता की निर्माण-कारिणी कलामयी जननी हैं।

'राधिका' पर साधारण साहित्यिक की कलम को ही गर्व नहीं रहा—भक्ति-सूत्रों के रचनाकार महर्षि नारद ने भी भक्ति के अत्युच्च उदाहरण के रूप में कहा है, "बजगोपिका इव"—अर्थात्, भक्ति ब्रजगोपिका के समान हो।

एक बार किसी सामन्ती दरबार में लिखने वालों में यह होड़ मची कि लिखो राधिका धीमे-धीमे क्यों चलती है? किसी ने लिखा—हंसों से प्राण—पंखों पर 'रूप का बोझ जब सँभले?' किसी ने लिखा, 'गुणों का गयन्द' बोझ लेकर गजेन्द्र-गामिनी शीघ्र कैसे चले?' किन्तु एक भक्त के कलेजे से एक पंक्ति आई, जिसने राधिका के धीमे चलने पर कहा :

"वह धीमे चले क्यों न भोरि भटू
पग लाखन की अँखियाँ अटकीं।"

राधिका की आराधिका वैष्णव जाति का यह उदाहरण आज की हमारी समस्त बेटियों के गौरव के लिए हम क्यों न उठा लें ? क्यों न हमारी बेटियों के चरणों पर हमारी जाति की कोटि-कोटि श्रद्धामयी आँखें समर्पित हो उठें ? प्रभु से बेटियों के गौरव के लिए यही वरदान माँगकर मैं आपके समारोह का उद्‌घाटन करता हूँ।

अध्यापिका बहिनों के लिए, अपनी नुक्ताचीनियों की क्षमार्थना के साथ, मेरे अभिनन्दन, मेरे वंदन ! यह तीन तरफ सागर लहराता देश, और यह सीमा पर होने वाले महाप्रलय उन्हें संकेत दे सकें कि कल की भारतीय नारी होने के लिए उन्हें क्या बनना पड़ेगा !

[दिसम्बर, 1948]

जो साहित्य जीवन में से नहीं आता, वह साहित्य नहीं है

[मालव साहित्यकार संसद (इंदौर) द्वारा अभिनंदित किये जाने पर दिये गये भाषण के विशेष अंश। 'जागरण', इन्दौर से]

"यदि हम साहित्य की सच्ची सेवा करना चाहें तो उसे केवल ग्रन्थों से, खबरों से, आसपास की सीमित जमींन से न बटोरें—उसे जीवन से प्राप्त करें। जो जीवन में से नहीं आता वह साहित्य नहीं है और जो जीवन साहित्य में गर्वित नहीं हो पाता वह जीवन नहीं है।"—ये शब्द हैं जो पंडित माखनलालजी चतुर्वेदी ने आज उनके सम्मान में आयोजित अभिनन्दन-समारोह में उन्हें भेंट किये गये मानपत्र के उत्तर में कहे।

शब्दों का शस्त्र

जिस समय शब्दों का समूह आप मुझ पर बरसा रहे थे, उस समय मुझे तुकाराम की वह वाणी याद आ रही थी, जिसमें उन्होंने कहा है कि जब मैंने अपनी प्रशंसा सुनी, तभी मर चुका। वाणी-बैंक से, विधाता के शस्त्रागार से जब हम शब्दों के शस्त्र उठाने लगते हैं, तभी महाप्रलय हो जाता है। हमने शब्दों का उपभोग कर वह स्थिति उत्पन्न कर दी है, जिसमें मानव को मानव का विश्वास नहीं रहा।

जीवन और साहित्य

जीवन और साहित्य के बीच आपसी सम्बन्धों की रेखा खींचते हुए आपने कहा

कि मेरा सारा शब्दकोष जीवन में से आता है। मैंने साहित्य में जो कुछ लिखा है, जीवन में से चोरी कर लिखा है। तुलसी, सूर, कृष्ण और ईसा का वाणी-रूप अमर दिखाई देता है। अर्थ उनके अन्दर प्रवाहित है। जो उसे ऊपर से पढ़ते हैं, वे उसका रूप मात्र देखते हैं, जो गहरे जाते हैं वे उसका अर्थ खोज पाते हैं। जो कलाकार के शब्द का स्वभाव है वही मानव का क्यों न हो ! क्यों न हम भी अपनी कृतियों में छिपकर चलें ?

साहित्य और क्रान्तिकारी

साहित्यकार का सच्चा रूप तो उस क्रान्तिकारी का-सा है, शासन जिसका पीछा करता है, जनता जिससे भय खाती है और समाज जिसे दुतकारता है। किन्तु फिर भी वह एक स्थान से दूसरे और दूसरे से तीसरे स्थान पर छिपता राष्ट्र को ऊपर उठाता और समाज को जीवन देता है और यही वह जमीन है जिस पर कवि और क्रान्तिकारी एक साथ ही खड़े होते हैं। हम काव्य को भगतसिंह और चन्द्रशेखर आजाद की तुलना में रख सकते हैं।

साहित्य और तरुणाई

तारुण्य ही साहित्य का सच्चा प्रतीक है। विधाता का खेल है कि डूबने वाले तारों के पहले नये तारे उग आते हैं। जब प्रकृति का यह खिलवाड़ है तब मानव उससे कैसे बच सकता है ! हम ऐसी पीढ़ी को देख सकें जो हमारे जीने को पराजित कर सके ! जो अपने सामने ऐसी पीढ़ी पैदा नहीं कर सके, वे क्या जिये ?

साहित्यकार, जो जीवन से नहीं देता

मूर्तिकार, नर्तक, गायक और संगीतज्ञ जब सब अपने शरीर से जीवन का रस प्रदान करते हैं, तब केवल साहित्यकार ही ऐसा है जो अपने शरीर से कुछ नहीं देता। वह सारा मनोयोग से देता है। मनोयोग पर इतना बड़ा डाका अभी बर्दाश्त नहीं किया जा सकता। जो जीवन में खतरों से खेला नहीं, वह खतरों की बात क्यों करता है ? कवि की ऐसी सड़ी मिठास जिस पीढ़ी को मिलेगी वह क्या खाक जिन्दा रहेगी ?

माता नहीं, तरुणी

हम अपनी बेटियों के रूप को सँवार कर उन्हें मनुष्य को खुश करने वाली पुतलियाँ बना रहे हैं। हम अपनी बेटियों को तरुणी बनाने के फेर में हैं, मातृत्व का नवीनतम संस्करण नहीं। क्या उस बेटी से हम यह आशा करें कि वह महारानी कैकेयी की तरह राजा दशरथ के रथ की धुरी को अपने हाथों का सहारा देगी ?

कवि की बेचैनी

मूर्तिकार और चित्रकार सारे विश्व की सम्पत्ति हैं तो नृत्य और संगीत भी देश की सीमा हैं। किन्तु कवि तो इतना पंगु है कि जब तक उसका अनुवाद न हो, वह अपनी भाषा से बाहर समझा नहीं जा सकता। कवि की बेचैनी की यह आवश्यकता है कि उसके रस की माँग विश्व में इतनी तीव्र हो कि दुनिया उसका अनुवाद करने के लिए मजबूर हो उठे।

विद्रोही वृक्ष

जमीन-जो हीरा, मोती, महल, मकान, सबको अपनी ओर खींचती है, एक तरुण वृक्ष उसी से विद्रोह कर आगे बढ़ता है। काँटों में बढ़ता है। हरियाली उसे सहलाती है। वह बढ़ता है किन्तु अपने जीवन का सर्वोत्कृष्ट भाग पुष्प की पंखुड़ियाँ वह पृथ्वी के ही चरणों पर समर्पित करता है। वृक्ष का यह स्वाभाव हमारा स्वभाव होना चाहिए।

[23.1051]

विजयी होवे यह भाषा—यह राज

(मध्यप्रदेश हिन्दी साहित्य-सम्मेलन, गोंडिया)

मैं अत्यन्त कृतज्ञ हूँ कि आपने मुझे इस संस्था के उद्घाटन की सेवा सौंपी। यद्यपि अब आपको ये सेवाएँ अधिक सशक्त हाथों में सौंपनी चाहिए थीं। यदि वृद्ध जन को ही आप सौंपें तो यह सेवा तो इस प्रान्त के महान् मनीषी पण्डित लोचनप्रसाद जी पाण्डेय को अधिक शोभती। मैं तो उनके चरणों के निकट बैठकर भी बहुत सुख पाता।

यद्यपि इस संस्था का जन्म 1916 में हुआ है, किन्तु वर्षों में इसके केवल 16 अधिवेशन हो सके हैं। सन् 1931 तक हमारी यह संस्था प्रान्त की राज-नैतिक परिषद् के साथ चलती रही। सन् 1935 के कटनी-अधिवेशन के पश्चात् इसके अधिवेशन स्वतन्त्र होने लगे। इस बात पर बहुत चिन्ता व्यक्त की जाती रही है और आज भी की जा रही है कि प्रान्त के हिन्दी-भाषियों और हिन्दीप्रेमियों का रुख इस प्रान्तीय साहित्य सम्मेलन की ओर उदासीनता का है। मेरे विचार में प्रान्त का रुख इस संस्था की ओर खींचने में आपको सफलता तब मिलेगी, जब इस संस्था को आप स्वयं स्वतन्त्र संस्था के रूप में देखना चाहेंगे। उसकी शर्तें ये हैं कि एक तो आप इस संस्था को सरकारी जाब्ते की तरह एक परम्परागत फाइल बनने से रोकें। आप सरकारी सामन्तों का इस सम्मेलन द्वारा स्वागत करें। उसके लिए आप स्थायी समिति के विशेष अधिवेशन भी कर लें। किन्तु इस संस्था

में से यदि सरकारी प्रभुता की गन्ध आयेगी तो हमारी सरकार हो जाने के पश्चात् भी जनता की विद्वत्ता, दरिद्रता और अल्पता में महानता का निर्माण करने वाली स्वतन्त्रचेता शक्तियाँ और जन-जीवन की सहस्र-सहस्र निर्मल इच्छाएँ इस संस्था की ओर आकर्षित न हो पायेंगी। इसे तो, इस संस्था को तो आप वीणा-वादिनी के वरद बृहस्पति के तप करने और तपोबल पर विश्व-निर्माण करने का स्थान बनाइये। राजगद्दियों पर आसीनों के मुकुट और महल नीलाम पर बिकते देखे जा रहे हैं, किन्तु बृहस्पति की विद्या को चुनौती देने की शक्ति न किसी युग में थी, और न किसी युग में हो सकेगी। इसी तरह बेच-बेचकर नहीं। इस मन्दिर में धन और प्रभुता पूजा पाने नहीं, मस्तक झुकाने ही आयें। बल लगाइए कि आप और हम इस वेदी को इतनी पूजनीया बना सकें। दूसरे, इस देश की महान् संस्थाओं के प्रयत्न भी उस सीमा तक विफल हैं जब तक वे प्रभुता, नेतृत्व, प्रयत्न और सेवा में ऊपर से जनता पर लादे जाते रहे हैं। अतः अब संस्थाओं ने नीचे से, साधारणता में से, बल पाने का आयोजन किया है; इसलिए कि देश-सेवा की ये संस्थाएँ जीवित रह सकें। साहित्य सम्मेलन को भी उसी पथ को अपनाना होगा। अब सम्मेलन का प्रान्तीय कार्यालय उत्थान और पतन का पूरा उत्तर-दायित्व अपने सिर पर लेकर इस संस्था की रक्षा करने में सफल नहीं हो सकता। हो भी कैसे सकता है? हमारा यह भी दावा कि हमारी भाषा देश की भाषा और हमारे विचार, उस भाषा के बोलने वालों के विचार हैं; कैसी विडम्बना है! हम शहरों में रहते हैं, शहर के कुछ लोगों को लेकर विचार करते हैं, और पन्द्रह फी सदी के विवेक को लेकर साहित्यिक व्यवस्था देते हैं और कहते हैं कि यह समस्त देश का विचार है! इस व्यवस्था को बदलना होगा। हमारा यह गर्व झूठा है कि गाँव में साहित्य नहीं रहता या साहित्य नहीं समझा जाता! तुलसीदास, सूरदास, कबीर इन में से कोई भी न राजगद्दी-प्रदत्त कवि है और न शहरातीपन का दीक्षित। इस पर मजे की बात यह है कि गाँव का ग्रामीण समाचार-पत्रों की सारी दौड़-धूप के पश्चात् भी प्राचीन कवियों के प्रति अपनी श्रद्धा से ढुलकता नहीं है और वर्तमान में कविता लिखने वालों की ओर ललकता नहीं है। इसीलिए हमारे वर्तमान के प्रयत्नों को गाँवों की ओर भिजवाइए। युक्तप्रान्त और बिहार में इस दिशा में कुछ प्रयत्न हो रहे हैं। वहाँ जिला हिन्दी साहित्य सम्मेलन और जनपद हिन्दी साहित्य सम्मेलन होने लगे हैं। मध्यप्रदेश, मध्यभारत, राजस्थान, दिल्ली प्रान्त, विन्ध्य प्रदेश और उत्तर प्रदेश के पहाड़ी जिलों में जनपद हिन्दी साहित्य सम्मेलनों के प्रारम्भ करने की नितान्त आवश्यकता है। यदि आप गाँव में साहित्य लेकर जायेंगे और गाँवों की शक्तियों को जिले-जिले और तहसील-तहसील आमन्त्रित करेंगे तो हमारे दिग्गज बनकर मूर्छित रहने वाले लोगों की मूर्छा छूटेगी और गाँवों का संस्पर्श और सम्पर्क पाकर भाषा और साहित्य निहाल

हो उठेंगे। हमें शहरों में पनपने और आनन्दित रहने का उर्दू भाषा का सा स्वभाव छोड़ना होगा। मुझे पूर्ण विश्वास है यदि इस प्रान्त में जिले-जिले में हिन्दी सम्मेलन होने लगे तो इस प्रान्त की अन्य संस्थाएँ भी अस्तित्ववान् हो उठेंगी। और यह हिन्दी साहित्य सम्मेलन तो खूब फूलने-फलने लगेगा ही।

तीसरी बात यह कि भीख की भाषा और भूख की बोली से कृपापूर्वक साहित्य की रक्षा करें। शहर के लोग शासन के व्यक्ति और धनिक प्रभुताएँ इस संस्था पर अपने वरदान अवश्य बरसायें, किन्तु पिछले छत्तीस वर्षों से क्या आप कुछ सीखना चाहते हैं ? धन और प्रभुता ने आज तक इस सम्मेलन के लिए कितने भवन बनवा दिये ? कितने पुस्तकालय खड़े करके इस सम्मेलन की ज्योति को अमर किया ? अपनी पाण्डुलिपि छाती से लगाये रखनेवाले लेखकों की भूख और कठिनाइयों का कितना खयाल रखा ? आप में से हरएक की दो हथेलियाँ हैं। आप में से हरएक अपनी मजदूरी की गाढ़ी कमाई में से बेटे-बेटियों का ब्याह करते हैं। यही क्यों, शासन का कर भी देते हैं। जीवन में आप देखते क्यों नहीं कि पैरों के ऊपर पेट भले हो, किन्तु पेट के ऊपर हृदय है, हृदय के ऊपर कण्ठ है और कण्ठ से परे मस्तिष्क है। क्या हृदय, कण्ठ और मस्तिष्क के बिना भी कोई जीवित रह ले जा सकता है ? अतः आप अपने पेट की गाढ़ी कमाई में से इस संस्था का कोष निर्माण कीजिए। बादल इस पृथ्वी के जलाशयों ही से बनते हैं और फिर जलाशयों पर ही बरसने के लिए लौट पड़ते हैं। आप प्रयत्न, प्रतिष्ठा, प्राण और पीढ़ी के ज्ञान का निर्माण साहित्य से लेकर बढ़ें, किन्तु जो कुछ पावें उसका अंश लेकर लौटकर साहित्य पर ही क्यों न बरस पड़ें ? करोड़पतियों के द्वार पर ईमान रेहन रखकर भीख माँगती हुई आपकी मातृ-भाषा की तसवीर आपको भली मालूम होती है। यदि आप अपनी सहायता के कण-कण लेकर उपस्थित हों तो इस महान् कोष में हृदयवान धनपति अपना अंश मिलाये बिना न रहेंगे। किन्तु हमें पहले अपने जीवन और साहित्य की कृत्रिम परिभाषाएँ बदलनी होंगी। विद्या तो वह जो मुक्त करे और विद्वान् वह जो भीख माँगे ! कैसी विडम्बना है ! अतः पीढ़ी उठे, पीढ़ियाँ उठें, पीढ़ियों के प्राण उठें, पीढ़ियों के मस्तिष्क उठें और अपना एक कोष निर्माण करें और उसे एक ट्रस्ट बनाकर किसी बैंक में रखवा दें। यदि भूमि-कर की तरह साहित्य का कर भी हिन्दीभाषियों और हिन्दी-प्रेमियों की अनिवार्य आवश्यकता हो जाए तो शासन और धनवान दोनों के इस दिशा में किए हुए प्रयत्न विधायक रूप से काम में आने लगेंगे। नहीं तो जिस तरह रुपया धनिकों और शासन का होगा उसी तरह इच्छाएँ भी उन्हीं की होंगी और कार्य भी उन्हीं की मरजी से होंगे या न होंगे। जब तक जनता का धन साहित्य सम्मेलन का कोष न बनायेगा, तब तक साधारण से साधारण साहित्य भी विधायक प्रवृत्तियों के अनुकूल साहित्य सम्मेलन के निर्माण-कार्य में कुछ अधिक न कर सकेगा।

जब से हिन्दी राष्टभाषा घोषित हुई है तबसे लोग कहते हैं कि हमारा उत्तरदायित्व गुरुतर हो गया है। यदि आपको याद हो तो अखिल भारतीय हिन्दी साहित्य सम्मेलन ने अपने जन्म (1910, काशी) के दूसरे वर्ष (1911, प्रयाग) के अधिवेशन में हिन्दी को राष्ट्र-भाषा घोषित कर दिया था और जब 1919 (इन्दौर के आठवें अधिवेशन) में महात्मा गांधी ने हिन्दी के विस्तार के व्रत को अपने विधायक कार्यक्रम में राष्ट्र-भाषा का प्रश्न बनाकर ले लिया और उसके लिए बड़े पैमाने पर देशव्यापी प्रयत्न किये, तब यह समस्या समस्त देश के ध्यान देने की समस्या बन गयी और हिन्दी को विविध रूपों में सबल, सम्पन्न और यशोधवल बनाने की ओर किये जाने वाले अखिल भारतीय हिन्दी सम्मेलन के प्रयत्नों में भिन्न प्रान्तों के तथा भिन्न भाषा-भाषी भाई भी सहयोग देने लगे। किन्तु जब हिन्दी और हिन्दुस्तानी का प्रश्न उपस्थित हुआ, तब समस्त देश हिन्दी साहित्य सम्मेलन के झण्डे के साथ खड़ा होकर पूज्य पुरुषोत्तमदासजी टण्डन के अधिनायकत्व में अधिकाधिक बलपूर्वक राष्ट्र-भाषा हिन्दी के राष्ट्र-भाषा स्वीकार किये जाने के पक्ष में प्रयत्न करने लगा। मैंने गुर्जर प्रान्त में हिन्दी साहित्य सम्मेलन के अध्यक्ष के नाते स्वयं देखा कि गौरवमयी गुर्जर-गीर्वाण के उपासक अधिक संख्या में हिन्दी को राष्ट्रभाषा बनाये जाने के पक्ष में अपनी सम्मति रखते हैं। हम जिस उत्तरदायित्व की बात करते हैं, उसमें यह परम आवश्यक है कि हम जानें कि इस देश की राष्ट्र-भाषा अपनी प्रान्तीय भाषाओं के साथ मिलकर ही शोभती है, उनसे भिन्न खड़ी होकर नहीं। यदि हमारे देश के भिन्न-भिन्न प्रान्त समूचे महान् देश के आवश्यक घटक हैं तो हमारे प्रान्तों की भिन्न-भिन्न भाषाएँ हमारी राष्ट्र-भाषा की महान् घटक क्यों न होंगी, और उनका बल, अस्तित्व और गौरव-परम्परा लम्बी क्यों न होगी? यदि समय से पहले हम इस बात को न समझ न सके हों तो इस देश के लोगों को इतना प्रतिभाहीन तो नहीं होना चाहिए कि वे समय के उपस्थित होने पर भी इस चरम आवश्यकता का आकलन न कर सकें। मध्य प्रदेश ही वह अकेला प्रान्त है जहाँ हम सिद्ध कर सकते हैं कि राष्ट्र-भाषा का व्यवहार अपने प्रान्तीय अंगों अर्थात् अन्य भाषाओं के साथ कैसा हो। हमारा प्रान्त द्विभाषी प्रान्त है जहाँ हिन्दी और मराठी भाषा बोली जाती है। यदि यहाँ के हिन्दी लेखक गडकरी और बालकवि अथवा माडखोलकर और देशपाण्डे अथवा वामनराव जोशी और अन्य मराठी लेखकों को नहीं पढ़ सकते, तो इसे हम गौरव का नहीं, लज्जा का विषय मानते हैं। ज्ञान पर अज्ञान का धावा न राष्ट्र का निर्माण करता है और न राष्ट्र-भाषा का। ज्ञानी के हृदय में ज्ञान की पहुँच और भाषाओं के बन्धनों को लाँघकर जन-जन के जीवन के पास पहुँचने वाली हमारी कलाकृतियाँ जिस मनोभूमि का निर्माण करती हैं, उसी से राष्ट्र बलवान् रहता है। राष्ट्रभाषी यह भी अनुभव करे कि उसके कलाकार अन्य भाषाओं के घर कर्ज की तरह उधार

दिये जाने की वस्तु नहीं। प्रान्तीय भाषाओं में हिन्दी भाषा की तरह ही और कुछ में तो हिन्दी भाषा से कहीं अधिक कलागुरुता विद्यमान है। हिन्दी भाषा तो राष्ट्र भाषा इसलिए बन सकी है कि राष्ट्र के हृदयों को एक हृदय में जोड़े रखने के लिए जब एक भारतीय भाषा की आवश्यकता हुई, तब हिन्दी ही सबसे अधिक देश के लोगों की जनसंख्या में समझी जाने योग्य भाषा सिद्ध हुई। कला-कोष की दृष्टि से तो हम समस्त भाषाओं की कला-रचना को अपने-अपने आदान-प्रदान के द्वारा एक बनायें और इस तरह देश में निर्माण होने वाली समस्त कला को भारतीय राष्ट्र का मौलिक कला-सर्जन मानें। यदि हम अपने घर के झगड़े कुछ कम करें तो इस देश के बुद्ध और वैष्णव युग के तीर्थ-यात्रियों की तरह आज भी हमें भारतीय राष्ट्र, भारतीय संस्कृति, भारतीय प्रतिभा तथा भारत वर्ष का निर्मल सन्देश लेकर पश्चिम में कुस्तुन्तुनिया और पूरब में जापान तक हमारी नम्र प्रतिभा की अनन्त सेवाएँ एशिया के भिन्न-भिन्न खण्डों में पहुँचानी हैं, और वहाँ की जाग्रत प्रतिभा के उज्ज्वल प्रकाशों से अपने राष्ट्र और अपनी राष्ट्र-भाषा में दीपावलियाँ सजानी हैं। इसलिए भाषा का गृह-कलह अब बन्द होना चाहिए।

इसी प्रसंग पर मुझे भाषा के विषय में भी कुछ कहने की आवश्यकता प्रतीत होती है जो आज कुछ सरकारी और कुछ गैरसरकारी टकसालों में गढ़ी जा रही है। ये मित्र हिन्दी का संस्कृत होना अव्यावहारिक मानते हुए भी हिन्दी का हिन्दी रहना असह्य समझने लगे हैं। हिन्दी जगत् में चार सौ वर्षों से भाषा के नाते जन-जीवन की और भारतीय जन-जीवन के अधिकांश की साँस बनकर रही है। किन्तु अब हर शब्द बदल कर कठिन बनाया जा रहा है। जिन्हें उर्दू-फारसी की कठिनता की शिकायत थी, उन्हीं के द्वारा संस्कृत शब्दों की कठिनता हिन्दी में अनिवार्य मानी जाने लगी है। कठिनाई तो यह है कि हिन्दी भाषा के गढ़ने वाले हमारे कुछ विद्वान्, संस्कृत के शब्दों को भी ज्यों के त्यों नहीं गढ़ते हैं। यदि बोल-चाल का शब्द भाषा में रहता है तो जन-जीवन उसे समझ लेता है। यदि ज्यों का त्यों संस्कृत शब्द आता है तो वह भी देश के भिन्न-भिन्न भागों में उसकी मूल धातु के द्वारा पकड़ा जा सकता है। किन्तु संस्कृत से हिन्दीकरण किये हुए शब्द और उनका धुआँधार निर्माण जन-जीवन की समझ के सारे दरवाजों पर पहरेदार बन कर खड़े हो जाते हैं और जन-जीवन की समझ को आगे नहीं बढ़ने देते। एक दूसरी कठिनाई भी है। क्या आप हिन्दी भाषा में इतने नये कठिन शब्द ढाल देना चाहते हैं कि पन्द्रह वर्ष के पश्चात् जब भाषा पर पुनर्विचार करने का समय आये, तब लोग यह कह सकें कि हिन्दी नाम की तो कोई भाषा थी ही नहीं। उसे तो गत पन्द्रह वर्षों में डॉक्टर रघुवीर और उनके साथियों ने गढ़कर खड़ा कर दिया है। मेरी समझ में नहीं आता कि भिन्न-भिन्न भाषाओं के, उर्दू के भी, जो शब्द मराठी, गुजराती, मलयालम, तमिल, तेलुगु, उड़िया, कन्नड़ और बँगला भाषाओं में

चल सकते हैं, कौन कहना चाहता है कि वे हिन्दी में नहीं चल सकते ? यह तो आवश्यक है कि शब्दों की धातुओं को शुद्ध रखने के लिए हम अपनी आवश्यकता के शब्द संस्कृत से लें। जब नेपाल, तिब्बत, सिंहल, ब्रह्मदेश और इन्दोनेशिया में संस्कृत शब्दों ने यात्रा की है, जब पश्तो और फारसी के शब्दों के मूलाधार संस्कृत शब्द हैं तब भारतीय भाषाओं की पृष्ठभूमि संस्कृत-रहित हो, यह नितान्त अस्वाभाविक है। किन्तु हर संस्कृत-रहित शब्द को गर्दनिया कर भाषा से निकालने का उद्योग राष्ट्रभाषा का निर्माण कदापि नहीं कहला सकेगा। अतः इस दिशा में हम अखिल भारतीय हिन्दी साहित्य सम्मेलन के प्रयत्नों से कुछ प्रान्तीय शासनों और कुछ विद्वानों की सनक को अधिक महत्त्व न दें, यही हमारे लिए भाषा के क्षेत्रमें उचित मार्ग है और मेरा निवेदन है कि आपका यह सम्मेलन इसी नीति को अपनाये।

अब कुछ साहित्य पर ! हम यह जानें कि समूचे साहित्य को इस समय ऊँचा उठना है और हमारे कुछ व्यक्ति, साहित्य की गुरुता की दिशाएँ चुनकर, इनमें गड़ जायें। किन्तु बिना बेंक-बैलेन्स की धनिकता की तरह बिना पढ़े-लिखेपन की साहित्यिकता हमारे बीच बहुत पनप गयी है। मध्य प्रदेश ही की बात मैं नहीं कहता। मैं तो समस्त हिन्दी का क्षेत्र की बात कहने का साहस करता हूँ कि हम धीरे-धीरे बिना पढ़ने-लिखने वालों की कौम बनते जा रहे हैं। स्कूल में हो, कॉलेज में हो, जन-जीवन के किसी भी क्षेत्र में हो, हमारा अधिकांश पाठ्य-पुस्तकों को छोड़ दें तो प्रायः बिना पढ़े बोलता है और बिना अध्ययन किये अक्ल की खैरात बाँटता फिरता है। यदि एक तिथि निश्चित करके आप हिन्दी-जगत् में सामन्तों से लगाकर साहित्यिकों तक सब की तलाशी ले डालें, तो आप को उनके गृह-जीवन में पुस्तकों से अधिक किसी वस्तु का दिवाला कढ़ा हुआ न दीखेगा। फिर बातों की पूरी और बातों के लड्डुओं के वे बादशाह जो ज्ञान देते हैं, वे जाने या बेजाने धोखा खाने के लिए देते हैं या धोखा देने के लिए। लाचारी की तरह हम पर पड़ने वाली कुछ पुस्तकों को छोड़ कर मानो हम कुछ पढ़ते ही नहीं, और कुछ लोग तो उन पुस्तकों को भी नहीं पढ़ते। तब क्लास-रूम में नन्हें बच्चों के सामने विद्वता बघारने वाले अध्यापक की तरह हम पर बढ़ने वाली आज की श्रद्धा या तो समस्त बुद्धिहीनता का व्यवसाय है या अपने बड़ों को मूर्ख न कहने की पीढ़ियों की शिष्टता, या लोक-रुचि से अपने को न गिरने देने का हमारी बुद्धि का उपद्रव है जो सम्पूर्णतः पराजित होकर भी पराजय स्वीकार करने की भूल नहीं करता। मेरा निवेदन है कि हम पढ़ें, हम अध्ययन करें और बोली जाने वाली वाणी में अध्ययनपूत प्रसाद ही अपनी पीढ़ी को प्रदान् करें। यह न समझें कि केवल भाषा पर लिखे ग्रन्थ ही इस देश को उन्नत कर जायेंगे। भिन्न-भिन्न प्रकार के अध्ययनों, शोधों, आविष्कारों और इतिहासों तथा उद्योगों

और कलाओं के ग्रन्थों के रचनाकारों को भी हम साहित्य के महान् मन्दिर का अधिकारी समझें।

कला ! बड़े बुरे समय काल की याद आयी। यह तो हमारा साहित्य सम्मेलन है न ! हम साहित्य को विश्व-व्याप्त मानते हैं और कला के क्षेत्र में भी साहित्य और काव्य का स्थान स्वभावतः बहुत ऊँचा मानते हैं। जरा मूर्तिकला को देखिए। हम तो अक्षरों में कागज पर इच्छाएँ और संकल्प लिखते हैं, किन्तु जरा पत्थर पर होंठ और आँखें बनाकर उसपर मानव की मुस्कराहट उतारने वाले की ओर भी दृष्टि डालिए। कहाँ पत्थर की कठोरता और कहाँ मुस्कराहट की कोमलता ! एक गाय की मूर्ति है। एक नारी स्तन पकड़े हुए है और एक बच्चा काँधे से लिपट-कर दूध के लिए झगड़ रहा है। इस मूर्ति को सारे विश्व में कहीं भी भेज दीजिए। जगत् का हर आदमी पढ़ लेगा। मूर्ति के बाद चित्र ! यहाँ पत्थर नहीं फोड़ने पड़ते, कागज पर रंग उतारने पड़ते हैं। ये भी दुनिया-भर में पढ़े जा सकते हैं। परन्तु ये पानी में गलते हैं, आग में जलते हैं, गरज यह कि मौसम का इन पर असर होता है। ये चित्र मूर्ति से अधिक अपने रंगों के कारण यशस्वी हैं, किन्तु मूर्ति-जैसे अमर नहीं। पर इनकी पहुँच विश्व-भर की समझ के पास है। चाहे ये किसी देश के बने हों। फिर संगीत को देखिए। वह वाद्य में हो, गान में हो, स्वर में हो, तान में हो। आप कश्मीर में गाइए या दिल्ली में गाइए, नागपुर में गाइए, इन्दौर में गाइए, त्रिचनापल्ली में गाइए या रामेश्वरम् में गाइए। राग है और सब जगह समझा जा रहा है। यही हाल नृत्य का है। मणिपुरी हो, कथकली हो या कोई और भी, समस्त राष्ट्र उसे समझता है। मूर्ति और चित्र की तरह इसे विश्व-भर नहीं समझ सकता। इनका संवेदन राष्ट्रीय होता है, अन्तर्राष्ट्रीय नहीं होता। और साहित्य और कविता कहिए, पढ़िए और अपने पड़ोसी प्रान्त के लिए भी अनुवादक ढूँढ़ते रहिए। अपनी पड़ोसी भाषा के लिए भी दुभाषिए की आवश्यकता है। मेरा निवेदन है कि कला के क्षेत्र में साहित्य और काव्य सबसे सीमित हैं, सबसे सीमित कला है। इसकी अपील बहुत ही छोटी सीमा में बँधकर होती है। इनकी पुकार महान तब होती है जब साहित्य के रचनाकार गीतों को संगीतज्ञों के गायन और वाद्य पर और नर्तकों के नृत्य पर चढ़ाने की क्षमता रखते हों। साहित्य के कला-कार अन्तर्राष्ट्रीय तब हो जाते हैं जब उनके वर्ण्य विषय चित्रकार चित्रों में और मूर्तिकार मूर्तियों में उतारने को ललच उठते हैं। अतः कला के क्षेत्र में साहित्य अनुभव करे कि वह अकेला नहीं है, काव्य अकेला नहीं है। वह कला के सम्पूर्ण उपकरणों में सबसे पीछे चलकर ही सबसे आगे व्यक्त होने वाला बलवान् उपकरण है।

लेखन में मुझे एक बात और खटकती है। हमारी रचना हमारी अपनी हो। रसोइये की तरह हम किसी की रचना परोसने का पेशा न करते हों और यदि

करते हों तो उस पेशे को ईमानदारी से स्वीकार करते हों। साथ ही कोई व्यापार या बैंक तब चलता है जब उसके संचालक अपनी भी एक धनराशि उसमें मिलायें। इसी तरह लेखन की सिद्धि भी तब महान होती है जब कि अध्ययन में से रस सींचते हुए भी उसका अपना कुछ पीढ़ी के देने योग्य हो। जीवन की जरूरतें और अध्ययन का बल जीवनदायी रचना करने वालों की आवश्यकता हैं। मुझे आशा है कि इन आवश्यकताओं की पूर्ति आप की कलम कर सकेगी।

सतपुड़ा के छोटे ऊँचे-नीचे शिखर और उनमें बहने वाली नर्मदा, ताप्ती, महानदी, गोदावरी आदि की धाराएँ वाणी और अर्थ की तरह जब हमारी कलम में प्रतिबिम्बित हों और गाँवों के गवैयों में बोलने वाली ग्राम-वधूटियाँ जब अपनी बोलियों के सुहाग, लेखनियों के भाग निहाल कर देने के लिए उतारें, इस प्रान्त का लेखक, इस प्रान्त का कवि, इस प्रान्त का मूर्तिकार, इस प्रान्त का नर्तक, इस प्रान्त का साहित्यकार, इस प्रान्त का समाज-सेवी, इस प्रान्त का सामन्त, इस प्रान्त का शासक—समाज के जीवन की तराजू के ये दोनों पलड़े—जब एक-दूसरे को गुरुता प्रदान करते दीख पड़ें, तब सन्त विनोबा-जैसे साधक चाहे भूमिदान करें, चाहें चरित्रदान; हमें तो सतपुड़ा की घाटियों में सूखे टुकड़े खाये और फटे चीथड़े पहने, काँधे पर कम्बल रखे साहित्यिकों की वाणी के आँगन में खेलता हुआ गायों का वह चरवाहा दीख पड़ता है, जो यदि आज फिर से भारत में लौट आये तो वृन्दावन में रहने के बजाय पंचमढ़ी के सतपुड़ा शिखरों के आस-पास देनवा नदी के दोनों किनारों पर विचरण करना और अपनी कला की मुरलिका से भारत और विश्व के केन्द्रों को रस से सराबोर करना अधिक आवश्यक समझेगा। मेरे युग के हर साहित्यकार की मूरत मुझे वृन्दावन के उस ग्वाले की याद दिलाती है जिसकी बाँसुरी की धुन सुनने और त्रिभंगी छवि पर न्योछावर होने के लिए मैं साहित्यिक शताब्दियों से प्रेम की भीख माँगता चला आ रहा हूँ।

मैं इस साहित्य सम्मेलन के इस अधिवेशन का विनयपूर्वक उद्घाटन करता हूँ और श्रीयुत बृजलाल जी बियाणी के सभापतित्व में इस सम्मेलन की सफलता की एकान्त आकांक्षा प्रकट करता हूँ।

[मध्यप्रदेश हिन्दी साहित्य सम्मेलन का गोंदिया-अधिवेशन, 1952]

शिक्षक : कुछ नकार, कुछ स्वीकार

[रक्षा-बन्धन, 1954 पर बुनियादी प्रशिक्षण संस्था दिये गये भाषण का महत्त्वपूर्ण अंश। शिक्षा-युगान्तर]

"मुझे बहुत प्रसन्नता है कि आज का कार्यक्रम मंत्रों और यज्ञ से प्रारम्भ

होकर संगीत तक पहुँचा। रक्षाबन्धन के इस क्रम की मैं प्रशंसा करता हूँ।"

"यह शाला अध्यापक-विद्यार्थियों की है अतः जो मैं कहूँ, शिक्षक-विद्यार्थियों से ही कहूँ, यद्यपि मेरा जीवन भी छोटे बच्चों के ही शिक्षण से प्रारम्भ हुआ है किन्तु उन दिनों में दूरी इतनी अधिक हो गई है कि आज उन से कुछ कह सकूँ, कठिन मालूम होता है। पतंग ऊँची से ऊँची उड़ जाए किन्तु जिन कागजों से वह बनी है, अलग से वह उन कागजों का बोझ भी उड़ा कर नहीं ले जा सकती।"

"रक्षाबन्धन के अवसर पर शिक्षक के लिए दो प्रवृत्तियाँ महत्त्व की हैं। मंत्र का उच्चारण अनुसरण और आचरण माँगता है। हमारे देश में सभ्यता, संयम, रस और औचित्य का त्रिवेणी-संगम है; नियंत्रण, ममता और व्यवस्था का, आदर्श का पाठ है। वृक्षों में भी हम यही देखते हैं। यही तो कारण है कि हम उन्हें पहिचान लेते हैं क्योंकि उनकी पत्तियों और डालियों की रचना में संयम है, उनके विस्तार में औचित्य है और उनके फूलों और फलों में रस है। श्रावण मास में तो प्रकृति मानो संयम, औचित्य और रस का पदार्थ-पाठ ही बन जाती है। प्रकृति के इन्हीं गुणों द्वारा हम प्रभु की प्रार्थना के अर्थ जान पाते हैं।"

"शिक्षक विद्यार्थियों का ध्यान मैं कुछ नकारात्मकताओं की ओर खींचूँ और कुछ स्वीकारात्मकताओं की ओर। नकारात्मकता में पहली बात यह कि शिक्षक को अपने विद्यार्थी अपने-जैसे नहीं बनाने हैं। देश की आवश्यकताओं की पूर्ति करने वाले बालकों का उन्हें निर्माण करना है।"

"दूसरी यह कि नन्हें बच्चों के साथ रहकर शिक्षक स्वयं इतना नन्हा न हो जाए कि वह जगत के चौराहों पर जाकर नन्हें बच्चों जैसा अज्ञान व्यक्त करने लगे। उसे स्मरण रखना चाहिए कि वह शिक्षक और उसके हाथ में अज्ञान-सृजन का नहीं, ज्ञान-दान का उत्तरदायित्व है।"

"तीसरी यह कि 'तन-तन मनिया, पेट मथनिया' शिक्षक बच्चों को क्या सिखावेगा? शिक्षक के कमरे में कुर्सी इसलिए नहीं रखी है कि वह कुर्सी का पीछा न छोड़े, उसी पर लदा रहे। कुर्सी शिक्षक के श्रम में अवहेलना की वस्तु होती है और शिक्षक के विश्राम में गौरव की वस्तु। यदि शिक्षक का मोह कुर्सी पर अधिक रहा तो मुझे भय है कि देश में बच्चे कुर्सी लेकर न पैदा होने लगें।"

"चौथी बात यह कि इस देश में जो बिना पढ़े पढ़ाने वालों की कौम है, उसे शिक्षक कहने लगे हैं। आप ऐसा न करें। आप पढ़ावें किन्तु अपने जीवनदाता ग्रन्थों को अवश्य पढ़ें। यदि, खासकर शिक्षक के घर की तलाशी ली जाय तो आग लूगड़ सब मिल जायेगा, किन्तु पढ़ने योग्य पुस्तक नहीं मिलेगी।"

पाँचवीं यह कि शिक्षक बालकों के लिए पराया न हो। उसका अधिकार, उसका पद, उसका पढ़ा-लिखा-पन और उसके वेतनमान के झगड़े आज तो बच्चों के सिर का बोझ हैं। माँ यदि अपने स्तन का दूध देती है तो शिक्षक सरस्वती के

स्तन का दूध बच्चों को पिलाता है, अतः शिक्षक बालक के हृदय के बहुत निकट हो ताकि बुनियादी शिक्षा-प्रणाली के अनुकूल वस्तु से ज्ञान की ओर, और ज्ञान से वस्तु तक 'समझ' के आने-जाने में बालकों को रुकावट न हो।

"अब कुछ स्वीकारात्मक बातें। बच्चा शिक्षक के पास आया कि न जाने कितने संकल्पों और सम्भावनाओं के साथ वह शिक्षक के पास भिजवाया जाता है। वहाँ तो शिक्षक उसके लिए संदेश-वाहक है। हम यह नहीं भूलें कि बच्चे को ज्ञान हम नहीं देते, कोई ज्ञान हमारे द्वारा बच्चे तक पहुँचाया जाता है। उस ज्ञान के पहुँचाते समय शिक्षक में हृदय-हीन ग्रामोफोनिक टेण्डेन्सी नहीं होनी चाहिए। यह न हो कि जिन दुर्गुणों को शिक्षक बालकों में से निकालना चाहते हैं वे शिक्षक महाराज में पहले से ही विद्यमान हों। एक बार मैं एक ग्रामीण पाठशाला में बैठा हुआ था—कोई 40 वर्ष पहले। तहसीलदार आये हुए थे। बच्चे शोर मचा रहे थे और जोर से गालियाँ बक रहे थे। तहसीलदार ने शिक्षक महोदय से कहा कि बच्चे गाली दे रहे हैं, उन्हें रोकिये। मास्टर साहब ने बच्चों को गाली देने से रोका, परन्तु स्वयं चार-छह भोंडी-सी गालियाँ देकर। भला जब शिक्षक स्वयं गाली देने से न रुक सकें तब वे बच्चों को गाली से कैसे रोक सकेंगे? बच्चा इतना नन्हा होता है कि शिक्षक का वेतनमान, शिक्षक का अध्ययन, अपनी भलाई-बुराई कुछ नहीं जानता। यह देश तो वह है जहाँ मनुष्य के जन्म पर बाजे बजते हैं, उसके परिणय पर बाजे बजते हैं, उचित समय पर हो तो उसकी मृत्यु पर भी बाजे बजाये जाते हैं। अतः शिक्षक में ऐसा माधुर्य होना चाहिए कि जब उसके पास अध्ययन के लिए बच्चा आवे, तब बाजे बजने-जैसा गौरव-दिवस ऊग सके। और जब बच्चे के हृदय का बाजा बज उठे तब हमें जानना चाहिए कि हमने शिक्षक के नाते अपना कर्त्तव्य पूरा किया।

तब क्या कटु होना ही नहीं चाहिए? जब गुलाब सिकुड़ी पत्तियाँ और काने तथा छोटे फूल देने लगता है तब उसे चतुर मालाकार कलम कर देता है, और उस गुलाब की ऐसी सेवा करता है कि उन्हीं डालों पर हजारों गुलाब झूमने लगते हैं। परन्तु शिक्षक की हर विपरीतता तभी शोभायमान है जब वह बालक के जीवन और समाज के वातावरण में अनुकूलता उत्पन्न कर सके। शिक्षक का डंडा गई-बीती बात हो गई हो, ऐसा अभी नहीं हुआ। फिर यदि लाठी इतनी आवश्यक है तो वह आठ वर्ष के बच्चों के लिए ही क्यों? बड़ी उम्र के लोगों पर भी वह गुणकारी हो सकती है। राष्ट्रगीत में हम गाते हैं—'झंडा ऊँचा रहे हमारा' शिक्षक मन-ही-मन गुनगुनाता है शायद 'डंडा ऊँचा रहे हमारा!' किन्तु यदि इस नन्हीं पीढ़ी के लिए डंडा ऊँचा रहेगा तो झंडा ऊँचा नहीं रहेगा।

"गाँवों की भाषा में पढ़ें तो वृक्ष मानो हमारा ईमान है। जैसा बोया वैसा ऊगा। संस्कार मानो हमारी झोंपड़ियाँ हैं। सूर्य-किरण, वर्षा की बूंदें और कड़-

कड़ाती ठंड, जैसी बाहर वैसी भीतर। मंत्र हमें अपनी पवित्रता दें और मंत्रों के द्रष्टा ऋषि अपनी बलिदान-पूर्ण सेवा-भावना।"

[अगस्त, 1954]

साहित्य के चिन्तक की लाचारी

साहित्य का चिन्तक तो प्राण, प्रतिभा और प्रार्थना का सम्मिलित नाम है। केवल वन्दना की भावना प्राणों का निर्माण नहीं कर पाती, केवल प्राणों का अस्तित्व पुरुषार्थ का दम्भ-सा लगने लगता है और केवल सूझों का कौशल पुरुषार्थ के बल और 'नानक नन्हें ह्वै रहौ' के शील के बिना कुछ नया कहने का वह पुराना लालच है जो मानव-ज्ञान के आदि से उसके हाथ पड़ गया है और सृजन-गाम्भीर्य के अभाव में कल्पनाशील के दिमाग से जापाना खिलौनों जैसी नयी चीजें पैदा करने लगता है। इसीलिए चिन्तक समय, स्वरूप और सुगन्धि की त्रिधारा लेकर ही अपनी बात कहने निकल पाता है। परिस्थिति, स्फूर्ति और संकल्प जब तीनों एक दूसरे से बिगड़ उठते हैं तब उनकी रगड़ से नये विचार पैदा होने लगते हैं। उस समय विचार मानो लाचार हो उठते हैं—'कोई उन्हें वाचा दान कर सकता!' उस समय के विचार भी विकार की तरह इतने जाग्रत और बेबस हो उठते हैं कि वाणी पर उतरने के लिए ज्ञान की गठरी नहीं ढूँढ़ते, केवल दिग्गजों को ही नहीं टटोलते, वे ऐसे अल्हड़ों की कलमों और आवाजों पर उतरते हैं जो परिस्थितियों के वेग और उनके नियन्त्रण के आवेग को सँभाल लें।

दुनिया तो अपनी समस्त अच्छाइयों के साथ एक सूखा हुआ जंगल है—उपयोगिता के अहसानों से दबा हुआ। सूखे जंगल में कभी-कभी एक हरी बेल एक तरफ बाँस पर, दूसरी तरफ बबूल पर, तीसरी तरफ टेसू पर और भिन्न-भिन्न वृक्षों पर चढ़ती है। अनेक वृक्ष हरे दीखने लगते हैं। भिन्न स्वभाव के वृक्षों में एक-से पत्ते लगे देखकर जंगल में अचम्भा होता है, किन्तु सूखे हुए मानव के वीरान जंगल में इसी को प्रतिभा कहते हैं। भिन्न स्वभाव के लोगों पर प्रतिभा एक अदा से उतरती है, और अनहुआ-सा अनहोनापन लेकर जीवन को इतना हरा कर देती है मानो सारे रस की अनुकूल और प्रतिकूल स्वभाव के लोगों में खैरात बाँट दी गयी हो।

भावना के चिन्तनशील जब रस-सर्जन में लगे होते हैं तब योजना के प्रयत्न-शील भी अपनी दूकानदारी खड़ी करते हैं। वे सोचते हैं कि साहित्य के निर्माण में भावना की आवश्यकता नहीं है, योजना ही से सब-कुछ हो जायेगा। भावना के प्रतिकूल योजना का यह संकट चिन्तन की सबसे बड़ी कठिनाई है। योजना में

विचार नहीं आते, योजना में सूझें नहीं उतरतीं, यह बात नहीं है। किन्तु योजना में ही सूझें उतरती हैं, यह बात भी नहीं। भावनावादी ने कहा, 'द्रौपदी पाँच पाण्डवों की पत्नी थी।' उसने महाभारत की उस कठिनाई को हृदय की आँखों से देखा। योजनावादी बोला, 'तब तो गान्धार देश की हो ही नहीं सकती। जरूर तिब्बत से आयी होगी।' क्योंकि आज भी तिब्बत में एक स्त्री के अनेक पति होते हैं।

साहित्यिक इतिहास से प्रेरणा लेता है किन्तु इतिहास लिखता नहीं। इतिहास वह चिन्तनशील लिखता है जो खंडहरों के पत्थरों को पढ़ता है, भोजपत्रों से कानाफूसी करता है, समय के एक चिह्न से दूसरे चिह्न की दूरी देखता है और मानव कौशल और मानव-ज्ञान का समुचित सामंजस्य स्थापित कर पाता है। कला का चिन्तक सीता पर भी लिखता है और राम पर भी, कैकेयी पर भी और भरत पर भी। वह किस वस्तु पर नहीं लिख सकता ? यदि पुष्प पर लिखे गये किसी काव्य-ग्रन्थ का नाम सुनकर किसी बगीचे का माली किसी कवि की पुस्तक खरीद ले, तो माली शान्त हो तो पछताकर रह जाये और अशान्त हो तो कवि पर चार सौ बीस का दावा दायर कर दे कि उसने अपनी पुस्तक में न फूलों की जातियाँ लिखीं, न वे कैसी जमीन में लगती हैं, यह लिखा। न भिन्न-भिन्न फूलों के मौसम बताये, न उनका खाद बताया। अतः माली बेचारा दो रुपये दस आने से ठगा गया।

कला का चिन्तक समाज से, इतिहास से, प्रायः तीन चीजें लिया करता है—कथानकों से प्रेरणा, नामों से प्रतीक और अपनी परिस्थितियों से परिणाम। अतः जब कला का चिन्तक कुछ लिखे, तब इतिहास के गौरव-दान का यश उसे भले ही दीजिये किन्तु यह स्पष्ट मानकर चलिये कि कला का चिन्तक इतिहास नहीं लिखा करता।

कलाकार चिन्तक जब कुछ लिखता है, तब उसे यह डर लगने लगता है कि मानो कला की रचना करके उसने कोई अपराध किया है और उसे लोगों के सामने नहीं रखना चाहिए। चिन्तक की यह कठनाई क्यों है, आप जानते हैं ? यही वह जगह है जहाँ सृष्टि के समस्त निर्माता यकसाँ हुआ करते हैं। जगत् भले ही नामकरण-संस्कार करे और परिवार उत्सव मनावे, किन्तु माता सर्दी-गरमी से ही नहीं, नजर और छूत से भी अपनी रचना छुपाया करती है। आत्म-विज्ञान के इस प्रतिभाहीन युग में आत्मसंकीर्तन के दानव कला के चिन्तक के इस संकोच को, इस शील को अयोग्यता का नाम दिया करते हैं, मानो योग्यता और बेशर्मी एक ही सिक्के की दो बाजुएँ हैं। जिस तरह वृक्ष सूर्य-किरणों से रंग और वायु से प्राण लेकर भी जमीन से रस खींचा करते हैं, उसी तरह चिन्तक आकाश-व्याप्त प्रकाश देकर भी जमीन की वाणी में बोला करता है, मानो पुष्प और फल उसके काव्य हैं और जमीन का रस उसकी भाषा-टीका। जिस तरह ईसामसीह अस्तबल में पैदा

हुए और कृष्ण कारागार में, उसी प्रकार चिन्तक की रचना के लिए नन्दन-कानन ढूंढ़ने की जरूरत नहीं हुआ करती। बहुत लोग हैं जिन्हें पहाड़ का चित्र बड़ा प्यारा लगता है, किन्तु प्रत्यक्ष पहाड़ की चट्टानों को देखकर उससे अरुचि और विरक्ति हुए बिना नहीं रहती। खयालों का यह जनानापन हमारी शहराती पीढ़ियों में बड़े वेग से आ गया है। कभी संस्कृति, कभी इतिहास और रस के नाम पर कोमलता के कायल होते हुए हम मानो प्रत्यक्ष की प्रखरता का सामना ही नहीं करना चाहते। तब तो किसी चिन्तक को यही बात कहनी पड़ती है कि "मनुष्य के हाथ पड़ी इसलिए उन्होंने अपने पैगम्बरों और अवतारों की सूरत मनुष्य की बना ली। यदि मनुष्य की तरह गधे का विकास हुआ होता तो उसने अपने आराध्य के रूप में सुन्दर गधा ही सोचा होता।" प्रखरता और कोमलता चिन्तक की रचना के दो सिरे हैं और चिन्तक का आकलन उन दोनों सिरों को मिलाकर सुवर्ण गाँठ बाँधता है। जब वृक्षों पर, बीमारों पर और वाद्यों पर शस्त्रक्रिया करके ही उनके रसों और अस्थियों को जीवन-दान दिया जा सकता है, तब चिन्तक को आलोचना से लाभ क्यों न होगा ? किन्तु यदि किसी माता के दरवाजे पर प्रसव के दिन ही जल्लाद बैठा दिया जाये, तो कैसा हो ? जब स्वस्थ सकुशल रचना विश्व में घूमने लगे, तभी आलोचना शोभती है। चिन्तक द्रव्य के निर्माण में लगे हुए स्रष्टा पर किये जाने वाले आक्रमण, लगाई जाने वाली वह आग है जिससे बात की बात में लहलहाते हुए फलदार पौधे नष्ट किये जा सकते हैं। अतः चिन्तक साहित्यिक की सूझों, उसके संकल्पों और उसकी युग-निर्माण-कारिणी प्रवृत्तियों की कठिनाइयों को समाज में यदि हम सोच लिया करें, तो मौलिक चिन्तकों का आना हमारे बीच अभिशाप न होकर वरदान बन सकता है।

[आकाशवाणी, नागपुर]

कवि-कुल-गुरु कालिदास

कालिदास पर इतना साहित्य लिखा गया है तथा विश्व के अनेक देशों के अनेक विद्वानों ने कालिदास पर इतने बोल कहे हैं और आज भी कह रहे हैं कि उन अधिकारियों के बोलों को देखते हुए मेरा कुछ कहना निरा बचपन मालूम होता है। हाँ, तुलसीदासजी का यह कथन प्रत्येक को श्रद्धा-पुष्प चढ़ाने का बल देता है—

सब जानत प्रभु प्रभुता सोई,
तदपि कहे बिन रहा न कोई।

अतः मैं भी इस कठिन विषय पर कुछ कहने को प्रस्तुत हूँ; किन्तु बहुत डर-कर ही कहना चाहता हूँ। विद्वानों में यह विवाद है कि महाकवि कालिदास या तो ईसा के 300 वर्ष पहले हुए या ईसा के 600 वर्ष पश्चात् तक के काल में। और उनके देशवासी और परदेशवासी यह मानने के लिए बाध्य हैं कि महाकवि ईसा के पूर्व की तीसरी शताब्दी के बाद अथवा ईसा के पश्चात् की छठी शताब्दी के पूर्व हुए। विद्वानों ने यह भी चर्चा की है कि महाकवि कालिदास का जन्म उज्जयिनी में हुआ अथवा कश्मीर में और उनका अधिकांश मत उज्जयिनी के पक्ष में व्यक्त हुआ है। इसी तरह उनके ग्रन्थों की फेहरिस्त बनाते समय, जैसा कि होता आया है कितने ही ग्रन्थों को महाकवि कालिदास-रचित ग्रन्थ कहा गया है। किन्तु अधिकांश विद्वानों ने कुमारसम्भव और रघुवंश महाकाव्य के, शाकुन्तल और विक्रमोर्वशीय नाटक के, मेघदूत और मालविकाग्निमित्र इन रसात्मक काव्यों के और ऋतुसंहार नामक संग्रह के रचियता को ही महाकवि माना है। 'रघुवंश' जैसे महाकाव्य में महाकवि ने रघुवंश का ही वर्णन किया है। रघुवंश नाम भी वाल्मीकीय रामायण से लिया गया है; जहाँ वाल्मीकीय रामायण के बालकाण्ड के तीसरे अध्याय के 9 वें श्लोक में कहा गया है

रघुवंशस्य चरितं चकार भगवान्मुनिः।

इसी तरह उस बालकाण्ड के 37वें अध्याय के 31वें श्लोक में कहा है—

कुमारसम्भवश्चैव धन्यः पुण्यस्तथैव च।

इससे यह स्पष्ट व्यक्त होता है कि रघुवंश और कुमारसम्भव दोनों नाम और उनके कथानकों की प्रेरणा वाल्मीकीय रामायण से प्राप्त की गयी है। यों सच तो यह है कि भारतीय जीवन में जिन-जिन ग्रन्थों का बहुत बड़ा महत्त्व है वे हैं वाल्मीकीय रामायण, श्रीमद्भागवत तथा महाभारत। कथा के वर्णन में जो आकर्षण, जो क्रम, जो प्रबन्ध-बन्धन और जो विशालता चाहिए उसका संपूर्ण रूप वाल्मीकीय रामायण में दिखाई देता है। वाल्मीकि ने अनुष्टुप-जैसे छोटे-से छन्द को जितना रसवाही, व्यवस्थाबद्ध और प्रसादपूर्ण बना दिया है, उससे उनकी चतुरता का ही पता नहीं चलता, उनकी वन्दनीय रसग्रहण शक्ति के दर्शन हुए बिना भी नहीं रहते। समाज-रचना की दृष्टि से मानव-विकारों (स्त्री और पुरुषों के रूप, उनके द्वेष, उनमें आपस में होने वाली खटपट) और नारी के असहाय आँसुओं को आप वाल्मीकीय रामायण में देख सकते हैं। वहाँ आप नगर, पर्वत, नदियों और समुद्र का भी वर्णन पायेंगे। वे यदि ऋषियों के आश्रमों की याद रख सकते हैं तो ऋतुओं के उतार-चढ़ाव के वर्णन-जैसी शान्त और युद्धों के वर्णन-जैसी अशान्त वस्तुओं को भी नहीं भूले। लगता है अलंकार, उत्प्रेक्षा, उपमा, रूपक और बेहोशों को होश प्रदान करने वाली कल्पना उनकी कलम पर खेलती रहती थी। सुन्दर काण्ड के तीसरे अध्याय में लंका का वर्णन अयोध्या से कम गौरव के साथ

नहीं किया गया है। रामायण में राजनीति है, समझौते का प्रयत्न है, यात्रा है और बीच-बीच में नित्य व्यवहार में आ सकने वाले सुभाषित रत्नों की छटा। इसलिए कला-सम्पन्न महाकाव्यों के इस महान् उद्गम की गंगोत्री पाकर कवि-कुल-गुरु कालिदास जैसे महाकवि ने कथा की इस पवित्र अलकनन्दा में स्नान नहीं किया, ऐसा कौन कहेगा, कौन सुनेगा, और कौन मानेगा ? कालिदास ने तो अपने रघुवंश काव्य में महाकवि के इस ऋण को स्वीकार भी किया है; किन्तु जब रघु का वंश कालिदास के हाथों पड़ा है, जब उनकी कलम की नोक पर आया है, तब मानो उसका इतिहासत्व धुल गया है और निखरकर काव्य रस सम्मुख खड़ा हो गया है। उस समय लगता है कि प्रत्येक कथा मानो किसी कलाकार की मुहताज है कि यदि वह छू दे, वह शीर्षक दे दे, वह उसे ममता से देख ले, तो वह कथा मानव-रुचि में शताब्दियों जीते और अमर रहने का प्राण पा ले। प्रत्येक वर्णन पढ़ते समय हमें यह न भूल जाना चाहिए कि लगभग 1600 वर्षों से 2000 वर्षों पहले की समाज-रचना किस तरह की थी, तभी हम महाकवि की रचना के साथ रस-ग्रहण करने के साथ ही सच्चा न्याय भी कर सकेंगे।

यों तो वह रही उज्जैन नगरी और भगवान् महाकाल के दर्शन के लिए कोटि-कोटि नर-नारी दर्शनार्थ जाते हैं, तथापि उज्जैन के समारोहों, मकानों, खिड़कियों, ललनाओं की, नायक-नायिकाओं की क्रीड़ाओं और घर-घर से अगरु की सुगन्धों का वर्णन तो कालिदास के पास ही मिल सकता है। विद्वद्वर (अब स्वर्गीय !) श्री बृजकिशोर चतुर्वेदी का यह कथन बहुत प्यारा मालूम होता है कि—"रघुवंश में इन्दुमती के स्वयंवर का वर्णन करते हुए कालिदास ने अवन्ति-नरेश का एक बहुत सूक्ष्म किन्तु आकर्षक वर्णन किया है। दीर्घबाहु वाले, विशाल-वक्ष वाले, मध्य कटिप्रदेश वाले अवन्ति-नरेश ऐसे प्रतीत होते हैं, मानो विश्वकर्मा ने अत्यन्त तेजस्वी सूर्य को यन्त्र पर रखकर काट-छाँट कर सुन्दर बना दिया है।" वही कहते हैं कि मेघदूत में कवि का अवन्तिका-प्रेम उमड़ पड़ा है। मेघदूत में वह श्लोक है जिसमें कि अवन्तिका अर्थात् उज्जयिनी के बाजार का वर्णन है। उन्हीं के शब्दों में उसका अनुवाद है—

"बाजार में दूकानों पर लगे हुए मोतियों के असंख्य हार करोड़ों शंख-सीपियाँ एवं कान्ति वाली पन्नों की मणियों और मूँगों के ढेर देखकर यही प्रतीत होता है कि समुद्र के रत्न बाजारों में आ चुके हैं। समुद्र केवल जल-ही-जल रह गया है।"

किन्तु मेघदूत काव्य में तो कवि-कुल-गुरु ने उज्जैन को निहाल कर दिया है। महाकवि के समय में उज्जैन बड़नगर की सड़क की ओर लगभग चार कोस तक बसा हुआ था। वे कहते हैं, "हे मेघ, तुझे उत्तर दिशा को जाना है, क्योंकि तू अलका को जाने वाला है। उज्जयिनी पश्चिम में है।" टेढ़ा मार्ग होने पर भी, बिना उज्जैन के महल देखे हुए तू आगे मत बढ़ना !" कवि का कथन तो यह है—

"विद्युद्दामस्फुरितचकितैस्तत्र पौरांगनानां
लोलापांगैर्यदि न रमसे लोचनैर्वञ्चितोऽसि ।"

मानो उस नगर में रहने वाली नारियों की बिजली की चमक से चकित हुए चंचल कटाक्षों के नेत्र-रस का तूने यदि आनन्द न लिया, तो तेरा जन्म ही व्यर्थ होगा। राजा लक्ष्मणसिहजी ने इन दो पंक्तियों को अपने मेघदूत के अनुवाद में इस तरह लिखा है—

चंचल नैन वहाँ अबलान के,
बिज्जु छटा चकचौंध करैं छिन ।
जो न लख्यौ उन नैनन तूँ,
हक नाहक देह धरेहि फिरै किन ।

इस तरह यदि अवन्तिका अर्थात् उज्जयिनी ने कालिदास को अपने पास रखकर अपने महान् सौभाग्य का अर्जन किया है, तो महाकवि कालिदास ने भी उस महानगरी का वर्णन करके अपनी लीला-भूमि के कर्ज को बहुत अच्छे रूप में अदा किया है; उस कालिदास ने जिसने देश, काल और पात्र की, अपने युग की कोई तिथि, वार, नक्षत्र, व्यक्ति और स्थान के भौगोलिक, ऐतिहासिक और समय के कोई चिह्न पीछे नहीं छोड़े हैं कि जिन पर ज्यों-ज्यों शोध और ज्ञान बढ़ता है, विद्वानों में मतभेद बढ़ते जाते हैं। उस समय हिमालय और गंगा के समान कवि-कुल-गुरु ने अपनी लीला-भूमि अविन्तका पुरी को बहुत ही अच्छे शब्दों में अमर कर दिया है। ऐसा लगता है, मानो मालव-भूमि की इस पवित्र नगरी की धूल में से विश्व के ज्ञान को आज भी कालिदास की सुगन्ध आती है। और पौरांगनाओं का रूप चाहे कश्मीर में सुषमा-मय हो, चाहे हिमालय की ठण्डी तराइयों और हिन्दू-कुश की घाटियों में; किन्तु महाकवि कालिदास ने तो उज्जैन की पौरांगनाओं का वर्णन करके मालव नारी की निर्मल रूपगर्विता छवि को अमर बना दिया है।

जिन दिनों मैं विलासपुर-जेल में सन् 1921 में बन्द था, उन दिनों एक दिन स्वर्गीया श्रीमती सुभद्राकुमारी के पति स्वर्गीय ठाकुर लक्ष्मणसिंहजी ने जबलपुर से अनेक पुस्तकों के साथ राजा लक्ष्मणसिंहजी द्वारा अनूदित कालिदास का शकुन्तला नाटक भिजवाया। मैं उन दिनों अस्पताल वार्ड में रखा जाता था। रात में पढ़ने के लिए कुछ समय के लिए लालटेन दी जाती थी। उन दिनों वहाँ के डिप्टी कमिश्नर एक अँगरेज सज्जन थे, उनका नाम था श्री डेवर। वे हर रात को कभी भी विलासपुर-जेल में चले आया करते थे; सो उस दिन भी आये। मुझसे पूछा, क्या पढ़ रहे हो ? मैंने उनसे कहा, 'शकुन्तला' पढ़ रहा हूँ। उन्होंने अँगरेजी में कहा, 'It is a little bit Unnatural' जेलखाने का कैदी उनके इस कथन से सन्न रह गया। उसने पूछा, क्यों ? श्री डेवर ने कहा, 'भला किसी मछली के पेट में भी कोई अँगूठी मिल सकती है ?' मैंने अनावश्यक उत्तेजित होकर कहा,

आप मर्चेण्ट ऑव वेनिस को भूल गये । भला कोई अपने रुपयों के बदले में किसी के अंग का मांस काटने की शर्त कर सकता है ? मि० डेवर ने कहा, शायद वह युग ही ऐसा था जिसमें लोग ऐसी बातें लिखते थे । मैंने निवेदन किया कि मछली के पेट से हाथी निकलने की बात तो कालिदास ने नहीं लिखी । मुझे तो वह बहुत स्वाभाविक मालूम होती है । किन्तु आज मैं मि० डेवर की प्रशंसा करता हूँ, कितने भारतवासियों ने कालिदास के ग्रन्थों को पढ़ा होगा ? हमारी पाठ्य-पुस्तकों में कालिदास पर कितने प्रान्तों में पाठ रखे गये हैं । मि० डेवर ने कालिदास पढ़ा तो था । और इसी समय कहूँ कि हमारे देश की अध्ययन की खूबी देखिए कि हमारे देश के विश्वविद्यालयों के स्नातकों में भी शायद ऐसे बहुत कम हों जो गेटे और शेक्सपियर को न जानते हों और जो कालिदास और भवभूति को जानते हों ।

अपने सन्तोष के लिए मान लें कि कालिदास ईसा की पाँचवीं शताब्दी में पैदा हुए । रघुवंश में उन्होंने इक्ष्वाकुवंश के राजघराने का ही वर्णन किया है । ऋषिवर वाल्मीकि ने जिस इक्ष्वाकु वंश में सीता और राम का विशेष वर्णन किया है, उसी वंश के नाम के महाकाव्य में कालिदास ने पीढ़ी-दर-पीढ़ी उस वंश का विशेष वर्णन किया है । किन्तु जब हम वाल्मीकि के काव्य से उद्‌भूत कालिदास की रचना पर विचार करने लगते हैं, तब जहाँ हमें भूगोल, इतिहास और सांस्कृतिक चरित्र-चित्रण की अनेक जानकारियाँ मिलती हैं, वहाँ हम कालिदास की रचना से मिलने वाले आनन्द को सर्वथा भूल जाते हैं, मानो उस समय तबीयत कहने को हो पड़ती है, कि आज से 1500-1600 वर्ष पहले क्या हमारी संस्कृति में काव्य इतना आनन्द दे सकता था, जितना कि कालिदास और उनके आस-पास के कवियों की रचनाओं से मिलता है । जो प्रतिभा इतनी शताब्दियों के बाद भी बूढ़ी नहीं लगती, उसकी उत्तमता के विषय में सन्देह कैसे हो सकता है ! कालिदास की रचनाओं को पढ़कर ऐसा लगता है मानो वे किसी व्यक्ति अथवा कुछ व्यक्तियों से अत्यन्त प्रभावित होकर लिख रहे हों और वे व्यक्ति पुराने जमाने के न होकर उनके जमाने के ही हों । अचम्भे की बात तो यह कि भारतीय साहित्य में कालिदास का कवि के रूप के सिवा अन्य किसी रूप में अस्तित्व नहीं । यद्यपि यह सुना जाता है कि वे राजा विक्रमादित्य अर्थात् चन्द्रगुप्त द्वितीय के राजदूत भी रहे । महाभारत के शान्ति पर्व में स्पष्ट ही लिखा है—

सर्वे त्यागा राजधर्मेषु दृष्टाः
सर्वाः दीक्षा राजधर्मेषु युक्ताः ।
सर्वा विद्या राजधर्मेषु चोक्ताः
सर्वे लोका राजधर्मे प्रविष्टाः ॥

परन्तु कालिदास की रचना में कुमारसम्भव पढ़ते समय—

अस्त्युत्तरस्यां दिशि देवतात्मा
हिमालयो नाम नगाधिराजः ।
पूर्वापरौ तोयनिधी वगाह्य
स्थितः पृथिव्या इव मानदण्डः ।।

पृथ्वी के मानदण्ड नगाधिराज हिमालय का वर्णन कालिदास की वाणी में सुनते यह ध्यान ही नहीं रहता कि हम किसी राजनीतिज्ञ का लिखा वर्णन पढ़ रहे हैं। यद्यपि कालिदास की रचनाओं में, उनके हर ग्रन्थ में ऐसे वचन हैं, जिन्हें नीतिकारों तक ने उद्धृत किया है और जो लोगों की जीभ पर हैं। जैसे रघुवंश के वचन—

पदं हि सर्वत्र गुणैर्निधीयते

अथवा कुमारसम्भव का यह वचन—

न केवलं यो महतोऽपभाषते,
शृणोति तस्मादपि यः स पापभाक् ।

अथवा मेघदूत का यह कथन—

कस्यात्यन्तं सुखमुपनतं दुःखमेकान्ततो वा
नीचैर्गच्छत्युपरि च दशा चक्रनेमिक्रमेण ।

या शकुन्तला में कही हुई यह वाणी—

सहजं किल यत् विनिन्दितं
न खलु तत् कर्म विवर्जनीयम् ।

यों कालिदास की रचनाओं में ऐसे स्थल जहाँ-तहाँ भरे हैं; परन्तु नारद की नाद ब्रह्म व्यक्त करने वाली वीणा से जब इन्दुमती की मृत्यु का वर्णन किया जाता है और राजा अज के विलाप को हम पढ़ते हैं अथवा जब राजा दिलीप कामधेनु की पुत्री नन्दिनी को चराने जाते हैं, तब कालिदास की प्रतिभा पर आश्चर्य हुए बिना नहीं रहता। इसी तरह जब इन्दुमती के स्वयंवर का वर्णन कालिदास करते हैं तब विश्व के तारुण्य की पुकार पर मानो उनका हृदय बोल उठता है।

तब अंगराज के ऊपर से दृष्टि हटाकर इन्दुमती ने कुमारी सुनन्दा से कहा—आगे चलो। ऐसा नहीं कि राजा सुन्दर न था, ऐसा भी नहीं कि उसकी वह सुन्दरता इन्दुमती भले प्रकार देख न पायी हो, पर (बात केवल इतनी है कि) लोगों की रुचियाँ भिन्न-भिन्न होती हैं।

मृत्यु, विलाप, सन्देह—इन सबके बीच में हम रस को बहते देखते हैं और रस-शीला वाणी बिना ठहरे आनन्द का कोष उँडेलती चली जाती है। कालिदास ने तारुण्य के दोनों अंगों का वर्णन किया है—पुरुषार्थ का भी एवं प्रेम का भी; और इतिहास के नाशवान् पात्रों में से अविनश्वर रस की धारा बहने लगती है। कालिदास के नाटकों में इतिहास खोजा जाता है; किन्तु वे प्रथम और अन्त में नाटक

है। कालिदास की वाणी अपने-आप में एक अत्युच्च श्रे णी बन गयी है। वहाँ हास्य अचम्भे की तरह नहीं टूट पड़ता, विलाप रस्म-अदायगी करने नहीं आता और परिणाम अन्त में छिपाकर कहने के लिए नहीं रखा जाता। कालिदास की रचना में कला है; कलाबाजी नहीं। किन्तु शृंगार-रस का इतना मस्त गायक संस्कृति और शील के किनारों के बीच स्नेह की धारा को बहाकर ले जाता है, यह देखकर अचम्भा हुए बिना नहीं रहता। प्राय: यह होता है कि परिस्थितियाँ कवि की रचना के सौरभ को खाती जाती हैं। लगता है, मानो परिस्थितियों में पड़कर कवि की वाणी का तेज उतर गया है; किन्तु कालिदास का तेज कहीं भी उतरा नहीं लगता। कालिदास ने अपने पात्रों के चरित्रों में परिवर्तन नहीं किया। लगता है, उन्होंने जीवन को संपूर्ण ही ग्रहण किया है, उसे किस्तों में विभाजित नहीं किया है। मानव-जीवन के अत्यन्त पारखी कालिदास इसलिए कहे जायेंगे कि मानव और मानवी के मनोभावों को व्यक्त करने में उन्होंने अनेक मनोदशाओं का वर्णन किया है। आज भी ऋषि कण्व के आश्रम से बिदा होती शकुन्तला का वर्णन कोई पढ़ता है तब उसे शकुन्तला और उसका सौन्दर्य याद नहीं रहता, वह बूढ़े कण्व के बहते हुए आँसुओं में डूब-डूब जाता है। सच बात तो यह है कि उन लोगों ने भी कालिदास को पढ़ने, समझने और उनकी कला को परखने का प्रयत्न किया है जो संस्कृत भाषा बिलकुल नहीं जानते। इंग्लैण्ड में, रूस में, जर्मनी में—कहाँ उनकी कला के गायक नहीं! कलाकार की खूबी किसी स्थिति को अनुभव करने में तो है ही, सबसे अधिक तो उस अनुभब को कलम पर उतारने में है। संगीत की तरह जब कला का रस स्वरों और व्यंजनों के वाहनों पर बैठकर श्रोता या पाठक के मन में, नयन में और जीवन में हिलोर-सी उठाने लगता है, तब उसके हाथ से काल का मापदण्ड छूट-छूट पड़ता है। उसे भान ही नहीं रहता कि वह ईसा की पाँचवीं शताब्दी में है या विक्रम की बीसवीं शताब्दी में। मेघदूत को छोड़कर कालिदास की रचना कल्पना का सत्य नहीं, सत्य की सुकोमल और अति प्रखर कल्पना है। 'ऋतुसंहार' में ऋतुओं पर परिस्थितियों के आरोप हैं, बहुत मीठे, बहुत मोहक, अत्यन्त आकर्षक। किन्तु कुमारसम्भव में जब वे अपने दैवत शिव और पार्वती का वर्णन करते हैं तब लगता है कि कालिदास को अवकाश नहीं है कि सौन्दर्य के सिवा और किसी वस्तु की ओर आँख उठाकर भी देख सकें। जिस तरह कहा-सुनी के बाद आत्म-ग्लानि और क्षमार्थना बिना बुलाये चली आती हैं और ऊँचे हृदय के भीतरी हिस्सों का पता आँसुओं से देने लगती है; उसी प्रकार स्थितियों का परिवर्तन उनकी रस-भावना को क्षण-क्षण न्यौतता, पल-पल उकसाता-सा रहता है। सच भी है, यदि कवि की वाणी रस से अभिभूत नहीं है तो तिथि-वार-नक्षत्रों की खोज और आलोचनाओं की शस्त्र-क्रिया का अर्थ ही क्या रह जाता है।

यद्यपि पण्डितों ने कालिदास की उपमाओं को श्रेष्ठ बताया है उसके उदा-

हरण उनकी कविता में निःसन्देह भरे हुए हैं। मुझे तो, अपनी रचना के पात्रों के साथ समस्त कौशल को निबाहते हुए भी कवि-कुल-गुरु ने जो सहानुभूति दिखायी है, बहुत प्रिय लगती है। लगता है, मानो अपने पात्रों के स्वभाव-दर्शन में अपनी कलम को उन्होंने अपने पात्रों की जीभ तक बना दिया है। यह भी कम गर्व की बात नहीं कि शृंगार के परम गायक होकर भी उनके नीति-कथन और सूक्तियाँ, उनका प्रकृति-वर्णन और बस्तियों से नगाधिराजों तक उनकी कविता की आश्चर्य-जनक पहुँच, शकुन्तला-जैसी निसर्ग-देवता का निर्माण, मेघदूत में आने वाला महाकाल का स्वरूप, उनके द्वारा विभिन्न छन्दों का उपयोग—सब को देखने से ऐसा लगता है कि कालिदास की रचनाएँ अध्ययन मात्र नहीं हैं, वे अपने में युग के ज्ञान की विस्तृत जानकारी भी लिये हुए हैं। इससे वे शब्द-कोष से ऊपर विश्व-कोष जैसी बन गई हैं। इधर भारत ने तीन उत्सव मनाये हैं, जिनसे हम भारत वासियों के स्वभाव का प्रकटीकरण होता है। पहला है बुद्ध-जयन्ती, दूसरा है स्वतन्त्रता-संग्राम अर्थात् 1857 की क्रान्ति और तीसरा यह कालिदास-उत्सव है। हर्ष है, इसका सम्बन्ध मालवा की प्रसिद्ध नगरी उज्जयिनी से है। इस तरह विश्व-काव्य में भारत के इस मध्य भाग में इस मध्य देश ने, कालिदास के रूप में हिस्सा लिया।

कालिदास उस बिरादरी में आते हैं जिसमें छोटी-मोटी परिस्थितियों में छोटे-मोटे कवि तुकें जोड़ते, तुकें मरोड़ते और तुकें तोड़ते दृष्टिगोचर होते हैं। इस तरह कालिदास की महत्ता का एक सिरा उन्हीं की कविता के कारण संसार के कोने-कोने में व्याप्त होता है तो उसका दूसरा कोना भारत के समस्त देश में व्याप्त उनकी रचना की लोकप्रियता के रूप में देश में एकता स्थापित करते हुए उन छोटे-छोटे कवियों की झोंपड़ी के सामने खड़ा है, जो आज लिख रहे हैं, लिखना सीख रहे हैं और इस तरह मालव-मेदिनी तथा मध्यदेश के गिरि-गह्वरों और भूखण्डों को गौरवान्वित कर रहे हैं। कालिदास की रचना यह भी संकेत करती है कि इस देश की रचना का बाना समझ, अध्ययन और अनुभव की रचना के प्यालों में भरकर अध्ययन और अनुभव प्रदान करना है, न कि रसों के भक्ष्य होकर नीरस हो पड़ना। अतः कालिदास का उत्सव मनाने वाली श्रेणी आज जब कालिदास की ओर झुके तब अपने अध्ययन पर, अपनी पहुँच पर मानव-मानवी, पशु-पक्षी तथा जंगलों और खेतों के प्रति रहने वाली अपनी सहानुभूति की ओर एक बार नजर जरूर डाल ले। वह अपने विश्वासों और कौशलों को विश्व के छिछोरपन से पराजित होने देने के बजाय कालिदास-कालीन रस में क्यों न डुबोवे ?

यह सच है कि बदले युग में रचनाओं का रूप भी बदलेगा, किन्तु पृथ्वी में यदि प्रति वर्षा के मौसम ऊगने वाली घासें हैं तो कभी भी बूढ़े न होने वाले सूर्य-चन्द्रमा

तो हैं। मैं कालिदास-उत्सव के आयोजन को देश का परम सौभाग्य मानता हूँ और इसकी ओर देश तथा विश्व का ध्यान खींचने वाले सज्जनों की भूरि-भूरि प्रशंसा करता हूँ।

[कालिदास-समारोह, खण्डवा, 1958]

छठे मध्यप्रान्तीय संगीत सम्मेलन, खण्डवा के स्वागताध्यक्ष पद से दिया गया भाषण

मध्यप्रदेश के महामहिम राज्यपाल महोदय, माननीय मंत्रिगण, मध्यप्रदेश के तथा बाहर के आगंतुक कलाकार बहिनो-भाइयो, इस सम्मेलन में भाग लेने वाले दर्शको, स्वागतकारिणी के बहिन-भाइयो तथा उपस्थित सज्जनगण !

इस समय स्वर्गीय संगीतज्ञों की याद आना स्वाभाविक है। हमारे नगर के वयोवृद्ध स्वर्गीय श्री रुस्तम उस्ताद की याद आती है। वे हमारे नगर के प्रसिद्ध सितार-वादक थे, और अपने प्राणों को संकट में डाल-डाल कर सितार बजाने में यह सिद्धहस्त कलाकार, अपनी सेवाएँ नम्रतापूर्वक किया करते थे। इसी तरह हमारे जिले को और देश के वाद्य संगीत को महान् गौरव देने वाले बुरहानपुर के साधनाशील मृदंग-वादक स्वर्गीय श्री गोविन्दराव गुरुजी का गौरव याद आता है, जिन्हें अपने वाद्य पखावज पर राष्ट्रपति के हाथों पुरस्कार प्राप्त हुआ था।

नगर के गण्य-मान्य व्यक्तियों में धर्माध्यक्ष पण्डित बिहारीलाल जी, दाधीच तथा सेठ रूपचन्द्र साजी को खोकर हम गरीब हो गये हैं। इसी तरह साधुमना बाबू कालूराम जी गंगराड़े को हमने अभी-अभी खोकर, निमाड़ और निमाडी प्रेरणा के श्रेष्ठ संस्कार को खोकर, हमें निमाड़ की जागृति के जनक स्वर्गीय श्री माणिकचन्द्र जी जैन की भाँति क्षण-क्षण याद आये बिना नहीं रहतीं। हमने श्री रामकृष्णराव मण्डलोई को खोकर निमाड़ की यशस्विनी तरुणाई को खो दिया है। उन्हें खोकर सारा नगर व्याकुल हो उठा है।

आज खण्डवा में आपका स्वागत करते हुए मुझे अत्यन्त हर्ष होता है, मैं अपने को कलाकार नहीं मान सकता, दर्शकों में से एक मानता हूँ और इस समय कलाकार के गौरव से भीनी पंक्तियों का गर्व न कर मैं एक दर्शक के से सरल हृदय से आपका स्वागत करता हूँ। भोपाल में धारा-सभा की बैठक हो रही है। उस समय महामहिम राज्यपाल महोदय और माननीय मंत्रीगणों ने मूल्यवान कार्यों और समय को अन्य आवश्यक दिशा से खींचकर इस संगीत-सम्मेलन में भाग लेने की जो कृपा दिखाई है, उसके लिए मैं इस संगीत-सम्मेलन की ओर से नम्रतापूर्वक

कृतज्ञता व्यक्त करता हूँ।

यह प्रान्तीय संगीत सम्मेलन निमाड़ जिले में हो रहा है। सन् 1918 में हम लोगों ने प्रान्तीय साहित्य और राजनैतिक सम्मेलन किये थे। साहित्य सम्मेलन के सभापति स्वर्गीय पं० विष्णुदत्त जी शुक्ल थे तथा राजनैतिक सम्मेलन के सभापति स्वर्गीय श्री दादा साहब खापर्डे थे। सन् 1960 में अर्थात् लगभग 42 वर्ष पश्चात् हम यह प्रान्तीय संगीत सम्मेलन कर रहे हैं। वाणी के अर्थों को कार्यशील करने के लिए साहित्य की समाराधना की जाती है और वाणी के स्वरों को रस, सौंदर्य और संयम का दान करने के लिए संगीत में साहित्य के ही गीत गाये जाते हैं, किन्तु भारतवर्ष की भाषाएँ अपने इस उत्तरदायित्व को नहीं भूल सकतीं कि साहित्य में आकर उनके अर्थ दूसरे हो जाते हैं और संगीत में पहुँचकर उन्हीं रचनाओं का आनन्द दूसरा हो जाता है।

जिस निमाड जिले की भूमि पर आप महानुभाव आज विराजमान हैं, उस भूमि में ओंकारेश्वर के ज्योतिर्लिंग का मन्दिर है, उसी के पास जैन तीर्थ सिद्धवरकूट है, बुरहानपुर में जामा मसजिद है जिसमें अल्लाह की कीर्ति संस्कृत पद्यों में उत्कीर्ण है और बुरहानपुर की ताप्ती के उस पार मुमताज-महल की एक समाधि है, जहाँ से सुनते हैं उनके अन्तिम मृत शरीर के भागों को उठाकर विश्व-विख्यात आगरा के ताजमहल के मकबरे में रखा गया है। फिर रावेरखेड़ी का घाट है जहाँ से मराठों की सेना नर्मदा लाँघ कर दक्षिण से उत्तर को जाया करती थी और जहाँ प्रथम बाजीराव पेशवा का स्वर्गवास हुआ। इसके साथ नर्मदा और ताप्ती की पुण्यतोया धाराएँ हैं। यह नर्मदा वह नर्मदा है कि भारतवर्ष की समस्त पवित्र नदियों में एकमात्र इसी की परिक्रमा की जाती है। इसी निमाड के बीच यह असीरगढ़ का किला है जिसके विषय में प्रसिद्ध इतिहासज्ञ श्री मालकम ने हवाई जहाजों और आविष्कारों के युग से वर्षों प्रथम कहा बताते हैं कि, जिसे सम्पूर्ण एशिया के फौजी नियन्त्रण पर ध्यान रखना हो, उसके लिए असीरगढ़ के किले का अधिकार आवश्यक है। इसी निमाड की शोभा सन्तवर सिंगाजी महराज हैं, जिनकी कीर्तिमयी वाणी इन अंचलों में घर-घर गायी जा रही है। वह बैठकों, चौपालों, गाँवों, शहरों, यात्राओं और मेलों में हर जगह गूँज रही है।

भारत भूमि का यह छोटा-सा तार-सप्तक[1] संगीत-सम्मेलन की सेवा में उपस्थित करते हुए खण्डवा में संगीत-सम्मेलन की यह स्वागतकारिणी अत्यन्त आनन्द का अनुभव करती है। क्योंकि यह भूमि अपने प्रयत्नों से भारतीय संस्कृति का सामञ्जस्य उपस्थित करती है जो कि संगीत का अभीष्ट अंग है।

एक युग था कि संगीत की परम्परा को प्राण, पुरुषार्थ और बल देने वाले

1. निमाड क्षेत्र का उपर्युक्त परिचय।

नाग आज के मध्यप्रदेश राज्य में पैदा हुए; संगीत-सम्राट् मियाँ तानसेन ग्वालियर जिले के बेहट गाँव में पैदा हुए बताये जाते हैं। महाराजा रघुराजसिंह रीवाँ में पैदा हुए और माण्डव का किला देखकर तथा यहाँ जलधारा का प्रवाह देखकर यह सहज ही जाना जा सकता है कि रूपमती के गीतों और उसकी प्रतिज्ञाओं का मूल्य क्या था। हम निमाड़ के श्री रघुनाथराव मण्डलोई का उनके रूपमती का गुणगान के लिए उत्साहपूर्वक स्मरण करते हैं।

यह संगीत किस तरह भूल सकता है कि छोटे-बड़े राजाओं की राज-सभाओं में संगीत की गायकी का प्रभाव और सम्मान था। हम तो देश के उन अभागों में से हैं कि हमारे देव-मन्दिरों में विचरण करने वाले संगीत और नृत्य को समय ने वेश्यागारों में भेज दिया। भला हो डॉ० केसकर[1] का, उन्होंने पक्के और ग्रामीण उभय प्रकार के संगीत को रेडियो के द्वारा भारत सरकार की नीति से उत्तरोत्तर सम्माननीय बनाने का प्रयत्न किया और कर रहे हैं। मेरा हृदय उन छोटे-मोटे गायकों, वादकों और नृत्यकारों की ओर जाता है जिन्होंने अपने प्रयत्नों और प्राणदान से संगीत की कला को जीवित रखा है और जिनकी साँसों पर चढ़कर उसके स्रोत में भारतवर्ष ओतप्रोत हुआ करता है। स्वर के उन साधकों और ध्वनि के उन आराधकों के समूह का मैं वंदन करता हूँ, अभिनन्दन करता हूँ। वे चाहे जिस प्रान्त में, चाहे जिस राज्य में, चाहे जिस देश में रहें, वे विश्व की संस्कृतियों का पथ उज्ज्वल और आलोकित करते हैं।

कहते हैं, एक बार सूरदास और तानसेन की भेंट हो गई। भले ही यह भेंट इतिहास में न हुई हो, किंवदन्तियों में तो होकर रही। शील मानो कला की साँस है और नम्रता उसका शरीर। तानसेन कह उठे बताते हैं कि—

किधौं सूर को सर लग्यौ, किंधौं सूर की पीर।
किधौं सूर कौ पद लग्यौ, रह रह धुनत सरीर॥

किसी को जब तड़पते देखा, तो तानसेन कहते हैं मुझे ऐसा लगा कि या तो किसी योद्धा का बाण लग गया है जो यह व्यक्ति तड़प रहा है, अथवा पेट-शूल की बीमारी हो गई है जो यह व्यक्ति तड़प उठा है, अथवा सूरदास का कोई पद लग गया है जो यह व्यक्ति तड़प उठा है। मुगल सम्राट् अकबर के आदरणीय संगीत-सम्राट् गायक की यह वाणी सुनकर, कहते हैं, सूरदास के मुँह से तानसेन की प्रशंसा में यह पद्य निकला—

बिधना यह जिय जानि कै, सेसहिं दिये न कान।
धरा मेरु सब डोलि हैं, तानसेन की तान॥

यानी विधाता ने यह समझकर शेषनाग को कान नहीं दिये कि यदि तानसेन का

1. तत्कालीन सूचना एवं प्रसारणमंत्री डॉ० बालकृष्ण 'केसकर'

संगीत सुनकर शेषनाग ने माथा डुलाकर वाह-वाह कर दिया, तो उनके सिंर से पृथ्वी के ढुलक पड़ने का डर है।

आचार्य काका कालेलकर की इस परिभाषा को मैं मानता हूँ कि 'सौन्दर्य, संयम और रस की त्रिवेणी कला का प्राण है।' इसीलिए महात्मा गांधी अपनी प्रार्थना-सभा में शायद सबसे पहले संगीत को स्थान देते थे। यह विश्व के सामने समस्या है कि कला का सौन्दर्य कहाँ निवास करता है। वह भौतिक रहे या अभौतिक, अभौतिक याने आध्यात्मिक। जब गला नूर से भर उठे, तब कला वहाँ न रहे तो कहाँ रहे? अतः कभी सौन्दर्य को गौण होना पड़ेगा, कभी रस को गौण होना पड़ेगा, जिससे कि कला की अमर साधना हो सके। संगीत इस बात का उज्ज्वलतर उदाहरण है। संत कवियों के गीतों में यदि वहाँ[1] संयम को रस और सौन्दर्य के काँधे चढ़ाकर बलवान बनाता है और उसे प्रार्थना बना दिया करता है तो बारी-बारी से सौन्दर्य, रस और संयम का घटते-बढ़ते रहना भी हमें संगीत में दृष्टिगोचर होता रहता है।

सम्मेलन की सफलता का श्रेय आज तो हमें समस्त समाज की प्रवृत्तियों को देना चाहिए। शासन चाहे जिस दल का रहे, देश की समाज-रचना के, समाज और शासन, स्वतन्त्र भारत के अंग रहेंगे। इस दिशा में लोगों के साथ हाथ बँटा कर जिन सज्जनों ने इस परिषद् तो सफल बनाने का प्रयत्न किया है, उन सबको मेरे अनेक धन्यवाद!

मैं अत्यंत नम्रता से उपस्थित सज्जनों का स्वागत करता हूँ, उनके मार्ग के श्रम के लिए उनका धन्यवाद करता हूँ और खण्डवा जैसे छोटे साधनहीन स्थान की ओर से उचित स्वागत और सुविधा न उपस्थित कर सकने के लिए मैं क्षमा-प्रार्थना करता हूँ। यह भी अनुभव करता हूँ कि जिस घर में संत पाहुने आया करते हैं वह घर निहाल हो जाया करता है। मैं पुनः आप सब बहिन-भाइयों का स्वागत करता हूँ। और महामहिम राज्यपाल महोदय से निवेदन पूर्ण प्रस्ताव करता हूँ कि वे कृपापूर्वक इस सम्मेलन के उद्घाटन को सम्पन्न करें और इस तरह खण्डवा के इस प्रान्तीय संगीत-सम्मेलन का उनके द्वारा शुभारम्भ हो।

[27 फरवरी, 1960]

---

1. संगीन

आकलन

शस्त्र-क्रिया

मुझे एक चीज जो खटकती रहती है, वह है हमारे आलोचना-ग्रन्थों का मूल्य-मापन। दस-पन्द्रह वर्ष के बीच के कलाकारों की जमीन लेकर हम चर्चा करने बैठ जाते हैं। कुछ को गण्य सिद्ध करते हैं; कुछ को नगण्य। अध्ययन और पहुँच का अभाव और सस्ते विशेषणों का उपहार हमारे ग्रन्थों की विशेषता होती है। आप जानते हैं, ऐसे ग्रन्थों ने कौन-सा युग बनाया है? इनकी कृपा से पन्द्रह वर्ष पहले के तरुण कलाकार इतने पुराने दीख पड़ते हैं कि आज के नये बाल कलाकार न उनकी वस्तु पढ़ते, न उनकी चर्चा सुनते, न हिन्दी साहित्य में उनका स्थान मानते हैं। परिणामतः मौलिक द्रव्यों का जो भोंडा प्रदर्शन नयी कलमें करती हैं और उनमें बेपची-सी जो दुर्गन्धित अंग्रेजी कलम होती है, उससे कहीं अच्छी कलमें उनसे कई गुना सन्निकट और सुदूर भूतकाल में लिख चुकी हैं।

मुहाफिजखानों की कब्रें उखाड़कर हर कलाकार की कीर्ति पर शोध और आलोचना के नाम पर शस्त्र-क्रिया होती है। किन्तु युग की पीढ़ी को देने के लिए अधिकांशतः कुछ नहीं होता। कर्त्तव्य की वह जिम्मेवारी और जागरण भी नहीं होता। जरीब लगाकर जमीन मापने-जैसा एक कार्य है जो चला आ रहा है और चला जायेगा। किन्तु निस्सन्देह, अभाव से सीमित सही, कुछ तो है। इसमें सन्देह नहीं कि विश्वविद्यालयों ने ज्ञान-वर्धन के क्षेत्र में बड़ा काम किया है और हमें कितने ही महान् नेता, साहित्यकार, वैज्ञानिक, मनोवैज्ञानिक और शोधक दिये हैं। हमें सजग रहकर विस्तृत दृष्टिकोण के साथ अपने साहित्य का ऐसा लेखा-जोखा रखना चाहिए, जिससे युग के कलाकार का उचित मूल्य-मापन हो सके।

—माखनलाल चतुर्वेदी

‘भारत-भारती’

श्री मैथिलीशरण गुप्त

कविता के जिस पथ में नित्य ही सिर टकराने वाले दीखते हैं, हिन्दी-जनता को सन्तोष होना चाहिए कि उसी पथ में एक हृदय कृतकार्य भी हुआ। एक मधुर मन्त्र मनोहर स्वर में इस हृदय ने गाया है। राष्ट्रीयता की देश को आवश्यकता है। स्वामी रामदास-कृत ‘दासबोध’ राष्ट्रीय भावों का प्रथम भारतीय ग्रन्थ है और जहाँ तक हमारी मति साथ देती है, वहाँ तक हम सोचते हैं यह ‘भारती-भारती’ दूसरा। कवि ने देश की नसों में एक अनोखी विद्युत् का संचार करने का प्रयत्न किया है। वह सफलता के पक्ष में पहुँच भी गया है। इस काव्य का भारतीय पाठक अतीत खण्ड को पढ़कर अपने-आपको पहचानेगा, वर्तमान खण्ड को पढ़कर अपनी दशा पर ग्लानि करेगा, भविष्यत् खण्ड को पढ़कर वह करने-योग्य कार्यों को ढूंढ़ेगा। पर कुछ पावेगा या नहीं, यह हम नहीं कहते। इस पुस्तक का पवित्र सन्देशा पुस्तक के भावों के साथ सटे हुए अन्तरिक्ष के भावों में से सुनाई पड़ता है। स्फूर्ति के भावों से ग्रन्थ का प्रारम्भ हुआ है, जो पुस्तक में अपना अच्छा भाग रखते हैं, पर करुणा के भावों से इस पुस्तक के शरीर की रचना हुई है। वह करुणा सुकोमल नहीं, बड़ी तीखी है। कृषकों की करुणा-कहानी पढ़ते हुए भावुक का हृदय उन्मेष में आ जाता है, और अपनी भुजाओं में उन्हें उठाने के लिए कुछ ढूंढ़ने लगता है। इस ग्रन्थ ने अपनी उपयोगिता का परिचय भी दिया है। व्याकुल हृदयों का मित्र बन रहा है, आड़े आने वालों का काँटा बन रहा है, कवियों की दिशा बन रहा है, लेखकों का विचार-कोष बन रहा है—और सच तो यह है कि वह उन गरीबों का, जिनका देश में आज जगदीश्वर के सिवाय कोई दूसरा नहीं, गीत बनता जा रहा है। एक देहाती के पढ़े-लिखे लड़के ने पुस्तक की दो सतरें जोर से पढ़ दीं—माँ रो उठी, बाप देखता रह गया, पड़ौसी इकट्ठे हो गये। बूढ़ी दादी ने प्यार से पूछा—“यह कहाँ सीखा बेटा!”

पर काम करने वाले व्यक्ति को कुछ और भी करना पड़ता है। कमल-से कोमल हृदय को भी कठिन होना पड़ता है। अमरूद का फल जरा भी छोटा होने पर उसे कलम करना होगा। सो फल छोटा होने से दण्ड के स्वरूप से नहीं, वैद्य के उस मात्रा देने वाले स्वरूप से, जिससे कायाकल्प होता है; और डाक्टर के उस चीर-फाड़ करने वाले स्वरूप से, जिससे जीवन मिलता है। प्रशंसा की चट्टान से

ठुकराकर अनेकों पवित्र हृदय नष्ट हो गये और उनका नाश किया उस बोदे संसार ने जिसने उन हृदयों का दृष्टिकोण अपनी ओर खींचने के लिए प्रशंसा का मीठा जहर पिलाकर अपना काम निकाला। इसीलिए साहित्य-संसार के इस आदरणीय ग्रन्थ की आलोचना होनी चाहिए। पर इस ग्रन्थ की प्रत्येक लाइन बुरी बताने और उस पर गाली सुनाने के लिए नहीं, और न इसे 'नवरत्न की आलोचना' या 'सतसई-संहार' बना डालने ही के लिए। बल्कि इसलिए कि ग्रन्थकार समालोचना में आई हुई बातों को अपने हृदय-देश में स्थान दे और उसके कर्म का जोरदार प्रवाह, प्रेम और श्रद्धा से आलोचना पढ़ते-पढ़ते ही फिर आ पड़े। यह काम किसी देहाती गँवार के करने का नहीं। किसी बात के धनी को यह करना चाहिए। यदि ऐसा न किया जायेगा तो साहित्य में महत्त्वपूर्ण ग्रन्थों का प्रादुर्भाव न होगा और प्रादुर्भूत हो जाने वाले ग्रन्थों की उचित इज्जत न होगी। साहित्य की बाढ़ मारी जायेगी। यदि किसी कोने में हमारे साहित्य के समालोचक हों तो वे इस कार्य को करें। यह हमारी उनसे प्रार्थना है।

लेखक : एक देहाती गँवार

['प्रभा', सितम्बर 1915/कार्तिक 1872]

'प्रभा'

सम्पादक श्री गणेशशंकर विद्यार्थी

'प्रभा' के प्रथम वर्ष की प्रथम संख्या ठीक एक जनवरी को प्रकाशित हो गई। इसके सम्पादक हैं प्रताप-सम्पादक श्रीयुत गणेशशंकर विद्यार्थी और श्रीयुत देवदत्त शर्मा बी० ए०। 'प्रभा' राजनैतिक पत्रिका है, उसके जीवन का धर्म राजनीति होगा। पथ काँटों वाला है, और है ऐसा भी, जिसका परम पवित्र पथिक भी भारतीय होने के कारण आज के इस समय तक पापी समझा जाता रहा है। जिसकी जबान को उठने की और जिसकी कलम को लिखने की— चाहे ईश्वरीय सन्देश उसे कितना ही मसोस रहा हो और प्रकृति, आवश्यकता तथा क्षेत्र उसे कितना ही काम करने के लिए विवश क्यों न कर रहे हों—आज्ञा नहीं है, फिर कुछ करने की तो बात ही दूर है। किन्तु, पथिक की तैयारी भी कमजोर नहीं। कार्यक्षेत्र में पदार्पण हुआ है, और वह इन शब्दों के साथ हुआ है—"इस देश को ज्ञान की ऐसी ज्योति-शिखा की परम आवश्यकता है, जो नाविक को घटनाओं की घटा से आच्छादित मार्गों के ढूँढ़ने में सहारा दे, उसे उसकी सूचना दे, आसपास के कगारों की ऊँचाई, निचाई, भयंकरता और सौम्यता का पता दे, आसपास वालों की घातों और प्रतिघातों का ज्ञान दे और अन्त में दे

उसे पार करने के लिए प्रौढ़ मत, शुद्ध संकल्प और अदम्य उत्साह ! 'प्रभा' इस क्षेत्र में कुछ कार्य करेगी।"

कविताओं में 'स्वप्नोत्थित' के बाद 'स्वागत हो' पर दृष्टि जाती है। 'पलासी का युद्ध' में रानी भवानी के शब्द बड़े अनोखे हैं : "महिला गण का सम्मान करो!" "दुख-अश्रु उर:स्थल सिंचित है/विपदा-रण में तन रंजित है/नर किन्तु प्रतिष्ठित शिक्षित है।" ये लाइनें अच्छी हैं।

लेखों में 'शासन-सुधार का सिंहावलोकन', 'बोलशेविज्म और उसके आचार्य' और 'शर्त-बँधे मजदूरों का छुटकारा' आदि लेख विशेष सोचने-समझने और कर्म की दिशा ढूँढ़ने की वस्तु हैं। 'विचार-प्रवाह' के नोट अच्छे हैं, और इससे भी अधिक देखने की प्रतीक्षा है। सम्पादकीय टिप्पणियाँ उनके राजनीतिज्ञ स्रष्टाओं को शोभने वाली हैं।

चित्र 9 हैं, 1 रंगीन, 8 सादे। 'पीड़ित पंजाब', 'पंजाबी नेता', 'तिलक-आगमन', 'बोलशेविज्म के आचार्य' आदि सभी अच्छे हैं। प्रताप-सम्पादक श्रीयुत गणेशशंकरजी विद्यार्थी और उनके साथी देवदत्तजी 'प्रभा' को इस रूप में संसार के सम्मुख लाने में सफल हुए हैं। किन्तु, हमारा हृदय, हृदय-धन में से प्रभा के लिए अधिक बँटवारा चाहता है। 'प्रभा' में आलोचना का ऊँचा···परिवर्तन के पुनीत भाव···उत्क्रान्ति की कर्मण्य (ता)···चाहता है। और प्रभा के वीर··· धार के लिए, यह बात जीवन···वह खेल है, जिसे खेलकर वह···को बल देने में सदैव तत्पर···रहा है। 'प्रभा' का क्षेत्र ऊँचा···दृढ़ और पद्धति देश के···और आदर करने की वस्तु (है)।[1]

छपाई साफ और सुन्दर है। पता—व्यवस्थापक 'प्रभा', प्रताप प्रेस, कानपुर।

[कर्मवीर, 17 जनवरी, 1920]

'साम्यवाद'

बाबूराम वर्मा

भारतवर्ष में हिन्दी के समाचार-पत्र पढ़ने वालों में से शायद ही कोई ऐसे होंगे जो बोलशेविज्म और बोलशेविक के नाम से परिचित न हों। परन्तु बोलशेविज्म वास्तव में क्या है, उसकी उत्पत्ति किस प्रकार हुई, उसने संसार में कैसे-कैसे उलट-फेर कर दिये हैं, क्या भारतवर्ष का भी जलवायु उसके अंकुरों के लिए अनुकूल है

1. 'कर्मवीर' के इस पृष्ठ के अन्तिम पराग्राफ का कागज फटा होने की वजह से बीच-बीच के शब्दों को जगह छोड़ दी गई है।

या नहीं बातों को जानने की आवश्यकता इस समय बहुत बड़ी है। हर्ष की बात है कि आलोच्य ग्रन्थ इन सब बातों पर अच्छा प्रकाश डालता है, और हिन्दी में अपने ढंग का पहला होने और बहुत उपयुक्त अवसर पर प्रकाशित होने के कारण इसके लेखक और प्रकाशक दोनों धन्यवाद के पात्र हैं। आशा है, हिन्दी जनता इस ग्रन्थ-रत्न का स्वागत करेगी और इसमें प्रकट की गई बातों पर गम्भीरता के साथ विचार करेगी।

साम्यवाद का अभिप्राय यह है कि सब मनुष्य एक समान हैं और सबको अपनी उन्नति करने का समान अवसर दिया जावे, सम्पत्ति पर किसी व्यक्ति-विशेष का अधिकार न रहे, पूँजीदारी की हानिकारक प्रथा तोड़ दी जावे, जमीन पर समाज का अधिकार होवे, प्रत्येक मनुष्य अपनी शक्ति और योग्यता के अनुसार कार्य करे और अपनी आवश्यकता की पूर्ति के लिए यथेष्ट सामग्री प्राप्त करे, इत्यादि। इन विचारों की उत्पत्ति यूरोप में गत 19वीं शताब्दी में हुई और ये विचार लोगों को इतने पसन्द आ रहे हैं कि सारे संसार में इनका प्रचार द्रुत-पद से हो रहा है। इस अपूर्व प्रचार का मुख्य कारण सभ्य देशों में औद्योगिक उन्नति के कारण उत्पन्न हुई आर्थिक विषमता ही है जिसके कारण धनी मनुष्य कुछ श्रम न करके भी अधिकाधिक धनी होते जाते हैं और बेचारे श्रमजीवी एड़ी और चोटी का पसीना एक करके भी भर-पेट अन्न और शरीर ढाँकने को यथेष्ट वस्त्र नहीं पाते। साम्यवाद इस विषमता को दूर करने का अमोघ शस्त्र माना गया है और अनेक सभ्य देशों में इसका अवलम्बन किया जा रहा है और बहुत सफलता के साथ। साम्यवाद ने अपने जीवन के थोड़े-से समय के भीतर ही पूँजीदारों का आसन हिला दिया है और अब पूँजीदार समझने लगे हैं कि उनकी धींगा-धींगी देर तक नहीं चल सकती। श्रमजीवी भी यह अनुभव करने लगे हैं कि संघ-शक्ति का क्या प्रभाव है। इस साम्यवाद ने भिन्न-भिन्न देशों में भिन्न-भिन्न रूप धारण किये हैं, यद्यपि सब जगह सिद्धान्त एक ही है। कहीं-कहीं साम्यवादियों ने आवेश में आकर बड़े-बड़े अन्याय कर डाले हैं—राज्यसिंहासन तक उलट दिये हैं। रूस के बोलशेविक लोग इसी अतिवादी साम्यवाद के अनुयायी हैं, इनका आतंक इस समय सारे संसार में छा रहा है।

पाश्चात्य देशों में साम्यवाद के सिद्धान्तों का प्रसार जो इतनी शीघ्रता से हो रहा है, उसके प्रधान कारण वहाँ के देशों का त्रुटिपूर्ण सामाजिक संगठन, औद्योगिक उन्नति और संसार के प्रति वहाँ के निवासियों की परम आसक्ति है। यद्यपि भारतवर्ष में श्रमजीवियों की दशा बहुत हीन और शोचनीय है, तथापि यहाँ का सामाजिक संगठन पाश्चात्य देशों के सामाजिक संगठन से भिन्न है, हम लोग इतने धर्मभीरु और शान्तिप्रिय हैं कि रक्तरंजित हाथों से किसी भी प्रकार के सुधार के लिए हमारी प्रवृत्ति हो ही नहीं सकती।

आलोच्य ग्रन्थ में 16 परिच्छेद हैं जिनमें भिन्न-भिन्न प्रकार के साम्यवादों की उत्पत्ति, उनके स्वरूप तथा सिद्धान्त आदि का विवेचन है। लगभग 75 पृष्ठ के परिच्छेद में बोलशेविज्म का विस्तृत और विशद विवेचन है। 15वें परिच्छेद में भारतीय कृषकों और मजदूरों का मर्मस्पर्शी चित्र खींचा गया है। अन्तिम परिच्छेद में पुस्तक का उपसंहार है जो यदि थोड़ा और विस्तृत होता और अधिक सावधानी के साथ लिखा जाता, तो पुस्तक की उपयोगिता और भी बढ़ जाती। पुस्तक की भाषा सरल और रोचक है, यद्यपि 'चार ही' शब्द का प्रयोग चिन्त्य है।

लेखक ने प्रस्तुत पुस्तक लिखने में अवश्य ही बहुत परिश्रम किया है और हमें आशा है, उनकी लेखनी से इसी प्रकार के उत्तम और समयोपयोगी ग्रन्थ-रत्न प्रसूत होकर हिन्दी साहित्य को अलंकृत और उसके अवनत मस्तक को उन्नत करेंगे। पुस्तक का परिमाण, छपाई-सफाई आदि को देखते हुए 2/50 रु० मूल्य किसी प्रकार अधिक नहीं। और हमारा अनुरोध है कि प्रत्येक समर्थ हिन्दी भाषा-भाषी इस पुस्तक को ध्यानपूर्वक पढ़े। फिर भी प्रकाशक महोदय से हमारा निवेदन है कि यदि वे इस पुस्तक का सारांश लगभग 100 पृष्ठों में लिखाकर प्रकाशित करें, तो पुस्तक का प्रचार अधिक व्यापी होगा और जनता साम्यवाद के सिद्धान्तों से परिचित हो सकेगी और बोलशेविज्म के सिद्धान्त समझने में अभी जो कहीं-कहीं नासमझी हो रही है, वह अधिकांश में दूर हो सकेगी।

[कर्मवीर, 16 जून, 1920]

चन्द हसीनों के खुतूत

बेचन शर्मा 'उग्र'

लेखक महोदय ने इसमें कुछ ऐसे पात्रों का वर्णन किया है, जिनसे मुहब्बत के साथ समाज-सुधार का खासा सबक मिलता है। इसमें मुसलमान घराने की कलकत्ता गर्ल्स कालेज की एक विद्यार्थिनी मिस नर्गिस के हिन्दू घराने के मुरारीकृष्ण शर्मा नाम के एक कालेज छात्र के प्रेमपाश में बँध जाने के सम्बन्ध के पत्र-व्यवहार है। इस सम्बन्ध में, इन दोनों परिवारों के रिश्तेदारों के पत्र भी पढ़ने लायक हैं। मुसलमान धर्म के खिलाफ, एक काफिर पर मुहब्बत करने के सम्बन्ध में नर्गिस के भाई ने अपनी स्त्री को जो पत्र दिया, उसका जवाब, दोनों मजहब की ललनाओं के लिए हृदय में धारण करने की चीज है। नर्गिस के भाई ने लिखा कि किसी गैर कौम वाले के साथ ब्याही जाने की अपेक्षा नर्गिस को जहर देकर मार डालना

बेहतर समझूँगा। इस पर उसकी स्त्री ने लिखा है—"मुहब्बत के लिए खून! तुम्हीं सोचो कि मुहब्बत—कानून से, धरम से, मजहब से, हिन्दू से, मुसलमान से, ईसाई से, सिक्ख से परे है। मुहब्बत दिल देखती है—मजहब नहीं, कानून नहीं, हिन्दू नहीं, मुसलमान नहीं। मेरे खुदा, अगर तुम हिन्दू भी होते तो भी मेरे खुदा ही होते और कल यदि तुम किसी गैर कौम के हो जाओ, तब भी मैं तुम्हारी ही रहूँगी। मजहब इस दुनिया की चीज है और मुहब्बत उस दुनिया की। सच्चा मजहब मुहब्बत के रास्ते का रोड़ा नहीं, फूल है।" लेखक की भाषा में उन्माद है, लगन है, और सबसे परे जगत् के दूषित भावों से ऊँचे उठकर प्रेमी के हृदय को समझने की शक्ति है। किन्तु उन्माद की मात्रा कुछ अधिक हो गई है। मुहब्बत के सम्बन्ध में किसी कवि की ये मस्तानी पंक्तियाँ इस पुस्तक में हैं—"माशूक का रुतबा तो, महशर में कोई देखे/अल्लाह भी मजनूँ को, लैला नजर आता है/इक कतरए-मै जब से, साकी ने पिलाया है/उस रोज से हर कतरा लैला नजर आता है।" मौलाना का कव्वाली कहना और भगवान की भक्ति में तल्लीन हो जाना, तथा नर्गिस के बूढ़े पिता का उन पंक्तियों पर से द्रवित होकर नर्गिस की प्रतिज्ञा पर हार मानना—सुन्दर दृश्य हैं।

[कर्मवीर, 18 जून 1927]

पिता के पत्र, पुत्री के नाम

(पंडित जवाहरलाल नेहरू : अनुवादक—श्रीयुत प्रेमचन्द बी० ए०)

भारत-वासी, पंडित जवाहरलाल नेहरू को युवकों के आदर्श और एक निर्भीक नेता ही की तरह जानते हैं, यह सब होते हुए भी वे आदर्श पिता हैं। आज शिक्षित कहलाने वाला समुदाय तक अपने बालकों और बालिकाओं का भविष्य साधारण पढ़े-लिखे शिक्षकों के हाथ सौंप देता है। उच्च शिक्षा की ओर जितना ध्यान दिया जाता है उतना प्राथमिक शिक्षा की ओर नहीं। जवाहरलाल जी पितृत्व की जिम्मेदारी का अनुभव करते हैं। पुस्तक में उनके पत्रों का संग्रह है जो उन्होंने अपनी पुत्री कुमारी इन्दिरा को, 3 साल पहले लिखे थे। इन पत्रों में "यहाँ राजी-खुशी है, तुम्हारी राजी-खुशी भगवान से चाहता हूँ" नहीं है। इनमें संसार की विभिन्न बातों की जानकारी है। जमीन कैसे बनी, शुरू के आदमी, जातियों का बनना, तरह-तरह की कौमें, मजहब कैसे शुरू हुआ, जबानों का आपस में रिश्ता, आदि बातों पर प्रकाश डाला गया है। चीन, मिस्र आदि विभिन्न देशों की बातों और वहाँ के लोगों के रहन-सहन का भी इसमें वर्णन है। तात्पर्य यह है कि इस

पुस्तक में बालकों को संसार के गम्भीर विषयों का प्रारम्भिक ज्ञान कराया गया है। बालपन की रुचि का खयाल रखकर इसमें 16 चित्र दिये गये हैं। इससे इसकी ओर बालकों का आकर्षण और भी बढ़ जाएगा। पत्र अंग्रेजी में लिखे गये थे। उनका अनुवाद हिन्दी के सुप्रसिद्ध उपन्यास-लेखक श्रीयुत प्रेमचन्दे जी ने किया। प्रेमचन्द जी का नाम ही अनुवाद की उत्तमता का साक्षी है। हिन्दी-संसार का यह दुर्भाग्य है कि जवाहरलाल जी की पुस्तक हिन्दी में अनुवाद के रूप में आयी। हम हिन्दी-भाषी पंडित जी को इसके लिए उलाहना दिये बिना नहीं रह सकते। वास्तव में तो इस प्रकार की चीजें हिन्दी से अंग्रेजी में अनुवादित होनी चाहिए। ये पत्र पंडितजी की कलम से अगर हिन्दी में उतरते, तो लोग इन पर अभिमान करते। खैर, हिन्दी-भाषी जनता, भविष्य में सीधी पंडितजी की कलम से निकली हुई पुस्तकें देखना चाहती है। प्रत्येक हिन्दी-भाषी पिता का कर्त्तव्य है कि वह इस पुस्तक को खुद पढ़े; एवं बालक-बालिकाओं को इसे भेंट करे।

[कर्मवीर, 10 अक्टूबर, 1931]

गीता में भक्ति-योग

वियोगी हरि

यह गीता के बारहवें अध्याय पर, भक्त-हृदय कवि श्री वियोगी हरिजी का भाष्य है। गोरखपुर के गीता प्रेस ने इसे प्रकाशित किया है। मूल्य, पुस्तक की उपयोगिता देखते हुए बहुत ही कम है। गीता को, हरिजी निष्काम-कर्मयोग-युक्त और ज्ञानपूर्ण अध्यात्म शास्त्र तो मानते है, पर लेखक ब्रह्मविद्या के इस उपनिषद् को 'भक्ति-प्रधान' मानते हैं। महात्मा गांधी भी 'अनासक्तियोग' की भूमिका में, गीता के भक्ति-योग पर इस प्रकार लिखते हैं—"जो किसी का द्वेष नहीं करता, जो करुणा का भण्डार है, जो ममता-रहित है, जो निरहंकार है, जिसे सुख-दुःख, शीत-उष्ण, सब समान हैं, जो क्षमाशील है, जो सदा सन्तोषी है, जिसका निश्चय कभी बदलता नहीं, जिसने मन और बुद्धि ईश्वर को अर्पण कर दी, जिससे लोग नहीं घबराते, जो लोगों का भय नहीं रखता, जो हर्ष-शोक एवं भयादि से मुक्त है, जो पवित्र है, जो कार्य-दक्ष होने पर भी तटस्थ है, जो शुभाशुभ का त्याग करने वाला है, जो शत्रु-मित्र पर समभाव रखने वाला है, जिसे मान-अपमान समान है, जिसे स्तुति से खुशी और निन्दा से ग्लानि नहीं होती, जो मौन-धारी है, जिसे एकान्त प्रिय है, जो स्थिर-बुद्धि है, वह भक्त है।" श्री वियोगी हरिजी ने, गीता की इसी भक्ति को भक्तिमय रचना से सँवारा है। यह कहना तो कठिन है कि श्री

वियोगी जी के पागलपन को गीता पढ़ते समय सूरदास, नन्ददास, तुलसीदास, मीरा आदि भक्ति के मस्ताने कवियों की याद आयी है, या सन्त कवियों के अमृत का आह्वान करते हुए, रह-रहकर गीता याद आ गयी है। शायद दोनों ही बातें ठीक हों। गीता में 'अव्यक्त को व्यक्त' मानने वाले को 'मेरे भाव को न जानने वाले मूढजन' कहा गया है। लेखक इस गाली को अपने सिर-आँखों पर लेता है, और कहता है "मनुष्य तो अपने-जैसी ही कल्पना अपने प्रभु की करेगा।" व्यक्त उपासना के उदाहरण में वह कबीर को लेकर कहता है—

"तुन तो समरथ साइयाँ,
दृढ़ गहि पकरौं बाँह।
धुरही लौं पहुँचाइयों,
जनि छाँड़ों मग माँहि॥"

यही नहीं, वह 'सूरदास' की गवाही देकर दिखाता है कि भक्त अपने प्रभु को व्यक्त मानकर किस तरह लड़ा करता है—

"आजु हौं एक-एक करि टरिहों।
कै मैं ही कै तुम ही माधव,
अपुन भरोसे लरिहों।"

गांधी जी भी कहते हैं—"देहधारी मनुष्य अमूर्त स्वरूप की केवल कल्पना ही कर सकता है, पर उसके अमूर्त स्वरूप के लिए एक भी निश्चयात्मक शब्द नहीं है— वे यह भी कहते हैं—"पुस्तक की पूजा करना, मन्दिर में जाकर पूजा करना, ये सभी साकार पूजा के ही लक्षण हैं।"

इस पुस्तक के लेखक भक्ति-प्रधान वाणी लिखने में सफल हुए हैं, यह उनके हृदय का स्वच्छ दिग्दर्शन है। किन्तु गीता के बारहवें अध्याय की इस चर्चा में, वे ज्ञानयोग और कर्मयोग के अस्तित्व को सर्वथा ही भूल गये हैं। उन्हें साकार उपासना के मानने वाले कबीर-बानी में अपने प्रियतम की गुण-गाथा मिल गई, इससे किसी को शिकायत नहीं, परन्तु भक्ति की हिमायत में भक्ति के 'साकार स्वरूप' कर्म को और भक्ति के 'पायन्दाज' ही की तरह क्यों न हो, ज्ञान को इतना भूल जाना क्या अन्याय नहीं कहा जायगा! खैर, हम तो उस भाव के गुलाम हैं, जिसे हरिजी ने, कविवर अकबर के शब्दों में इस प्रकार प्रकट किया है—

"आता है वज्द[1] मुझको
हर दीन की अदा पर।
मसजिद में नाचता हूँ
ताऊस[2] की अदा पर।"

---

1. आनंदातिरेक से आत्म-विस्मृति
2. मोर

पुस्तक बहुत अच्छी है। और ऐसे समय, जब देश की पराधीन अवस्था में हम अपनी गरीबी से, प्रेम और आराधना को या तो सर्वथा भूले जा रहे हैं या उसे सौदे के अपवित्र पैमाने से मापने में लगे हैं, गीता के बारहवें अध्याय की यह व्याख्या हमें अपने हृदय के कोमलतर हिस्से की याद दिला देगी; और भक्ति को भूलते हुए हम जहाँ देश-भक्ति को भी भूल रहे होंगे, वहाँ हमारे हृदय में भक्ति का स्वार्थ-रहित स्रोत बहाने में सहायक होगी।

[कर्मवीर, 4 अप्रैल 1931]

'गबन'

श्री प्रेमचन्द

यह हिन्दी-संसार के प्रसिद्ध उपन्यासकार और कलाशिल्पी श्रीयुत प्रेमचन्दजी का नवीन उपन्यास है। अन्य उपन्यासों की तरह प्रेमचन्दजी के इस उपन्यास का मूल विषय भी सामाजिक सुधार है, जिसमें सामाजिक कुरीतियों पर सीधा और मार्मिक निशाना लगाया गया है। जालपा के जीवन-चित्रण में, जिन घात-प्रतिघातों का संमिश्रण है, उनमें यद्यपि कला के दर्शन कहीं-कहीं ही होते हैं, किन्तु समाज की अन्य रूढ़ियों के भयंकर परिणामों का दुनिया के अनेक कोनों का पाठकों को पता लगता है। इस उपन्यास में भी, नायिका के उत्तर-काल का जीवन उज्ज्वल हो गया है, और वह विश्वोद्धार की एक घटक बन गई है। हमारी तो यह इच्छा है कि प्रेमचन्दजी की इस कृति का विद्वान् तरुण अध्ययन करें, और कला की दृष्टि से इस कृति की चर्चा करें। प्रेमचन्दजी की कृतियाँ कसौटी पर चढ़ती रही हैं, और वे उनके प्रयत्नों को—आलोचना की काट-छाँट के बाद भी—कीर्ति की अनन्त राशि प्रदान करती रही हैं। 'गबन' का चित्रण यद्यपि परिमित दायरे का है, परन्तु है सुन्दर। हमें यह मालूम होता है कि यह रचना शायद कुछ कम अवकाश में लिखी गई है।

[कर्मवीर, 2 मई, 1931]

'आंधी'

श्रीयुत जयशंकर 'प्रसाद'

हिन्दी के सुप्रसिद्ध कवि श्री 'प्रसादजी' ने हिन्दी-संसार में उपन्यासकार और गल्प-लेखक की हैसियत से अवतरित होकर भी, मौलिकता, आदर्श और हृदय की

तरंगित करने वाली भावना से काफी ऊँचा स्थान प्राप्त कर लिया है। 'प्रसादजी' अन्तर्जगत् के चितेरे हैं। बाह्य जगत् उनके लिए अन्तर्जगत् की भावनाओं का चित्र खींचने का साधन-मात्र है। 'प्रसाद' जी भारतीयता के पक्के हिमायती हैं। उनकी कोई भी कहानी, नाटक, उपन्यास और कविता देखिये, पाश्चात्य आदर्शों का बिना हजम किया हुआ मिश्रण नहीं मिलेगा। प्रसादजी के पात्रों के चरित्रों पर भारतीय आदर्शों की छाप लगी हुई है। इस पुस्तक में प्रसादजी की 10 गल्पों का संग्रह है। इन गल्पों के उस पार लेखक के भावना से ओत-प्रोत हृदय की स्पष्ट झलक दिखाई देती है। 'आँधी' में प्रेम की उच्छृंखल प्रबलता का चित्र है। 'मधुआ' में संसार की दृष्टि से पतित अंतःकरण की दूसरी बाजू—एक शराबी के वात्सल्य-पूर्ण हृदय—का प्रतिबिम्ब है। 'पुरस्कार' में देश-प्रेम और प्रणय का द्वन्द्व है। प्रणय को देश-प्रेम की वेदी पर बलिदान किया जाता है। कहानियाँ पठनीय हैं। यह पुस्तक भावनाओं के भूखे हृदय को शान्ति देने की क्षमता रखती है। ऐसे व्यक्ति का यह भोजन है, भजन है और सेहत है।

[कर्मवीर, 4 दिसम्बर 1931]

'साकेत'

श्री मैथिलीशरण गुप्त

हिन्दी संसार के साहित्य-महारथी विद्वद्वर बाबू मैथिलीशरण गुप्त को हिन्दी जगत् में यह सौभाग्य प्राप्त है कि वे अपनी रचना के बल पर हिन्दी-संसार में गरीबों की झोपड़ियों से लगाकर बड़े-बड़े प्रासादों तक पहुँच पा चुके हैं। कहना कठिन है कि उनकी कविताओं की इस व्यापकता का अधिक श्रेय राम-भक्ति को प्राप्त है या स्वयं गुप्तजी महाराज को। हिन्दी-साहित्य के उदय-काल से राम-भक्तों की रचनाएँ समाज में अधिक प्रचार पाती रहीं। पौराणिक युग में तो रामायण और भागवत दोनों ने अपना क्षेत्र खूब विस्तृत रखा। किन्तु यह कौन नहीं जानता कि तुलसीदासजी, सूरदासजी की अपेक्षा अपनी रचना के रूप में, अपने चरित-नायक के चरित्र को, सम्पूर्ण और सर्वांगपूर्ण, घर-घर में पहुँचाने में अधिक सफल हुए हैं।

रामचरित रहस्य-रहित और सरल है। कृष्ण-चरित में परम-पुरुषता का पता लगाते समय, व्यक्ति, बाँसुरी वाले के खेलों की भूल-भुलैया में भूल जाता है। कृष्ण का साथी रहने के बाद भी, अर्जुन उन्हें सारथी के रूप में देख सकता है। किन्तु सुग्रीव या विभीषण राम को अपनी बराबरी में इतनी दूर तक बनाने

में सफल नहीं हो सके। राम का बचपन ढूँढ़ने के लिए तप चाहिए। कृष्ण की महानता ढूँढ़ने के लिए तपस्या चाहिए। यही कारण है कि कृष्ण के पास पहुँचने का दम भरने वालों में से बड़ी दुनिया कृष्ण की ओट में कालिमा की आराधिका हो गई। हाँ, जो कृष्ण को पहचान सके उन्हें विराट् दर्शन हुए। रामचन्द्रजी का जीवन केवल कठोर व्रत रहा। जीवन की अन्तिम घड़ियों तक वे मानव-समाज के सिपहसालार रहे, जिनके जीवन में खेल, विनोद, चाल, चातुर्य और वक्रनीति को प्रायः स्थान नहीं रहा। वे ऐसे सेनानी रहे, जिन्होंने कर्त्तव्य के पथ पर, गूँगे बन कर, अपनी निर्दोष और निष्कलंक इच्छाओं तक को कुचल डाला और अन्तर में होने वाले मनस्ताप को विश्व का विष होने देने के बजाय स्वयं ही निगलते रहे। रामचरित में राम के साथ कोई मजाक करता नजर नहीं आता। राम का प्रभाव अपने गुरुजनों पर भी, बालक और पुत्र की तरह नहीं, किन्तु गम्भीर, दृढ़-निश्चयी और धर्म-प्राण के नाते, बड़े की तरह पड़ता है। इसीलिए दशरथ मोह-वश उनका पथ रोक नहीं पाते और प्राण दे देते हैं। कौशल्या अपना मातृत्व आजमाने नहीं पातीं और वैधव्य तथा पुत्र-वियोग को स्वीकृत करती हैं और वशिष्ठ दृढ़-निश्चयी राम के निश्चय पर केवल आशीर्वाद देते हैं। हाँ, इस बात से भी इन्कार नहीं किया जा सकता कि राम के वचन और उनके जीवन के क्षण-क्षण से राज्य-वैभव प्रकट होता है। वे जहाँ हैं वहाँ राजा राम हैं। राम के व्यक्तित्व के पास पहुँचने की कल्पना-मात्र आते ही, मानव-मन अपने को कसौटी पर चढ़ा-सा देखने लगता है। वह सोचने लगता है कि न्याय, पवित्रता और सत्य की हत्या करके—ना, इन गुणों से छेड़छाड़ करके भी—राम की ओर रुख करके बैठा नहीं जा सकता। राम की ओर से केवल प्रेम करने पर प्रश्रय का पट्टा नहीं मिल सकता।

गुप्तजी ने जब अपना कर्त्तव्य-पथ निश्चित किया तब उनके पिताश्री की दी हुई राज-भक्ति की धरोहर उन्हें विरासत में मिली और देश की करुणावस्था, बलहीनता, धर्म के नाम पर अधर्म, तथा देश के अधःपतन के अनेक लक्षणों का दिग्दर्शन (कदाचित् आचार्य द्विवेदीजी महाराज के संकेत से) प्राप्त हुआ; ऐसे समय गुप्तजी जैसे मनस्वी को अपने आराध्य के जीवन में यदि देश की वर्तमान कठिनाइयों का इलाज दीखता रहा तो इसमें कोई आश्चर्य की बात नहीं। यही कारण है कि गुप्तजी ने जब-जब जो कुछ लिखा, राम की वन्दना के प्रारम्भ से लिखा—चाहे उन्होंने जयद्रथ-वध लिखा हो, चाहे भारत-भारती और चाहे और कोई ग्रन्थ—भगवान् राम के गुणों, कर्त्तव्यों और व्रतों को ही अपनी लेखनी से दोहराने का उन्होंने शक्ति भर उद्योग किया। कविता, गुप्तजी के लिए अपनी उद्देश्य-पूर्ति का, तुलसीदासजी ही की तरह, साधन-मात्र रही है। वह कला, वह कविता, वह चातुर्य गुप्तजी के सरलतम मन के मानने की वस्तु नहीं रहा, जिसमें

कर्त्तव्य की जागृति और रामावतार की धर्म-परायणता की पूर्ति न होती हो। कविता में होने वाले युग-परिवर्तनों पर न उन्होंने अपने जीवन को न्यौछावर ही किया और न उसकी ओर दुर्लक्ष्य ही किया। वे कर्म-गायक ही बने रहे और काव्य-गायक होने के अतिरेक से भय खाते रहे, यद्यपि वे लगातार कवि रहे, सुकवि रहे। शिल्पी रहे, केवल व्रत से युक्त अपने आराध्य भर की तसवीर खींचने वाले शिल्पी रहे। कवि-भावना के अभाव में वे इतिहासकार नहीं बन गये, किन्तु वे अपने पात्रों की रचना में अपनी कल्पनाओं को लगातार सान पर चढ़ाते ही रहे।

कुछ वर्षों पहले राम-चरित के लेखकों के प्रति— फिर चाहे वे वाल्मीकि हों या तुलसीदास, या देश की अन्य भाषा के कोई और लेखक —यह शिकायत की जाती रही कि रामायण के पात्रों में, यदि सबसे अधिक त्याग किसी को करना पड़ा तो वह राम के अनुज लक्ष्मण की पत्नी उर्मिला को, और उर्मिला के प्रति कवियों ने हृदयहीनता-पूर्ण उपेक्षा दिखाई। जिस तरह जमाने में युग की जरूरत को साहित्य-शिल्पी मस्तक झुकाकर चुन लिया करते हैं, उसी तरह श्रद्धेय गुप्तजी ने उर्मिला के चरित के प्रति कवियों द्वारा होने वाले अन्याय को मान लिया और बड़े ही मीठे ढंग से 'साकेत' में उर्मिला के चरित्र का चित्रण किया। उर्मिला-चरित्र पर एक और सहृदय और मस्ताने कवि के हृदय ने स्नेह-धारा बहाई है। वे हैं, प्रताप-सम्पादक पंडित बालकृष्ण शर्मा 'नवीन'। किन्तु उनकी रचना अभी तक साहित्य-संसार के सामने नहीं आ पाई है। अस्तु!

पुस्तक के प्रारम्भ में गुप्तजी महाराज को वर्तमान अनीश्वरतापूर्ण और बदलते हुए वातावरण में, कदाचित् यह भय हुआ है कि उनके 'राम' को शायद कोई ईश्वर न माने, किन्तु यह भय आधार-रहित है। राम के राज्यत्व की भावना के प्रतिकूल चाहे बदलता हुआ जमाना भले ही हो जाए, किन्तु राम के अवतार होने के प्रतिकूल उसी प्रकार जमाना नहीं हो सकता, जिस प्रकार वह कृष्ण, बुद्ध, ईसा और मुहम्मद के प्रतिकूल होता नहीं दीखता। अवतार का सम्बन्ध व्यक्ति-पूजा से नहीं, आदर्श-पूजा से है, और राम का जीवन आदर्शों का खजाना है।

अवतार मानव-शक्ति को जान-बूझ कर आदर्श की प्राप्ति के लिए आजमाता है। हम क्षुद्र वासनाओं की तृप्ति के लिए जीवन का उपयोग करते हैं। अवतार विश्व के परिवर्तन के लिए जीवन को उथल-पुथल में डालता है। हम शास्त्रों और अवतारों के बोझ बन कर मानव-जीवन पूरा करते हैं। किन्तु अवतार शास्त्रों का अंध-अनुकरण-कारी नहीं, वह तो शास्त्रों का निर्माता और परिवर्तन-कर्ता होता है। बुद्ध, कृष्ण, मुहम्मद और ईसा के वाक्य ही शास्त्र हो गये हैं। अवतार किसी के जीवन का बोझ नहीं होता। उसके उज्ज्वल जीवन के जो सुविचार हैं, उन्हें शास्त्र कहिये और जो व्यवहार हैं, उन्हें धर्म कहिये। शास्त्र से परे वे इसलिए हैं चूंकि उनके विकास के वैभव की सीमा किसी पोथी-पन्ने में नहीं रोकी

जा सकती। राम में इन महानताओं में से कौन-सी महानता नहीं, जो वे अवतार न कहे जायें ? और अवतार कहे जाने पर ईश्वर कहे या ना कहे जाने की चिन्ता ही क्यों होनी चाहिए ?

विश्व के संहारक तन्तु से जूझने जाते समय, विमलता, पुरुषार्थ व करुणा-हृदयता—ये तीनों जिसके अन्तरतर के शास्त्र हों; बन्धुत्व, विराग और ज्ञान जिसके मस्ताने जीवन के शृंगार हों; प्राप्ति का त्याग, इन्द्रियों की उपेक्षा, विचारों का संयम, अन्तरतम का धुला हुआ पन, द्रवित हो पड़ने की अतिरेकता और संकट-भोगियों के संकटों को दूर करने के लिए अपने समस्त को बाजी पर चढ़ा डालने की तैयारी तथा मजदूरी में लगे रहकर, पूजा और पुजापे से दूर रहकर, आडम्बर को कुचलते हुए, आसक्ति की कुरबानी के मूल्य पर, बड़ों की मर्यादा और छोटों के स्नेह का जो व्रती रहे, उसके अवतारत्व को कौन चुनौती दे सके ? उसकी महानता से कौन इन्कार कर सके ? राम मानव हैं, इसलिए वे वन्दनीय थे, इसलिए वे अवतार हैं और 'साकेत' के लेखक ने अपने हृदय की कुरबानी का जो काव्य-किला बनाया है वह सर्वथा उचित है, अभिनन्दनीय है।

'साकेत' का मेरा कुछ सप्ताहों तक साथ रहा। मैं तो कृष्णमय राम देखने का आदी रहा हूँ। वह मैं 'साकेत' में भी पल-भर देखता रहा और जिस समय लक्ष्मण उर्मिला पर निहाल होते, तब मुझे रामायण की अपेक्षा भगवत (भागवत) की ही याद अधिक आती। उर्मिला का चित्रलेखा बनना 'साकेत' के कलेवर की बड़ी सजीव वस्तु है। गुप्त जी महाराज भी तो उस वर्णन को इस तरह समाप्त करते हैं—

प्रेमियों का प्रेम
  गीतातीत है,
हार में जिसमें
  परस्पर जीत है !

'साकेत' के कुछ स्थल इतने सुन्दर हैं जिन्हें बार-बार गुनगुनाने की तबियत होती रहती है। चित्रकूट में जहाँ अपनी प्राप्त गरीबी पर गर्वीली होकर सीता "मेरी कुटिया में राज भवन मन-भाया" गाती हैं—बड़ी ही भली मालूम होती हैं। एक बार वे कहती हैं—

कहता है कौन कि
  भाग्य ठगा है मेरा ?
वह सुना हुआ भय
  दूर भगा है मेरा।
कुछ करने में अब
  हाथ लगा है मेरा,

वन में ही तो गार्हस्थ्य
जगा है मेरा।
वह वधू जानकी बनी
आज यह जाया,
मेरी कुटिया में राज
भवन मन-भाया !

इस सारे के सारे मन भाने वाले वन्य राजभवन को पढ़ने की पाठकों से मैं सिफारिश करता हूँ।

नवम सर्ग में "वेदने, तू भी भली बनी !" का गीत बहुत सुन्दर है और उसके पश्चात् ही "दोनों ओर प्रेम पलता है" वाला गीत और उसके बाद के कुछ और गीत इस बात का भाव कराते हैं मानो हम राम-चरित नहीं पढ़ रहे, सूरदास की सुकोमलता से किसी को छेड़छाड़ करते देख रहे हैं। सीता के राम-वियोग का पूरा युग मिठास के साथ लिखने में गुप्त जी का भक्त-हृदय अनन्य-भाव से लगा हुआ दीखता है।

'साकेत' की रचना में चुलबुलाहट नहीं, सीता-जैसा ही तन्मयतापूर्ण प्रेम और कठोर व्रत-पालन है। रसों का वर्णन है, किन्तु भक्त के नाते रसों पर शस्त्र-क्रिया नहीं। भाव दीवाने नहीं हैं, मन को छूने वाले अवश्य हैं। वर्णन, रामायण के प्रवाह की तरह सधकर आया है। उसमें खिलखिलाहट नहीं, मुस्कुराहट है। रचना में सुकवि चरित्र-नायक को निहाल करते नहीं बैठे, चरित्र-नायक के चरणामृत से अभिसिंचित हुए। सीता षोडशी रमणी नहीं हो गई, न कामिनी बन गई। राम का स्मरण करते हुए भी, उन्हें यह विस्मरण नहीं हुआ कि उनके चिन्तन से पहले राम आत्म-चिन्तन-लीन रहते होंगे। 'साकेत' का स्नेह तपस्या है, जीवन की खिलवाड़ नहीं। उसका विनोद निष्पाप है। उसकी कविता की ध्वनि-धारा गंगा की धारा की तरह उज्ज्वल, निर्मल, गहरी, किन्तु प्रकृति-नटी के पट-परिवर्तन से तटों को साफ रखे हुए है। 'साकेत' महाकाव्य है और राम-भक्ति का आकर भी। विरागी होकर और विश्व की खाक छानकर सर्वस्व-त्यागी तुलसीदास भी राम के गुणगान के पश्चात् अपने जमाने में गालियों से नहीं बचे, तब 'साकेत' के नम्रतम सुधी को तो गालियों के आगमन के लिए अपने अजिर में पहले ही से अच्छी-सी बिछायत करके रखनी चाहिए और अपनी इन पंक्तियों को दुहराना चाहिए :

धरा-धाम को राम-राज्य की
जय गाने दो !
लाता है जो समय, प्रेम-
पूर्वक, लाने दो !

मेरा विश्वास है, उपेक्षा और आलोचना के साथ-साथ 'साकेत' प्रेमियों की

प्यास बुझाने, आदर्शवादियों के गुनगुनाने, काव्य-प्रेमियों के दुहराने और साहित्य-प्रेमियों के स्नेहपूर्वक अपनाने की वस्तु बना रहेगा।

[लेखक : एक साहित्य-सेवक; 18 जून, 1932]

'ईसाई बाला'

अनन्तगोपाल शेवड़े

यह एक उपन्यास है। प्रकाशक ने 'उपन्यास' शब्द के पहले सामाजिक एवं 'राष्ट्रीय' शब्द जोड़ दिये हैं जो अत्यन्त सार्थक हैं। पुस्तक के लेखक एक मराठी-भाषी तरुण हैं, किन्तु उनके मनोभावों का प्रकटीकरण अविचलित व स्वाभाविक है। यह पुस्तक प्रकट कर रही है कि नवीन भारत की तरुणाई, अपने युग-निर्माण के काम को किस निर्भीकता और दृढ़ता से करना चाहती है। इस पुस्तक के दो चरित्र-नायकों -- प्रकाश और इसाबेला --के चरित्र को लेखक ने ऐसा उठाव दिया है कि दोनों एक-दूसरे से स्पर्धा से करते नजर आते हैं। युग-परिवर्तन के लिए आँखें हिन्दू समाज में 'प्रकाश' ढूंढ़ने जावें, तो आज कहाँ पावें ? आठवाँ परिच्छेद लेखक के चित्रण की सुकोमल और सुन्दर तसवीर है। वह हृदय-दान का अध्याय है। इस उपन्यास का 'प्रकाश' सामाजिक दमन के नीचे खूब कुचला जाता है, किन्तु वह अपने शील, अपनी नम्रता, अपनी दृढ़ता और सचाई से जिन्दा रहता है। प्रकाश अपने कष्ट-सहन, सामाजिक प्रताड़ना, माता की मृत्यु और घर से देश-निकाले से इसाबेला से बहुत ऊंचा दीखने लगता है। उसे अपने आदर्श पर बहुत-कुछ खोना पड़ा है। किन्तु 'इसा' जब राष्ट्रीय युद्ध में गाँवों में प्रचार करती घूमती है और फिर कारागार का कष्ट भोगती है, तब उसकी तसवीर निखरकर तपस्विनी बन जाती है। पुस्तक के भाव सुन्दर हैं,भाषा यद्यपि प्रारम्भिक लेखक की परिमितताओं को लिये हुए है, तथापि जिन्दापन के लिए सबल प्रयत्न करती हुई है। यह लेखक अपनी रचना में श्री जैनेन्द्रकुमार जी के पथ का पथिक मालूम होता है।

लेखक : एक समालोचक

[कर्मवीर, 20 अगस्त, 1932]

'रोटी का सवाल'

प्रिन्स क्रोपाटकिन (अनुवादक श्री : गोपीकृष्ण विजयवर्गीय)

साम्यवाद के विरोधी भी इस बात को मानते हैं कि वर्तमान संसार में साम्य-

वाद एक प्रबल शक्ति बन गया है । प्रायः प्रत्येक देश में यह 'वाद' किसी-न-किसी रूप में पहुँच चुका है।

यह 'वाद' संसार के गरीब मजदूरों और किसानों के कष्टों को दूर करने का एक उपाय—जिसे वह अद्वितीय गुणकारी बतलाता है—जगत् के सम्मुख रखने का दावा करता है । वह उपाय है—व्यक्तिगत सम्पत्ति को नष्ट करके देश की सम्पत्ति मात्र पर राष्ट्र का अधिकार होना । जमीन, मिल के यंत्र आदि उत्पत्ति के साधनों पर राष्ट्र का अधिकार हो । प्रत्येक व्यक्ति अपने लिए श्रम न करे, प्रत्युत राष्ट्र की उन्नति के लिए वह अपनी शक्तियों का उपयोग करे । इस 'वाद' के अनुसार, यह कर्त्तव्य राष्ट्र का है कि वह प्रत्येक व्यक्ति की आवश्यकताओं की ओर ध्यान दे, उसकी पूर्ति करे । राष्ट्र प्रत्येक व्यक्ति को बराबर माने, छोटा-बड़ा या गरीब-अमीर का भेद न रखे । इस दृष्टि से साम्यवाद, गरीब किसान-मजदूरों की आह की प्रतिध्वनि माना जाता है । वह गरीबों की रोटी का सवाल हल करने का दावा करता है ।

इस पुस्तक में साम्यवाद के महत्त्वपूर्ण सिद्धान्तों पर सरल भाषा में प्रकाश डाला गया है । साम्यवाद के आरम्भ-काल में यूरोप में इस 'वाद' के खिलाफ कई गलतफहमियाँ फैली थीं । इन्हें दूर करने के लिए प्रिन्स क्रोपाटकिन ने 'द कांक्वेस्ट ऑफ ब्रेड' नामक पुस्तक लिखी है । यह पुस्तक उसी का हिन्दी-रूपान्तर है । प्रिंस क्रोपाटकिन रूस के एक सामन्त-कुल में पैदा हुआ था । पर गरीबों की दुरवस्था देखकर ऐश्वर्य और सुखों पर लात मारकर, वह गरीबों का उद्धार करने के लिए कमर कसकर मैदान में उतर पड़ा । स्वभावतः ही उसे उस समय की रूस की क्रूर पूँजीवादी (जारशाही) सरकार के हाथों दीर्घकाल तक जेल-यातनाएँ सहनी पड़ीं । अनुवाद काफी अच्छा हुआहै । पुस्तक में प्रिन्स क्रोपाटकिन का संक्षिप्त परिचय होता, तो अधिक अच्छा होता । 'प्रकाश-मण्डल में' मन्त्री महोदय ने अपनी ओर से लिखी पंक्तियों में प्रिन्स क्रोपाटकिन का परिचय दिया है । प्रिन्स के उदात्त चरित्र की जानकारी पाठकों को अवश्य करानी चाहिए थी । मूल पुस्तक 1913 में लिखी गई थी । तब से आज तक साम्यवाद के विचारों में काफी प्रगति हो चुकी है । निरीश्वरवाद, हिंसावाद, विवाह-विरोध आदि विषयों में साम्यवादियों के विचार 1913 से आज बहुत बदल चुके हैं । इन परिवर्तनों को भी एक परिच्छेद में दे दिया गया होता तो इस अनूदित पुस्तक की उपयोगिता और बढ़ जाती । साम्यवाद पर अभी हिन्दी में बहुत थोड़ी पुस्तकें हैं । साम्यवाद की जानकारी की इच्छा रखने वाले प्रत्येक व्यक्ति के लिए यह पुस्तक उपयोगी है ।

[लेखक : एक समालोचक; कर्मवीर, 20 अगस्त 1932]

'विशाल भारत' का 'कहानी-अंक'

'विशाल भारत' के संपादक हैं पं० बनारसीदास चतुर्वेदी एवं संचालक हैं, बँगला मासिक 'प्रवासी' और अंग्रेजी मासिक 'माडर्न रिव्यू' के संपादक तथा भारत के दिग्गज और निर्भीक विद्वान् श्रीयुत रामानन्द चटर्जी। वार्षिक मूल्य 6/- कहानी-अंक का मूल्य सवा रुपया। मिलने का पता—विशालभारत कार्यालय, 120/2 अपर सरकुलर रोड, कलकत्ता।

हिन्दी भाषा में जिन मासिक पत्रों में व्यक्तित्व की छाप है, उनमें 'विशाल भारत' भी है। बनारसीदासजी के तन्त्र में, कला का संतोष पवित्रता-वादी होने के लिए लालायित रहता है। जहाँ उनके ग्रन्थ, उनके लेख, उनकी चर्चा और उनका जीवन इस बात से नहीं बचे, तहाँ 'विशाल भारत' में भी इस बात की छाप स्पष्ट दीख पड़ती है। 'विशाल भारत' के अभी तक कितने ही विशेषांक निकल चुके हैं। यों कहना चाहिए कि विशेषांकों की बीमारी को, 'विशाल भारत' ने भी अपना लिया है। 'पद्मसिंह अंक' के रूप में 'विशाल भारत' की जो संख्या प्रकाशित हुई थी, वह हिन्दी-साहित्य में नया और सफल उद्योग था। शेष में तो, हमें किसी मासिक के कोई विशेषांक पसन्द नहीं आये। 'विशाल भारत' एक उद्देश्य को लेकर हिन्दी-साहित्य में आया था। बाबू रामानन्दजी तथा पण्डित बनारसीदास के इस सहयोग ने, बंगाली विद्वानों को हिन्दी के महान् क्षेत्र की ओर तथा हिन्दी-भाषियों को बंगाल की कला और साहित्य के वैभव की ओर खींचने में काम किया है, और यदि 'विशाल भारत' का उद्योग सफल हो, तो उस खाई पर पुल बाँधने का आयोजन होने की आशा है, जो खाई बंगालियों को विद्वत्ता के अभिमान और कला के पाखण्ड से ऊँचा नहीं उठने देती, और हिन्दी-भाषियों को सन्देह और डाह के वातावरण में रोके हुए है। हमें क्षमा किया जाये, किन्तु हमारा तो मत है—जैसा कि हमने शांति-निकेतन में विश्व-कवि के सम्मुख प्रकट किया था—कि हर हालत में जो अधिक ज्ञाता है, वही अधिक दोषी भी है। अस्तु! बाबू रामानन्दजी ने 'विशाल भारत' के संचालन में गहरी हानि उठाई है और अब हिन्दी-भाषियों का काम है कि वे अपने ज्ञान के भोजनालय में सुरुचि-सम्पन्न 'विशाल भारत' को अवश्य देखें।

अब कहानी-अंक की बात। जो साहित्यिक कहानी-लेखक नहीं है, उसके विचारों का कहानी-अंक की चर्चा में क्या मूल्य होगा? किन्तु कहानी तो साहित्य का वह भाग है, जो पूर्ण हृदय से प्रजा-सत्ताक[1] है। कहानी तो, थोड़ों की मुहरबन्द वस्तु नहीं, उस पर तो जनता का अधिकार है। कहानी,

1. प्रजा-सत्तात्मक

नाटक और उपन्यास— ये तो ऐसे साहित्य-रूप हैं, जिनका जन-साहित्य होने का दावा सवाल करने से परे रहता है। हाँ, साहित्य के अन्य विभागों को, जन-साहित्य होने के अपने दावे को, अपने प्रभाव, प्रचार और मानव-जीवन की नित्य की उपयोगिता से लिप्त करना होता है। साहित्य का शिल्पी कविता की अपेक्षा कहानी में अधिक खुलता है। वहाँ वह अपनी निर्मित दुनिया की वायु-तरंगों पर बंधन-रहित होकर दौड़ सकता है। कहानी विश्व का स्वाभाविक साहित्य है। माँ, नन्हें-से छोने को गोद में ले कर जो पहली वस्तु समझा पाती है, वह होती है, कहानी। कहानी, यह जरूरी नहीं कि विस्तार ही से बोले, यह आवश्यक नहीं कि व्याख्यान देने खड़ी हो जाए, यह भी जरूरी नहीं कि उसमें एक विशेष रुचि, विशेष घटना तथा विशेष देश-काल का ही वर्णन हो। कहानी निकाल देने के पश्चात् साहित्य में बहुत थोड़ी वस्तु रह जाएगी। बड़े से बड़े चिन्तक का भी काम कहानी के बिना नहीं चला। राजा के जड़ पुत्रों से जब विद्वत्ता हार गयी, तब विष्णु शर्मा की कहानियाँ हितोपदेश करने आईं। रामकृष्ण परमहंस का दिव्य ज्ञान जब अपने पर बैठाकर मानव-जीवन को उच्चातिउच्च लोक में ले जाने में असफल हुआ, तब उसने कहानियों की पँखियाँ लगा लीं। 'रयाजी' 'रावी' और मातृ-भाषा 'पंजाबी' छोड़ने के पश्चात् भी, जिसके (जिसने) थोड़े से तत्त्व-पूर्ण साहित्य को विश्व-साहित्य बना दिया, उस रामतीर्थ की वाणी में कहानियाँ मानो उस परम सन्त महाकवि के तत्त्वों की आकर्षक दुभाषिया बनकर खड़ी हैं। वेद, शास्त्र और उपनिषद् भी कहानियों से खाली न थे, किन्तु अन्त में, विकसित युग पुराणों के रूप में, पूर्ण कथाओं का आया। उत्थान हो या पतन—प्रत्येक मानव अनेक कहानियों का एक सजीव संग्रह है। बीमार, मुसाफिर, कष्ट-भोगी, बेचैन, बेकार, धनी, गरीब, पुरुष, स्त्री—सबकी, कहानी एक-सी पसन्द। पुरानी से पुरानी घटनाओं में, नया जीवन देने वाले, अपने नायकों के जन्म-दिन से हजारों वर्षों पश्चात् पैदा होने और अपनी बात लिखने के पश्चात् भी कालिदास, माघ, बाण और भवभूति बनकर जीवित रह गए। कहानी-साहित्य समाज के जीवन का छाया-चित्र है। मध्य में कहानी का युग 'तोता-मैना' और 'छबीली भटियारिन' के लेखकों के हाथ में चला गया। उस समय के भारतीय इतिहास को दुर्भाग्य और दौर्बल्य के इतिहास से ही परिचित किया जा सकता है। यदि यह बात मान ली जाए कि जिस व्यवस्था से मानव-समाज का विकास हुआ है उसी परम्परा से मानव-मन की तालीम की व्यवस्था होनी चाहिए, तो कहानियाँ शिक्षण-क्रम में पहली आवश्यक वस्तु होंगी। वाल्मीकि और तुलसीदास की रचना के भेद को लोग सह गए, उन्होंने दोनों ही साहित्यिकों से यह कैफियत नहीं ली कि दोनों में से कौन सच्चा है। क्योंकि उन सन्त लेखकों ने अपनी रचना पर अपने ज्ञान और अपनी जिम्मेवारी की मुहर लगा दी थी। 'बीरबल-विनोद' और

'एक रात में सौ खून' के लेखकों ने यह सिद्ध किया है कि ज्ञान और हृदय और जिम्मेवारी से खाली, पतनोन्मुख मन की ये खाई हुई कुलाँटें हैं। कहानी-लेखक की ओर कुमार 'उत्साह' और बालिका सन्देश पाने के लिए, तरुणी ताड़ित युवारसों का 'छू जाना' पाने के लिए, और बूढ़े अपने चिन्तन में विश्राम पाने के लिए देखते हैं। मानव-मन की हर बात जानने की साध, हर बात की एक कहानी सुन कर पूरी होती है। जो कहानी-जीवन के रहस्य के जानकार, आते हुए जमानों को देख सकने वाले और आँखों और कानों से परे की वस्तु की ओर संकेत करने वाले होते हैं, समाज उनके चरणों में बैठकर उनका होने लगता है। जो कहानी-लेखक प्रकट बात में अप्रकट संकेत करते हैं, जाने हुए जीवन की बेजानी हुई दिशा लोगों के सामने रख देते हैं, और दूर की घटनाओं में, हृदय के अत्यन्त निकट की तथा निकट के साधारण जीवन में से दूर की असाधारण बात बता देते हैं, वे कहानी नहीं, युग लिखा करते हैं। ऐसे लोग, चाहे युग से दूर रहें, पर उनका हृदय लोगों के—परिस्थितियों के—बीचोंबीच होता है। वे चाहे आँख मूँदकर देखें, किन्तु वे आँख मूँदकर भी खुली आँखों वालों को दृष्टि प्रदान किया करते हैं। अच्छी कहानी, व्याकुल मानव-जीवन का समाधान, थकी हुई कल्पनाओं का अवकाश और भावों की गर्मी तथा छन्द के दायरे में दबी हुई रसवती··· कविता···का जीवन-रस है। कहानी में उतरकर कविता सौगुनी प्रेम, प्राण, और प्रलय से पुष्पित हो जाती है। कहानी को पाकर कविता, अपनी मिठास में थोड़ों की वस्तु कहलाने का तंग दायरा छोड़ कर विश्व न्यौतने का सामर्थ्य पा जाती है। कहानी एक सुन्दर और सजीव भाव-चित्रण है। एक रंग की कलम से लिखी जाने पर भी चल चित्रपटों की तरह, अनजान से अनजान पाठक की आँखों के सामने घटना के अनुकूल रंगों का चढ़ना-उतरना जारी रहता है। यही क्यों, यदि कहानी में युग लिखा गया हो, तो पीढ़ियों के रक्त पर भी कहानी रंग चढ़ाने लगती है।

यही सब सोचकर 'विशाल-भारत' के कहानी-अंक की तरफ आशा की नजर से देखने की इच्छा रही। किन्तु, हमारी दृष्टि का दोष कि हम इस कहानी-अंक से सुख न पा सके। हमें, हमारे युग की कहानियों में, न तो अपने देश की संस्कृति का चित्रण दीखता है, न वर्तमान युग का संकेत। जिस तरह वाल्मीकि-रचना की 'सीता' ने, सीता का अभिमान और अनुकरण करने वाली अनेक 'सीताओं' को जन्म दिया, उसी प्रकार इन कहानियों को पढ़कर विदेशी कहानी-लेखकों के पथ-प्रदर्शन की दुर्गन्ध आये बिना नहीं रहती। दुर्गन्ध का कारण विदेशी शिल्पियों का परायापन नहीं, न उनकी परम पहुँच के प्रति हमारे मन में रहने वाली घृणा है। इसका कारण है, इन कहानियों में भारतीयता का एकान्त अभाव। भारतीय संस्कृति को इन कहानियों के छोर कहीं नही छूते नजर आते।

जड़ प्राचीनता तथा नाशक कट्टरता के प्रति विद्रोह की भावना के तो हम भी कायल हैं। किन्तु हम नहीं मानते कि यह विद्रोह देवालय, यज्ञ-शाला, यमुना के कुंज, कदम्ब की छाँह और कुतुबमीनार की छाया में मे कोई कहानी ही नहीं बनने देता। इस तरह, कहानियों की ओर सन्देह की दृष्टि से देखना और अपनी वस्तु में मिठास का अनुभव न करना शायद हम जैसे नीरस और कहानी-कलाहीन व्यक्ति का दोष हो। श्रीयुत प्रेमचन्दजी की पूरी कहानी सुन्दर है। कहानी में तो वे उपन्यास की अपेक्षा कहीं अधिक विकसित होते हैं। किन्तु उनके प्रेरक वाक्यों में भारतीयता का दर्शन केवल उसी वाक्य में होता है, जहाँ प्रेमा अपने माता-पिता के रूठे सामाजिक आडम्बर के प्रति विद्रोह कर कहती है—

"विवाह का आधार अगर प्रेम न हो तो, वह तो देह का विक्रय है। आत्म-समर्पण क्या बिना प्रेम के भी हो सकता है?" प्रेमा के बलिदान में, हमारे स्त्री-जीवन का त्यागपूर्ण उदाहरण छुपा है, और केशव के जीवन में—पराधीन जीवन में—विरासत में पाया हुआ, कट्टरता से होने वाला अधःपात। देश के तरुणों के सामने प्रेमा, प्रेमचन्दजी की कलम से उतर कर, प्रश्न-चिह्न बनकर खड़ी है। सुख तो तब हो जब तरुण अधःपात में अपनी 'केशवता' उठाकर फेंक दें, और अपने युग-शिल्पी के द्वारा निश्चित, निष्ठुर सत्य को क्रियात्मक रूप से भूतकाल की वस्तु सिद्ध कर दें। किन्तु इस दिशा में, शिल्पी की कलम को अधिक जीवन-रस देना होगा। श्री चगताई जी का 'कोलतार' तरुण जीवन की आँख-मिचौनी से भरा हुआ है। बुढ़िया के मरने के किनारे आ पहुँचने पर भी, निर्दोष बुढ़िया के मरने की वेदना पाठक को नहीं छू पाती, तरुण चुहुल का रंग जो गहरा है! हाँ, रेल से पेटी गुमने की अघटन घटना, और फिर स्वयं 'कोलतार' महाशय को स्वीकृत करने का तरुण का साहस निस्सन्देह अपना सन्देश आप रखता है। 'धर्मराज की वही' का ताना मजेदार है। प्राचीनता पर ठोकर तो है, परन्तु जिन्हें दी गई है वे इतने बुद्धिमान हैं कि शायद इस श्राप को वरदान समझें!

[लेखक : एक साहित्यसेवी; कर्मवीर, 11 मार्च 1933]

'हरिजन-सेवक'

सं० श्री वियोगी हरि

साबरमती के महान् सन्त ने यरवदा-जेल में जब से उपवास किया, और समस्त देश को परिजन-सेवा के लिए प्रेरित किया है, तब से इस देश की मानवता अपने को हरिजन होने में गरबीली, और हरिजन-सेवक होने में भाग्यशालिनी समझने लगी है। राष्ट्रीय क्षेत्र में आने वाली उदासीनता से लाभ उठाकर, देश की

महत्त्वाकांक्षा के स्वार्थी, साधु-विरोधी और कायर-चरण-सेवी राष्ट्रीय महासभा पर प्रकट और अप्रकट प्रहार करने लगे थे। हरिजन-आन्दोलन ने आकर कर्त्तव्य की नयी जागृति उत्पन्न कर दी, जिस पर कानून के रूप में, स्वार्थ, अपने काले और कलंकित दाग नहीं लगा सकता। देश में, हरिजन-सेवा की भावना से प्रेरित होकर इस प्रकार के तीन पत्र निकल रहे हैं। पहला 'हरिजन' नामक अंग्रेजी साप्ताहिक पूना से प्रकाशित हो रहा है। दूसरा 'बँगला हरिजन' प्रकाशित हो रहा है और तीसरा 'हरिजन-सेवक' साप्ताहिक हिन्दी में देहली से प्रकाशित हो रहा है। सुनते हैं गुजराती तथा अन्य कुछ भाषाओं में भी कुछ पत्र निकल रहे हैं। 'हरिजन-सेवक' युग का संकेत, युग की स्फूर्ति और युग की वाणी है। हरिजन-सेवक के सम्पादक हैं, हिन्दी के साधु-हृदय कवि श्री वियोगी हरि जी। हरि जी 'हरिजन-सेवा' के नम्रव्रती और धर्म में विश्वबन्धुत्व के उपासक हैं। वे अपनी इसी बेचैनी को व्यक्त करने के लिए जबलपुर से 'पतित-बन्धु' प्रकाशित कर रहे थे। हरिजन-सेवक फुलस केप आकार के 12 पृष्ठों में प्रकाशित होता है। महात्मा गांधी को हिन्दी में लेख लिखने का अवकाश कम ही रहता है। तो भी इस पत्र के पाठक महात्मा गांधी के हिन्दी में लिखे लेखों को देख सकेंगे। यों तो महात्मा गांधी के लेखों से इस उत्तम पत्र का कलेवर भरा रहता है। हरिजन-आंदोलन में कितने मन्दिर, कुएँ, पाठ-शालाएँ आदि खुले, किन-किन देशी राज्यों ने इस विषय में उद्योग किया, किन प्रान्तों में क्या-क्या उद्योग हुए, धारा-सभाओं आदि में इस विषय में क्या-क्या हुआ, तथा देश इस विषय में क्या उद्योग कर रहा है, आदि बातें 'हरिजन-सेवक' के पाठक प्रति सप्ताह जान सकते हैं। इस पत्र के सम्पादक[1] कवि-शिल्पी अपनी लेखनी की मधुराई के लिए प्रसिद्ध हैं। 'सेवक' की तीसरी संख्या में श्री नन्द द्वारा लिखी 'हरिजन कान्हा' नामक कहानी हरि-भक्ति के भावों से पूर्ण और सरस है। हम इस पत्र की उन्नति के हृदय से इच्छुक हैं।

[कर्मवीर, 1 अप्रैल 1933]

'शिकारी'

ले० श्रीराम शर्मा 'राम'

कुछ सप्ताहों तक यह पुस्तक मेरे पास रही है। इसका कारण था, इस पुस्तक की यथार्थता, सजीवता। मैं श्री रामजी की लेखन-शैली को पसन्द करता हूँ। कुछ दिनों से यह भी देख रहा था कि वे शिकारी होते जा रहे हैं। देखता था, हिमालय में आँख डालकर, विशाल भारत में आँख डालकर, हिमालय तो कल्पना ही का

1. श्री वियोगी हरि

होता और कल्पना ही की आँखों से यह सब दृश्य देखे जाते।

जो लोग जीव-दया पर लम्बे-लम्बे भाषण देते हैं, उनमें मैंने भी पशु-प्रेम नहीं देखा। मानव-प्रेम ही का टोटा था—पशु-प्रेम होता ही कहाँ से? एक बार मेरे एक गुरुदेव चीतल की मृग-छाला पर बैठे ध्यान कर रहे थे। मेरे ही घर, जीने पर उसी पर बैठे-बैठे उन्होंने भोजन भी किया। मृग-छाला की कितनी ही बार उन्होंने सराहना की। किन्तु जब मैंने उनसे जीव-दया पर बातें कीं, तब वे कह उठे, ब्राह्मण का काम जीव-हिंसा नहीं है। किन्तु उसी दिन संध्या को कीड़े-पड़ी गाय का घाव धोकर जब एक तरुण, अपने बदन और हाथों को सर्वथा साफ कर, गुरुदेव का भोजन परोस कर ले आया, तब वे नाराज हो गये। वह भोजन लौटा दिया और दूसरे बच्चे ने दूसरी थाली लाकर दी। मैं उस समय अपने मन से पूछता था कि यह कौन-सी जीव-दया है, जो चीतल की खाल पर सराह-सराह कर पूरियाँ ख रही है, और पीड़ित गाय से दूर भाग रही है? उम्र के वर्षों के बीतने पर मैं यह और सोचने लगा हूँ कि जो पशुओं के साथ ममता से समय बितावे, उनके स्वभाव और कष्टों से परिचित होवे, उनके रंगों पर फिदां, उछल-कूद पर मस्ताना, उनके प्रहारों पर सहिष्णु हो सके, वही जीव-दया का मर्म समझने वाला हो सकता है। अस्तु! मैं शिकारियों को पशुओं का हत्यारा ही नहीं मानता, मैं मानता हूँ कि यदि वे एक शेर पर गोली चला सकते हैं, तो एक गाय के लिए अपनी जान को जोखिम में डाल सकते हैं। किन्तु मैं शिकारी को अहिंसा-वादी मानने के लिए तैयार नहीं। हत्या का किसी भी सिद्धान्त पर समर्थन आज की मनोवृत्ति में, मैं जीवन की कमजोरी का क्षमा-प्रदर्शन ही मानता हूँ। अस्तु!

शिकार का मानव-जीवन से मैं बहुत गहरा सम्बन्ध मानता हूँ। चूँकि अपने को इस दिशा में पहले सिरे का पुरुषार्थहीन जानकर भी, मैंने जीवन के कुछ दिन शिकारियों के साथ बिताये हैं, और जीवन के अधिक दिनों में कभी विन्ध्या की, कभी सतपुड़ा की, एकाध बार अरावली की भी, और कभी कहीं की घाटियों, टेकड़ियों, झाड़ियों, झरनों आदि को लाँघने में जीवन का सुख पाया है और लाठी-धारी बनकर नहीं, किन्तु लाठियाँ टेककर स्वास्थ्य की समाराधना भी ऐसे स्थानों पर की है। अपनी पुरुषार्थहीनता के और शिकारियों की कला के वे दिन जब भी याद आते हैं, आँखों के आगे विन्ध्या की लाल किनारदार चट्टानें और उन पर तपस्वी के हृदय पर रहने वाली भक्ति की हरियाली की तरह खूब उगी और बढ़ी हुई हरियाली आँखों के सामने होती है। किन्तु यह सब होते हुए भी, शिकार की पुस्तक की आलोचना का मैं अपने को अधिकारी नहीं पाता। कभी बन्दूक हाथ से छुई नहीं, कभी निशाना लगाया नहीं, कभी जंगली सूअर तक के पीछे ढेला लेकर नहीं दौड़ा, तब 'शिकार' पुस्तक पर आलोचना में आखिर क्या लिखा जाए? जिन देशों में स्वाधीनता है वहाँ लेखक को शिकारी होने से और शिकारी को लेखक

होने से कौन रोक सकता है ? वहाँ के सम्पादकों में शिकार जानने वाले हैं, और शिकारियों को सम्पादक होने का अवसर मिला है। सिपाही होना उन देशों का अभिमान है। हमारे देश में हट्टा-तगड़ा आदमी देखकर ही, उसके हत्यारे या गुनहगार होने का अनुमान किया जाता है, और मेरे आश्चर्य की सीमा न रही जब मैंने देखा, कि नागपुर-षड्यन्त्र के आजकल चलने वाले मुकदमे में इस बात की भी गवाही पुलिस की ओर से दी गई कि अमुक तरुण 'एयर गन' से निशाने लगाना सीख रहा था। इस विषय पर कुछ लिखना अभी सम्भव नहीं, क्योंकि मुकदमा अभी चल रहा है। खैर ! केवल साहित्य पढ़ने से कोई शिकारी भी नहीं बन सकता, क्योंकि पुस्तकों से प्रत्यक्ष साहस, धीरज, अंगों की सावधानी, मस्तिष्क की सूझ, भुजाओं को अथक अभ्यास, और नसों को उपस्थित समय पर, अपने रक्त के बूते आवश्यक बात कर दिखाने की शक्ति प्राप्त नहीं होती। किन्तु यह कहकर मैं प्रस्तुत पुस्तक के महत्त्व को नष्ट नहीं कर रहा। पुस्तक शिकारी होने की प्रेरणा दे सकती है। पुस्तक यह भी बता सकती है कि शिकारी की आँखें कितनी चौकन्नी और शीघ्रदर्शी, स्नायु कितने फुर्तीले, महान् फुर्ती में भी चाहे जितनी देर तक सधे और ठहरे हुए, उसका मस्तिष्क नायक को झाड़ी के बीचों-बीच छुपाकर या घर में बच्चों से खिलवाड़ कराकर भी, कितना चक्कर काटता हुआ और विस्तृत पहाड़ी के जोखिम-भरे स्थानों में घूमता हुआ भी, बिन्दु पर कितना अडिग होता है, उसी तरह शिकारी किस तरह अपनी जेब में कारतूसों के साथ प्राण लिये रहता है, उसके भुज-दण्ड किस तरह भय की गोद में निवास करने वाले सुन्दरतर की तलाश में भटकने वाले नेत्रों की सेवा में प्रस्तुत होते हैं !

शिकारी होने के लिए प्रेरणा चाहिए—बलवान प्रेरणा। किन्तु शिकार एक कला है। यह कला अन्य कलाओं की तरह शिकारी के जीवन का नशा हो जाती है। उस समय वह अपनी लगन पर शराबी, जुआरी, व्याभिचारी और भक्त से कम पागल नहीं होता। सो हिमालय की घाटियों में स्वामी रामतीर्थ की याद को साक्षी रखकर, भिलंगना नाले के आसपास श्रीराम् जी ने यह पागलपन खरीदा है। पुस्तक को पढ़ते समय, यह कहना अत्यन्त कठिन मालूम होता है कि श्रीराम जी सफल शिकारी हैं, या सफल लेखक। स्वर्गीय पण्डित पद्मसिंह जी के शब्दों में, इस पुस्तक के द्वारा पढ़ने वालों के हृदयों पर भी, श्रीरामजी का निशाना इन कहानियों के रूप में ठीक बैठता है। हम तो इस पुस्तक को, नयी हिन्दी-भाषी पीढ़ी के हाथ में एक देन समझते हैं। पुस्तक पढ़ने वाले तरुण में, यदि तुरन्त शिकार पर जाने की इच्छा न भी हो, तो भी निपुण शिकारियों के साथ उनका 'रिटेनर' बनकर बन्दूक, पानी की कुप्पी और कारतूस रखने की इच्छा भी जाग्रत हो तो हम इस पुस्तक के प्रयत्न को सफल समझेंगे। यों पुस्तक में तीन बातों का का संगम है, भक्त का हृदय, लेखन-कला और शिकार का पुरुषार्थमय कौशल।

कुछ लोग कहते हैं, वह गँवार है, वह महज शिकारी है। हम इस कथन ही को गँवारू समझते हैं। हमारे विचार से शिकार में योग से कम गुणों की आवश्यकता नहीं पड़ती। फिर चाहे वे गुण जान-बूझकर विकसित किये जाएँ, या बिना जाने जरूरतों के द्वारा उनका विकास हो। शिकारी के धीरज का एक उदाहरण हमें याद है। सतपुड़ा शैल के होशंगाबाद जिले के एक तरुण शिकारी का एक तेंदुए ने कन्धे के पास पंजा रखकर मांस निकाल लिया। इन्हें जमीन से शिकार करने का कुछ दिनों से खब्त सवार था, और यह (दुर्घटना) जंगल के सजीव पुरुषार्थ के प्रति किये गये विद्रोह का प्रथम दण्ड था। ब्राह्मण शिकारी-युवा, रेल के डब्बे में डालकर अस्पताल पहुँचाया गया। अस्पताल में एक बार जब डाक्टर ने चीर-फाड़ की मेज पर ले जाने की कोशिश की और क्लोराफार्म देना चाहा, तब उसने डाक्टर से कहा—"डाक्टर, मैं कसाई नहीं हूँ, शिकारी हूँ। मैं केवल प्राण लेने का रोजगारी नहीं हूँ। यदि मेरी अनेकों गोलियाँ सतपुड़ा के साहसियों पर लगी हैं तो आज वे भी मुझ पर वार करके सफल हुए हैं। तब उनकी चीर-फाड़ करते समय मैं हँसूँ, और अपनी चीर-फाड़ के समय कराहूँ, यह मुझसे न होगा। 'प्राण लेना और प्राण देना' शिकारी के दोनों काम हैं।" गरज यह कि बिना क्लोराफार्म सूँघे सात इंच चौड़ा और पौने दो इंच गहरा नश्तर लगाया गया। उस समय (तेंदुए के) जख्म विषाक्त हो चले थे। फेफड़ों में डबल निमोनिया का आक्रमण था, और तेज बुखार; परन्तु इस हालत में भी घायल और रुग्ण शिकारी जिस साहस को उस समय सँभाले हुए था, उस साहस को सँभालना मेरे-जैसे रोज ही पुरुषार्थ का उपदेश देने वाले जीव के लिए भी सम्भव न था। गरज यह कि योगियों की तरह शिकारी जिन गुणों को शिकार में विकसित करता है, वे उसके जीवन में उतर आते हैं। रोज के अभ्यास से मन और शरीर सर्वथा उसके अपने होकर रहने लगते हैं। हमने एक बार पढ़ा था कि अच्छे क्रिकेट खेलने वाले या लॉन टेनिस के खेलने वाले को, अपने खेलों पर पैर जमाना सीखने के लिए नृत्य-कला से बहुत सहायता मिलती है। यह पढ़कर उस दिन हँसी आ गई। परन्तु वह बात असंगत नहीं मालूम होती—अभ्यास ही की तो जरूरत है।

इस पुस्तक की कहानियों में घटना-चक्र की निर्जीव यथार्थता मात्र नहीं, स्वयं शिकारी की लेखनी से लिखी जाने के कारण, और उस शिकारी के साहित्य-शिल्पी होने के कारण, शिकारी के साथ ही भाषा भी, घाटियों पर चढ़ती, गढ़ों में उतरती, शेर के सामने तनकर मौन रूप से प्रतीक्षा करती और गाल पर बँधे हुए बकरे की आवाज के साथ असहाय होती दीख पड़ती है। पुस्तक को पढ़ते समय मन शहर में रहने की कल्पना ही नहीं करता। पाठक अपने आपको पहाड़ों और घाटियों के घटना-स्थलों में अनुभव करता है। हिन्दी भाषा के लिए यह पुस्तक एक सुन्दर देन है। हम तो इस पुस्तक की एक-एक प्रति प्रत्येक भारतीय तरुण के हाथ

में देखना चाहते हैं। हमें यह भी विश्वास है कि अन्य भाषाओं में भी इस पुस्तक के अनुयायी होंगे। हिन्दी-भाषियों को चाहिए कि वह श्रीराम जी को इतना चिन्ता-मुक्त कर दें कि ऐसा पुरुषार्थमय साहित्य निर्माण करने में वे सफल हो सकें और असहयोगी के नाते हम श्रीरामजी से क्या कहें ? यही कि " 'शेर के शिकार' का यथार्थ अर्थ भारतीय तरुणाई जान सके और भारतमाता (उनके) आत्म-बलिदान से, किसी दिन अपने घर की खुद स्वामिनी हो सके।"

[लेखक : एक साहित्यसेवी; कर्मवीर, 8 अप्रैल, 1933]

कालिदास और उनकी कविता

आचार्य महावीरप्रसादजी द्विवेदी

वह और देशों का केवल कला-विलास मात्र हो, परन्तु कविता भारतीय साहित्य की कमजोरी है। भारत का पिछला साहित्य सब-कुछ छोड़ सकता था, कविता नहीं। यही कारण है कि भारतवर्ष के भिन्न-भिन्न विषयों के विद्वानों ने जो कुछ भी लिखा, अपने विषयों को पद्य बनाकर। संस्कृत और प्राकृत का व्याकरण और उसका कोष कभी गद्य-रचना के आड़े नहीं आया, परन्तु हमारे प्राचीन रक्त में इस बल की कमी में गणना की जाती थी कि हम अपने किसी विषय का प्रतिपादन कविता में न कर सकें। यही कारण है कि वेदान्त, तर्क, ज्योतिष और औषधि-विज्ञान भी पिंगल के खूंटों से बंधे तड़पते नजर आते हैं। दूसरी तरफ, यदि हम दृष्टि डालें तो, जब हम प्राचीन काल के प्रतिनिधि बनकर कविता लिखने बैठते थे, तब हम पृथ्वी की रचना में महासागरों की तरह स्थान ग्रहण करती हुई काव्य की उद्दण्ड तरंगों का खिलवाड़ सा मचाया करते थे। एक जमाने तक तो हमारे देश में कवि का स्थान विश्व-नियन्ता का प्रतिनिधित्व करता नजर आता था। यह तो व्यास के कृष्ण और वाल्मीकि के राम हैं, जो युगों की छाती चीरकर हमारे भीतर और बाहर खेल रहे हैं। प्रकृत सीता का कोई इतिहास न पाकर भी, राम की सीता के युग का कोई प्रतिनिधित्व न पाकर भी—आज हर हिन्दू अपनी बेटी या बहू को सीता के रूप में सँवारता नजर आता है। प्रकृत सीता ने वाल्मीकि की लेखनी में आकर स्थान ग्रहण किया या नहीं, यह कहना कठिन है, किन्तु वाल्मीकि की लेखनी से निर्मित सीता ने हिन्दुओं के घर-घर में आदर्श वधू, आदर्श कुल-देवी का स्थान ग्रहण किया है, इसमें कोई सन्देह नहीं। आचार्य द्विवेदी जी को, इस पुस्तक में उल्लिखित पाण्डुचेरी के सन्त श्री अरविन्द घोष की यह बात सर्वथैव बुद्धि-ग्राह्य प्रतीत होती है कि, व्यास वाल्मीकि और कालिदास के रूप में, भारतीय साहित्य के इतिहास का उत्कर्ष, और उत्कर्ष का इतिहास,

तीन हिस्सों में बँटा हुआ है; परन्तु व्यास और वाल्मीकि की रचना पर विश्वास कर जिस तरह लोगों ने अपने सामाजिक और वैयक्तिक आदर्श सजाये, वह गौरव महाकवि कालिदास को प्राप्त नहीं हुआ। क्योंकि वाल्मीकि और व्यास ऋषि थे। वे काव्य में आदर्श छुपाकर रखते थे और उस आदर्श को इतिहास की जमीन पर खड़ा करते थे। इसीलिए वे मन्त्रों की रचना करते थे। और इसीलिए उनसे युग का मस्तक और पीढ़ियों का हृदय मंत्रणा और प्रेरणा लिया करता था, किन्तु कालिदास काव्य ही के परम उपासक थे। वे आदर्श को उसी सीमा तक चाहते थे, जहाँ तक कि वह उनके हृदय पर चढ़ने या उनके हृदय पर से उतरने वाले रसों की सीमा को न लाँघ जाय। इसलिए कालिदास की रचना मानव-बुद्धि की मिठास का साधन और मानव-कल्पना के उठान का उपहार बनकर रह गई। दूसरे शब्दों में यों कहना चाहिए कि विश्व के साहित्य से भिन्न भारतीय साहित्य में व्यास और वाल्मीकि ने जो स्वर्गीयता साध कर रखी, उस पर चढ़ने का प्रयास छोड़कर कालिदास ने, प्रतिभा की ऊँचाई को उन्हीं ऋषियों से टकराती रखकर भी, उसे स्वर्ग से जमीन पर स्वच्छन्द विचरण करने के लिए खुला छोड़ दिया।

अपनी हर बात को हम यूरोपियन माप में देखने के आदी हो गये हैं। इसीसे कविता, गद्य और पद्य सब-कुछ पर शेली और कीट्स, गाल्सवर्दी और एंटन चेखव आदि भूतों की तरह घूमते नजर आते हैं। ऐसे समय आचार्य द्विवेदीजी की यह पुस्तक भारतीय साहित्य के प्रत्येक विद्यार्थी के पढ़ने की वस्तु है। शेक्सपीयर की पुरानी हड्डियों की खनक पर, विश्लेषणात्मक चर्चा करते हुए यूरोपियन साहित्यिक अभी भी चैन नहीं ले रहे। भारतवर्ष की अन्य भाषाओं में कालिदास पर भी चर्चा होती जा रही है; किन्तु हिन्दी में तो द्विवेदी जी के कर्मयुग के बाद कवि-कुल-गुरु कालिदास की चर्चा की कभी बाढ़ नहीं आई। ऐतिहासिक ज्ञान और खोज की आदत के अभाव में, हम अपने पूर्वजों और अपने जातीय आदर्शों की भी अपने आधे हजम यूरोपियन विचारों ही की तरह अधूरी और हास्यास्पद तस्वीर बनाया करते हैं। हम यूरोपियन साहित्यिक से भी प्रेरणा ले सकते हैं, किन्तु शरीर तो हमारा अपना ही होना चाहिए!

गुलाम, वीरों से रक्षा माँगा करते हैं। वीर यदि कोई याचना करते हैं तो प्रेरणा की। वे वैभव के नहीं, स्फूर्ति के सेवक होते हैं। प्रस्तुत पुस्तक में खोज की मनोवृत्ति, यूरोपीय दृष्टिकोण का प्रसाद है। किन्तु प्रकृत खोज की चर्चा, समय की परम्परागत विस्मृतियों में दबे हुए कवि-कुल-गुरु को हमारी आँखों के सम्मुख लाकर खड़ी कर देती है।

इधर हमारे साहित्य में कुछ खोज होने लगी है। किन्तु काशीप्रसादजी, गौरी-शंकर हीराचन्द जी, और जयचन्द्रजी तो ऐतिहासिक क्षेत्रों और विभूतियों ही को शायद अपने जीवन में न निपटा पावेंगे। [कर्मवीर, 12 मई, 1493]

'नव-राजस्थान'

सम्पादक श्री बृजलाल बियाणी

इस वसन्त-पंचमी से हिन्दी साहित्य संसार में एक नवीन सहयोगी ने पदार्पण किया है। उसका नाम है 'नव-राजस्थान'। जैसा कि देशभक्त श्री हरिभाऊजी उपाध्याय कहा करते हैं—"राजस्थान भारतवर्ष की त्याग-भूमि है।" भारतवर्ष में जिस भूमि के त्यागों का ताँता शताब्दियों तक नहीं टूटा, वह राजस्थान ही है। यह एक दुर्भाग्यपूर्ण घटना है कि अब 'राजस्थानी' को इतिहास के खँडहर में दबे हुए त्याग को जीवित करने की याद नहीं आती। भारतीय स्वतन्त्रता के गगन के पिछले तीन महान् नक्षत्र हैं—महाराणा प्रताप, छत्रपति शिवाजी और महाराजा छत्रसाल। एक चौथा नाम और है और वह है सम्राट् अकबर का। इन राष्ट्र-देवताओं में से केवल दो को ऐतिहासिक खोज के बूते जीवित रहने का अवसर मिला। वे हैं—शिवाजी और अकबर। सम्राट् अकबर के लिए की जाने वाली ऐतिहासिक खोज भी एक सीमा तक जाकर ठहर गई। न हिन्दू साहित्यिकों ने उस तरफ ध्यान देना उचित समझा न उर्दू साहित्यिकों ने अपने प्रयत्नों को जारी रखने की जरूरत समझी। हिन्दी के उपासक हिन्दू साहित्यिकों के लिए तो अकबर मुसलमान था, और उसका यही ईश्वरीय पाप उसे साहित्यिक गौरव प्राप्त न करने देने का शायद अभिशाप हुआ। मुसलमान साहित्यिकों के लिए अकबर औरंगजेब की तरह कट्टर मुसलमान न था। उसके धर्मान्ध न होने से, धर्मान्ध मुसलमान साहित्यिकों ने उसे साहित्यिक खोज के रूप में लगातार अमर रहने की वस्तु नहीं रहने दिया। साहित्यिक खोज की अमर श्रद्धांजलियाँ केवल छत्रपति शिवाजी को प्राप्त हुईं। ब्राह्मण और अब्राह्मण के कठोर अकाण्ड ताण्डव के बीच में भी मराठी साहित्यिकों ने मराठा इतिहास-समुद्र में डूबकर ऐसे अनमोल मोती दिये हैं जो अकर्मण्य उत्साह के लिए केवल गर्व करने की वस्तु हैं और कर्मण्य उत्साह के लिए गर्व-पूर्वक रश्क करने की। हिन्दी-संसार के साहित्यिकों की एक तो मनोवृत्ति ही इतिहास-मय नहीं है, और उनकी भावी पीढ़ी के माप का पैमाना भी टूटा हुआ है, क्योंकि इतिहास बनकर खँडहरों और विस्मृतियों में दबे पड़े रहने वाले भूतकाल से उन्होंने खोज के बूते अपने गौरव, आत्माभिमान, पुरुषार्थ, कर्त्तव्य और बलिदान के लिए कोई माप ही नहीं प्राप्त किया। ओझाजी[1] और अब जयचंद्र[2] जी इस ओर गर्व करने योग्य रूप से यत्नशील हैं। गंगा, यमुना और नर्मदा के तटों पर तथा मारवाड़, मेवाड़, बुन्देल-

---

1. डॉ०गौरीशंकर हीराचन्द ओझा
2. श्री जयचन्द्र विद्यालंकार

खण्ड, बिहार, देहली, मालवा और दोआबे में खड़े हुए किले, टूटे हुए महल, बने हुए स्तूप और भूखे मरते हुए तथा मजदूरी करते, ताँगा आदि हाँकते हुए, चौकीदारी करते हुए राजघराने के लोगों में इतिहास अपने को विलुप्त किये हुए अन्तिम साँस ले रहा है। भूकम्प ने बिहार का गत वर्ष ही विध्वंस किया, किन्तु हिन्दी संसार के अज्ञान के भूकम्प ने शताब्दियों तक की अपने पूर्वजों की मर्दानगी को धूल में मिला रखा है। मराठीभाषी में इतिहासकारों की अंगुलियों को अवतार के संकेतों की तरह प्यार करते हैं, किन्तु हमारे यहाँ काशीप्रसाद जायसवाल, गौरीशंकर हीरानन्द और जयचन्द्र आकस्मिक आने वाली बीमारी की तरह याद रखने और उसकी की तरह शीघ्र से शीघ्र भूल जाने की वस्तु बनाकर रखे गये हैं। ऐसे समय अकोला के प्रमुख हिन्दी साहित्यिक और बरार के राष्ट्रीय जन-सेवकों के नेता भाई बृजलाल बियाणी ने अपने राजस्थान-प्रेम से 'नव-राजस्थान' प्रकाशित करके एक उचित कार्य किया है। दैनिक पत्र ताजे-से-ताजे समाचारों के बल ही जीते हैं; किन्तु साप्ताहिक अपने पृष्ठ-खण्डों द्वारा दी गई जानकारियों, ज्ञान और समाचारों की दिशा-दर्शक आलोचनाओं के बल पर फूलते-फलते हैं। साप्ताहिकों पर ही यह जिम्मेवारी होती है कि वे अपने सप्ताह भर के समय में चिन्तन के लिए अवकाश पा सकें और सामयिकता की अधिक-से अधिक आवश्यकताओं को अछूता न जाने दें। समाचार-पत्रों को प्रचार-पत्रक मात्र बनाकर हमारी प्रसिद्धि की भावनाओं और हमारे सामयिकता के अज्ञान ने हमारी पत्र-कला को बहुत हानि पहुँचाई। सामयिकता ने हमसे ज्ञान की विविधता, दृष्टिकोण की सावधानी और प्रत्येक स्थान, विषय और व्यक्ति की उद्देश्य-पूजा का साधन मानकर सहिष्णुता माँगी, किन्तु हमने सारे जगत् के लिए एक ही माप के जूते बना डाले और वे जूते जिसके पैर में न बैठे, उसीको नालायक कहने लगे। राजस्थान नाम ऐसा है जिसमें प्राचीन के प्रति खोज की चर्चा होगी, वर्तमान के के लिए निर्माण और बलिदान को उत्तेजन होगा और भविष्य के लिए दिशा-दर्शन भी होगा। इसके सम्पादक हैं श्रीयुत रामनाथजी 'सुमन' तथा श्रीयुत रामगोपालजी माहेश्वरी। हम माहेश्वरीजी से परिचित नहीं, सुमनजी को जानते हैं। वे त्यागभूमि राजस्थान में अपनी साहित्य-सेवा और अपनी कुर्बानी से अपना नाम लिखा चुके हैं। अतः हमें आशा है कि नव-राजस्थान में कला पुरुषार्थमयी, साहित्य तेजस्वी और इतिहास उठता-सा दीख पड़ेगा। हमें उसमें धनिकों की कीर्ति की दुकानदारी की मुनीमी नजर आने के बजाय समान भाव से राष्ट्रीय आन्दोलन, व्यापारिक उथल-पुथल और औद्योगिक उत्कर्ष, कृषक-सेवा और गरीबों की भुजा बनने में, आशा है, 'राजस्थान' गौरव अनुभव करेगा। यों मध्य-प्रदेश में पर्दा नहीं, किन्तु राजस्थानी और मुसलमान यहाँ पर्दा लेकर आये हैं, अतः राजस्थान, आशा है, दुर्गाताई जोशी, अनुसूया बाई काले और कमलाबाई

किबे में दीख पड़ने वाले त्याग, उनकी निर्भीकता, उनकी विद्वत्ता और उनकी समाज-सुधारकता को परदेवाली बहिनों की पीढ़ियों पर उतारने में सफल होगा। बियाणी जी के आदर्शवाद, उनकी निर्भय वृत्ति, धनिकता के सामने मस्तक न झुकाने वाला उनका निश्चय, यह मूलधन, सुमन जी को अकोला में अपने को अकेला अनुभव न करने देगा, और युग की आत्मा महात्मा गांधी के निश्चयों, संकेतों और सेवाओं के अमर प्रकाश को जब वे अपनी लेखनी से जमीं पर उतारने लगेंगे तब उस निर्माता के अनुरूप शान्ति, संयम और त्याग का वातावरण उत्पन्न करने में 'नवराजस्थान' में सर्वथा सफल होंगे, ऐसी मुझे आशा है।

नवराजस्थान का वार्षिक मूल्य 3/-रु० है। इसका विषय-विवेचन बहुत सुन्दर है। प्रताप साइज से कुछ बड़े 16 पृष्ठ हैं। महाराणा प्रताप पर श्रद्धा के दो फूल उद्‌बोधक हैं। 'यह क्यों' शीर्षक अग्रलेख में बियाणीजी ने विवेचन किया है कि वे हिन्दी साहित्य और राजस्थान की सेवा के लिए किस लगन से यत्नशील रहे और आज किन उद्देश्यों को लेकर 'नवराजस्थान' प्रकाशित हुआ। नागपुर से 'महाकोशल' का प्रकाशन और अकोला से 'नवराजस्थान' का आयोजन इस प्रान्त के लिए गौरव की वस्तु हैं।

[लेखक : वनमाली; कर्मवीर, 17 फरवरी, 1935]

'रेमिनीसेन्सेज'

यह पुस्तक, देवास (जूनियर) के स्वर्गीय महाराजा श्रीमन्त सर माधवरावजी बाबा साहब पवार की स्मृति में समर्पित की गई है। स्वर्गीय महाराजा की स्मृतियों की ही इसमें चर्चा है। इस स्मृति-ग्रन्थ के हिन्दी विभाग में 130 पृष्ठ, मराठी विभाग में 226 पृष्ठ हैं और अंग्रेजी विभाग में 77 पृष्ठ हैं। स्वर्गीय महाराजा के प्रजाजनों और हित-चिन्तकों के, स्वर्गीय महाराज के विषय में लिखे हुए लेख हैं, जो महाराजा की जीवन-घटनाओं से सम्बन्ध रखते हैं। इस पुस्तक के लेखों में, एक बात खास देखने में आती है। वह यह कि इस पुस्तक के लेखक, स्वर्गीय महाराजा के चाहे जिन गुणों का वर्णन कर रहे हों, किन्तु स्वर्गीय महाराजा, अपने भ्राता वर्तमान महाराज हिज-हाइनेस, खासे साहब को ही, अपनी देवास की गद्दी के लिए राजा बनाना चाहते थे—इस बात को लगातार लोगों के सामने लाने का प्रयास किया गया है। यद्यपि जो लोग परिस्थिति से वाकिफ हैं, वे जानते हैं कि स्वर्गीय महाराजा की इच्छा और उद्योग किसी और ही में लगे हुए थे। इस 'स्मरणी' में एक बात और देखने में आती है। इसमें स्व० महाराज की आलोचना भी की गई है, और यह दिखाया है कि वे किस तरह एक

बार अपनी 'रक्षिता रमणी' के हाथ की कठपुतली बन गये थे, और अनर्थ करने पर उतारू थे। यदि स्वर्गीय महाराजा जीवित होते, तो शायद ही ऐसी पुस्तक अपने नाम पर समर्पित होना पसन्द करते। हमें आशा है कि देवास जूनियर के वर्तमान महाराजा भी, यदि उनकी वैसी ही आलोचना की जावे, जैसी कि इस स्मृति-ग्रन्थ में स्वर्गीय महाराजा की की गई है, तो न तो उस पुस्तक या उसके लेखक को राज-द्रोह का अपराधी समझेंगे, न ऐसी पुस्तक राज्य में जब्त ही की जायेगी। यों, इस पुस्तक में अनेक छोटी-छोटी जीवन-घटनाएँ भरी हुई हैं, जिनसे देवास जूनियर राज्य के पिछले 50 वर्ष के इतिहास पर प्रकाश पड़ता है। लेखको ने विषय-विवेचन में स्वर्गीय महाराज के सम्बन्ध में खुली हुई कलम से काम लिया है। हम राज्यों द्वारा ऐसी पुस्तकों के प्रकाशन से लाभ ही समझते हैं। अन्य देशी राज्यों और राजाओं की कारगुजारियाँ, यदि प्रकाशित हों या प्रकाशित होने दी जाएँ तो, बहुत ही दिलचस्प हों, इसमें सन्देह नहीं; यद्यपि 'कर्मवीर' प्रेम को दण्ड देने के लिए, सरकारी कर्मचारी तुल ही पड़े हैं। खण्डवा के सेशन जज जी 'कर्मवीर' को दोष-मुक्त नहीं समझते, किन्तु इस पुस्तक में जिसकी आलोचना हम कर रहे हैं, प्रकाशक की जगह लिखा है—'प्रकाशक—प्रजा-जन, देवास 2' और मुद्रक की जगह लिखा है—'सहकारी मुद्रणालय इन्दूर'। अस्तु !

[कर्मवीर, 27 जुलाई 1935]

'आनन्द'

(विशेषांक)

यह बालोपयोगी मासिक 29 वर्षों से मराठी भाषा में प्रकाशित हो रहा है। यद्यपि स्वर्गीय विद्वान् वासुदेव गोविन्द आपटे के युग से आज तक, इस पत्र को कितने ही बूढ़े हाथों ने लिखा, किन्तु बालकों के लिए उतरने वाला, खेलता और बोलता हुआ बचपन प्रायः इस पत्र में रहा। इस अंक में भी मराठी के प्रसिद्ध इतिहासकार सरदेसाई और प्रो० बेहरे जैसी पकी हुई उम्र के विद्वानों के लेख हैं, परन्तु हैं वे बालकों के हृदय में उतर सकने वाली भाषा में। इस अंक की विषय चुनाई सुन्दर और ज्ञान-धारा मीठी और आकर्षक होकर भी प्रेरक और क्रियात्मक है। श्रीयुत टेकाडे महाशय की, 'चाँदी चा चेंडू' शीर्षक कविता बहुत सुन्दर है। चन्द्रमा को 'चाँदी की गेंद' के नाते एक बच्चा अपनी माँ से माँगता है। सुन्दर रूप, सुन्दर आकार और नीले पानी पर तरंगित होती हुई वह रुपहली गेंद बालक का मन हर लेती है। बच्चा कहता है, मैं घड़ी भर उसे लेकर खेलूंगा, फिर उसकी जगह पर रख दूंगा। उसे तोड़ूंगा नहीं, अच्छी तरह रखूंगा, एक बार ही

देखूंगा कि वह फेंकने पर कैसा जाती है। अस्तु! हम मराठी के बेमूंछों और बेविवेक छोटे-छोटे बादशाहों के इस मासिक की उन्नति चाहते हैं। प्रो० बेहरे जी ने अपने (बुद्धिबल) यानी शतरंज पर लिखी गई कविता में, प्यादे से राजा पर मजे से मात करा दी है।

[ले० : विभूति भूषण; कर्मवीर, 27 जुलाई 1935,]

साहित्य भिन्न-भिन्न कलम के धनियों की कलम पर!

(क) 'विज्ञान बनाम गुनाह' नामक पुस्तक लिखकर मि० एच० एम० राबिन्सन नामक विद्वान् ने, लोगों का ध्यान इस ओर खींचा है कि आजकल की कहानियों और समाचार-पत्रों में गुनाह करते हुए लोगों या उनका पीछा करते हुए खुफियाओं का चित्रण इतना अधिक होता है कि यदि वर्तमान मानव-जीवन को कहानियों और समाचार-पत्रों की आँखों से देखें, तो वह गुनाह निर्माण करने का कारखाना नजर आएगा। यदि विज्ञान का इन पुस्तकों में कहीं जिक्र भी आता है, तो गुनाह करने के लिए उपयोग में आने वाले तरीकों और यन्त्रों के लिए या गुनाह पकड़ने में काम आने वाली बुद्धिमत्ता की सहायता के लिए। सच तो यह है कि अब चोरों, गठकटों, गुनाहगारों की अपेक्षा हम लेखनी से बहुत गुनाह करने लगे हैं, और लोगों की रुचि को बिगाड़-बिगाड़कर ऐसी बना चुके हैं कि इंग्लैण्ड में या दुनिया में, प्रत्येक उपन्यास या समाचार-पत्र पढ़ने वाला 'निःस्वार्थ पाठक' गुनाह करने या गुनाह पकड़ने की ऊँची-नीची उथल-पुथल पहले ढूँढ़ता है। अब फौजदारी के मुकदमों का दैनिक अखबारों में देना, किसी कैथोलिक के नित्य गिरजाघर जाने की तरह जरूरी हो गया है! गुनाह की प्रवृत्ति बेचकर लोगों के दिमाग बिगाड़ने और अपना पेट भरने की यह प्रवृत्ति निन्दनीय है।

(ख) 'आइरिश पालिटी' के महान् लेखक, स्वर्गीय 'ए० ई०' ने जो आयरलैण्ड और इंग्लैण्ड में कवि, कलाकार और देशभक्त माने जाते थे, अपनी उक्त पुस्तक में लिखा है—

हमारे वर्तमान शासकों ने, चाहे वे किसी देश के हों, एक बात से हाथ धो लिये—वे अब जगत् में महान् चिन्तकों, महान् योद्धाओं, महान् सन्तों और महान् साहित्यिकों को उत्पन्न करने की ओर लक्ष नहीं रखते। जन-नेताओं के सामने भी अब यह बात नहीं रह गई। यह मानव-जीवन का मरण-चिह्न है। अब जीवन में उच्च महानुभावता का वातावर्ण अपने आसपास रखना, और सदैव एक महान् ऊँची सतह से बोलना—जन-सेवकों से नहीं सधता। जगत् की मानव जाति के इस पतन का जिम्मेवार हम किसे कहें? लोग अश्रद्धा अथवा अन्धश्रद्धा को गलत

दोष देते हैं। ये दोनों तो रोग के प्रकट चिह्न हैं, प्रत्यक्ष रोग नहीं। ये ती कदाचित् हमारे युग के कलाकारों के अपराध हैं, जिनके हाथों में समाज के आदर्शों का निर्माण है। आयरलैण्ड, ग्रीस और भारत में कवियों ने महापुरुषों के विषय में—उनकी स्फूर्ति, वीरता, परदुःख-कातरता तथा उदारता के विषय में लिखा है, और युग के साधारण मानव-मन के सामने इस बात को पेश किया है कि 'मानव-महानता' कैसे हुआ करती है। परिणाम भी लोगों ने देखे हैं। साधारण व्यक्तियों में से 'महान्' व्यक्ति निर्माण हुए, आगे आये, और कलाकारों ने अपनी कलम या कूँची से, फिर उन्हें आगे के युग में उगने के लिए बो दिया। ट्राय के हेक्टर, आयरलैण्ड के आस्कर, ग्रीस के थीस्वू और भारत के युधिष्ठिर, राम और अर्जुन अब वर्तमान जगत् के कलाकार अपने प्रयत्नों की दुनिया में निर्माण नहीं कर सकते। और जो वे लिखकर या रँगकर जा रहे हैं, उससे आगे, पुनः एक नगण्य दुनिया ही उत्पन्न होगी। हमारे वर्तमान साहित्य की यह सबसे बड़ी कमजोरी है कि वह ऐसे व्यक्तियों का निर्माण करने में असफल है।

(ग) 'रेहाना तैयबजी', एक बड़े और सच्चे मुसलमान बाप की बेटी हैं। आपके पिता अब्बास तैयब जी बड़ौदा के चीफ जस्टिस थे। उन्होंने एक पुस्तक लिखी है : 'हार्ट ऑफ ए गोपी' (एक गोपी का हृदय)। इस पुस्तक का समर्पण यों लिखा गया है—

'सम्पूर्ण प्रेम के साथ समर्पित साधारणतः
समस्त गोपियों को
और
विशेषतः एक गोपी को।

इस 'विशेषतः' 'एक गोपी' से, प्रभु-भक्त लेखिका का इशारा राधा से है। इस पुस्तक को उन्होंने क्यों लिखा है ? उन्हीं के शब्दों में सुनिये। अपनी भूमिका का शीर्षक उन्होंने दिया है—'यह घटना घटी कैसे ?' और वे फिर यों लिख चलीं—

"सन् 1926 के किसी समय की बात (न मुझे तारीख याद आ रही, न महीना ही याद रहा), मैंने अचानक एक दिन अपने में, 'लिखने' की बेकाबू, रोके न रुक सकने वाली, बेचैनी अनुभव की। किस बात के लिखने की ! यह स्वयं मुझे ही नहीं मालूम। मैं केवल यही जान सकी, कि यह बेचैनी कुछ कृष्ण के प्रति है। मगर मैं कृष्ण के बारे में क्या लिख सकती हूँ ? मैंने तो कुछ उसके विषय में पढ़ा ही नहीं और कृष्ण के विषय में, जो भजन मुझे बचपन में सिखाये गये थे, उन्हें छोड़कर मैंने कृष्ण के विषय में कुछ सुना भी नहीं। मेरे बचपन ही से कृष्ण नाम, मेरे लिए अजब जादू के आकर्षण की वस्तु रहा है। और मेरे द्वारा बार-बार गाये जाने वाले भजनों के, मेरे ही द्वारा लगाये जाने वाले अर्थों और उनसे उत्पन्न

होने वाली मनोदशाओं ने, कृष्ण के रूप में एक ऐसा व्यक्तित्व मेरे सामने खड़ा कर दिया जो मेरे लिए गहरे प्रेम की, गम्भीर पूजा की वस्तु हो गया। परन्तु—'उस' विषय में कुछ लिख डालूँ, यह तो सोचने के परे की बात ! तो भी, लिखने के लिए हृदय की माँग तो ज्यों की त्यों हाजिर, और अब मैं इस 'लिखने की माँग' का, 'लिखने की प्रेरणा' का क्या करूँ ? मैं अपनी टेबल के पास बैठी, फुलस्केप कागज के टुकड़े सामने रख लिये, कलम उठाई, और एक गोपी का किस्सा, मेरी कलम से उतरने वाली स्याही से भी तीव्र गति से, मेरी कलम से उतरने लगा। लगातार, तीन दिन तक मैं, अक्षरशः बेकाबू थी और तब यह 'गोपी का हृदय' स्वयं मेरे सामने गुणित होकर प्रकट हुआ। गुणित होकर इसलिए कि, इस प्रकटीकरण में, कृष्ण का जीवन भी मेरे सामने प्रकट होकर आया।"

यही तैयबजी के प्रथम साहित्यिक अवतरण की प्रेम-कथा और पूजा है। इसीलिए तो यह कहा गया है कि "आत्म-प्रकटीकरण की वेदना कभी-कभी मरण वेदना से तीखी हो जाया करती है।" लिखने के लिए जिनका हृदय यह बेचैनी, यह माँग पेश करता है, उनके स्नेह समेत, उनके चरणों में शत-शत वन्दन ! तुलसीदास के शब्दों में,—

"भये, जे अहहिं, जो होइहिं आगे,
प्रणवौं सबहिं, सकल छल त्यागे।"

परन्तु 'गोपी का हृदय' लिखने वाली कलम का एक स्वाभाविक असर हमारे मन पर और होना चाहिए। इसलाम और ईसाई आदि धर्मों के प्रति हमारे मन में अध्ययन, सहिष्णुता और उदारता के भाव हों।

(घ) अँग्रेजी साहित्य के एक उपेक्षित लेखक, 'जॉन बुचन' ने 'माडर्न शार्ट स्टोरीज' की भूमिका में कहानी-रचना पर, ये वाक्य भी कहे हैं--"जीवन की तरह ही कहानियों, छोटी कहानियों का क्षेत्र भी खूब विस्तृत है, और उनकी रचना और स्वरूप-निर्माण में, विविधता और नवीनता के अनेक पहलू हैं। यद्यपि 'कहानी' साहित्य का ऐसा महल है, जिसमें अनेक दुमंजिले और कमरे हैं, परन्तु प्रत्येक कमरे के निर्माता को एक बात अवश्य खयाल रखना चाहिए, सम्पूर्ण महल के नक्शे की कला से भिन्न, उससे बेजोड़, कहीं हमारी रचना वाला कमरा न बन जाय। ऐसा न हो कि वह अपनी दुरूहता, और अपने शब्दों की कलाबाजी, से कहानी ही न रह जाय। यह भी न हो कि हम कहानी के नाम पर छोटा उपन्यास गढ़ डालें। कहानी, कविता और उपन्यास साहित्य के भिन्न-भिन्न भवनों के नाम हैं जिनकी निर्माण-कला सर्वथैव भिन्न-भिन्न होती है। कहानी में, सम्पूर्ण विषय की वह मरोर, वह मिठास होनी चाहिए कि वह क्षण-ग्रहणीय हो। कहानी पढ़कर पाठक के मन पर उल्लिखित घटना की बारीक से बारीक बातों का आना जरूरी नहीं, न सम्पूर्ण जीवन-चरित ही आना आवश्यक है। कहानी में तो जीवन की

परिभाषा के क्षण, तथा उसके वे क्षण गूँथे जाते जरूरी हैं जब जीवन अपना विशेष अभिनय कर उठता है। उसी तरह, जिस तरह, लम्बे वर्णन की अपेक्षा, कवि अपनी महान् बात को एक छोटी-सी, किन्तु युगों तक अमर रहने वाली कविता में कह गुजरता है।

(ङ) कटनी के श्रीयुत सीताराम जी पाण्डेय एम० ए० लेखक भी हैं, कवि भी हैं। पर हैं वे बृजभाषा के 'कवि'। उनका उन्माद इतना उद्दण्ड कि हजार कोई बृजभाषा में लिखने-पढ़ने से उदासीन रहें, पर वे बृजभाषा ही में लिखेंगे। ऐसे लोग, 'सामयिक रुचि' से दूर किये जाने पर भी, साहित्य से दूर-दूर रखने की वस्तु नहीं। उनके कुछ दोहे ये हैं—

भारत कौ आर्थिक पतन, मनन करौ मन-हार।
बेचत मनि की ठौर अब, काँच सकल मनिहार।।
काल सर्प के सीस पै, है स्वराज मनि मीत।
है माई कौ लाल को, लेइ याहि रन जीति।।
सत्याग्रह कौ बीज परि, हिन्द रह्यौ अँकुराय।
ज्यों-ज्यों खोद्यौ जात है, त्यों-त्यों बाढ़त जाय।।
बिचरौ ह्वै निःसंक मृग, करौ भाव सों काज।
या बन के सिगरे भये, पिंजरगत मृगराज।।
सर-सय्या पर तरत जिन, नेंक न मानी धीर।
तिन्हके सुत कोमल भये, खादी गड़त सरीर।।

काश! यह 'वर्तमानता' या प्रेरणा, बृजभाषा में सौ बरस पहले आई होती। पाण्डेयजी की पुस्तक 'काव्योद्यान' इन भावों में भरी हुई है।

[कर्मवीर, 22 मई, 1937/श्री रूपलोचन शरण]

'गीत'

बालकृष्णजी बलदुआ की रचना है—छोटी-सी। गद्य भी है, पद्य भी है—शीर्षक 'गीत' है। रचयिता के ही शब्दों में, "कवि, हृदय के उमड़ने पर, और उमड़कर बहने पर, अपनी भावना के भावावेश को गीत के रूप में प्रकट करता है।"

"इसीलिए गीत छोटा, और एक ही रस में सराबोर होता है। विचार-धारा का वातावरण भी एक ही रहता है, और उसमें कवि की निजी अनुभूति लहराया करती है।"

"इसीलिए गीत में अनेकता के लिए स्थान नहीं। उसमें 'एक' की तल्लीनता रहती है, और तल्लीनावस्था में शब्द संकेत-भर करते हैं। उन्हें रुकने का और

व्याख्या करने का समय नहीं मिलता, वे एक पर एक चले आते हैं।" आदि-आदि।

इस पर मुझे यह कहना है कि यदि गीत जिस आवेग को बरसाने चला था, उसी को रोकने या छुपाने के कौशल में लग जाय तो वह गीत गीत नहीं रह जाता, पहेली हो जाता है। गीत उस सरलता को कहते हैं, जिसमें अनुभूति इतने सरल रूप से उतरती है, कि फिर उससे सरल उसे न बनाया जा सके। यही तो समय है, जब गीत छन्दों के बन्धन तोड़ फेंकने को उठा खड़ा होता है। गीत मानव-बेबसी है, भाव-दुर्गन्ध को कौशल से छुपाने, या कौशल से सजाने की कला नहीं। गीत कला है, क्योंकि कला करुण होकर भी गुदगुदाती है, किन्तु गीत इसलिए भी कला है कि कवि, चित्रकार या शिल्पी की कृति की सुकोमलता के लिए अभी इससे निकट का नाम नहीं ढूँढ़ा जा सका। गीत वह स्थल है, जहाँ एक शब्द को भी कोमल और कठिन एक साथ अनेक अर्थों का बोझ नहीं लगा करता। कवि के गीत, उसकी साँसों की ऋतुओं के उतार-चढ़ाव हैं, ऐसा जहाँ ग्रीष्म शीत से भी शीतल होने के खेल खेलती है।

जिन भावों को शब्दों से गुनगुनाया जा सकता है, वहाँ तक गीत काव्य की धुन में बँधे होते हैं; किन्तु जहाँ हम उन्हें अपनी एकान्त की साँसों में सर्वथा हृदय के कोने में दुहराने लगते हैं वहाँ वे गीत और नाप-तौल की सीमा छोड़ देते हैं।

किन्तु, गीत वहाँ हृदय के आभार के 'आ' उपसर्ग का लोप करने लगते हैं, जहाँ वे गीतों के राजा को छुपाने की कोशिश करते हैं, और सतह से नीचे की भावना को सतह से ऊँचे पर्वत पर खड़े होकर गुँजाते हैं। गीत मनोभावों की आँख-मिचौनी नहीं हैं, वे हृदय की हृदय के साथ होने वाली आँख-मिचौनी के मनोभाव हैं। गीत, वह वेदी है जहाँ नर्मदा, सतपुड़ा, विंध्या, झरने, फूल, फल, काँटे, पक्षी, तितली और रेंगती हुई गोकुल की गाय—मानव-जीवन और हृदय की खिलवाड़ पर अपने अर्घ देते हुए, हमारे गीतों की धुन हुआ करते हैं। गीत, युग की संकेत-वाहिनी वह स्वप्न-साधना, वह क्रियाशील कल्पना है, जिसे जमीन पर, सृष्टि पर, उतारने का नाम ही, सृष्टि की प्रगति है।

हाँ, तो बलदुवा जी ने गीत लिखे हैं। मीठे हैं, मधुर हैं, आकर्षक हैं। उनमें उगते हुए पौधों की तरह मानव-विद्रोह की, बढ़ते हुए काँटों की तरह अभिमान की, आपदाओं से बचाकर बलि होने की और फूलों की तरह हँसते-हँसते असहाय पतन की कहानी है। मेरी इच्छा दो हैं: एक तो ये गीत गुनगुनाये जाएँ, मनोदशा का बैक-ग्राउण्ड रखकर, दूसरे, गीत जब दूसरा संस्करण लेकर आवें, तब वृक्षों की हरियाली, वर्षा की बूँदों, चाँद की चाँदनी और सूरज की किरनों की तरह लोगों के खूब जानने-पहिचाने, खूब हिलने-मिलने की वस्तु बनकर आवें।

मूल्य और मिलने का पता इस छोटी-सी पुस्तिका पर कहीं छपा नहीं।

[कर्मवीर, 5 जून, 1937। श्री कमलनारायण शर्मा]

'उग्र' की नई रचना : 'घण्टा

हिन्दी के इस अनूठे लेखक को अभी पाठक भूले नहीं होंगे। 'चन्द हसीनों के खुतूत' और 'चिनगारियाँ' के रूप में साहित्य में जीवन और मरण के दो पथों के निर्माता की हैसियत से तरुण का लोगों ने स्वागत किया था। आज वर्षों बाद इस पुस्तक को लेकर उग्र हमारे सामने आये हैं। पुस्तक उपन्यास है या ऐतिहासिक कौतूहल-पूर्ण धर्म-चर्चा, इसे स्पष्ट करना आवश्यक नहीं। तो भी यह कहना ही होगा कि घण्टे से मतलब है, महाराज अशोक के राजकालीन उस मन्त्रयुक्त अष्टधातु के विशाल घण्टे से जो कलिंग-विजय के लिए महाराजा ने अपने ज्योतिषी द्वारा तैयार कराया था। जर्मन-महायुद्ध के समय कैसर ने किस तरह भारत से उस घण्टे को जर्मनी मँगवाया, इस कहानी का ही विस्तार उक्त पुस्तक में है। उग्रजी ने केवल इस कथा का आधार लेकर भारतीय और जर्मन संस्कृति, जर्मन और भारतीय आर्यत्व तथा धर्म और कर्त्तव्य की व्याख्या बड़ी खूबी से प्रकट की है। साथ ही जर्मनी के शासक कैसर का चित्रण और भारतीय रजवाड़े नरेश महाराजा संग्रामसिंह की रंगरलियों का चर्चा करते हुए तत्कालीन राज-स्थिति पर भी प्रकाश डाला है। पुस्तक की भाषा, पात्रों के चरित्र की पूर्णता और ऐतिहासिक सहयोग तीनों ने मिलकर विषय बहुत रोचक बना दिया। उग्रजी की अपनी शैली स्वयं ही मोहक है फिर कथानक के इस घण्टे वाले दन्तकथात्मक अध्याय ने जर्मन वैज्ञानिकों की सरपच्ची और घण्टे की पवित्रता तथा अपावनता के परिणामस्वरूप उत्पन्न असम्भव सम्भावनाओं का जो मजेदार रंग जमाया है, वह दर्शनीय हो जाता है। हेरी किलर नामक जर्मन जासूस को, जो घण्टा लेने आया था—उग्रजी ने ऐसा-ऐसा रूप दिया है कि लगातार पुस्तक पढ़ते रहने पर भी रहस्योद्घाटन तक पाठक, उस जासूस के उपन्यास के सामने घूमते रहने पर भी नहीं जान सकता कि यह वही जासूस है। हम इस सुन्दर रचना का स्वागत करते हैं।

[कर्मवीर, 24 जुलाई 1973]

शिवा-साधना

श्री हरिकृष्ण प्रेमी

20 अप्रैल सन् 1935 के कर्मवीर में प्रकाशित 'रक्षा-बन्धन' की आलोचना के बाद आज श्री 'प्रेमी' का यह दूसरा नाटक शिवा-साधना हिन्दी साहित्य के सम्मुख पेश है। एक सौ छयासी पृष्ठों की बढ़िया छपाई-सफाईदार इस पुस्तक में औरंगजेब के पतन और शिवाजी के उत्कर्ष वाला मुगलकालीन इतिहास वर्णित है।

भारत को विजेता इतिहासकारों ने इतिहास के जो पन्ने दिखलाए, उनमें भारत के अतीत का यथार्थ और नग्न-सत्य तो नहीं ही था वरन् उनके अपने आतंक और शौर्य की महत्ता प्रकट करने की फितरतें, चालबाजियाँ और बेवफाई के वे निन्दित चित्र अंकित थे जिनके चलते देश के घर-घर, फिरके-फिरके, तबके-तबके की नसों में दुई का वह जहर भिद गया जो आज हमारी राष्ट्रीयता का कोढ़ बना जा रहा है। 'शिवा-साधना' उसी घृणापूर्ण द्वेष के प्रति सच्चा, सबल और ईमानदार विद्रोह है।

इतिहास के सिवा 'शिवा-साधना' उपन्यास है, साहित्य है, काव्य है और नाटक तो है ही। प्रस्तुत नाटक में पात्रों, दृश्यों, स्थानों और घटना-क्रमों के द्वारा कलाकार लेखक ने एक-दो नहीं, बीसियों गुत्थियाँ खोली हैं। पुस्तक में सिद्धान्त-विश्लेषण, लोकसत्ता का स्पष्टीकरण, नेता की सच्ची परिभाषा, अनुयायियों का उच्च आदर्श, स्वामी की महानता, सेवक की वफादारी, पारिवारिक मोह पर कर्त्तव्य की विजय, देश-प्रेम की सीमारेखा, वर्णन की कलात्मकता, वीरत्व का शील, पौरुष, सदाचार, गुरु-भक्ति, शासन-नीति आदि जीवन और जगत् की इतनी आवश्यकताओं पर प्रकाश फेंका है कि लेखक एक होकर अनेक हो उठा है।

उपन्यास मृत या जीवित घटनाओं का प्रभाव होता है, उन घटनाओं की सत्य या झूठ की दलील नहीं होता। अतः उसका लेखक एकांगी रहकर भी मैदान जीत ले जाता है, किन्तु नाटक में इन बातों के सिवा लेखक को सर्वांगी भी होकर रहना पड़ता है। हम प्रेमी जी को अपने पथ का एकाकी कवि मानते हैं उस दिशा में उनके साथ कोई खड़ा नहीं हो सकता और खड़ा होने का प्रयत्न करने पर खड़ा नहीं रह सकता।

मेरे एक साहित्यिक मित्र अक्सर कहा करते हैं कि अमुक व्यक्ति बड़ा विचित्र कवि है, वह कवि भी है, लेखक भी है, कहानी-लेखक भी है, गद्य-काव्य भी लिखता है, राजनैतिक रुचि भी उसमें है, आदि-आदि ! भई, यह अजीब धाँधली कैसी ? मैं प्रश्न को बिना उत्तर दिये सदा ही टालता रहता हूँ। यह सोचकर कि कवि मानी स्रष्टा, अतः उसमें का रचनात्मक शिल्पी वस्तु के विभाजित टुकड़ों को देखकर अपनी सृजन-वृत्ति पर सन्देह क्यों करे और यदि वह उन सभी फैले हुए टुकड़ों को चुन-चुन कर समेटता ही है तो लोग उस पर विस्मित क्यों हों ? सुकवि 'प्रेमी' ने दर्शन की यही विशेषता पाई है। वस्तु की जिस बाजू को उसका अनुभूति-स्पर्श हुआ कि वही साहित्य हो उठता है।

यों तो सौन्दर्य की आँख स्वयं ही वस्तु-दर्शन में अनूठापन पैदा कर देती है, किन्तु अन्तर्मुखी प्रतिभा में यदि सौन्दर्य-नयन लग गये तो वह न केवल वस्तु का दायाँ-बायाँ, वस्तु का चिर-अचिर देखता है, वरन् वह हर क्षण वस्तु के प्राण, वस्तु के आदि सत्य का, अन्वेषक हो उठता है। प्रेमीजी में कलाकार का यही रूप

हमने निरन्तर देखा है।

प्रकट रूप से 'शिवा-साधना' में शिवाजी और औरंगजेब दो प्रधान व्यक्तित्व हैं। किन्तु कथानक का यह सारा महल जिस नींव पर खड़ा है, उसमें समर्थ रामदास स्वामी और शिवाजी की माँ जीजाबाई मूल हैं। इन दो के बिना कहानी पंगु ही होती, अजी, होती ही नहीं। योग्य लेखक ने इस एक तीर से चार निशाने साधे हैं, इतनी दिशा में जागरण चाहा है—राष्ट्रीयता का 'शंखनाद', नारी जाति का समानाधिकार, साम्प्रदायिकता का जनाजा और चौथे आज के हमारे हिन्दू-मुस्लिम-ऐक्यपूर्ण स्वराज्य की रूपरेखा। इसके सिवा इतिहास के अत्यन्त महत्त्वपूर्ण राजनैतिक परिवर्तनों में दो स्त्रियाँ 'शिवा-साधना' का गर्व हैं—शिवाजी की पत्नी सईबाई एक और औरंगजेब की बहिन जहानआरा दूसरी। पहली ने शिवाजी को और दूसरी ने औरंगजेब को इतने गम्भीर, खतरनाक किन्तु बारीक क्षण में अपनी राजनैतिक सूझ की विलक्षणता से आलोक दिखाया कि जिसके चलते शिवाजी को विजय मिली और औरंगजेब का खानदानी गौरव कायम रह सका। पुस्तक की भाषा ओजपूर्ण और काव्यात्मक है और बीच-बीच में गीत व सुमधुर कविताएँ हैं।

अगर हमारे भारतीय इतिहास का यह साम्प्रदायिक प्रतिहिंसा के मवाद से लबरेज अंग कुछ ऐसे ही दृढ़तर नश्तरों से चीर-फाड़ कर परिष्कृत हो जाय और फिर अपरिपक्व मस्तिष्क के बालकों के पास पढ़ने भेजा जाए तो देश हर तरह निहाल हो. उठे। प्रेमीजी के—"संसार से स्नेह मिला तो भारती-मंदिर में यह दीपक अपनी लौ लगाए रहेगा," वाले कथन पर हिन्दी-संसार की हिमायत के विश्वास-सहित हम 'शिवा-साधना' का स्वागत करते हैं।

[अग्रलेख श्री मन्दमलय; कर्मवीर, 23.10.37]

'विशाल भारत' का 'साहित्यांक' और और पं० बनारसीदासजी

लगातार दस वर्षों से हिन्दी साहित्य-पत्र-जगत् में 'विशाल भारत' के रूप में बनारसीदास, और बनारसीदास के रूप में 'विशाल भारत' यों एक व्यक्ति और संस्था का एक रूप हिन्दी पाठकों को देखने को मिल रहा था, वह गत अक्टूबर 1937 से बदल गया। विशाल भारत है, बनारसीदासजी हैं, पर अब संस्था और व्यक्ति की एकप्राणता का अनहोनापन निकट-भविष्य में नहीं दीखेगा, ऐसा हमारा अनुमान है।

बनारसीदाजी के 10 वर्ष के सम्पादन-काल में 'विशाल भारत' ने अस्तित्व पाया, यह बनारसीदासजी को उनकी साधना, बेलौसी, श्रमशीलता और लगन के

संयुक्त रूप में जाने वाला आसानी से समझ सकता है। 'पद्मसिंह अंक', 'महिला अंक', 'कहानी अंक' और 'गांधी अंक' आदि विशेषांकों के चलते बनारसीदासजी ने हिन्दी पत्रकार-कला व साहित्यिक शिष्टाचार को सतह तक पहुँचाया—यह स्पष्ट सत्य है। 1929 से लगाकर अब 1937 में पुनः 'साहित्यांक' देकर आप विशाल भारत से लम्बी छुट्टी का बहकावा दे हमेशा इसके द्वारा अपने पाठकों को मिलने वाले ज्ञान-प्रसाद से वंचित कर गये इसका दुःख है। अज्ञेय-जैसे प्रतिभा-प्रवर कलाकार और विद्वद्वर श्री बृजमोहन वर्मा जैसे सुयोग्य हाथों 'विशाल भारत का उत्थान-पथ उर्वर रहेगा, इसमें सन्देह नहीं, किन्तु हम पं० बनारसीदास जैसी वरद बाहु का खिच जाना मासिक पत्र-जगत् को शुभ नहीं समझते। अस्तु, इस सारे अवांछित परिवर्तन में हमें एक हर्ष का सन्देश भी मिला है; वह यह है कि अब पं०बनारसीदास चतुर्वेदी साहित्यिक यात्रा (जो कि उनका वर्षों का विचार है) करेंगे। उसके चलते वे उन उपेक्षित और आत्म-विज्ञापन से अलग संयमी, भावी निर्माताओं को एक सूत्र में बाँधकर प्रकाश में रखेंगे, जिनकी ओट हमारे साहित्य का सत्य और शिव उन्मुक्त खेल रहा है।

प्रस्तुत 'साहित्यांक' लगभग ढाई सौ पृष्ठों का सुन्दर, साहित्य-सम्पन्न, कलात्मक विशेषांक है। श्री नवीनजी की 'कस्त्वं ? कोऽहं ?' कविता और श्री अज्ञेय की 'विपथगा' कहानी व श्री हजारीप्रसादजी का 'संसार का महत्तम ग्रंथ महाभारत'—ये तीन लेख इतने महत्व के हैं कि सम्पूर्ण विशेषांक का बारह आना मूल्य इन पर न्यौछावर है। तो भी अंक में कितनी ही सुन्दर कविताएँ, लेख आदि सामग्री है जिसे हमारे साहित्य की चुनिन्दा देन माना जा सकता है। 'सम्पादकीय' विचार' की शैली, सुरुचि और चयन बहुत मौलिक, गम्भीर और चिन्तनपूर्ण हैं। अंक के अन्दर कुछ चित्र भी आकर्षक हैं। इस प्रकार श्री चतुर्वेदीजी के इस अन्तिम प्रयास की जी से सराहना कर हिन्दी संसार से 'विशाल भारत' की श्रेष्ठता की सिफारिश करते हैं और अन्त में आशा के साथ विश्वास रखते हैं कि 'विशाल भारत' दिनोंदिन उन्नत होगा और फूले-फलेगा।

[श्री मन्दमलय, 4 दिसम्बर 1937]

राष्ट्र-कवि श्री गुप्तजी का 'मंगलघट'

"भिन्न-भिन्न विषयों पर लिखी गई गुप्तजी की कविताओं के एक संग्रह की माँग बहुत समय से थी। उसी का परिणाम यह 'मंगलघट' है।"—प्रकाशक के उक्त कथन से पुस्तक का स्थूल अर्थ स्पष्ट हो जाता है।

जिस तरह श्री मैथिलीशरण जी गुप्त के नाम के साथ ही किसी परम निर्मल

सात्त्विक और तेजोमय व्यक्तित्व की छाया आँखों के आगे से गजर जाती है उसी तरह उनकी रचना के साथ भी भावना-लोक की उज्ज्वल, सरल मोहक और सजीव तसवीर झलक पड़ती है। जीवन और कृति की इसी प्रतिबिम्बात्मक समरसता में गुप्तजी का युग-प्रतिनिधित्व अक्षुण्ण है, अमर है।

राम तुम्हें यह देश न भूले, धाम-धरा-धन जाय भले ही,
यह अपना उद्देश्य न भूले,
निज भूषा, निज भाव न भूले,
निज भाषा, निंज वेश न भूले,
प्रभो, तुम्हें भी सिन्धु पार से,
सीता का सन्देश न भूले !

कवि का यह निवेदित काव्य-चमत्कार में चाहे कहीं हो, किन्तु अन्त, अभिव्यक्ति में कितनी ऊँचाई पर है इसे परखने को कुछ अन्तर्दृष्टि चाहिए ! अपने प्रभु को 'सीता का सन्देश भुलाने' की याददिहानी में कवि भारतीय राष्ट्र की विजय का कल्याण-क्षण कितनी कलात्मकता से सँवार ले जाता है !

लोग कहते हैं, बीसवीं शताब्दी का साहित्य, काव्य, उपयोगितावाद का साहित्य होना चाहिए, हमारी आज की कला हमारा अपना जीवन-दर्शन हो जाना चाहिए। मेरी तुच्छ राय है—हम जितना कर सकें, जीवन और जबान का साम्य पैदा करें, व्यवहार और चिन्तन में तदाकारता आने दें, हमारी अभिव्यक्ति का एक-एक अणु शाश्वत हो उठेगा, कल्याणकर होगा; और शाश्वत तथा कल्याणकर अनुपयोगी या असत्य होते ही नहीं। मैथिलीशरणजी ने हमारे लिए अपने साहित्य में बहुत दूर तक इसी सन्देश की प्रकाश-रेखाएँ खींची हैं —

मेरी मिट्टी, मैं बलि जाऊँ
तुझे पात्र में परिणत पाऊँ।
खुले खेत से लाकर छानूँ
जल दूँ सार मिलाकर सानूँ,
सनूँ स्वेद में, किन्तु न मानूँ
जब लों लोचन लाऊँ।
मेरी मिट्टी, मैं बलि जाऊँ !

और तब फिर कवि की आकांक्षा है—

चले पिता का चक्र नियम से,
बैठ शिला पर तू शम-दम से,
उठे एक आकृति क्रम-क्रम से
भली भाँति मैं भाऊँ।
मेरी मिट्टी, मैं बलि जाऊँ !

'मंगल-घट' में करीब 60 कविताएँ हैं। इनमें से अधिकांश राष्ट्रीय और वर्णनात्मक रचनाएँ हैं। इस संग्रह की कविताओं में रस है, ओज है, प्रसाद है, राष्ट्रीय भारत को नव-जागरण का सन्देश है। 'मंगल-घट' प्रगतिशील साहित्य की एक उपयोगी आवश्यकता है।

[श्री गोविन्दमोहन चक्रवर्ती, 14 मई, 1938]

आस्वाद

यह काशी के सुप्रसिद्ध कलाकार राय कृष्णदासजी की कलम का प्रसाद, उन्हीं की स्नेह-भूमिका का आस्वाद है। 'आस्वाद' में, राय कृष्णदासजी ने, अपनी कला की कलम से, राष्ट्रकवि श्रद्धेय बाबू मैथिलीशरणजी गुप्त के विषय में 14 पृष्ठों में परिचय लिखा है, और साथ ही उनकी 23 चुनी हुई कविताओं का संग्रह दिया है। इस छोटी सी पुस्तिका का वर्धा की भारतीय साहित्य परिषद् से प्रकाशित होना ही, इसकी विशेषता है। इसे प्रकाशित कर रुचि, आदर्श और राष्ट्रीय संगठन की भावना रखने वाली परिषद् ने, अपने प्रयत्नों को गौरवान्वित किया है। काका कालेलकर ने 'हृदय-कवि मैथिलीशरण' शीर्षक देकर पुस्तक के प्रारम्भ में लिखा है—

"कविवर मैथिलीशरणजी का स्थान केवल हिन्दी-साहित्य में ही नहीं, किन्तु भारतीय साहित्य में भी बहुत ऊँचा है। अपनी अखण्ड और दीर्घकालीन काव्योपासना में मैथिलीशरणजी ने कहीं भी अनार्यभाव प्रकट नहीं किया। इनकी कविता पढ़ते समय हृदय अनेक भावों से गद्‌गद हो उठता है और निराश जीवों में आशा का संचार होता है। मैथिलीशणजी को मैं तो 'भारतीय हृदय-कवि' कहूँगा।"

किन्तु वह दिन दूर नहीं होना चाहिए, जब गुप्तजी का एक भारी चरित-ग्रंथ हिन्दी संसार के हाथों में हो। स्वयं भारतीय साहित्य परिषद् भी, कालेलकर जी के शब्दों में, इस बात को मानता है, क्योंकि—"इस आस्वाद में जिन कविताओं या कविता-खण्डों का संग्रह किया है, वे गुप्तजी की कविता का परिचय कराने के लिए, और अधिक पढ़ने की भूख जगाने के लिए पर्याप्त हैं।" हमारे नम्र किन्तु उन्मेष-पूर्ण, आराधनामय, राष्ट्रभारती के गायक "स्वयं कवि को यह संग्रह पसन्द आया है—"। जहाँ तक हिन्दी बोलने वालों से संबंध है, यही एक कवि है, जिसकी रचना, 'पीढ़ी की पीढ़ी' अपनी जबान पर चढ़ाये हुए है। तुलसीदास देश को इसलिए प्यारे हैं कि उन्होंने राम-गान से लोगों को रामप्राण बनाया। गुप्तजी इसलिए, कि उन्होंने साहसपूर्वक पतनोन्मुख प्रवाह के प्रतिकूल

जाकर, अपनी पीढ़ी, अपने पाठकों को, आदर्शप्राण, कर्त्तव्य-प्राण, जागरण-प्राण बनाया। जिस तरह भगवान् राम का ध्यान आते ही साधक को स्कूल-मास्टर के सामने खड़े होने की सी सावधानता मालूम होती है, उसी तरह गुप्तजी की वाणी पढ़ते ही पाठक अनुभव करता है कि वह काव्य-शास्त्र के दिमागी विलास से कहीं अलग विचरण कर रहा है। गुप्तजी की पंक्तियों के साथ रहकर, पाठक या तो उन्मेष में होगा, या साधना में होगा, या आराधना में होगा। राय कृष्णदास जी की कलम से लिखा हुआ यह परिचय मूल्यवान वस्तु है। हम भारतीय साहित्य परिषद् को बधाई देते हैं, कि राय कृष्णदासजी को, इस परिचय के लिए पकड़ सकी।

[एक साहित्यिक : कर्मवीर, 27 अगस्त 1938]

'भाग्य-चक्र'

यह हिन्दी के प्रसिद्ध लघु-कथा-लेखक सुदर्शन जी का लिखा हुआ वही प्रसिद्ध नाटक है, जिसका ढाँचा, चलचित्रों के रुपहले पर्दे पर लोगों ने, न्यू थियेटर्स के 'भाग्यचक्र' नामक खेल में देखा होगा। निपुण कलाकार ने भाग्यचक्र में, मनोभावों के घात-प्रतिघात पर ऐसी छाया डाली है कि घटनाओं में प्राण से आ गये हैं। भाग्यचक्र के सूरदास का स्वर, इस पुस्तक में अधिक स्पष्ट है। कथानक के उठाव की स्वाभाविकता, और उसके परिणाम तक पहुँचने की गति भली मालूम देती है। हम चाहते हैं, 'भाग्यचक्र' पर्दे पर न देख सकने वाले तो इसे पढ़ें ही, जो देख चुके हैं, वे भी इसे जरूर पढ़ें। यों सिनेमा-युग नाटकों पर श्राप की तरह आया है। पहले ही हिन्दी-भाषियों का अपना कोई स्टेज नहीं। केवल ले-देकर आदर्श चित्र लिमिटेड जैसे एक-दो प्रयत्न मात्र हम लोगों ने किये हैं। मनोरंजन के बाजार में हम अन्य भाषा-भाषी मित्रों के मुहताज हैं। यही कारण है कि श्री सुदर्शन जैसे कलाकारों का हम वह स्थान नहीं देख पाते, जो आज उन्हें मिलना चाहिए था। अस्तु ! हम इस पुस्तक का खूब प्रचार चाहते हैं।

[एक साहित्यिक : कर्मवीर, 27 अगस्त 1938]

श्री अश्क का 'प्रात-प्रदीप'

वासना को वेदना में बदल कर जो पारदर्शक समवेदना-भूमि कवि पाता है, उसमें उसकी अभिव्यक्ति, सादगी, स्पष्टता, स्नेह और सहृदयता ऐसे अलंकारों

से घिर कर बाहर आती है कि पढ़ने वाले को न केवल कवि की अपनी पीड़ा, निराशा से परिचय हो जाता है वरन् पाठक की अपनी कसमसाहट को भी वह हिला छोड़ती है। श्री अश्क की रचनाओं में हम यही बात अधिक रूप से पाते हैं :

श्रान्त पथिक···मैं आ बैठा हूँ,
लेकर अमित थकान।
तस्वीरें धुँधले अतीत की,
खिच आईं अनजान।

लेकिन निराशा के इस चौराहे पर आकर अश्क स्वरूप-दर्शक न होना चाहकर, शुद्ध कवि ही रहता है और फिर अपने 'दर्शन' को चिर-सत्य की स्पष्टता की ओर न ठेलकर कवि-जनोचित विस्मय और कुतूहल में उलझते हुए कह उठता है :

सिर मे पैरों तक जादू तुम,
मैं मोहित अनजान।
तुम हो रूप—छली, मैं हूँ सखि,
सरल प्रेम नादान !

मगर कुछ क्षण सर्वसाधारण जीवन तक में ऐसे होते हैं जहाँ व्यक्ति गहरे पैठकर 'नेति-नेति' का कँटीला पथ समझने के बजाय 'तुम हो तुम हो' की भ्रमित अस्पष्टता ही में सत्य खोजा करता है। हो सकता है, उसका सत्य वहीं होता भी हो। वह यह जरूर कहता है :

पश्चिम से जीवन आया है,
उठी घटा घनघोर
हाथ गिरेबाँ को जाते हैं,
चरण विपिन की ओर !

परन्तु थोड़ी ही देर में वह फिर सतह पर सँभलकर गा उठता है—

वर्तमान के पट पर आँकें,
भूला हुआ अतीत !
एक बार फिर गूँजे उर में,
गत यौवन का गीत !

विचारक कह सकता है कि जो गत है वह यौवन कसा ? यौवन तो गति है, वह तो अन्धड़ काल है, उसमें मुड़कर कहाँ देखा जाता है; अतः उसमें अतीत कैसा ?

पर इस विचारकता की छाती पर पैर रखकर भी कवि की—

आँखों में छा जाय खुमारी,

दुनियां बदल जाय फिर सारी,
भूल जायँ हम दुनियादारी ?

वाली मस्तानी प्रवाह-धारा सदा जीती रही है। अश्क का भी उसी में जीना कुछ अस्वाभाविक नहीं !

उर्दू के अत्यधिक समीप होने के कारण श्री उपेन्द्रनाथ के भावों में गहराई की अपेक्षा तीखापन अधिक है। इसीलिए वे साफ और सरल भी खूब हैं। कहानी की तरह कविता में वे सूक्ष्मदर्शी नहीं हैं, वे पैने नहीं हैं, इसी से अन्त:करण चीरने की उनकी क्षमता नहीं। वे चिरे हुए हृदयों के घाव पूरने का काम कर सकते हैं। भूमिका-लेखक विद्वद्वर धर्मप्रकाशजी के शब्दों में— "परन्तु कवियों की एक दूसरी श्रेणी भी है—'जो कवि बन गए।' क्योंकि अचानक उनके जीवन में भी कुछ ऐसे महत्त्व की घटना घटी कि उनके अन्तर की समस्त भावनाएँ द्रवित होकर काव्य के रूप में बह निकलीं।" हम श्री अश्क को इसी श्रेणी का कवि मानते हैं।

श्री अश्क जी की करीब-करीब श्रेष्ठ रचनाओं का यह सुन्दर संग्रह वास्तव में पठनीय है। इसकी कविताओं में रस है, करुणा है, निराशा है और उन सबके बीच मनुहार, उलहना और पश्चात्ताप सजीव होकर बोला है। भूमिका अच्छी पठनीय है।

[श्री मन्दमलय; कर्मवीर, 22 अप्रैल, 1939]

'एक घूंट' नाटक

स्व० जयशंकर 'प्रसाद'

जिन लोगों ने प्रसादजी को ध्यान से पढ़ा है, उन्हें यह मानने में कोई असमंजस न होगा कि वे इतिहास के अतीत-गौरव में बैठकर वर्तमान को उज्ज्वलता दान करने का जो सफल उद्योग अपने साहित्य में करते थे उसकी वही सीमा न थी। उनकी दृष्टि इसी श्रम-साफल्य के चलते भावी दर्शन करने में भी आश्चर्यजनक दक्षता पा गई थी। 'स्कन्दगुप्त' में जिस राजनीति, धर्म, युद्ध-नीति और कर्त्तव्य की मीमांसा उन्होंने की है, वह आज के हमारे प्रखर क्रान्ति-युग में भी कल की अनिवार्यता सत्य होने की माँग हमसे करवा रही है।

प्रस्तुत पुस्तक कोई गम्भीर या अधिक महत्त्व की रचना नहीं है। परन्तु उसका संकेत बेशक आगामी कल ही का संकेत है। प्रतिदिन बढ़ रही यह बौद्धिकता समाज के मस्तिष्क और हृदय में जो भेद खींचती जा रही है, विद्वानों के कथन आज के व्यक्ति-व्यक्ति के बौद्धिक जीवन के सूत्र बन गए हैं। फलतः जो

जीवन का सर्वतोमुखी सत्य दृष्टिकोण ऊपर से अधिक उज्ज्वल होकर भी दिन दिन विकृत, कृत्रिम और अन्धकारमय होता जा रहा है यह उद्दण्डता से स्वच्छंदता से मर्यादाहीनता के प्रचार से कभी स्वस्थ न हो सकेगा, यह इस 'एक घूंट' का सन्देश है।

आठ पात्रों का, जिसमें वनलता, प्रेमलता दो स्त्री-पात्र हैं—यह एक आश्रम-जीवन का नाटक-जैसा है। इस आश्रम-जीवन का उद्देश्य है--स्वास्थ्य, सरलता और सौन्दर्य। प्रेम की स्थापना जिससे "वस्तु या व्यक्ति-विशेष से मोह करके और लोगों से द्वेष करना छोड़ दें।" स्वतन्त्र प्रेम के प्रचारक घुमक्कड़ और सुन्दर युवक 'आनन्द' की ये पंक्तियाँ देकर हम पुस्तक पढ़ने की सिफारिश करते हैं कि "यह जो दुःखवाद का पचड़ा सब धर्मों ने, दार्शनिकों ने, गाया है उसका रहस्य क्या है ? डर उत्पन्न करना ! विभीषिका फैलाना ! जिससे स्निग्ध-गम्भीर जल में अबाध गति से तैरने वाली मछली-सी विश्व-सागर की मानवता चारों ओर जाल ही जाल देखे, उसे जल न दिखाई पड़े, वह डरी हुई, संकुचित-सी, अपने लिए सदैव कोई रक्षा की जगह खोजती रहे—सबसे भयभीत, सबसे सशंक !"

[श्री मंदमलय; कर्मवीर, 16 दिसम्बर, 1939]

'बेढब की बहक'

श्री कृष्णदेवप्रसाद गौड़ 'बेढब'

हास्य लिखने के लिए जिन गिने-चुने दो-चार आदमियों को श्रेय है, उनमें बे बेढब' भी मान्य लेखक हैं। यह नए सिरे से कहने की बात नहीं किन्तु हास्य (सेन्स आव ह्यूमर) न केवल साहित्य की स्वस्थता बढ़ाता है बल्कि स्वयं जीवन की स्वस्थता का चिह्न है। पुस्तक 132 पृष्ठों की है। बढ़िया बारीक टाइप में उम्दा छपी यह पुस्तक हँसी-मजाक की वह सामग्री समेटे हुए है कि आदमी पढ़कर लोट-पोट हो जाय। बेढबजी हिन्दी के गम्भीर, मननशील लेखक हैं। काशी के एक भद्र नागरिक साहित्य-सेवी की लेखनी का यह हास्य सिर्फ हँसाने की ही क्षमता नहीं रखता, व्यंग के तीरों से देश, धर्म, राजनीति, साहित्य, समाज—सबकी कुरीतियों और गन्दगियों के प्रति जिहाद बोलता है।

नमूना देखिये

नकल साहब के खाने की, जो की इक रोज होटल में,
कटा मुँह, धँस गये काँटे, दवा अब तक लगाते हैं !

[कर्मवीर, 21 जनवरी, 1940]

आकाशवाणी पर कवि-सम्मेलन

गत तारीख 28 जनवरी (1940) रविवार को शाम के साढ़े सात बजे तक लखनऊ के रेडियो स्टेशन से शहर में हुए, हिन्दी कवि-सम्मेलन का कार्यक्रम सुनाया गया। पहले एक महाशय ने पद्यों ही में कवि-सम्मेलन का प्रारम्भिक भाषण दिया जिसमें सम्मेलन में आगत सुकवियों का स्वागत भी शामिल रहा। उक्त अवसर पर प्रसिद्ध कवयित्री श्रीमती सुभद्राकुमारी चौहान, एम० एल० ए० भी मध्यप्रान्त में से लखनऊ पधारी थीं। श्रीमती विद्यावती 'कोकिल' की गरीबिनी के वर्णन की मधुर और प्रभावोत्पादक कविता से सम्मेलन का श्रीगणेश हुआ। श्रीमती सुमित्राकुमारीजी का 'मिल गये तुम आज पथ पर' गीत जब रेडियो से सुनाई दे रहा था तब श्रोता स्वर-ध्वनि की कोमलता और उसके करुण स्पर्श से प्रभावित हो रहे थे। 'अधिकार' के सम्पादक श्री सोहनलालजी द्विवेदी से भी उक्त सम्मेलन में किसी ने प्रेम-गीत पढ़वा ही लिया। द्विवेदीजी की आवाज इतनी स्पष्ट और सुधरी हुई आ रही थी मानो वह रेडियो में से आती हुई आवाज न हो। आवाज का यह तौल इन जैसा अन्य कवियों से सम्पूर्ण रूप से नहीं सँभला। श्रीयुत नरेन्द्रजी अपने कोमल वय में प्रतिभा के सुन्दर खिलाड़ी हैं। यद्यपि उनका स्वर रेडियो पर पूर्ण नहीं सँभला, किन्तु उनके मनोभावों की मौलिकता और मधुरता गौरव की वस्तु थी। श्री हरिकृष्ण 'प्रेमी' कण्ठ की रिश्वत लेकर नहीं आये थे किन्तु जैसा कि उन्होंने रेडियो पर कहा, 'प्रेमी का दिल' उनकी कविता में था और बड़े मस्तानेपन के साथ। सच तो यह है कि श्रीमती सुभद्राकुमारी जी का, 'वीरों का कैसा ही वसन्त', प्रेमीजी की कविता तथा बच्चनजी की मधुशाला की पाँच बोलियाँ ऐसी चीजें थीं जिन्हें रेडियो के आसपास बैठने वाले बहुतों ने समझा। यदि बच्चनजी अपनी मधुशाला के मन्दिर-मस्जिद वाले हिस्सों को रेडियो पर पढ़ते तो लोगों ने और भी अधिक पसन्द किया होता। श्रीमती सुभद्रा कुमारीजी जब अपना 'वीरों का वसन्त' पढ़ रही थीं, तब उनके संगीत-रहित स्वर में जो तेज़ और ओज व्यक्त हो रहा था उसका श्रोताओं पर बहुत प्रभाव पड़ रहा था। उचित होता यदि किसीने उसी अवसर पर उनसे उनकी बिदा नामक कविता न पढ़वाई होती। श्रीयुत दुलारेलालजी के दोहे अच्छी वस्तु थे और सूर और तुलसी की कविता में स्वाद रखने वाले और उनकी कविता को समझने वाले लोगों ने बड़े मजे से उनके दोहों की खूबियों की सराहना की होगी, किन्तु सच तो यह है कि इस कविता का युग अब समाप्त हो गया। सम्पूर्ण कवि-सम्मेलन में यह प्राचीनता की बानी-सी नजर आती थी। जब 'कोकिल' जी ने अपना दूसरा गीत—'आज रात शृंगार करूँगी' गाया, तब वह खूब जम रहा था, किन्तु हवा खराब होने के कारण लोग उसे पूरा सुन न पाये। सरसजी के वसन्त पर कहे हुए

कवित, ज्ञान के स्नेहमय पारखियों में चाव से सुने गये होंगे। मुझे वे खूब पसन्द आये। कवि-सम्मेलन में वाह-वाह का स्वर कभी-कभी इतना तेज हो जाता था कि कविता पढ़ने वाले कवि के स्वर को दबाने लगता था, अतः आगे से वह संयत रहे तो अच्छा। श्री गिरिजाकुमारजी माथुर का गीत बड़ा सुन्दर था, अपनी मस्ती और माधुर्य लिये हुए; किन्तु जिन्होंने उन्हें सुना है, वे शिकायत करेंगे कि उनके स्वर ने उनके गीत का पूर्ण साथ नहीं दिया। कानपुर के 'हृदयेश' जी के बन्द बड़े अच्छे थे, बहुत प्यारे ! किन्तु उन्होंने जरूरत से ज्यादा उन्हें पढ़ा। रेडियो की चीज तो चलते-चलते की छोटी-सी होनी चाहिए।

इस समय मुझे किसी और सज्जन का नाम याद नहीं आ रहा। कागज पर से तो यह रिपोर्ट लिखी नहीं जा रही, यह तो आवाज की रिपोर्ट है जो आई और विलीन हो गई। किसी विस्मृत नाम को अब कहाँ ढूँढ़ा जाय ? हमारे मध्य देश के अंचलों में तो श्रीमती सुभद्राकुमारीजी तथा 'प्रेमी' जी का रेडियो पर पहुँचना लोगों को रेडियो के पास पहुँचाने का बहुत बड़ा आकर्षण रहा है।

कवि-सम्मेलन का यह रेडियो कार्यक्रम खूब सफल रहा। रेडियो बदनाम है कि वह देश में पक्षपातपूर्ण ढंग से चलाया जाता है, जहरीले और अराष्ट्रीय कार्यक्रम की बातें फैलाता है और समस्त देश के रेडियो संगठन ने हिन्दी भाषा का विद्रोह और बहिष्कार करने की कसम खा रखी है। इस कवि-सम्मेलन के कार्यक्रम से तथा गत तारीख 7 जनवरी के प्रोफेसर राजनाथजी पाण्डे, एम० ए० गोरखपुर-निवासी के तिब्बत-सम्बन्धी भाषण जैसे कार्यक्रमों से रेडियो के सिर का पक्षपाती और हिन्दी-विद्रोही होने का कलंक कम होगा। किन्तु इस दिशा में केवल लखनऊ ने कदम बढ़ाया है; बम्बई, देहली, लाहौर के स्टेशन तो ऐसी भाषा का व्यवहार करते हैं मानो उन्हें हिन्दोस्तान में रहने वाले लोगों की भाषा, रुचि, समझ, स्वभाव, संस्कृति, अभ्यास और उनके रीति-रिवाजों का जरा भी ज्ञान न हो।

[एक रेडियो-श्रोता, कर्मवीर, 3 फरवरी, 1940]

'साधना'

पं० हरिशंकर शर्मा

मासिक साहित्य में स्थिर दृष्टि, गम्भीर चिन्तन, स्थायी समस्याओं पर विवेचन, विचार-संचालन, विचार-नियन्त्रण और विचार-प्रजनन आवश्यक है। सम्पूर्ण साहित्य सामयिकता की छाप से सर्वथा वंचित नहीं रहता। युग का उतार-

चढ़ाव उसमें दीखना आवश्यक है। किन्तु समय के बन्धन में बँधकर, प्रकाशित होने वाले साहित्य पर तो युग की जय-ध्वनि को व्यक्त करने की भारी जिम्मेवारी होती है। आगरा से प्रकाशित नई हिन्दी मासिक पत्रिका 'साधना' का हम स्वागत करते हैं। उसके सम्पादक विद्वद्वर पं० हरिशंकरजी शर्मा ने, उसके सम्पादन में श्रम किया है, और अपनी वर्षों की साहित्य-साधना के प्रभाव को पत्रिका के सफल बनाने में लगाना प्रारम्भ किया है। हिन्दी के नामी लेखक इस पत्रिका में लिखते हैं। यों हरिशंकरजी शर्मा की कलम पर, साहित्य के रसों का परिपक्व मिश्रण निवास करता है। क्योंकि शर्माजी ने गद्य और पद्य दोनों दिशाओं में लिखा है, और हास्य तथा अन्य विषयों पर भी लिखा है, किन्तु साधना में, उनकी कलम के ऐसे कौशल अभी दिखाई नहीं देते। 'साधना' में रंगीन चित्र भी दिया जाता है। तीसरी संख्या में नगाधिराज हिमालय का सुन्दर रंगीन चित्र भी है। श्रीयुत गोकुलचन्द्रजी शर्मा, श्रीयुत कन्हैयालालजी पोद्दार तथा श्रीयुत लल्लीप्रसादजी पाण्डेय आदि प्राचीन लेखकों ने भी, अपने-अपने परिपक्व अनुभव के आधार पर ज्ञान-दान किया है। श्रीयुत रामकिशोरजी का 'तुलसीदासजी के के जन्म-स्थान' वाला लेख परिश्रम से लिखा गया है। इस संख्या में, हिन्दी के विचार-प्रवर्तक कहानीकार श्री जैनेन्द्रजी ने साहित्यिकों की दशा पर यह भी लिखा है—

"लेखक को किसने जाकर कहा कि वह लेखक बने ? और लक्ष्मी-याचक न बने ? उसे समझना चाहिए कि सरस्वती का पूजक होकर लक्ष्मी की कृपा उसे नहीं प्राप्त होने वाली है। फिर लक्ष्मी-पुत्रों के प्रति उसकी ईर्ष्या कैसी ? स्पर्धा कैसी ? लक्ष्मी की अपने सम्बन्ध में अकृपा देखकर उकताहट कैसी ? शिकायत कैसी ?

"लेखक अपने अर्थाभाव को बहुत महत्त्वपूर्ण समस्या समझता या समझना चाहता है तो उसके सामने राह खुली है कि सरस्वती के मन्दिर के द्वार से बाहर होकर वह लक्ष्मी की राह चला जाए।

"इसलिए मैं मानता हूँ कि जब-जब लेखक की समस्या उठायी जाएगी तभी तब असल में तो यही करना होगा कि लेखक लोग अपना कर्त्तव्य-पालन करें। बाकी सब ईश्वर देख लेगा।

"मेरा उस पर पक्का विश्वास है। और अगर यह सच है कि लेखक लोग अपना कर्त्तव्य पालन करते हैं तब यह भी सच मान लेना चाहिए कि उनकी गरीबी में उनकी भलाई ही है, बुराई कुछ भी नहीं है।

"लेकिन लेखक होकर मेरी हिम्मत किसी तरह यह नहीं होती है कि मैं कहूँ कि लेखक कर्त्तव्य से ज्यादा तो क्या, अपने कर्त्तव्य का दसवाँ हिस्सा भी पूरा करते हैं।"

लेखक-जीवन पर कही जा सकने वाली यह भी एक बाजू है, किन्तु यह सम्पूर्ण नहीं। एक साँस में, अनबोल बोल बोलकर, विश्व-नाशक बनने वाली साँसों की भर्त्सना कीजिये, साँस-शास्त्र पर ही जीवन भर का अध्ययन लगाने वाले लोगों को भी बुरा-भला कहिये, किन्तु उस गरीब की उपेक्षा नहीं की जा सकती, जो साँस वाला, अस्तित्व-वान, बना रहने के लिए, दम घुटते हुए, परिस्थिति, समाज अथवा शासन के सन्दूक में बन्द होकर, साँस लेने के लिए प्राण-प्रद वायु माँगे। वह वायु किताबों में से न निकले, किताबों की कीमत पर कोई देने को तैयार न हो, तो विचारक के विचार के महान् मूल्य पर, उसे जगत् में सुलभ होना चाहिए। हाँ, साँसें बेंचने की दुकादारी का नाम विचारक नहीं, यह हम मानते हैं। दूसरी बात यह कि हम अपनी 'प्राप्ति' के युग से, अभाव पीड़ितों के दुख की पैमाइश नहीं कर सकते। फिर तो सिक्कों की धनिकता और जमीन की धनिकता की तरह ही यह मस्तक की धनिकता हो जाएगी, जिसकी चाह, और जिसके संघर्ष में नपे-तुले जीवन, नपी-तुली पहुँचों और नपे-तुले साधनों के गरीब का जीवन, बिना 'बुर्जुआ और प्रालेटेरियट' का सपना देखे, कठिन हो जाएगा। गरीबी मृत्यु, कष्ट, तथा युग अथवा उम्र—ये अपमानित न हों, यह खबरदारी समाज के रूप में हमें लेनी चाहिए। प्रलय और क्रान्ति का स्वप्न देखने वाले नये युग के मनस्वी के प्रति हम, समाज के नाते सजग रहें कि, उसके अथवा उसके आदर्शों के आमन्त्रित किये बिना प्रलय, खतरों और संकटों के साथ खेलते, और कभी जीवन पर कलम चलाते और कभी कलम पर जीवन चढ़ाते मनस्वी साँसें न चुक जाएँ।

मैं 'साधना' की उत्तरोत्तर उन्नति चाहता हूँ, और चाहता हूँ कि वह उन उद्योगों में मनस्विनी दीखे, जो युग को संचालन देते हैं और युग की गति के लिए प्रगति पथ का निर्माण करते हैं।

(एक साहित्यविशारद; कर्मवीर, 10 फरवरी, 1940)

श्री लक्ष्मणसिंहजी का नाटक : 'उत्सर्ग'

मध्यप्रदेश के प्रसिद्ध राष्ट्रवादी वकील और पिछले 24-25 वर्षों से चुपचाप साहित्य-सेवा करने वाले ठाकुर लक्ष्मणसिंह जी चौहान का लिखा हुआ यह एक नाटक है। नाटक की ओर ठाकुर साहब की बचपन से ही रुचि है। सन् 1914-1915 में, जब वे आगरा कॉलेज में एम० ए० क्लास में विद्यार्थी थे, तब उन्होंने 'कुली-प्रथा' नामक एक नाटक अपनी प्रतिभा की प्रथम उड़ान में लिखा था। स्वर्गीय भाई गणेशशंकरजी विद्यार्थी उस नाटक पर इतने प्रसन्न हुए कि इस लेख

के लेखक के पास से, जिसके पास लक्ष्मणसिंहजी ने अपनी वह कृति देखने के लिए भेजी थी, उस नाटक की हस्तलिखित प्रति उठाकर ले गये और उन्होंने उसे न सिर्फ 'प्रताप' में, क्रमशः छापना शुरू कर दिया, लगे-हाथों पुस्तकाकार भी प्रकाशित कर दिया। चूँकि ठाकुर साहब उन दिनों विद्यार्थी थे, अतः नाटक पर दमन और राजनीति के उन कठिन दिनों में 'रामानुज' नाम दिया गया। किन्तु पुस्तक राज-द्रोही मानी गई, और पहले युक्तप्रान्तीय सरकार ने, और फिर भारत सरकार ने उसे जब्त कर लिया। इसके बाद भी, ठाकुर लक्ष्मणसिंह जी ने कितने ही नाटक लिखे, किन्तु साहित्य-क्षेत्र को 'रावण टीले' की तरह उपयोग में लाते। एक कृति, एक रचना, एक पुस्तक लिखी और फिर लग गए देश-सेवा अथवा वकालत में। वे क्रमबद्ध साहित्य-सेवी कहलाने से झिझकते ही रहे। आज यह बात बहुत ही कम लोग जानते हैं कि गद्य और पद्य दोनों दिशाओं में, तथा गम्भीर गवेषणा और ललित साहित्य की दोनों ही प्रकार की रचनाओं में, ठाकुर लक्ष्मणसिंहजी की कलम यशस्विनी रही है। सन् 1920 21-22 में, जबलपुर के कर्मवीर के सहायक सम्पादक के नाते, ठाकुर लक्ष्मणसिंहजी ने जो साहित्य लिखा था, उसने काफी जागरण का काम किया था। ठाकुर साहब की एक कमी यह है कि वे अपने और अपने साहित्य के प्रति बहुत ही उदासीन हैं। 44-45 वर्ष की उम्र में भी, वे अपनी उपेक्षा करने में अपना सानी नहीं रखते। चिरंजीवी श्रीमती सुभद्राकुमारी चौहान की कविताएं पुरस्कृत हुईं और उन्होंने हिन्दी जगत् में नाम पाया। प्रतिभा और विद्वत्ता के हिमायती ठाकुर लक्ष्मणसिंहजी अपनी धर्मपत्नी के गौरव से इतने संतुष्ट रहे कि उन्होंने अपने साहित्य की भरपूर उपेक्षा की। ये पंक्तियाँ मैंने इस लिए लिख दीं कि हिन्दी साहित्य का विद्यार्थी ठाकुर लक्ष्मणसिंह की कृतियाँ ढूंढ़कर पढ़ देखे, और मध्यप्रान्त में, महाकौशल में लोग ठाकुर साहब के साहित्य के सम्पर्क में आवें, और फिर ठाकुर लक्ष्मणसिंह की उन्मेषशीला, विनोदमयी, और प्रखर लेखनी को खुलकर आगे बढ़ने के लिए बाध्य करें। इस विषय में बड़ा कुसूर श्रीमती सुभद्राकुमारी चौहान (एम० एल० ए०) का भी है। वे अपनी चिन्ताओं में और अपने काव्य की दिशा में इतनी उलझीं कि वे ठाकुर लक्ष्मण-सिंहजी के साहित्य के प्रति सजग और सावधान न रह सकीं। और समाज में तो होनहार प्रतिभा इसलिए बल नहीं पकड़ने पाती कि रुपये वालों का साहित्य, झूठ-मूठ के अपने युग बना लेता है, पत्रों और साहित्यिकों का रुख तो उस घड़ाघड़ाहट से शीघ्र बनता है, जो आत्म-संकीर्तन के कागजों और षडयन्त्रों से सजाकर पैदा की जाती है। अस्तु।

'उत्सर्ग' नाटक ठाकुर साहब ने इसी वर्ष लिखा है। इसका कथानक शिवाजी काल का है। शिवाजी के सुपुत्र शम्भाजी, एक बार अपने दौरे में किसी दुर्घटना से घायल हो जाते हैं। उस समय बिना पहिचाने ही उस गाँव के सरदार कोडबा

की पुत्री कमला शम्भाजी की शुश्रूषा करती है। युवराज अपना पता नहीं बताते। किन्तु जब शिवाजी के दूत पाकर उन्हें ले जाते हैं, तब पता चलता है। फिर आगे शम्भाजी और शिवाजी के जीवन-इतिहास में कमला भी गुँथ जाती है।

इस नाटक का समय पुराना होकर भी, इसका क्षेत्र लेखक की उज्ज्वल दृष्टि और प्रसादमयी लेखनी के कारण इतना सामयिक हो गया है कि मानो उत्सर्ग युग की आवश्यकता की पूर्ति का साधन बन गया है। नाटक के लेखक काल, समाज और पात्रों की योग्यता का प्रतिबिम्ब बहुत कम अपने साहित्य में प्रतिबिम्बित कर पाते हैं। किन्तु ठाकुर साहब ने चतुर शिल्पी, और ईमानदार इतिहास-प्रेमी के नाते, नाटक का मराठीभाषी क्षेत्र चुना तो पात्रों की भाषा और उनके व्यवहारों में सुन्दरता से मराठी परम्परा का मिश्रण किया है। पृष्ठ 4 पर, कोडबा का डरते-डरते परिचय देते हुए, शिवाजी के सिपाहियों से एक छोटी लड़की कहती है—'बड़े-बूढ़े लोग कोडबा कहते हैं। वह किनई दयालु है।' इस वाक्य में आए हुए 'किनई' शब्द का उपयोग हिन्दी में नहीं होता। मराठी में खासकर छोटे बच्चे अपने वाक्यों में उसका उपयोग करते हैं। जैसे—'मी किनई, तुला अगदीच खाऊ देतार नाहीं। 'मी किनई' तुझे बिल्कुल मिठाई नहीं दूँगी। इसी तरह पृष्ठ 6 पर शिवाजी का भेजा हुआ नायक युवराज से पूछता है—राजेश्री की तबियत कैसी है? हिन्दी में, राजेश्री के स्थान पर श्रीमान् लिखा जाता। 'हिन्दू पदपादशाही' के ऐतिहासिक मराठी शब्द को भी ज्यूँ का त्यूँ रहने दिया गया है। पटेल के पर्यायवाची 'पाटील'' शब्द को ज्यों का त्यों दिया है, साहब शब्द की जगह मराठी प्रयोग बाबा का उपयोग कर 'पाटील बाबा' कहलवाया गया है। उस्ताद को वस्ताद, गुरुदेव को गुरुराय, राजनीति को राजकारण, शिवा को शिवबा, 'शायर' को शाहीर आदि। मुशायरे की महफिल में शम्भू शाहीर से जो कविता कहलवाई गई है, वह हिन्दी तो है, किन्तु वह मराठी पवाड़े की चाल पर है—

'कब दिया मार्ग दुश्मन को
प्राण के रहते, प्राण के रहते।
हे धन्य बाजि प्रभु
धन्य धन्य सब कहते।'

उन दिनों, हिन्दी खड़ी बोली रेखता कहलाती थी। अतः उक्त महफिल में, शंभाजी फरमाइश करते हैं कि "कुछ आगराशाही रेखता का ठाठ हो तो मजा बँधे।"

हिन्दी के पाठकों को इस पद्धति से मराठी प्रयोगों का परिचय हो जाएगा, और मराठी-भाषी पात्रों के मुँह पड़ने वाली भाषा अपनी स्वाभाविकता न खोएगी। इस नाटक की भाषा में दूसरी खूबी है, मुहावरों और शब्दों का सफल

प्रयोग। नाटक की भाषा खूब मँजी हुई है। और कथानक को अभिनय बनाने में स्वाभाविकता का उपयोग किया गया है। केवल एक बात हम ठाकुर साहब के ध्यान में लाना चाहते हैं। तीसरे और चौथे दोनों ही दृश्य महल के हैं। और नाटक के मंच पर एक महल की रचना करने के बाद, मंच पर इतनी जगह बाकी नहीं रह जाती कि दूसरा महल या महल का दूसरा हिस्सा भी खड़ा किया जा सके। इसके सिवा महल का दिखाव, महल-जैसा बनाने में न इतनी फुर्ती ही की जाती है। अतः तीसरे और चौथे दृश्य के बीच एक ऐसा छोटा सा दृश्य चाहिए जो शम्भाजी का महल-निवास बनाने के लिए समय दे। यद्यपि सिनेमा के पर्दों के इस युग में, चलचित्रों में तो साथ-साथ बीस महल उतारते भी देर नहीं लगती। अस्तु।

नाटक में काव्य, अभिनय, समय की आवश्यकता की पूर्ति करने वाला पुरुषार्थ और आर्य आदर्श ऊँचे उठकर बोलता नजर आता है। छत्रपति की पत्नी से छत्रपति की माता का जिक्र करते हुए, श्री समर्थ से कहलवाया गया है— "बहूरानी, तुम्हारी माँ जी केवल पुत्र नहीं चाहती थीं, वे भारतवर्ष का उद्धार-कर्त्ता चाहती थीं। वे बादशाह चाहती थीं, हिन्दुस्तान का···एकछत्र पति।" यह पुरुषार्थमयी माता की साधना का सुन्दर संकेत है। छत्रपति शिवाजी के युग की चर्चाओं में, उच्च और पक्षपात-हीन राष्ट्रीय दृष्टिकोण, नाटक में खूब साधा गया है। शिवाजी एक स्थान पर कहते हैं "हमारे राज्य में हिन्दू रहते हैं, मुसल-मान भी रहते हैं, और अब ईसाई भी रहने लगे हैं। हमारी सेना में हिन्दू सिपाही और हिन्दू सेनापति हैं, तो मुसलमान सिपाही और मुसलमान सेनापति भी हैं।" दूसरे स्थान पर कहते हैं "यदि हम चाहते हैं कि दूसरे हमारे धर्मग्रन्थों का आदर करें, तो पहले हमें दूसरों के धर्मग्रन्थों का आदर करना सीखना होगा।"

यद्यपि कमला और शम्भाजी की प्रेमकथा नाटक का मूल विषय है, किन्तु स्नेह और तारुण्य के तन्तुओं के जागरण और उल्लास का वर्णन करते हुए भी मर्यादा-शील, साहस और पुरुषार्थ का ऐसा तेज व्यक्त किया गया है, जिससे कथानक में शृंगार की मक्खियाँ भिनकने वाली मिठास नहीं आई। समस्त प्रेमकथा अपना उच्चत्व प्रकट करती दिखती है।

नाटक में ये कथन पीढ़ियों को सन्देश देते नजर आते हैं। भाषा सरल और मुहावरेदार, वाक्य छोटे-छोटे, रस से ओत-प्रोत। एक बार पढ़ना शुरू कर छोड़ने को जी नहीं चाहता।

नाटक में 'कवजी' नामक पात्र का जीवन-चरित्र मानव-समाज की विचित्र पहेली है। यह वह कठोर और निष्ठुर सत्य है, जिससे युग और समाज बच नहीं

1. समर्थ रामदास

पाते। इस कवजी नामक पशु के द्वारा शम्भाजी का पितृ-विद्रोह और सर्वनाश की ओर जाना, और फिर कवजी का बुरा अन्त ऐसी घटना है, जो हर बढ़ते हुए परिवार, युग, समाज और देश में काल बनकर आती है। इस पात्र को लेखक ने बड़ी सावधानी से निभाया है।

[कर्मवीर, 25-5-40]

झूठ-सच

कविवर सियारामशरण जी गुप्त ने नवीन, निर्मल और ओजस्वी साहित्य लिखा है। अपनी लेखनी चलाने के पहले वे नवीन सूझ और नवीन दिशा की साधना करते हैं। कविता के क्षेत्र में भी, जब उन्होंने कदम रखा, यही किया। गद्य में भी वे ऐसा करने में प्रयत्नशील रहे। उनके लिए वरदान है कि वे राष्ट्र-भारती के उन्नतमना गायक और आदर्श चिन्तनरत श्री मैथिलीशरण जी गुप्त के अनुज हैं। एक उन्नतशील सम्पन्न साहित्यिक परिवार में पैदा हुए हैं और उन्होंने स्वर्गीय अजमेरीजी जैसा मार्गदर्शक अपने लिए पाया, मानो प्रतिभा में आत्म-दर्शन की साध, किसी को किसी महान् तीर्थ-स्थल में सध गई हो। गुलाब के पलते और वायु के कण-कण में फैलते गौरव में उन्मुक्त वायु और जीवन-रस-दात्री भूमि की अत्यन्त बेदाग प्राकृतिकता का भाग है, तो बाग के वनमाली की सुरुचि, साधना और समर्पण का हिस्सा भी है। यद्यपि श्री सियाराम जी का कोमल, निर्मल और अपने से बड़ों के प्रति रहने वाली कृतज्ञता से भरा मन इस बात को स्वीकार न करेगा, किन्तु मेरी समझ में सियारामशरणजी का यही वरदान एक अर्थ में शाप भी था। एक तो श्री मैथिलीशरणजी गुप्त जैसे महाकवि के वातावरण के बाबजूद ऊँचा उठकर बोलना एक कठिनाई थी, विशाल वट वृक्ष की छाया में उद्यान का आयोजन था। एक बूढ़ी दादी के प्रेम के से वातावरण में प्रतिभा का ऊँचे से ऊँचे उठने का प्रयास और उसमें सफल होना, सफलता की अपने आपमें एक मनोहर कहानी है। और अपने गुरुजनों के अनन्त स्नेह के वातावरण में, श्री सियाराम शरण जी की साहित्य-साधना, मजे की चीज रही। काव्य-भावना दुहराहट को पसन्द नहीं करती। अतः वे सब पथ इस सुकवि को छोड़ देने पड़े, जिन पर, अपने उच्च वातावरण की 'घिसन' के निशान पड़ चुके थे।

श्री सियाराम शरण जी, आत्ममुखी साहित्य के कुशल गायक हैं। हृदय के कोमल, भावों के उदार, 'बापू' के प्रभाव और उनकी प्रेरणा से पुनीत, किन्तु अपनी चौमुहानी प्रतिभा से सजग। देश-भक्ति के अवसर-ताक वातावरण में, आदर्शवाद के नाम पर चलाये जाने वाले प्रतिभाहीन काव्याडम्बर से श्री सियाराम

शरणजी बच गये, यह बड़ी बात हुई। उनकी 'झूठ-सच' पुस्तक इस बात का अच्छा सबूत है।

झूठ-सच कैसा प्रयास है ? स्वयं लेखक के शब्दों में—"मेरी इच्छा एक नये घाट पर अवगाहन करने की थी। उसे मैं रोक नहीं सका।" भाई बनारसीदासजी ने कभी भी लिखा हो, किन्तु सच तो यह है कि नई दिशा ही नई दिशा में सोचने और कलम चलाने वाले प्रतिभाशील का पुरस्कार है, और मानव-पहुँच का माप जूते का माप नहीं है, जो जहाँ ठहरा सो ठहरा। ज्ञान के परिणाम, मनोभावनाओं के अन्तरंग चिन्तन और मानव-समस्या के उलझने-सुलझने की प्रगति के साथ, उसमें परिवर्तन होते हैं। उतरे हुए युग-गायक से हम कह सकते हैं कि उसमें आत्म-मरण की दुर्गन्ध है, किन्तु उठते हुए युग के बाँसुरी-वादक के ध्वनि-संचार की सीमा बाँधना आसान भी नहीं, शायद प्रगतिशील भी नहीं। 'झूठ-सच' का लेखक प्राचीनों की जीत को चाहे जितना माने, किन्तु उसकी कलम जब लिखती है—"सब झूठ झूठ नहीं होते। सब सच सच नहीं होते, इसी तरह सब निषेध भी निषेध नहीं होते।" तब दुनिया की उठती प्रतिभा इससे बड़ा बल पाती है।

और यह झूठ-सच पुस्तक लिखी किस विषय पर गई है ? विश्व के कुछ आलोचकों की यह शिकायत है कि कवि या कलाकार अपने जीवन को, अपनी कृति से इतना दूर, इतना पराया क्यों रखते हैं ? और साधारण शारीरिक भोगविलास की जमीन पर नहीं, किन्तु आत्मनिवेदन, आत्मपरिणाम, आत्मप्रकटीकरण की भी जमीन पर, अपनी कला से अत्यन्त दूर रहने वाले कलाकारों से, अपने कलाचरित्र से (को)हीन कहा गया है। 'झूठ-सच' के लेखक ने मानो कला की उसी चरित्र-हीनता के खिलाफ, बगावत कर, अपने को प्रभु और युग के सामने भावों के कठघरे या देवालय में खुला छोड़ दिया है। किसी राजा की कहानी सुनी थी, जो अपने राजमहल के भिन्न-भिन्न कमरों में अपने भिन्न-भिन्न काम किया करता था। किन्तु एक कोठरी ऐसी थी जहाँ वह अत्यन्त निर्भय होकर अपने-आपको देखा करता था। 'झूठ-सच' मानो चिरगाँव के इस आडम्बरहीन चिन्तनप्रिय का, साधारण, बिल्कुल साधारण मानव के रूप का, असाधारण आत्म-विश्लेषण है। 'कभी-कभी' जो 'निजी बातें' इस पुस्तक में लेखक ने 'क्षमयाचना' की सी मनोवृत्ति दिखाकर लिख दी हैं, उन्हीं ('कभी-कभी') के संग्रह में सियारामशरणजी बहुत ही भले दीख पड़ते हैं। रसों की संख्या चाहे जितनी हो, किन्तु अपने अन्तर का पानी चढ़ाकर जो बात कलाकार जगत् में लाता है, उस रचना का स्वास्थ्य, उसका स्वाद कुछ और ही होता है।

और 'स्थान-मर्यादा' का भय दिखाकर मुझसे कहा जाता है कि जरा लम्बा लिखो। सो, सार-रूप में यह कि 'झूठ-सच' न कविता है न निबन्ध, न कहानी, न नाटक, न उपन्यास—किन्तु उसके बाद भी वह साहित्य है। ऐसा साहित्य जिसमें

काव्य की नवीनता और मिठास है, आलोचना की प्रखरता, पैनापन और बेमुरव्वती है, कहानी की धारा या उसका प्राण है, उपन्यास का सम्बद्ध कलाकार का जीवन और सरल से सरल घटनाओं का ऊँचा-नीचा, चढ़ाव-उतार-भरा कथानक है और निबन्ध-लेखन या वस्तु और घटनाओं का ऊहापोह है; किन्तु देखने वाला देख सकता है कि लेखक के आज तक के जीवन की कुछ घटनाओं का यह सुन्दर इतिहास एक मजे का हाजिरी-रजिस्टर भी है जिसमें मनोभावों की जमीन पर विश्व के चढ़ाव-उतारों की चर्चा नहीं, जाति के चढ़ाव-उतारों के साधारण से साधारण पहलुओं पर भावनाओं के वैद्य द्वारा, रोगी के लिए निश्चित की गई औषधियों सा खूब साधकर किया गया उपयोग है। यह साहित्य हिन्दी में अपनी बिल्कुल नई दिशा है! मैं इसका स्वागत करता हूँ!

[कर्मवीर, 1.6.40]

सती अनसूया

श्री बेनीराम त्रिपाठी

वैसे पुस्तक एक पौराणिक उपाख्यान है। लेखक की भाषा और भावाभिव्यक्ति उसी अतीत के गौरव से डूबकर लेखनी पर आई है। सृष्टि जब शून्य थी, प्रजापति ब्रह्मदेव ने अपनी इच्छा-शक्ति से कुछ पुत्र उत्पन्न किये। उनमें से एक पुत्र कर्दम नाम के प्रजापति भी थे। अपने पिता के आदेश से सृष्टि-विस्तार की इच्छा से उन्होंने तप किया। भगवान् प्रसन्न हुए और मनु ने अपनी लड़की देवहूति इन्हें वरा दी। इस दम्पती से, "बहुत कम दिनों में ही परम रूपवती नव कन्याएँ उत्पन्न हुईं।" महासती अनसूया इन्हीं कर्दम ऋषि की पुत्री हुईं। ये देवर्षि अत्रि की पत्नी बनीं। और यों, सृष्टि-विस्तार का क्रम बंधा।

प्रस्तुत पुस्तक की पौराणिक उपाख्यान के सिवा एक और गहरी महत्ता है। भारतीय नारी-जीवन की उज्ज्वलता का विगत इतिहास, आज की आवश्यकता को प्रेरणा और कल के नारीत्व का थोड़ा-सा आभास लेखक ने अनजाने ही करा दिया है। लेखक की दृष्टि सांस्कृतिक पैनेपन की दृष्टि है।

"ऋषि-पत्नी मूक की (मौन की) भाषा समझ गईं। कारण वह युग दैवीयुग था। उस युग में प्रत्येक प्राणी समस्त जड़ पदार्थों की आत्मध्वनि और वाणी को समझते थे।"

प्रशंसनीय यही है कि स्वयं लेखक इस स्थूल और सूक्ष्म के प्रत्यक्ष-अप्रत्यक्ष विनिमय की अनुभूति पाकर यह पुस्तक लिख सका है। तत्कालीन वर्णन, शोभा,

शृंगार, सम्पन्नता के मोहक स्तरों का चित्रण पुस्तक में समस्त रूप से व्याप्त है। पुस्तक उपादेय है।

एक बात और! इस पुस्तक में नारी को सतीत्व की ओर जहाँ प्रेरित किया है, वहाँ पुरुष को सन्तानोत्पत्ति के बाहुल्य की ओर अग्रसर होने का दबाव कल्याणकारी और अति-धार्मिक घोषित किया है। आज, कम से कम, साहित्य का संकलन या साहित्य-रचना समाज की स्वस्थता के लिए होनी चाहिए। अत: इस दरिद्र देश को सन्तानोत्पत्ति का धर्मानुकूल लाइसेंस आज नहीं चलेगा। अस्तु, मगर यह तो हुई चलती बात, मुख-पृष्ठ बहुत सुन्दर, कलात्मक और सांकेतिक है।

भूमिका के रूप में लेखक की 'आत्मा का राग' लिखावट की अहम्मन्यता के कारण थोड़ा प्रतिभा से शून्य और तर्क में दुर्बल लगने लगता है।

[मन्दमलय; कर्मवीर, 31.8.40]

दिमागी ऐयाशी

इस प्रहसन के लेखक हिन्दी के सम्मान्य विद्वान् पं० रामनरेशजी त्रिपाठी भूमिका में खुद लिखते हैं:

"इस पुस्तक का 'दिमागी ऐयाशी' नाम बाजारू-सा लगता है।"

गुस्ताखी माफ हो, हमें पुस्तक पढ़ जाने के बाद इस बात पर काफी उलझन में पड़ जाना पड़ा कि यह स्वयं विद्वान् लेखक की दिमागी ऐयाशी अधिक है कि हमारे आधुनिक कवि, चित्रकार लोगों की!

लेकिन यही कोई खास बात नहीं है। वे कहते हैं: "कवि लोग औरों का मजाक उड़ाया करते हैं। जो सहृदय होंगे, वे रस लेंगे; जो साहित्य के घूर होंगे, वे घुरमुसायेंगे। उनकी मैंने बिलकुल परवाह नहीं की।"

'दिमागी ऐयाशी' में आठ व्यंग्यात्मक प्रहसन हैं। त्रिपाठीजी ने इन्हें 'सटायर' (व्यंग्य-प्रहसन) कहा है। किन्तु हमारी नम्र राय में 'सटायर' लिखने की मूल प्रेरणा मजाक उड़ाने या भर्त्सना करने ही तक नहीं रह जाती; व्यक्ति में, समाज में, निर्बाध फलते-फूलते विकारों को हास्य, व्यंग्य अथवा परिहास के अप्रत्यक्ष उपकरणों द्वारा आत्मग्लानि का वातावरण उत्पन्न करके अथवा उन विकारों के खिलाफ समाज की बलवती चेतना जाग्रत करने के हेतु विकारग्रस्त क्षेत्र को अपने पैनेपन से निष्प्रभ, निष्प्राण कर छोड़ने तक फैलती है। वाल्टेयर, गेटे आदि ने ऐसे ही 'सटायर' लिखकर यूरोपीय साहित्य की श्री-वृद्धि की है। 'छायावादी कवि और चित्रकार' में त्रिपाठीजी लिखते हैं:

रईस—फिर नखशिख वर्णन क्यों छोड़ दिया गया?

चित्रा बाबू गर्दन के ऊपर के अंगों के वर्णन तो अब भी होते हैं, नीचे ही के नहीं होते।

रईस—क्यों ?

चित्रा बाबू (हँसकर और कवि की ओर देखकर)—क्योंकि छायावादी कवियों को उतना सहज में उपलब्ध है।

बात यहीं नहीं रुकती। उसे और स्पष्ट किया गया है—"छायावाद के जितने सुप्रसिद्ध कवि हैं, सबके नाम गिन डालिये और फिर यह पता लीजिये कि उनमें कितने विधुर।" मजा यह कि इसी प्रहसन में यह जो चित्राबाबू हैं, स्वयं आधुनिक अमूर्त चित्रकला के प्रतिनिधि चित्रकार हैं। और ये जिन रईस से बात कर रहे हैं उन्हीं से अपनी कला की भर्त्सना भी सुन चुके हैं। उसके बाद उनका यह कथन है। हम मान सकते हैं कि कवि और चित्रकार दोनों चीप आर्टिस्ट हैं, हो सकते हैं। किन्तु लेखक का सटायरिस्ट होना कहाँ सार्थक हुआ ? रईस के, कवि के, चित्रकार के किसी के रूप में भी तो लेखक स्वयं कुछ व्यक्त हुआ होता !

हाँ, एक दृष्टि है जो पुस्तक के मूल्य को काफी बढ़ाती है, वह है, "विचार की सभ्यता बनाम आचरण की सभ्यता।" इन दोनों में दूरी या प्रभेद कितना है और साहित्य के सहारे वह समाज के मनोलोक पर किस बुरी तरह चुपके-चुपके छा रहा है ? आज के युग की जरूरत, आज की मानवता की माँग और आज के विचारक पर इनकी जवाबदारी—इन बातों पर विद्वान् लेखक ने चतुराई से खूब प्रकाश डाला है, किन्तु उन्हें प्रकट कर देने से ही काम नहीं चलता—उनके मूलोच्छेदन का सवाल है। वह व्यक्ति की नगण्यताओं के साहित्यमय प्रकाशन से नहीं होगा। उस विकार के मर्म पर प्रहार करना पड़ेगा। हम पुस्तक का स्वागत करते हैं। त्रिपाठीजी ने एक दिशा दी है, हिन्दी साहित्य को। 'स्त्रियों की कौंसिल' सुन्दर कलापूर्ण प्रहसन है। परन्तु उसमें भी जहाँ वे वर्तमान विकृति को व्यक्त कर गये तहाँ स्त्री और पुरुष के भावी संगम का संकेत नहीं कर पाये हैं। कौंसिलर औरतों के नाम देकर भारतीय नारी की युग-प्रवृत्तियों को दर्शा दिया है। मुंशी मनबोधलाल जीत मस्त चीज हैं। थोड़ी अस्वाभाविक किन्तु 'ऐसे थे बुझी मशाल', 'आज ही में खो गया' में व्यक्त प्रखर काव्यात्मक। पुस्तक पठनीय अवश्य है।

[कर्मवीर, 31.8.40]

'पारिजात' कविता-संग्रह

पण्डित अयोध्यासिंह उपाध्याय 'हरिऔध'

परिचय-पृष्ठ पर छपे शब्दों में आध्यात्मिक और आधिभौतिक विविध

विषय-विभूषित' इस महाकाव्य में हरिऔधजी की फुटकर कविताएँ संग्रहीत हैं। 15 सर्गों में सारी पुस्तक के पद्य विभाजित हैं। सर्गों के नाम, जोकि उस सर्ग-विशेष में संग्रहीत पद्यों के विषय के द्योतक हैं, यों हैं—दृश्य-जगत, (3,4,5, 6वाँ सर्ग), अन्तर्जगत (7,8वाँ सर्ग), सांसारिकता (9वाँ),स्वर्ग (10वाँ सर्ग) कर्मविपाक (एकादश सर्ग), प्रलय-प्रपंच (12वाँ सर्ग), क्रान्त-कल्पना (13वाँ सर्ग), सत्य का स्वरूप (14वाँ सर्ग), परमानन्द (15वाँ सर्ग) पृष्ठ-संख्या 515। पुस्तक के अन्त में 4 पृष्ठ का विस्तृत शुद्धिपत्र भी जुड़ा है।

वयोवृद्ध हरिऔधजी की रचनाएँ वर्तमान युग के विद्यार्थी के अध्ययन की वस्तु हैं। हिन्दी के उतार-चढ़ाव को पहचानने के लिए हरिऔधजी की कलम के क्षेत्र में से गुजरना आवश्यक है। हिन्दी मुहावरों का उपयोग जितना हरिऔधजी ने किया, शायद किसी कवि ने, भाषा की उस धरोहर में चमत्कार ढूँढ़कर उसे जिन्दा रखने की ओर उतना ध्यान नहीं दिया। अंग्रेजी इरादों का अनुवाद करके, अरूढ़ तरीके से लिखी हुई हिन्दी एक तरफ और प्राचीन घसीटन को, कसम खा-खाकर दुहराती हुई हिन्दी दूसरी तरफ। इन दोनों बिन्दुओं के मध्य पुण्यवर हरिऔधजी की कविता की भाषा खड़ी होती है। खड़ी बोली जब बृज-भाषा से खड़ी बोली का चोला बदल कर खड़ी हुई तब श्रद्धेय मैथिलीशरण जी गुप्त और पूज्य हरिऔधजी के सहारे। हमारी इच्छा है कि लोग वयोवृद्ध हरिऔधजी की रचना को भाव से पढ़ें!

[पुष्पवलय; कर्मवीर, 12 अक्टूबर 1940]

'साहित्य-सन्देश' की साधना

साहित्य की गतिविधि के संचालन, नियमन और लेखा-जोखा रखने वाले पत्रों में, आगरा से प्रकाशित 'साहित्य-सन्देश' ने नागरी प्रचारिणी पत्रिका, सम्मेलन पत्रिका, हिन्दुस्तानी, साहित्य आदि पत्रों में अपना विशेष स्थान बना लिया है। प्राचीन का रहस्योद्घाटन ही 'साहित्य-सन्देश' का बाना नहीं, नवीन साहित्य का नियमन भी उसकी सजगता है। सहयोगी के चयन और स्थान-संयम की यह खूबी है कि अपने पृष्ठों में वह प्रतिमास अधिक से अधिक विविधताओं को—गम्भीरता और विश्लेषणशीलता का वृत्त कायम रखते हुए—स्थान देता है।

दीपावली पर सहयोगी ने विशेषांक प्रकाशित किया है। ऐसे मासिक का विशेषांक, वसन्तपंचमी अथवा देवोत्थान एकादशी, गुरु-पौर्णिमा अथवा ऐसे ही किसी अवसर पर अधिक शोभता। यह उपन्यास-अंक है। श्री गुलाबरायजी एम० ए० और श्री महेन्द्रजी इसके सम्पादक हैं। कथा-साहित्य जीवन का स्वाभाविक

साहित्य है। इस विषय के इस विशेषांक में थोड़े में बहुत आ गया है। एक लेख में, पंच-पात्र शीर्षक से श्री श्रीनाथसिंह, श्रीमती उषादेवी मित्रा, पाण्डेय बेचन शर्मा 'उग्र', श्री अनूपलाल मण्डल और राजा राधिकारमणप्रसाद सिंह का जिक्र है। 'उग्र' की समस्त उग्रता के बावजूद हम उपन्यास की प्रतिभा के रूप में उनका विशेष स्थान मानते हैं। इस अंक की परम विशेषता है, हिन्दी के प्रमुख उपन्यासकार शीर्षक से, कुछ उपन्यासकारों के "परिचय और उनके अपने अनुभव"। यदि संदेश-सम्पादक सारा अंक इसी वस्तु से भर सकते, तो उन्होंने हिन्दी भाषा के इतिहास में एक मूल्यवान वस्तु दी होती। उस शीर्षक के नीचे हमारे कलाकार की नम्रता है, शील है, दंभ भी है। जीवन के बहुत निकट से निकलती हुई, कलाकारों की ये वाणियाँ उनके अन्तरतम के अन्दर पाठक को झाँकने देने के लिए खिड़कियाँ बन गई हैं। श्रीयुत सियारामशरणजी की बात सुनकर क्या उनकी बीमारी को आशीर्वाद दिया जाये? किन्तु उनका औपन्यासिक अपने शील से अपने को कितना ही नगण्य कहे, लोग थोड़े ही मानेंगे। उसे तो लोग 'झूठ-सच' समझ लेंगे। सच पूछिये तो कविता में, सियारामजी का 'बापू' उतना मुझे नहीं भाया, जितनी उनकी अन्य कविताएँ। 'बापू' रचना में, बिन्दु में सिन्धु कहने की उनकी अपनी काव्य-साधना के दर्शन नहीं होते। भगवतीचरणजी द्वारा प्रताप-समूह और कौशिकजी का जिक्र भला है। श्री ऋषभचरणजी के एक वाक्य में मानो सम्पूर्ण युग का तौल, मंजिल की दूरी को देखकर बोल उठा, "अभी हम लोगों ने किया ही क्या है।" बहिन उषा मित्रा अपने जीवन के सत्य ही को अपनी कहानियों और उपन्यासों में दुहराती हैं। श्री कौशिकजी ने अपनी लगातारता और अथक परिश्रमशीलता को, स्वर्गीय आचार्य महावीरप्रसाद द्विवेदी जी के आशीर्वाद का नाम दिया है। श्री वृन्दावनलाल जी वर्मा के उपन्यास का उद्गम मानो उनके इस लेख से होता है—

"आप कभी बुन्देलखण्ड के भीतरी स्थानों में घूमे हों, तो आपको स्मरण होगा कि हमारा यह दरिद्र खण्ड कितना विभूतिमय है। हम लोगों के पास पैसे नहीं हैं, परन्तु फिर भी हम लोग फागें और राछरे गाते हैं, अपनी झीलों और नदी-नालों के किनारे नाचते हैं और अपनी रँगीली कल्पनाओं में मस्त हो जाते हैं ..

"ये ही नदियाँ-नाले या नदी-नाले-झीलें और बुन्देलखण्ड के पर्वत-वेष्टित शस्य-श्यामल खेत मेरी प्रेरणा के प्रधान कारण हैं। इसी लिए मुझको हिस्टोरिकल रोमांस पसन्द है।

"मैंने पढ़ा कम है, खेला बहुत है।" वर्माजी के इस कथन में जीवन उनकी रचना के बहुत निकट से बोलता है। बूढ़े श्री गोपालरामजी गहमरी के कथन से, उपन्यास अथवा कहानी की यह परिभाषा निकलती है—उनकी घटना विशेष

आकर्षक हो जिनके पढ़ने में लोगों की रुचि अधिक हो। किन्तु पात्र और उनकी भाषा स्वाभाविक के समर्थन में सदा समर्थ रहे, जिनको पढ़कर पढ़ने वाले बिलकुल सत्य समझें और उनके पत्रों के परिणाम से अपने आचरण-संशोधन में रुचि उपार्जन करें।"

"जिसको पढ़कर पाठक ने कह दिया कि यह तो गद्य है, बस, उसके लेखक का परिश्रम वहीं डूब गया।"

श्री गहमरीजी को शिकायत है कि "वस्तुतः यह अपना ढोल आप पीटने का युग चला है।" अपने नम्र और शीलवान भूतकाल को, नई पीढ़ी ऐसा न सोचने दे, यही उसकी शालीनता और उज्ज्वलता होगी।

जीवन से कुछ दूर, किन्तु मस्तक से बहुत निकट, दो कलाकारों की सम्मतियाँ व्यक्त हुई हैं—एक श्री चतुरसेनजी शास्त्री, दूसरे श्री जैनेन्द्र।

शास्त्रीजी कहते हैं--

"साहित्यिक को मैं किसी भी देश-काल, समाज-राष्ट्र और धर्म का आदमी नहीं मानता। मैं इस बात के मानने से भी इन्कार करता हूँ कि उसका इन सबके प्रति कोई कर्त्तव्य है।"

वे यहीं नहीं ठहरते, उनका मत यह भी है:

"जो साहित्यिक, भले ही वह कवि हो या उपन्यासकार—देश-भक्ति राष्ट्रीथता, धर्म आदि की रेखाएँ खींचता है, मैं उसे निकृष्ट साहित्यिक समझता हूँ।"

यह तो हुआ इस कथन को 'क्या नहीं है', शास्त्रीजी के शब्दों में साहित्यिक वह है—

"जो मामवीयता के प्रति उत्तरदायी है। जो ऐसी कला का निर्माण करता है जो मानवीयता के धरातल को ऊँचा उठावे। मैं यह सिद्धान्त नहीं मानता कि कला कला के लिए है और कला को विकसित करने के लिए साहित्यिक को जीवन में नग्न हो जाना चाहिए। मैं कला को प्रचार-साधन भी नहीं समझता, और इसी से प्रोपेगेंडिस्ट कभी भी उच्च साहित्यिक नहीं हो सकता, फिर भले ही वह टाल्सटाय हो या गांधी।"

शास्त्रीजी के कथन से नाराज होने की आवश्यकता नहीं, उसमें जीवन का महान् सत्य है। किन्तु स्वयं शास्त्रीजी के शब्द, भावावेश में, प्रोपेगेण्डा हो गये से दीखते हैं। "ऋतुओं पर बिलकुल अवलम्बित न रहने वाले, तथा दुनिया से अनन्त आकाश में ऊँचे से ऊँचे स्तर पर विचरण करने वाले सूर्यादि ग्रह भी, ऋतुएँ बनाते हैं, किसी भी रंग का आरोप अपने पर न होने देने वाले प्रकाश के अभाव—अन्धकार—का भी अपना एक रंग ही होता है, साम्य की दूरी से सर्वथा दूर दीखने वाले नक्षत्रों का भी अपना एक पथ है, जो उन्हें अन्य-अन्य नक्षत्रों से टकराने नहीं

देता और चन्द्र की तरह कभी सूर्य के साथ रहकर प्रकाशहीन और कभी सूर्य से दूर रहकर सूर्य से ही प्रकाश उधार लेकर प्रकाशवान रहने देता है। वृक्षों में, मौसम के बन्दीखाने में दृढ़ फल, अन्न और तृण की जरूरत पूरी नहीं करते। तब बाग में क्या वही फल रहें, जो मौसमों की कृपा, युग और स्थान की भक्ति और प्रभाव से सर्वथा दूर रहें ? वे इरादों की तरह अप्रत्यक्ष में तो नहीं रह सकते। अत: 'युग-वाणी' को उतने ऊँचे या नीचे पर जाने की जरूरत नहीं है, जहाँ से नीचे या ऊपर देखने पर, श्रद्धेय मैथिलीशरण जी गुप्त के शब्दों में, "सूरज भी जुगनू-सा दीखने लगे।" इसके सिवा सीमाहीनता के महान् चिन्तन में भी एक सीमा होती है। जब हर 'चित्र' अपनी सीमा-रेखाओं से ही पहचाना जाता है, तब हर 'चित्रण' समय की सीमा-रेखाओं से सर्वथा बेदाग--सर्वथा दूर—कैसे रह जाएगा ? रह गयी मानवता, सो वह धर्म और राष्ट्रीयता पर इतनी अवलम्बित और अपाहिज है कि समय की ओर से पीठ फेर कर लिखा हुआ साहित्य, मानवता बेचारी का या तो विद्रोह हो सकता है, अथवा वह ऐसा हो सकता है, जो मानवता के किसी काम का न हो; जो केवल हमारी दिमागी बारीक-खयाली का योग्य प्रलोभन हो। मैंने शास्त्री जी के कथन में 'जीवन का महान् सत्य' भी देखा है। यदि उनके कथन का अर्थ है कि मानव-समस्याएँ इतनी अबोध और विस्तृत हैं कि राष्ट्रीयता और धर्म के दायरे में रहकर कलाकार उन्हें नहीं सुलझा सकता, तो मैं इसे सत्य मानूँगा, यह इस अर्थ में कि धर्म और राष्ट्रीयता के उपकरणों का सम्पूर्ण उपयोग कर, और उन्हें नाकाफी पाकर, कलाकार की कलम मानव-स्वभाव और जड-चेतन् के स्वभाव की गहराई में जायेगी, और नवीन से नवीन स्वभाव तथा प्रकृति की दिशाओं का शोध कर, मानव के सामने कभी नवीन समस्याओं को रखेगी, कभी उलझी समस्याओं को सुलझावेगी और क्षण-क्षण एक नवीन मानव की सम्पूर्णता का सपना देखती रहेगी। राष्ट्रीयता अथवा धर्म, कला की भाषा में, समय की सीमाओं के नाम हैं। जब कोई समय गतिशील हो, तो उसका विद्रोह नहीं हो सकता; किन्तु जब समय मौसमी बीमारी बनकर ठहरने लगा हो, जब 'कलयुग' में, धर्म की पौराणिक कल्पना की तरह उसका एक पाँव रह गया हो, तब कलाकार की जिम्मेदारी बढ़ जाती है, मैं मानता हूँ। किन्तु समय में रहकर ही, समय से प्रलय का खेल, कलाकार को खेलना होगा। कलाकार 'कालज्ञ' से 'त्रिकालज्ञ' भले हो ले, उसका काल से सर्वथा मुक्त होकर मानवीयता की सेवा करने का दावा तो समझ में आने की बात नहीं है। क्योंकि कलाकार की मनोलोक से उतरने वाली घटनाएँ उस पर या उसके आसपास घटी हुई होती हैं, अथवा वे किसी युग में बँधी होती हैं— तब उनमें कोई राष्ट्रीयता कोई धर्म न हो, यह कैसे सम्भव ? धर्म-विद्रोह ने भी तो सृष्टि में एक धर्म ही बनाया है।

श्री जैनेन्द्रजी बात को गहरे से कहते हैं। उनका कथन, मुझे उनकी ईमानदार

धारणा मालूम होता है। उसमें युग-विरोध अथवा विश्व-विरोध का आडम्बर नहीं है। हमारी कृति हमारे कथन के दावे से जब छोटी पड़ जाती है, तब हमारी वाणी की लोग अवज्ञा करते हैं और जब कृति और कथन एक-दूसरे से कोई रिश्ता नहीं रखते, तब हमारा कथन आडम्बर कहा जाने लगता है। किन्तु आत्म-निन्दा आत्म-प्रशंसा की ही तरह दोष है, गुण नहीं। जो जैनेन्द्र समूहों तक में खुले स्वयं यह कहते हैं कि वर्तमान युग का सर्वश्रेष्ठ कहानीकार जैनेन्द्र है, वह अपने सम्बन्ध में अक्टूबर-नवम्बर सन् 40 में यह लिखें तो जरा अचम्भा होता है—"खैर, कुछ पन्ने काले हुए, और वे छप भी गये। तब आलोचकों की जबानी मालूम हुआ कि मैं तो उपन्यास लिख गया हूँ। लेकिन साफ है कि उस विषय की कला अथवा विज्ञान से मैं एकदम कोरा था।" किन्तु जैनेन्द्र पर ज्यादती होती है, जब हम यह बात भूल जाते हैं कि जैनेन्द्र, कलावन्त जैनेन्द्र, एक ही बात को, जब दूसरी बार भी अपने अन्तरतम से गुजारते हैं, तब वह नया रूप लेकर ही बाहर आती है। जानने की इच्छा मानव की महानता है। यह केवल मानव ही में है। जैनेन्द्र मानव के, प्रतिभा से सम्पन्न अथवा रहित इस स्वभाव को 'अपनी कमजोरी' कहकर, एक बहुत बड़ी और युगों-युगों की अत्यन्त परिचित और प्रसिद्ध वस्तु को अपनी कह देते हैं; एक कमजोर विशेषण के साथ। कलाकार अपने गुणों का, अपनी साधना का नम्र विशेषणों से उल्लेख कर, उनकी परिमितता में अपरिमित प्रभाव भर देता है और आडम्बर से महान् वस्तुओं की भी बाजार-दर गिरा लेता है। किन्तु यथार्थ कलावन्त जैनेन्द्र इन पंक्तियों में ऊँचे से बोल रहे हैं—

"दार्शनिक मीमांसक है। वह व्यष्टि को लाँघ सकता है। व्यवहार की ओर से आँख मींच सकता है। कर्म-जगत् में क्या हो रहा है, इससे विमुख रहकर उसी के अन्तिम कारण के अनुसंधान में वह व्यस्त हो जा सकता है। सहानुभूति से उसे लगाव नहीं। उसे तटस्थता चाहिए। पर उपन्यासकार का काम इससे कठिन है। तटस्थता तो उसे भी चाहिए पर सहानुभूति भी कम नहीं चाहिए और समष्टि को समझने के लिए व्यष्टि को अनसमझा वह नहीं छोड़ सकता। व्यवहार से कहीं दूर जाकर आत्मसिद्धान्त पाने की उसे छुट्टी नहीं। उसे व्यक्त और पदार्थ-जीवन में अव्यक्त आत्मसूत्र घटित हुआ देखना है। उसे कार्य-कारण की उस श्रृंखला को खोज निकालना है जो एक ओर इस कर्म-कर्दम से भी संसार को, तो दूसरी ओर शुद्ध चिन्मय ईश-तत्त्व को थामती और समन्वित रखती है।"

श्री जैनेन्द्र के पास युग की एक मूल्यवान धरोहर भावी प्रतिभा के रूप में विद्यमान है। कुछ कलाविद् सत्य-जगत् से दूर भागकर, परमतत्त्व के चिन्तन में मग्न रहते हैं। जैनेन्द्र चिन्तन-रत हैं कि मानव-स्वभाव का परम सत्य उनकी अँगुलियों पर उतरता रहे।

श्रीयुत भगवतीप्रसाद जी वाजपेयी का जिक्र किये बिना, यह वर्णन अधूरा

रह जायेगा, वे लिखते हैं—

"कथाकार के लिए सबसे बड़ी आवश्यकता इस बात की है वह अपने साहित्य को एकरसता के दोष (मोनोटोनी) से बोझिल न बनने दे। यद्यपि एक असाधारण गुण है। बड़े से बड़े कलाकार भी इस गुण से वंचित रहते हैं। अगर मुझे क्षमा किया जाये, तो मैं स्पष्ट शब्दों में कहना चाहता हूँ कि कलाकार शरच्चन्द्र में भी यह दोष था और किसी कदर प्रेमचन्द में भी। किन्तु रविबाबू में यह चीज आपको नहीं मिलेगी। इस दृष्टि से देखा जाये तो हिन्दी का आधुनिक उपन्यास-साहित्य अभी कुछ नहीं है। एक बार कवि 'अंचल' ने मुझसे प्रश्न किया कि हिन्दी में कौन उपन्यास आपने दुबारा पढ़ा है? सच जानिये उनके इस प्रश्न से मेरे हृदय को बड़ा आघात लगा। मुझे दुःख के साथ यह स्वीकार करना पड़ा कि ऐसा कोई उपन्यास मैंने अपनी भाषा में नहीं पाया।"

जो कलाकार जीवन-सत्य को इतने नजदीक से देखता हो वह भाषा का बड़ा बल है।

थोड़े में यह कि 'साहित्य-सन्देश' की, उपन्यास-अंक में व्यक्त, कलाकारों के जीवन में झाँकने की मौलिक सूझ खूब ही सफल हुई है। बिना चित्रों के किसी संस्था के खोजपूर्ण त्रैमासिक, वार्षिक या मासिक मुखपत्र चलाना और बात है, और पत्रकार-कला को ध्यान में रखकर, विशुद्ध मासिक पत्र चलाना और बात। इस दिशा में हिन्दी में 'हंस' ने अनोखी प्रियता और सफलता प्राप्त की है। और 'साहित्य-सन्देश ने अपने परिमित साधनों से उस सफलता की ओर आशापूर्ण कदम बढ़ाये हैं। मैं 'साहित्य-सन्देश' की वृद्धि का इच्छुक हूँ।

[कर्मवीर, 9 नवम्बर 1940]

'विश्व-वाणी'

सम्पादक : विश्वम्भरनाथ

सारा विश्व और समस्त हिन्दुस्तान सोच रहा है कि क्या किसी दिन मानवता एक हो जाएगी? युग के आचार्य उत्तर देते हैं, 'हाँ।' व्यक्ति विशेष भी कहता है, 'हाँ' जहाँ तक उसका स्वतः का सवाल है, परन्तु जब वह किसी समाज या राष्ट्र का सदस्य होकर विचार करने लगता है तो मूक हो जाता है और देखता है अपने आस-पास की दुनिया। मानव स्वभाव की अनिश्चितता और विविधता को देखते हुए उसकी हिम्मत ऐसी कोई बात कहने की नहीं होती। इसका क्या कारण है? सच तो यों है कि आज तक हमने इसी प्रकार सोचा है कि व्यक्ति की, मानवता के एक हो

जाने की कामना, समूह में अव्यावहारिक है—और आज इस प्रकार सोचते-सोचते हमें यह बात ही एक सत्य प्रतीत होती है जो कि वास्तव में ऐसी होती नहीं है। इतिहास को पढ़कर हम यह सोचना भूल जाते हैं कि मानव सम्बन्धों का सत्य, मानव के बौद्धिक विकास के साथ बदलता रहता है, 'आज' का सत्य 'कल' के विकास से परिवर्तित हो जाता है, जिस प्रकार कि 'कल' का सत्य 'आज' असत्य है। यहाँ सत्य (युग) है—मानवता का चित्र। 'कल' आपस में लड़ने वाली मानवता आज आपस में भाईचारे को स्थापित करके 'कल' के सत्य को आज असत्य कर सकती है। विश्ववाणी भूत को इसी रूप में देखती है, वर्तमान को उसकी वेदना, उसकी चाह और उसका हल बताकर इस रूप में समझती है और समझाना चाहती है तथा भूत की अपनी मौलिक दृष्टि से देखकर वर्तमान की वेदना, चाह और समस्या का हल बताकर भविष्य की उज्ज्वलता की ओर इंगित करती है। वह विश्व-व्यापी अन्तर्राष्ट्रीय अराजकता, गुलाम-स्वतन्त्र के भेद और मानव-मन के अपूर्ण विकास-जन्य अभिशाप के आर-पार देखकर आश्वासन देती है कि वह "देश के अन्दर और बाहर मनुष्य मात्र की एकता और समता का प्रतिपादन करेगी, राजनीति का सदाचार के साथ नाता जोड़ेगी; समस्त मनुष्य-समाज के विचारों और प्रयत्नों में सामंजस्य लाने और दर्शाने की चेष्टा करेगी; धर्मों, जातियों और सम्प्रदायों के विरोध को मिटाने का प्रयत्न करेगी; आर्थिक क्षेत्र में न्याय और समता कायम करने की कोशिश करेगी; मनुष्य मात्र के लिए स्वतन्त्रता, स्वराज्य और स्वावलम्बन का समर्थन करेगी और अधिक पूर्ण, अधिक समृद्ध, अधिक सुखमय, अधिक प्रेममय और अधिक संयुक्त राष्ट्रीय और अन्तर्राष्ट्रीय जीवन तक पहुँचाने में, पाठकों का (अपनी शक्ति भर) हाथ बँटावेगी।" भारत की प्रमुख समस्या हिन्दू-मुस्लिम एकता के साथ, तपस्वी सुन्दरलाल जी के नाम के जुड़ने से पत्रिका का भविष्य चमत्कृत-सा प्रतीत होता है।

विश्वम्भरनाथ जी को देश के विद्वानों और नेताओं से जो अनायास सहयोग प्राप्त हुआ है—"उसने पत्रिका को उसी प्रकार से शक्ति प्रदान कर दी है जिस प्रकार से किसी मशीन को गतिशील करने में ईंधन (शक्ति देता है)।"

हमें आशा है विश्ववाणी इस शक्ति को पाकर सदा गतिशील ही रहेगी और अपने पीछे आने वालों को एक पथ-रेखा, पथ-योजना छोड़ जायेगी ताकि उसके बाद अनेकों जल धाराओं की भाँति अविरल पंक्ति बाँधकर, उसके पीछे आते जावेंगे। इस प्रकार एक न एक दिन दर-कूच दर-मंजिल अपने ध्येय को प्राप्त कर लेंगे। विश्ववाणी यह कर सके—इससे अधिक और क्या चाहिए ?

[कर्मवीर, 18 जनवरी, सन् 1941]

'नव-कथामञ्जरी'

सम्पादक : श्री पदुमलाल पुन्नालाल बख्शी और श्री नर्मदाप्रसाद खरे

प्रकाशक महाशय ने लिखा है कि—"इस संग्रह के प्रकाशन से साहित्य-संसार को भली-भाँति ज्ञात हो जावेगा कि हिन्दी-कथा-साहित्य के विकास में, मध्यप्रांत अन्य प्रांतों से किसी प्रकार भी पीछे नहीं है।" इस कहानी-संग्रह में इक्कीस कहानियाँ हैं। वे सब मध्यप्रान्तीय कहानी-लेखकों की लिखी हुई हैं। प्रत्येक कहानी-लेखक की कहानी प्रारम्भ करने के पहिले, उस लेखक का कम ज्यादा-एक पृष्ठ में, इस प्रकार परिचय दिया गया है, जिससे लेखक की कहानी-कला पर प्रकाश पड़े। श्रीमती सुभद्राकुमारी चौहान, श्री पदुमलाल पुन्नालाल बख्शी, श्री आनन्दीप्रसाद श्रीवास्तव, श्री केशवप्रसाद वर्मा, श्रीमती उषादेवी मित्रा, श्री गुलाबप्रसन्न 'शाखाल', श्री रामेश्वर शुक्ल 'अंचल' श्री नर्मदाप्रसाद खरे, श्री अनन्तगोपाल शेवड़े, श्रीमती सत्यवती गौड़, श्री बदरीनारायण शुक्ल, श्री ज्वालाप्रसाद ज्योतिषी, श्री 'वनमाली', श्रीमती तेजरानी पाठक, श्री देवीदयाल चतुर्वेदी 'मस्त', श्री जहूरबख्श, श्रीमती निर्मला मित्रा, स्वर्गीय मंगलप्रसाद विश्वकर्मा, श्री अख्तर हुसैन रायपुरी और श्रीरामानुजलाल श्रीवास्तव आदि सज्जनों की एक-एक कहानी इस संग्रह में दी गई है और 256 पृष्ठों में यह पुस्तक समाप्त हुई है।

हर्ष की बात है कि मध्यप्रान्तीय कलाकारों की कहानी-कला का इस पुस्तक में उचित रूप से उल्लेख किया गया है। यह नहीं कहा जा सकता कि जो कहानियाँ इस संग्रह में दी गई हैं, वे उन लेखकों की सर्वोच्च कृतियाँ हैं। किन्तु चूँकि यह पुस्तक प्रदेश के विद्यार्थियों के हाथों तक पहुँचाने की दृष्टि रखकर भी सम्पादित हुई है, अत: इस दृष्टि से इससे अच्छा संग्रह अभी तक कोई नहीं प्रकाशित हुआ। कहानियों के चयन में पुस्तक के सम्पादकों ने काफी सावधानी का उपयोग किया है और परिचय लिखते समय लेखकों के प्रति एक सच्चा सहानुभूतिपूर्ण और विश्लेषणात्मक दृष्टिकोण पाठकों के सामने रखा गया है। हिन्दू-मुसलमान, स्त्री-पुरुष, छोटे-बड़े, नये-पुराने सब लेखकों को उचित प्रतिनिधित्व देकर सम्पादक-द्वय ने अपने हृदय की निर्मलता, रुचि की स्वच्छता, दृष्टिकोण की उदारता और मध्यप्रान्त के प्रति रहने वाली उज्ज्वल श्रद्धा को व्यक्त किया है। हमने कितने ही लेखकों के काव्य-संग्रह और ग्रन्थ देखे हैं जो इस प्रान्त में जिन्दगी बिता कर भी, इस प्रान्त के कलाकारों और लेखकों से इतने उदासीन हैं मानो वे अपने ज्ञान बेचने के धन्धे में भी अपने मन की क्षुद्रता काबू में नहीं रख सकते और शाला में ऐसी पुस्तकें मंजूर कराने के मोह में अपने द्वेष, अज्ञान और झूठे आत्माभिमान का आडम्बर इस प्रान्त की शालाओं के बच्चों तक के हृदय में उतारना चाहते हैं। यथार्थ में तो ऐसा साहित्य दण्डनीय और जला देने के लायक है। लोग ज्ञान की

कमी को ज्ञान ही के क्षेत्र में चला रहे हैं, उपदेशक के आसन पर बैठकर क्षुद्रता बो रहे हैं, मच्छड़ और पिस्सू से गये-बीते अपने व्यक्तित्व को इतना बड़ा मान रहे हैं मानो उस कलाकार की कला पर कुछ पंक्तियाँ लिख देते हैं तो वे पंक्तियाँ उस कलाकार पर किया हुआ, सम्पादक जी का एहसान है। हमें हर्ष है कि यह पुस्तक इस क्षुद्रता से खाली है। अतः इन सम्पादकों के हाथों में प्रान्त और हिन्दी संसार दोनों का गौरव मैं सुरक्षित मानता हूँ। लोग कलाकारों पर लिखेंगे किन्तु उनकी कृतियाँ पढ़कर नहीं, वे तो अपने बड़प्पन का सर्टिफिकेट कलाकारों को देने के लिए लिखते हैं। ऐसे कूप-मण्डूप यह नहीं जानते कि ज्ञान और उसकी साधना आचार्यत्व में न रहकर सूर्य-प्रकाश की तरह विस्तृत और वायु की तरह व्याप्त हो गई है। जब साहित्य के साधक साहित्य की कीमत अनुदार और अदूरदर्शी ज्ञान की गठरियों से पूछने नहीं जाते। हिन्दी-संसार में जो निर्मल साहित्य-निर्माण होता आ रहा है उससे हिन्दी पाठकों का अच्छा दृष्टिकोण बन रहा है। यह पुस्तक भी जहाँ कहानियों के रूप में पाठकों का मनोरंजन करेगी, यहाँ तक कहानीकारों के प्रति पाठक का दृष्टिकोण निश्चित करने में सहायक होगी। जहाँ तक कहानी कला से सम्बन्ध है हम इसे प्रान्त का प्रारम्भिक उद्योग ही कहेंगे और इस पुस्तक को यह गौरव प्राप्त होगा कि यह अपने विषय पर ऊँचे से ऊँची पुस्तकें लिखी जाने के लिए युग और उसके साहित्यिकों को अधिकाधिक प्रेरित करें। बिहार ने अपनी प्रांतीय राजनीति प्रान्तीय व्यक्तियों और प्रान्तीय साहित्यिकों तथा संस्थाओं के प्रति अत्यन्त सजगता और गर्व करने योग्य ईमानदारी का उपयोग किया है। बिहार के लोगों ने यह भावना बंगाल के संघर्ष से पाई है और हिन्दी संसार द्वारा बिहार के श्रेष्ठ कलाकारों तक के प्रति दिखाई गई उपेक्षा से सीखी है। महाराष्ट्र अपने कलाकारों पर गर्वित है, गुजरात अपने कलाकारों के प्रति साधनाशील है, युक्त प्रान्त के हिन्दी लेखक तो पहली पंक्तियाँ लिखते ही अपना मूल्य इतना अधिक कूतते हैं, कि या तो वे जन्मते ही 'आचार्य' कहलाने लगते हैं अथवा वे अपने आसपास के तथा अपने प्रान्त के लेखकों की रचनाओं को हिन्दी संसार भर की प्रतिनिधि रचना कहने लगते हैं। युक्त-प्रान्त के हमारे हिन्दी-साहित्य-सेवी भाई अन्य प्रान्तों के कलाकारों को बहुत कंजूसी से कभी-कभी अच्छाई के प्रशस्ति-पत्र दिया करते हैं। बिहार के जागरण ने सिद्ध किया है कि वह युक्तप्रान्त के संकुचित प्रशस्तिपत्रों के लिए नहीं ठहर सकता। मध्यप्रान्त के लेखक भी इस दिशा में कदम उठाने के लिए बाध्य हैं और इन सम्पादकों की यह रचना सर्वथा मध्यप्रान्तीय वस्तु है। मध्य प्रान्त के शिक्षा-विभाग में बिना भेदभाव के पुस्तकें पाठ्यक्रम में, कथा-पुस्तकें और सामायिक पत्र प्रान्त के पुस्तकालयों में तथा चलते-फिरते वाचनालयों और पुरस्कार में देने के लिए, स्वीकृत की जाती हैं। किन्तु यदि युक्तप्रान्त के शिक्षा-विभाग के द्वारा स्वीकृत पुस्तकों और सामयिक पत्रों की आप फेहरिस्त उठायें तो मध्यप्रान्त,

मध्यभारत और राजपूताने को उसमें से प्रायः बिल्कुल गायब पायेंगे। क्योंकि जब युक्तप्रान्तीय लेखक और युक्तप्रान्तीय शिक्षण-समितियों के साहित्य-सेवी सदस्य खुद अपने को तथा अपने प्रान्त को ही हिन्दी संसार समझ लेते हैं और सन्तोष मान लेते हैं तब उन्हें युक्तप्रांत के बाहर के हिन्दी-संसार को मानने की याद क्यों आने लगी ? सच पूछिये तो युक्तप्रान्तीय लेखकों और प्रकाशकों की पुस्तकें मध्य-प्रान्त और मध्य भारत में खूब बिकती हैं। प्रकाशक उससे मालामाल होते है। वे उन धनिकों अथवा शासनकर्ताओं की तरह हैं जो ज्ञान-दान के बहाने अपना पेट तो मोटा कर लेते हैं किन्तु मध्यप्रान्त और मध्यभारत के लेखकों और साहित्य की उन्हें कभी सुधि भी नहीं आती। अब यह अवज्ञा अधिक दिनों न चल पायेगी हमारा यह स्वभाव नहीं कि युक्तप्रान्तीय प्रकाशकों और लेखकों की अनुदारता से दुखी होकर हम हिन्दी संसार में प्राप्त उच्च ज्ञान का पथ रोकें। हम तो चाहते हैं कि इस प्रान्त के हिन्दी साहित्यिक उठकर खड़े हों और उन लेखकों तथा प्रकाशकों की कृतियों को अपनायें, जिन्होंने हमारी साहित्यिक क्षेत्र में ऊँघती मुई गिरि-मालाओं में जागृति, स्वावलम्बन और दिशा-दर्शन का सन्देश दिया है।

'नव-कथा-मंजरी' के सम्पादक-द्वय में श्री बख्शी जी अपने साहित्य के लिए हिन्दी संसार में अधिकारपूर्ण कलम रखते हैं, और श्री नर्मदाप्रसाद खरे सफल कहानीकार हैं तथा हिन्दी साहित्य की गतिविधि के बहुत सजग और साहित्य-निर्माण-जीवी निर्मल दृष्टि रखने वाले साहित्य-सेवक हैं। हम चाहते हैं कि यह पुस्तक मध्यप्रान्त के घर-घर में जाये और समस्त हिन्दी संसार में अपनाई जावे।

[कर्मवीर, 15 मार्च, 1941]

'हिल्लोल'

श्रीयुत शिवमंगल सिंह 'सुमन' की कविताओं का संग्रह। काशी हिन्दू विश्व-विद्यालय के हिन्दी विभाग के अध्यक्ष आचार्य केशवप्रसाद जी मिश्र ने पाँच छोटे-छोटे पैराग्राफों की भूमिका लिखी है। उन्होंने, उसमें 'सुमन' के इस नवीन 'अर्द्धोन्मीलित विकास' का अभिनन्दन किया है। वे कहते हैं—'सुमन के रोने में भी एक दृढ़ता है, और तड़पने में दार्शनिक तटस्थता है—कहने की क्षमता है। उन्होंने 'मेरे पावक मेरे पुनीत' और 'हा प्रसाद' सुमन की इन दोनों रचनाओं में से एक में अव्यक्त सत्ता का भास्वर रूप और दूसरी में व्यक्त सत्ता का मार्मिक निरूपण देखा है।

स्वयं 'सुमन' कहते हैं—"अपनी अपूर्णता से असंतोष और क्षोभ-स्वरूप जो विह्वलता मेरे अन्तर में तूफान-सा मचाये रहती है, उसी को—मैंने अपनी

पंक्तियों में गूँथ दिया है।"

सुमन की पंक्तियों में मुझे एक बेतकुल्लुफ-सामन, गरजता-सा मन दीखता है, जो कहता है—

"चूमूं तरंगों के अधर—

नौका भँवर में डालकर चाहे, न फिर पतवार दो !

इस सत्य में, सुमन के काव्य-पथ का उत्तर है। मुझे सुमन के इस संग्रह में, श्रेष्ठ कविता लगी—'देखो मालिन, मुझे न तोड़ो !' यहाँ यह तरुण गायक, जीवन के बहुत निकट से बोलता दीखता है, तर्क, दर्शन, प्रलय और आदर्शवाद सबसे ऊपर उठ कर, अपनी नपी-तुली अधखुली सीमा की रेखाओं में रंग भरता-सा सुमन बड़ा भला लगता है। यों तो हिन्दी में डॉक्टरेट पाने की तैयारी करते हुए 'सुमन' ने काँटे क्या हैं, आहें क्या हैं, पीड़ा क्या है, व्रीड़ा क्या है—इन सब पर लिखा है, किन्तु इस रचना का शीर्षक प्रश्न ही बन कर रह जाता है। वहाँ कवि स्वयं जो छुप कर नहीं बैठा, वहाँ उसमें का पुस्तकों का बोझीला वरदान जो जाग उठना चाहता है। 'चले' शीर्षक में पद के बाद पद आते हैं, और उनमें कभी सुमन और कभी भगवतीचरण बहुत निकट चलते-से नजर आते हैं। सुमन की कोमलता उनका वरदान है किन्तु उनकी प्रलय-साधना भी मस्त है—"दो हड्डी पिचके गालों के गर्जन में यह घनघोर छिपा किसने जाना, भूखे मन सूखे तन में इतना जोर छिपा"—सुमन मानो, इस देवता का आराधक है।

वह संग्रह शान्तिसदन, काशी विश्वविद्यालय ने प्रकाशित किया है।

[कर्मवीर, 6 सितम्बर 1941]

भारत के समाज और इतिहास पर स्फुट विचार

श्रीयुत श्रीप्रकाश, एम. ए., एम. एल.ए. (बड़ी धारा-सभा)

बाबू श्रीप्रकाशजी, अपने पिता ऋषिवर बाबू भगवानदासजी की तरह चिंतनशील हैं। उन्होंने समय-समय पर भारतीय राजनीति एवं हमारे नागरिक कर्त्तव्य-ज्ञान के सम्बन्ध में, 'आज' से बाहर जो लिखा, उन्हीं लेखों का यह पुस्तक-रूप संग्रह है। श्रीयुत श्रीप्रकाश समष्टिवादी हैं। वे भारत के व्यक्तिवाद को 'सब खराबियों का मूल' मानते हैं। उनका खयाल है कि "व्यक्तिवाद को छोड़कर, नागरिक धर्म को अपनाकर हम शीघ्र ही संसार में उचित स्थान प्राप्त कर सकेंगे। भारतीय दर्शन के प्रति उनकी शिकायत है कि वह "शरीर का ज्ञान नहीं देता, वह आत्मा का ज्ञान निरूपण करता है।" वे कृषक को व्यक्तिवादी मानते हैं, मजदूर को

समष्टिवादी। "मनुष्य सामाजिक जन्तु है" यदि उसका रहन-सहन, यदि उसका चिन्तन व्यक्तिवादी हो, तो वह संगठित नहीं हो सकता। विद्वान लेखक, व्यक्तिवाद की उत्तमता को छोड़ने की बात नहीं करते, किन्तु यह उचित सलाह देते हैं कि हम अपने व्यक्तिवाद की उत्तमता को रखते हुए, समूहवाद को किस प्रकार अपना सकते हैं कि आज के संसार में हम पनप सकें—न दास बने रहें, न लुप्त ही हो जाएँ। समस्त पुस्तक की चर्चा की सतह गम्भीर और उन्मेषपूर्ण है। शास्त्रीय विवेचन-सी होकर भी भाषा खूब सरल है एवं विषय को समझाने में पूर्ण सफल है। समष्टिवाद के भावों, विचारों और तर्कों का ज्ञान देने वाला, यह छोटा-सा संग्रह अपनी सीमा में खूब सम्पूर्ण है, और सर्वथा भारतीय आवश्यकता, भारतीय रुचि और भारतीय परम्परा को दृष्टि के सामने रखकर लिखा गया है। भारत की नई पीढ़ी के निर्माण में, ऐसी पुस्तक का उपयोग है। गहन विषयों, विचारों और चर्चाओं में प्रवेश करने के लिए, यह जीवन के प्रारम्भशील, अध्ययन-प्रेमी विद्यार्थियों के बड़े काम की है। नई पीढ़ी, केवल हिन्दी जानने वाली नई पीढ़ी भी, इस पुस्तक को पढ़कर, जीवनयापन के प्रति दृष्टि पायेगी, जिसके अभाव में शताब्दियों से हम व्यवहार के बौने बनकर, शताब्दियों की सभ्यता और संस्कृति रखकर भी, कर्मशील विदेशी जातियों के सामने बुद्धि, चिन्तन, तत्परता, शोधकर्ता गरज यह कि समस्त जीवन-संग्राम में बौने बने हुए हैं। यह पुस्तक, नये भारत की रचना का सपना देखकर, उसे सपना-मात्र न रहने देने वाली, कर्मशील पीढ़ी के लिए, अपनी पथ-वृद्धि की हिमायत से भरी दलीलों और अपीलों का संकेत-कोष है। 'ज्ञान-मण्डल' के गौरव के सर्वथा अनुकूल ही, इस उच्च साहित्य का प्रकाशन हुआ। हम चाहते हैं, यह पुस्तक हिन्दी संसार में खूब फैले और व्यक्तिवाद और समाजवाद के संघर्षों में 'प्रारम्भिका' काम करे।

[कर्मवीर, 13 सितम्बर, 1941]

'विश्वभारती' पत्रिका

स्वर्गीय विश्व-कवि रवीन्द्रनाथ ठाकुर के लीला-विहार, शान्ति-निकेतन से 'विश्व भारती' पत्रिका प्रकाशित होती है। उसके सम्पादक-मण्डल में ये नाम थे—रवीन्द्रनाथ ठाकुर, क्षितिमोहन सेन, नन्दलाल बसु, गुरुदयाल मल्लिक, कृष्ण कृपलानी और हजारीप्रसाद द्विवेदी। 'विश्व-भारती' पत्रिका का संकेत वाक्य था—

"सत्य ह्येकम्। पन्थाः पुनरस्य नैकः।"

अब ईसाई नव-वर्ष, यानी जनवरी, 1942 अर्थात् पौष 1998 से 'विश्व-

भारती' पत्रिका त्रैमासिक रूप में हिन्दी में भी निकलने लगी है। महात्मा गांधी ने लिखा है कि यह "योजना मुझे तो बहुत ही प्रिय लगती है, इस माद्दम में मेरी सम्पूर्ण सम्मति है।" सम्पादक-मण्डल ने लिखा है कि वह "उन सभी विद्वानों और कलाकारों का सहयोग आमंत्रित करता है जिनकी रचनाएँ और कला-कृतियाँ जाति-धर्म-निर्विशेष समस्त मानव जाति की कल्याण-वृद्धि से प्रेरित हैं और समूची मानवीय संस्कृति को समृद्ध करती हैं।" इस हिन्दी पत्रिका के सम्पादक-स्थल पर हिन्दी के विद्वान् और सहृदय समालोचक और लेखक पंडित हजारीप्रसादजी द्विवेदी का नाम, इस पत्रिका के निगूढ़ चिन्तन, कला के प्रति उत्तरदायित्व और विश्व के त्रिकाल-वेधी स्वरों के वंशी-वादक पर मानव-निर्मित क्षुद्र सीमाओं, वासनाओं आदि का बोझ न लादे जाने की गवाही देता है। ऊँचे पर निवास करने वाले आकाश के नक्षत्र, अन्धकार के पथिकों के पथ-दर्शन का काम करते हैं। समय के पैरों की घसीटर, रूढ़ि और भोला विश्वास बनकर यह भी कहती आयी है कि खगोल के ये चमकते पंथी भूगोल के विचरण-शीलों के पथों ही का नहीं, भाग्यों का भी संचालन करते हैं किन्तु बाँसुरी बजाने वाले से पहले बाँसुरी बनाने वाले की जरूरत होती है। हृदय और कण्ठ से कुछ ऊपर उठकर ओठों पर बाँसुरी बजती है, वह मस्तक की व्यवस्था और हृदय के रस को सम्मिलित कर टुकड़े-टुकड़े होते स्वरों में से अटूट रस बरसाकर हृदय के बल पर मस्तक को डुलवाने का यह भाव भूल कर खेल खेलती है, कि वह छिद्रों वाली है और वादक उन छिद्रों पर अपनी अंगुली रखता है, किन्तु जब बाँसुरी बजने लगती है तब हृदय के ऊपर की भुजाओं का कौशल पैरों की बराबरी पर नीचे उतर आता है, और स्वरों की मिठास के बजाय छेद डालने वाले बर्मे का प्रखर स्वर और चाकुओं की काट-छाँट सुनायी पड़ने लगती है। स्वरों में सीमा-रहित आनन्द है, किन्तु बाँसुरी की बनावट और छिद्रों का वेधन कठोर सीमाओं के तौल पर अवलम्बित है। शान्ति-निकेतन विश्व-कवि रवीन्द्र का बाँसुरी-वादन है, और श्रीनिकेतन उनका बांसुरी-निर्माण। हमें आशा है 'विश्वभारती' पत्रिका शान्ति-निकेतन और श्रीनिकेतन दोनों के सामंजस्य के उच्चत्व का प्रतिनिधत्व करेगी। इस खण्ड 1 के अंक में रवि ठाकुर की कविता प्रथम पृष्ठ पर है। शीर्षक है—'आमि चंचल है।' हिन्दी में इसकी 'छाया' भी दी गई है। "एशिया की जागृति में ही यूरोप का परित्राण है"—रवि बाबू का यह लेख भी दिया गया है। डॉ० राजेन्द्रप्रसाद जी ने अहिंसात्मक साध्य और साधन पर मननीय लेख लिखा है। आधुनिक काव्य पर रवि बाबू के कुछ प्राचीन विचार व्यक्त किये गये हैं। शिल्पी रवीन्द्रनाथ पर प्रसिद्ध कलाकार श्री नन्दलाल बसु का अच्छा लेख है। उसमें रवि बाबू में निवास करने वाले चित्रकार के कला-जीवन की पैमाइश-सी है। अधिकांश रचनाएँ रवि बाबू की हैं, ठीक भी है, यह 'विश्व-भारती' पत्रिका जो है। पुस्तक-समीक्षा, पुस्तकों के प्रति ईमान-

दार अध्ययन के कर्त्तव्य-पालन-पूर्वक भिन्न-भिन्न ज्ञाताओं की अधिकारपूर्ण लेखनी से की गई है। प्राप्ति-स्वीकार में घोषित है कि "हिन्दी के सिवा अन्यान्य भाषाओं की पुस्तकें भी आलोचित होंगी। 'अपनी बात' शीर्षक में आत्म-विश्लेषण ध्येय-दान, साहित्य-समीक्षा तथा विचार-मंथन हैं। यह पत्रिका अच्छी चीज है। प्रति संख्या का मूल्य डेढ़ रुपया है। इसमें अध्ययन की गम्भीरता और चयन की दूर-दृष्टि के दर्शन होते हैं। मैं प्रतिभा के पुजारी और विचारों के ग्राहकों से विनय करना चाहूँगा कि वे अपने मनन के मन्दिर में सूझ की सरस्वती को इस पत्रिका के व्यंजन भी अवश्य परोसें। वह समाधि धन्य है, जिसमें सूझों का भजन ही, निर्माण की कला का भोजन हो जाया करे।

[पुष्पवलय; कर्मवीर, 7 फरवरी, 1942]

'मध्यभारत समाचारपत्र-सूची'

श्री गणेशदत्त शर्मा 'इन्द्र'

मालवा के प्रसिद्ध ग्रन्थकार, पत्रकार और निबन्धकार विद्यावाचस्पति गणेश दत्त जी शर्मा 'इन्द्र' ने 'मध्यभारत-समाचार-पत्र-सूची' नामक पुस्तक की रचना की है। इस सूची ने जहाँ मध्यभारत के तथा प्रकारान्तर से हिन्दी जगत के लोगों को अपने घर को देखने की और सुध लेने की याददिहानी की है, वहाँ मालवा की पत्रकार-कला की दिशा में ढूंढ़-खोज करने वालों का एक कठिन काम कुछ हलका कर दिया है। यह कि पत्रकारिता की दिशा में जानकारी संग्रह करने वाले लोग अधिकांशतः अब अपना सिर इस बात में नहीं खपावेंगे कि यहाँ कौन-कौन से सामयिक पत्र कब-कब निकलते थे बल्कि अब उन्हें उन पत्रों के सूत्रों, स्थानों, संचालन के आधारों और प्राप्त प्रतियों के आधार पर अपने निर्णयों पर पहुँचने का काम रहेगा। मुझे बड़ी प्रसन्नता हो, 'इन्द्र' जी इन पत्रों के विषय की जानकारी तथा रीति-नीति की दिशा में भी, यदि संभव हो तो, कुछ प्रकाश डाल सकें। हिन्दी में पत्रकार-कला पर कुछ थोड़े से ग्रन्थ प्रकाशित हुए हैं, किन्तु जहाँ तक मैं जानता हूँ पत्रों की सूचियाँ तैयार करने की दिशा में कदाचित् ही कोई प्रयत्न किया गया हो।

अखिल भारतीय आधार पर भी ऐसे किसी प्रयत्न की जानकारी मुझे नहीं है। पत्रकार-कला पर यत्र-तत्र कुछ ग्रन्थ हैं। विद्वान् लेखकों ने अपने ग्रन्थों में कुछ पत्रों का भी प्रसंगवशात् उल्लेख किया हो, पत्र-कला के ऐतिहासिक छः सूत्रों के कुछ उदाहरण भी सामयिक पत्रों के नामोल्लेख के साथ दिए हों, किन्तु पत्रकारिता की दिशा में इस देश में सीढ़ी-दर-सीढ़ी अध्ययन के चरण कदाचित् चल ही नहीं

पाए। समाचार-पत्रों की दशा के प्रति रहने वाली हमारी उदासीनता ने ज्ञान, सेवा और खतरे उठाने के सतत हरे इस बाग को बेतरह वीराना होने दिया।

भारतीय पराधीनता के युग में भी शोध और संकलन के लिए तो कोई रुकावट न थी, किन्तु हमारा तो स्वभाव है कि अति प्रत्यक्ष के उत्तरदायित्व के प्रति ही जब हम भारी प्रतिशत में ईमानदार नहीं रह पाते तो ज्ञान, सूझ, सेवा और खतरों-भरे पथ का हम उत्तरदायित्व लें या उस उत्तरदायित्व में हिस्सा बँटावें, यह हमें अपने दुर्गन्धित 'अति-वर्तमान' ने समझने ही नहीं दिया। हम तो अपने अहं और स्वार्थ के लोरने अथवा अपनी-सी न कहने वाले पर उछालने के लिए कीचड़-निर्माण करने की स्वाभाविक प्रवृत्ति से ही पीड़ित रहते थे। हमारी मूक वृत्तियाँ और चलती-डोलती कृतियाँ झड़-झेलने से काँपती और दामों से या बिना दाम के कीचड़-निर्माण करके, उसकी वृद्धि करती रहतीं। इसलिए मानवता की विश्व-सेविका पत्रकार-कला को हमारे देश में बहुत बुरे दिन देखने पड़े और अभी भी आकार में अन्तर हो गया हो, बुरे दिनों के प्रकार में अन्तर नहीं आ पाया है।

यों सोचिए कि एक नवाब था। उसकी बात कानून थी, इच्छा दण्डाज्ञा। संकल्प एवं आदर्श उसके मन-बहलाव के खिलौने थे। ये शत्रुओं की तरह याद किए जाते, और डाकुओं की तरह दण्ड पाते। शरीर तो शरीर, बुद्धि बेचारी संकल्पों और आदर्शों की हिमायत करते डरती : कहीं मित्रों ने मुझे 'गद्दार' समझ कर छोड़ दिया तो कहीं मेरे परिवार पर ही अत्याचार बरसने लगे! कहीं मेरी रोजी-रोटी के साधन ही नष्ट कर दिए गए तो! कहीं मुझे मेरे साथियों और मुझ पर अवलम्बितों को अनाथालय का जीवन बिताना पड़ा तो! नवाब के पास शक्ति नौकर थी, विद्या रहन थी, कला दासी थी, और संपत्ति गरीबों के रक्त से खिच-कर मानो सीधी उसके दान-पात्र में चली आ रही थी। धोखा खाने के लिए लाचार पत्रकार को प्रभुता धोखा देने का अपराधी करार देती रहती। जनता! वह और हर्षित होती, गर्व कि कैसी बाँकी लेखनी से लिख रहा है? चोरी-छुपे या प्रकट, कभी पाँव भी पड़ लेती, किन्तु अपने इरादों पर दृढ़ रहने के कारण, जब पत्रकार पर संकट बरसते तब जनता सड़कों पर अपने प्रवाह में बहती रहती, पाँच फीसदी के नाम-मात्र के शिक्षण में 95 फीसदी का अपार अज्ञान पत्रकार की सहायता करता भी तो किस तरह? इस तरह जिसका घातक ज्ञान सम्पन्न तुनुक-मिजाज और अत्याचारी होता और जिसका मित्र अनन्त अज्ञान तथा कुछ कर सकने में लाचार होता, उसे इस देश में कुछ दिनों पहले तक पत्रकार कहते थे। क्रान्तिवादी को एक सुविधा थी जिससे वह कठोर क्रिया-कलापों के पश्चात् भी अधिक दूरी तक सुरक्षित रह सकता था क्योंकि क्रान्तिकारी अपने संगठन और अपनी क्रान्ति के पश्चात् छुपा रह सकता है किन्तु संकल्पशील क्रान्तिवादी लेखक और पत्रकार इस सुविधा से वंचित रहते हैं। उन्हें अपने इरादों को छाप कर

प्रकाशित करना पड़ता, 'कानून' से पत्र छापने की स्वीकृति लेनी पड़ती, एक भीख-सी माँगनी पड़ती और इस तरह जिस समाज-व्यवस्था पर किन्तु-परन्तु किया जाता, उसके वार के लिए प्रतिक्षण खुला रहना पड़ता—अर्थात् जगत् के इतिहास में 'क्रियाओं' पर उतने वार नहीं हुए जितने 'बोलो' पर प्रहार हुए। जो चाटुकार रहता, वह पत्रकार भी विश्वास-पात्र न हो पाता; तब जो तेजस्वी होता उस पर प्रभुता का क्योंकर विश्वास होता ? उसे जीवन-भर कैसे सुविधा मिल पाती ?

इस तरह यह कहानी बढ़ी। पत्रों की इसी जाति का लेखा-जोखा रखकर श्री 'इन्द्र' जी ने यह 'मध्यभारत समाचार-पत्र सूची' तैयार की है। सूची को देखने से आप जान सकेंगे कि सन् सैंतालीस से पहले भिन्न-भिन्न स्थानों पर दृष्टि डालें तो राजा-महाराजाओं के अन्धकार-काल में केवल पुराने इन्दौर राज्य ही में मालवे की पत्रकार-पीढ़ी, यत्न-शीला होकर भी उभरने नहीं पाई। पत्रकारों के बलिदान की ये बड़ी यादें उन सिपाहियों का इतिहास हैं, जिन्होंने विचार व्यक्त किए, शक्ति से जूझे; ज्ञान, स्फूर्ति सूझ और सेवा का पथ-दर्शन किया किन्तु जिनकी यादों के कोई निशान बाकी नहीं छोड़े गए, जिनकी लाशें समय की प्रवहमान धारा में फेंक दी गईं, किन्तु साथियों और पड़ौसियों तक ने न जाना कि किस माँ का कौन बेटा तथा किस ज्ञानभूमि का कौन सेवक अपनी साँसों की छपी हुई हाजिरी देकर चला गया।

मैं श्रीयुत गणेशदत्तजी की श्रमशीलता को इस दशा की भूमिका मानता हूँ और इसका स्वागत करता हूँ।

'कनुप्रिया' : एक नास्तिक (?) वैष्णव की राधा

डॉ० धर्मवीर भारती

'विष्णुप्रिया' से 'कनुप्रिया' तक मन ने जब-जब सीधी खड़ी रेखा खींचने का प्रयास किया है, लगा है, इन दोनों ग्रन्थों ने इस तरफ और उस तरफ ऐसी सीमा बनाई है कि जिसके अन्दर आज का हिन्दी भाषा का भारतीय जीवन खेल रहा है। हिमालय हिमालय है और यमुना यमुना। हिमालय की चमक और उज्ज्वलता पर मस्तक झुकता है। विश्व में उसकी कीर्ति व्याप्त है किन्तु उसी हिमालय की गोद में खेलती गंगा-यमुना खेतों और खलिहानों के पास से गुजरती बड़ी प्यारी लगती है।

किसी दिन शताब्दियों पहले महर्षि नारद से प्रेम की परिभाषा पूछी। नारद

भक्तिसूत्र में उसका उत्तर है 'ब्रज-गोपिका इव'—ब्रज की गोपियों के समान।

राधा रटने का ही शब्द नहीं है, आराधना की उस छवि का नाम भी है जिस छवि को देखकर जगत् में कुछ देखना बाकी नहीं रह जाता है। रस का संचित रूप राधा के मधु वर्णन में जितना उतरा है। वैसा रस-वर्षण देखने के लिए आँखें तरसती ही रह जाती हैं। श्रद्धेय मैथिलीशरण गुप्त ने ब्रज का वर्णन करते समय अपनी 'गोवर्धन-धारण' कविता में ब्रज की रस-भावना से ओत-प्रोत होकर लिखा था :

दब मति जाय मेरौ बारौ कान्ह भोरौ हाय,
तू भी दै सहारौ सखि, सैल बड़ौ भारी है।

और यशोदा ने यह किस सखी से कहा होगा ? हिन्दी के तेजस्वी कलाकार भारतेन्दुजी ने बड़ी दृढ़ता से लिखा था :

सरबस रसिक के सुदास दास प्रेमिन के
सखा प्यारे कृष्ण के, गुलाम राधारानी के।

साधुमना वियोगी हरि ने लिखा है :

परा प्रकृति ब्रज-चन्द्रिका
परम पुरुष ब्रज चन्द्र।
वे आनन्द प्रकासिनी
ये आनन्द आनन्द ।।

राधा के समर्पण का रसगान देश के भिन्न-भिन्न कवियों ने अपनी-अपनी भाषा में किया है। 'उद्धव-शतक' के रचियता रत्नाकरजी कहते हैं :

"राधा नाम कीर औचक सुनायौ है !"

तब कृष्ण की बेहोशी दूर करने की बात लिख कर राधा नाम के रस-वर्षण और आकर्षण ही का वर्णन किया है। आचार्य हितहरिवंशजी ने अपने 'हितामृत-सिन्धु' में लिखा है :

हितहरिवंश असीस देत मुख
चिरजीवौ यह भूतल जोरी

डाक्टर धर्मवीर भारती ने इस 'जोरी' का गान अपने 'कनुप्रिया' ग्रन्थ में किया है। काव्य का प्रारम्भ रस की ओतप्रोतता से हुआ है और उसकी समाप्ति अति-व्याप्ति से। पिछले दो महीनों में जिस-जिस ने मेरे पास इस काव्य-ग्रन्थ को पढ़ा है, आनन्द-विभोर हो गया। डाक्टर भारती ने मेरे नाम अपने एक पिछले पत्र में अपने को नास्तिक वैष्णव लिखा है। मेरा निवेदन है कि वैष्णव नास्तिक होता ही नहीं। 'विरहिणी ब्रजांगना' नामक बंगाली काव्य के महान् कवि श्री माइकेल मधुसुदन दत्त ने ईसाई होते हुए लिखा है, जिसका कि अपनी चढ़ती तरुणाई में श्रद्धेय मैथिलीशरण जी ने अनुवाद किया है, जो (मुझे कदाचित् वे

पंक्तियाँ ठीक तरह से याद तो नहीं हैं) कदाचित् इन अर्थों वाली पंक्तियों से है कि :

जिन नयनों ने देख लिया
प्यारा घनश्याम बिना बाधा।
वे कैसे कह पायेंगी री
कुल-कलंकिनी है राधा ?

मुझे तो राधा सदैव आराधना का दूसरा नाम ही मालूम देती है। सूरज जब उगता है, तब तरुगण और मानव लम्बी छाया को फेंकते हैं और जब डूबता है तब भी वे अपनी लम्बी छाया फेंकने लगते हैं, किन्तु सूरज जब मध्याह्न में होता है, तब मानो वही छाया केन्द्र में, जड़ में, चरणों में लिपटकर छोटी हो जाती है। इसी तरह जब कदाचित् रस का वेग जीवन पर चढ़ता या जीवन से उतरने लगता है तब यह अभागिन अन्धकार का प्रतिनिधित्व करती-सी छाया लम्बी होने लगती है; किन्तु जब रस ही ओत-प्रोत होता है तब अन्धकार मानो चरणों से लिपट जाता है और प्रार्थना करता है कि इस रस-नागरी में दो चरणों के सहारे मुझे भी रहने दो, मुझे दूर न फेंको। देखने का काम करने वाली आँखें राधा को कहाँ-कहाँ नहीं देखतीं, किस धर्म में, किस समाज में, किस यन्त्रणा में, किस नियन्त्रण में, किस कोमलता में, किस प्रखरता में, किस आकर्षण में, किस घर्षण में राधा नहीं है ? रस का अस्तित्व नहीं है ? वह आकर्षण जिसकी उकस तो होती है, पर जिस पर बहस नहीं हो सकती, उसे चाहे राधा कहिए, चाहे घनश्याम से बरसती धारा कहिए, चाहे अपने ही आकर्षण में झूलती हुई और अपनी ही उपज का आकर्षण बाँटती हुई, गुरुत्वाकर्षण में व्याप्त रसा कहिए, पृथ्वी कहिए। स्वामी रामतीर्थ जैसे सन्त ने कभी इन्हीं क्षणों के आराधन में कहा होगा :

बर्गे-हिना से जाके कहूँ अपने दिल की बात,
शायद कि रफ्ता-रफ्ता लगे दिलरुबा के हाथ।

सो इस नास्तिक वैष्णव से मेरा निवेदन है कि वह ऐसी ही रचनाएँ लिखे और अपनी ऐसी ही पराजय बार-बार लिखने को बाध्य हो, जिस पर युग गर्व करता रहे। अणु, क्षण और जलबिन्दु में, उनकी क्षिप्रता के अन्तर्गत जो विशालता व्याप्त रहती है उसे उसने 'कनुप्रिया' में बाँधने का प्रयत्न किया है।

क्षण कितने बिगड़ैल साथी हैं। लगता है इन्हें अपने मर्कटत्व से फुरसत नहीं। नीम की डाल पर जब नये कोंपल आते हैं तब कितना जाड़ा, कितनी गर्मी, कितनी बरसातें उन पर नहीं हो-हो जातीं। किन्तु कोपलों की उपज और उनकी सुन्दरता में अन्तर नहीं आता। लगता है, सौन्दर्य उस विशालता को कहते हैं जिस पर काल का असर नहीं पड़ता। कैसी शरारत है, बादलों का पानी नीचे की ओर गिरता है और 'वृक्ष-शरीफ' ऊपर की ओर बढ़ते हैं, मानो हरी पृथ्वी कोटि-कोटि

रूप धरकर घनश्याम की बूँदों का कर्ज चुकाने आसमान को दौड़ी जा रही है। शायद ऐसे ही क्षणों के लिए महाकवि बिहारी ने लिखा है :

मेरी भव-बाधा हरौ, राधा-नागरि सोय।
जा तन की झाँईं परत, श्याम, हरित-द्रुति होय ।।

फिर कोपलों का ऊपर जाना और फूलों का नीचे गिरना —रस-सन्तुलन का कैसा बँटवारा है, मानो उमस दुलराई जा रही है और प्राप्ति को फेंकने में किसी को आनन्द आ रहा है। गंगा, यमुना, ब्रह्मपुत्र और सिन्धु की धाराओं को देखकर लगता है मानो विधाता की इस कला के सामने काल दृढ़ हुआ कि ऊँचा उठता है, द्रव हुआ कि नीचे के धरातल में प्रवाहित होता है और वायु बना तो उन्नत उत्पत्ति की अति-व्याप्तिमय साँसों में समा जाता है। तब जो अबोध छौने-सा सौन्दर्य गोद में है न, वह मुरली भी बजाता है, और द्वारका भी बसाता है; वह गीता भी कहता है और राधा की झिड़कियाँ भी सहता है। उठते पौधों में यदि किसी को राधा दीख नहीं पड़ती तो यह उसकी आँखों का अभिशाप है; उठते हुए अन्धड़ और चलते हुए मन्द समीरण का इसमें कोई अपराध नहीं। वे विश्वास की नाव खेते रहेंगे, सन्देशा देते रहेंगे और जब कृति कहेगी, तब प्रकृति के चरणों पर अस्तित्व को उँडेलते रहेंगे।

डॉक्टर भारती की इस रचना के तीसरे गीत में लिखा गया है :

'घाट से लौटते हुए
तीसरे पहर की अलसाई बेला में
मैंने अक्सर तुम्हें कदम्ब के नीचे
चुपचाप ध्यानमग्न खड़े पाया,
मैंने कोई अज्ञात वन-देवता समझ
कितनी बार तुम्हें प्रणाम कर सिर झुकाया,
पर तुम खड़े रहे, अडिग, निर्लिप्त, वीतराग,
निश्चल
तुमने तो उसे स्वीकारा ही नहीं।'

तीसरे और चौथे पद में यह भी कहा गया है :

'और मुझे क्या, मालूम था कि
तुम निश्चल खड़े नहीं रहे
तुम्हें वह प्रणाम की मुद्रा और हाथों की गति
इस तरह भा गयी कि
तुम मेरे एक-एक अंग की एक-एक गति को
पूरी तरह बाँध लोगे
इस सम्पूर्ण के लोभी तुम

भला उस प्रमाण मात्र को क्यों स्वीकारते ?
और मुझ पगली को देखो कि मैं
तुम्हें समझती थी कि तुम कितने वीतराग हो
कितने निर्लिप्त ?
जो चरण तुम्हारे वेणु-वादन की लय पर
तुम्हारे नील जलज तन की परिक्रमा देकर
नाचते रहे—
वे फिर घर की ओर उठ कैसे पाये ?'

लगता है वेणु-रन्ध्रों के खालीपन पर साँसों का अटूट अधिकार इसलिए है कि प्रेम और पुरुषार्थ को उसमें से मनचाहा स्वर ढूंढ़ निकालने के मधुर राग के दर्शन होते हैं :

कैसे हो जी तुम ?
जब मैं जाना ही नहीं चाहती
तो बाँसुरी के एक गहरे अलाप से
मदोन्मत्त मुझे खींच बुलाते हो···
और जब वापस नहीं आना चाहती
तब मुझे अंशतः ग्रहण कर,
सम्पूर्ण बना कर लौटा देते हो !

भावुकता से अभिशप्त, कला भी जब पुकार उठती है, तब अपनी पूर्णता पर प्रेम के ऐसे ही आरोप किया करती है, मानो शब्द मानव परिवर्तन के महान् को कितनी मधुराई से एक युग से दूसरे युग में पहुँचाते रहते हैं। साँसें मानो अपनी ही गति से नहीं जातीं, वे किसी युग के मोल पर जीती हैं। वे मानो पुरुषार्थ की भूख को समर्पण से पूर्ण किया करती हैं :

बुझी हुई राख, टूटे हुए गीत, डूबे हुए चाँद
रोते हुए पात्र, बीते हुए क्षण-सा—
—मेरा यह जिस्म
कल तक जो जादू था, सूरज था, वेग था
तुम्हारे आश्लेष में
आज वह जूड़े से गिरे हुए बेले-सा
टूटा है, म्लान है,
दुगुना सुनसान है
बीते हुए उत्सव-सा, उठे हुए मेले-सा
खाली दर्पण में धुंधला-सा एक प्रतिबिम्ब

मुड़-मुड़ लहराता हुआ
निज को दोहराता हुआ।
....
....

लगता है कि सिद्धान्तों का माधुर्य विश्वासों के बल को पुकार उठा है जिससे उनकी गति-मति कमजोर न पड़ जाए, अन्धी न हो जाए। यहीं आकर मानो काल, कला से कहता है, "इतिहास में रहना हो तो थोड़े रूखे होना पड़ेगा, तिथियों, घटनाओं तथा ऊँचाइयों-नीचाइयों की चहारदीवारी से बँध कर, उसी तरह जिस तरह भारत की नारी बँधी रहती है और नन्हे बच्चे की तरह अनन्त की पुस्तक के पन्ने-पन्ने फाड़ डालने हों तो एक बार सृष्टि को देखो—इसके नित्य के उल्लास ही में अमरता का विकास है, प्रणय को प्रलय के काँटों की सेज पर सोना पड़ेगा, उसे सोना पड़ा है, और वह वहीं सोता रहेगा। यहीं आकर सभ्यता अपने जीने के बाट-बटखरे बनायेगी। सदा मौन रहने वाला मुनि प्रेम और समर्पण की परिभाषा ढूँढ़ेगा; और यदि नायक गायक भी है तो उसका गीत संहार का अवतार बनकर मथुरा से द्वारका तक की-सी दौड़ भी लगाता रहेगा। प्रणय, प्रलय से गलबाँही देकर इस तरह दौड़ता रहा है, मानो पृथ्वी उसकी है, और विजय उसकी कृतियों से भिन्न किसी अन्य वस्तु का नाम नहीं है। यही है स्वयंसत्ता जिसकी मर्जी के बिना कहते हैं, पत्ता भी नहीं हिलता। यह विश्व के वायुमण्डल में इस तरह डोलती फिरती है मानो मनुष्य का जीवन समस्त वन की तरह उसी वायुमण्डल की प्रतीक्षा कर रहा है। सच तो यह है कि समर्पण चाहे पृथ्वी की सभ्यता को बचा ले जाए किन्तु वह अपने को नहीं बचा सकता। कहते हैं, राधा-वल्लभ सम्प्रदाय के आचार्य-प्रवर श्री हितहरिवंशजी को मार डाला गया था। ईसामसीह क्रास पर चढ़ा दिये गये थे और अभी कुछ दिन नहीं बीते, पागलपन ने महात्मा गांधी पर प्रहार किया। स्वयं भगवान् कृष्ण एक ब्याध के तीर से मारे गये थे। भक्ति, प्रणय का वह स्वरूप है, जहाँ, जीवन के मैदान में, मरण कभी कलंकित नहीं होता, जहाँ अस्तित्व ने अपने विश्वासों की सब-कुछ चढ़ा कर भी रक्षा की है। (भक्ति) मानो मानव को सम्पूर्णता प्रदान करने वाली प्रेम-कथा है जिसकी अति-व्याप्ति समर्पण में होती है। कला, कलम और तलवार, कोई उस यात्री को नहीं रोक सकते, जिसके दर्शन की जीवन-यात्रा प्रेम के कोटि-कोटि पदों में, झरनों की तरह, पर्वतों में मार्ग बना लेती है। आकर्षण को जब कभी भी समर्पण का स्वप्न पड़ता है उसके लघु अथवा महान् होने के कारण नहीं पड़ता, उसकी बुद्धि के पैनेपन या बोथरेपन के कारण नहीं पड़ता, उसके बल की विशालता के कारण नहीं पड़ता, उसके सो जाने और सोकर बेहोश हो जाने से भी नहीं पड़ता—वह वायु की तरह स्वच्छन्द आता है, चिड़ियों की तरह फुदक कर बोलता है, चट्टानों से चिघाड़ता

हुआ बोलता है और कहीं भी अपने स्वभाव का परित्याग नहीं करता। शायद इसीलिए 'कनुप्रिया' की राधा अपने कृष्ण से कह उठी है :

जिसकी शेष-शय्या पर,
तुम्हारे साथ युग-युगों तक क्रीड़ा की है
आज उस समुद्र को मैंने स्वप्न में देखा कनु।
लहरों के नीचे अवगुण्ठन में
जहाँ सिन्दूरी गुलाब जैसा सूरज खिलता था
वहाँ सैकड़ों निष्फल सीपियाँ छटपटा रही हैं
—और तुम मौन हो
मैंने देखा कि अगणित विक्षुब्ध, विक्रान्त लहरें
फेन का शिरस्त्राण पहने
सिवार का कवच धारण किये
निर्जीव मछलियों के धनुष लिये
युद्ध-मुद्रा में आतुर हैं
—और तुम कभी मध्यस्थ हो
कभी तटस्थ
कभी-युद्धरत

मुझे राधा नाम से नाचने-गाने का पेशा करने वाले व्यक्ति कभी अच्छे नहीं लगते। इसीलिए विप्रलब्धा का यह स्वरूप मुझे खूब भाया। अक्सर यह कहा जाता है कि धर्म का 'अहम्' व्यक्त करने वाले किसी व्यक्ति को अत्यन्त निकट से देखो, उसके आसपास, उसके रक्षक की तरह लिपटा हुआ है, किन्तु कला अपने अस्तित्व और अनस्तित्व में भी उसी अहं को प्रश्रय नहीं दे पाती ? इसीलिए कला का समर्पण उसका अपना होता है, उसे अविश्वास के डोरों से नहीं बाँधा जा सकता। यह क्यों भूला जाए कि वर्ष में कुछ क्षण ऐसे होते हैं जब पृथ्वी काली, सुनसान पड़ी रहती है किन्तु कुछ क्षण ऐसे भी होते हैं जब भूमि की गोद भरी रहती है, वह उभरी होती है, वह लहलहा कर हरी होती है। लगता है, इस अस्थिरता में क्षणों की कितनी अविभाज्य अटूट, आनन्दमयी, परिणामकारी स्थिरता शोभित है। इसीलिए डॉक्टर भारती की इस लिखावट को मैंने बहुत ममता से पढ़ा :

और मैंने देखा कि अन्त में तुम
थककर
इन सबसे खिन्न, उदासीन, विस्मित और
कुछ-कुछ आहत
मेरे कन्धों से टिक कर बैठ गये हो

और तुम्हारी अनमनी भटकती अँगुलियाँ
तट की गीली बालू पर
कभी कुछ—कभी कुछ लिख देती हैं।

जो प्रणय परिणाम से अभिषिक्त नहीं, वह अभिशप्त है। मैं यह उपयोगितावाद की दृष्टि से नहीं कह रहा। ज्ञान और कर्म के समस्त क्षेत्रों में परिणाम से भय खाकर जीने का मूल्य कितना-सा रह जाता है। तत्त्वचिन्तक अपने अध्ययन में जितनी ही बेचैनी बोया करता है, कला उतना ही रस-दान, उतना ही अस्तित्व का मान, उतना ही बलिदान किया करती है। इसीलिए उसे पाकर कुछ पाना शेष नहीं रह जाता और किसी को प्रलय, प्रणय में इस मधुर रूप में दिखाई देता है कि घुँघराले बालों वाला, चन्दन से लिपटा, मस्तक मटकाता हुआ चाहे कुछ सोचकर हँसे, चाहे बे-सोचे, उसे सारे रास और हास-विलास के पश्चात् कंस को तो मारना ही है, काठियावाड़ की सीमा में जाकर द्वारका तो बसानी ही है। रस, रमा और रास—शब्दों के ये तीन बच्चे कौन छोड़ गया है, बड़े सुहावने लगते हैं। शब्दों की आराधना से तत्व चाहे कितने ही चिढ़ें, शब्द, लगता है, अपने में बहुत बलवान हैं, उन्हें अर्थों का बोझ नहीं लगता। गाड़ी-बैल के समय में जिन शब्दों का हम उच्चारण करते थे और जिन्हें बोलकर हम जीते-मरते थे, उन्हीं शब्दों को हम देखते हैं कि रेलगाड़ी और मोटर के युग में भी काम में ला रहे हैं। आकाशयानों के युग में भी वे ही शब्द अर्थ-दान कर रहे हैं। तब हमारी पुरुषार्थ से यह कहने की तबीयत होती है कि यार! शब्दों का बोझ कभी-कभी उठा लिया करो। इन्हें अर्थ ढोने के लिए अकेला न छोड़ दो। मानो शब्द, क्षण से अणु तक की वह उमेठन है जो प्रलय को प्रणय से बाँधे हुए है। जी चाहता है कि इस प्यार के गालों पर अनन्त की जननी डिठौना लगा दे ताकि इसे नजर न लगे और अर्थों के बोझ के श्रम से शब्द थक न जाए। अर्थ के इसी सामर्थ्य पर, प्रणय के इसी परिवर्तन पर मानो 'कनुप्रिया' का गायक कह उठता है—

सुनो मेरे प्यार
प्रगाढ़ केलि-क्षणों में अपनी अन्तरंग
सखी को तुमने बाँहों में गूँथा
पर उसे इतिहास में गूँथने से हिचक
क्यों गये प्रभु?
बिना मेरे कोई भी अर्थ कैसे निकल पाता
तुम्हारे इतिहास का
शब्द, शब्द, शब्द···
राधा के बिना
सब

रक्त के प्यासे

अर्थहीन शब्द।

....

....

सुनो मेरे प्यार !
तुम्हें मेरी जरूरत थी न !
लो, मैं सब छोड़कर आ गयी हूँ
ताकि कोई यह न कहे
कि तुम्हारी अन्तरंग केलि-सखी
केवल तुम्हारे साँवरे तन के नशीले संगीत की
लय बन कर रह गयी···
मैं आ गयी हूँ प्रिय,
मेरी वेणी में अग्नि-पुष्प गूँथने वाली
तुम्हारी अँगुलियाँ
अब इतिहास में अर्थ क्यों नहीं गूँथतीं ?
तुमने मुझे पुकारा था न !
मैं पगडण्डी के कठिनतम मोड पर
तुम्हारी प्रतीक्षा में
अडिग खड़ी हूँ कनु मेरे।

सच तो यह कि मधुराई और समर्पण को जीवन, घर-वन के बन्दीखाने में रखता ही इसलिए है कि वह सदैव उसके पास रहे । लोग तो यहाँ तक कहते हैं कि मीठा फल हो और वह काटा न जाय, यह सम्भव नहीं। मानो मिठास बलिदान का ही दूसरा नाम हो, और ऊँचे उठना और मानवता को ऊँचे उठाना, उस समय कुछ शक्तियों को नीचे गिरने-गिराने के लिए दौड़ पड़ना, बहुत स्वाभाविक है। जब असुन्दरतम को देखने से इन्कार किया जाएगा, तब सौन्दर्य की परिभाषा अधूरी और लिचपिची क्यों न रह जाएगी ? माना, निर्निमेष सौन्दर्य नमूने के लिए नहीं भिजवाया जा सकता; किन्तु आकाश कहाँ नहीं है, तारे कहाँ नहीं हैं ? वर्षा के बादल कहाँ नहीं दीख पड़ते हैं ? यह समझ में नहीं आता कि यह सब चीजें रिश्तों में या किश्तों में भिजवाने वाला कौन है ? क्या वही अपनी पर आता है, तब प्राणों में प्रेरणा, आँखों में देखने की शक्ति और भटकता हुआ पुरुषार्थ हमारी भुजाओं में उतर आया करता है। वह नास्तिक वैष्णव हो तो हो। वह चाहे लाठी लिये पाँव-पाँव चले, चाहे कहानियों और किस्सों के शब्दों पर चढ़-उतरकर खेले, चाहे किसी उजड़े मन्दिर को बसाये, चाहे किसी बस्ती को उजाड़कर सौन्दर्य में परिणत करे, चाहे शोध में से मस्तक उठाकर प्रणय का तर्पण

प्रलय से करे उसकी सारी उथल-पुथल को मेरा नमस्कार !

मेरा निवेदन यह है कि गद्य ने हमारा इतना क्या बिगाड़ दिया कि रस का सारा पक्षपात पद्यों के साथ हो ? तक जुड़े तो, तुक न जुड़े तो; जुड़े हाथों की तरह छन्द हों तो या टूटे दाँतों की तरह जुड़े छन्द हों तो—प्रभु करे यह साहस भूमण्डल के घेरे में शीघ्र आवे कि रस का एकमात्र स्वामी पद्य ही न रह जाय। गद्य और पद्य ही माता की दो सन्तान हैं, फिर अन्न के कणों में कौन छोटा, कौन बड़ा ? जो कविता है उसे प्रत्येक कला और प्रत्येक रूप में कविता कहेंगे और 'कनुपिया' का सा गौरव देंगे किन्तु रस की हाट में या रुचि की वाट मे जो कविता नही है, उसे कविता कौन कहने लगेगा ? वादों और संवादों से परे हमें इस विषय पर सोचना पड़ेगा, हम उस पर आज सोचें या उसकी पेशियाँ बढ़ाते चले जायें। आज ही नहीं, ऐसे व्यक्ति युगों-युगों होते चले आये हैं जो गद्य पर पद्य की धर्मशालाओं पर अपने ही हाथ से लिखते रहे हैं : "साहित्य की इस धर्मशाला पर एकमात्र मेरा अधिकार है।" सफेद बाल ऐसा लिखते रहे हैं, काले बाल ऐसा लिखते रहे हैं। जो अभी तरुणाई के द्वार पर खड़े हैं उन्होंने ऐसा ही लिखा है, ऐसा भी लिखा है। बाण ने गद्य लिखा, वाल्ट व्हिटमैन ने वैसा ही पद्य लिखा। दोनों के अन्तर को अन्तरतर का निवासी जानता है, अत: ऊँचाई तक उठें, या गहराई तक गिरें, हिमशैल से चमकें या समुद्र से हिलोरें लें, गद्य और पद्य का हमारे पास एक ही मूल्य होना चाहिए—उसी तरह जिस तरह हिमालय के अछूते शिखरों पर और प्रशान्त महासागर के जल पर सूर्य-किरणों का एक-सा अधिकार हुआ करता है।

'परशुराम की प्रतीक्षा'

श्री रामधारीसिंह 'दिनकर'

दिनकर का 'संस्कृति के चार अध्याय' एक उच्च कोटि का ग्रन्थ है। 'उर्वशी' कविता पुस्तक भी असाधारण है, किन्तु 'परशुराम की प्रतीक्षा' की बात ही और है। यह उनका नवीन कविता-संग्रह है, जिसे मैंने इन्दौर के एक विक्रेता से प्राप्त कर लिया है।

'उर्वशी' से प्रभावित होकर मैं कुछ लिखना चाहता था, किन्तु यह संग्रह तो बहुत ही सुन्दर बन पड़ा है। इस संग्रह की प्रथम कविता तो ऐसी है जिसे हिन्दी के समाचारपत्रों को, कवि से अनुमति लेकर समूची प्रकाशित करनी चाहिए। इस कविता में तपन है, ज्वाला है और वर्तमान युग के लिए क्या नहीं है ? मैं तो इस संग्रह से अत्यन्त प्रसन्न हुआ हूँ। यहाँ यह कहने को जी चाहता है कि—

सुर्खरू होता है इन्सॉं आफतें आने के बाद
रंग लाती है हिना पत्थर पै घिस जाने के बाद।

दिनकर के इसी रूप को मैं देखना चाहता था। जो कलम पकड़ना नहीं जानते, वे दिनकर से सीखें कि कलम कैसे पकड़ी जाती है। दिनकर मानो इस युग की ज्वालमाला हैं। जब वे लिखते हैं:

वैराग्य छोड़ बाँहों की विभा सम्हालो,
चट्टानों की छाती से दूध निकालो!
हैं रुकी जहाँ भी धार, शिलाएँ तोड़ो,
पीयूष चन्द्रमाओं का पकड़ निचोड़ो!
चढ़ तुंग शैल-शिखरों पर सोम पियो रे!
योगियों नहीं, विजयी के सदृश जियो रे!

अथवा

जिसकी बाँहें बलमयीं, ललाट अरुण है
भामिनी वही तरुणी, नर वही तरुण है
है वही प्रेम जिसकी तरंग उच्छल है
वारुणी-धार में मिश्रित जहाँ गरल है
उद्दाम प्रीति बलिदान-बीज बोती है
तलवार प्रेम से और तेज होती है।

…तब वह बहुत ही मोहक, बहुत ही आकर्षक मालूम देते हैं। वे अपनी मस्ती में पीढ़ियों का निदर्शन करते मालूम होते हैं, जब वे कहते हैं:

छोड़ो मत अपनी आन, सीस कट जाये
मत झुको अनय पर, भले व्योम फट जाये;
दो बार नहीं यमराज कण्ठ वरता है
मरता है जो एक ही बार मरता है।
तुम स्वयं मरण के मुख पर चरण धरो रे!
जीना हो तो मरने से नहीं डरो रे!

उनका यह संकेत कितना स्वाभाविक है

"आँधियाँ नहीं जिसमें उमंग भरती है
छातियाँ जहाँ संगीनों से डरती हैं
शोणित के बदले जहाँ अश्रु बहता है
वह देश कभी स्वाधीन नहीं रहता है
पकड़ो अयाल, अन्धड़ पर उछल चढ़ो रे!
किरचों पर अपने तन का चाम मढ़ो रे!

× × ×

आज मालूम हुआ कि दिनकर परशुराम का परशुत्व और व्यवहार अच्छी तरह समझे हैं और उन्हें पहचान सके हैं। उन्होंने वस्तु को जिस तरह उठाया है, वह बहुत ही आधुनिक और युगानुकूल मालूम देता है।

उनके इस संकल्प को पढ़ते हुए, राम की महिमा में कहे गये कुछ पद्यों की याद आये बिना नहीं रहती, क्योंकि परशुराम राम से ही हारे थे। जो राम से हारने की परशुराम की तैयारी है, वही उनकी सबसे बड़ी जीत है। 'शरादपि शापादपि' कहते हुए दिनकर बहुत सप्राण हैं—

केवल कृपाण को नहीं, त्याग तप को भी,
टेरो-टेरो ! साधना यज्ञ जप को भी।
गरजो, तरंग से भरी आग भड़काओ,
हो जहाँ तपी, तप से तुम उन्हें जगाओ !
उन सभी पावकों से प्रचण्डतम रण दो,
शर और शाप—दोनों को आमंत्रण दो !

मैं तो बिस्तरे पर पड़ा हूँ, कुछ लिखवा नहीं सकता। यदि हिन्दी संसार को मेरी बात पर विश्वास है और यदि वे नरमुण्डों की बलि का अर्थ समझना चाहें, तो वे दिनकर की इस कृति को पढ़ें—इसकी प्रथम कविता तो अवश्य पढ़ें !

"कविता की (पहली कविता की) बनक पुरानी है किन्तु कथ्य में बहुत ऊष्मा है"—यह एक तरुण की इस पुस्तक पर प्रतिक्रिया थी जो मुझे दिलचस्प प्रतीत हुई, किन्तु हम तो कालिदास को सर्वश्रेष्ठ कहनेवाले देश में रहते हैं। हम दिनकर को समझ सकें तो बड़ी बात हो !

'संस्कृति के चार अध्याय' और 'उर्वशी' में भी विचारक दिनकर बोलते हैं, किन्तु इस पुस्तक का दिनकर हिमालय को और उसके माध्यम से सम्पूर्ण राष्ट्र और संस्कृति को प्यार करने वाला दिनकर है। जैसी कृति है, वैसा ही दिनकर व्रती है। हम विचारक दिनकर का स्वागत करते हैं और आचार की तुला पर विचार को चढ़ा देने वाले दिनकर का अभिनन्दन करते हैं।

मैं इस संग्रह को संग्रहणीय और प्रकारान्तर से पीढ़ियों को देने योग्य समझता हूँ और साथ ही दिनकर की इन पंक्तियों में अपना स्वर भी मिलाता हूँ :

ललकार रहा भारत को
स्वयं मरण है !
हम जीतेंगे यह समर,
हमारा प्रण है !

['धर्मयुग', 27 दिसम्बर, 1963]

समय और हम

श्री जैनेन्द्रकुमार

श्री जैनेन्द्रकुमार की 'समय और हम' पुस्तक कहीं-कहीं से मैं सुन गया हूँ। यदि मुझमें शक्ति होती और पढ़ने लिखने भर की आत्मनिर्भरता होती, तो मैं इस पुस्तक को पूरी तरह पढ़ना चाहता। अभी तक जैनेन्द्र को मैंने एक कथाकार के रूप में जाना है, प्रेमचन्दजी के बाद जहाँ कथा-धारा मुड़ती है, वहाँ जैनेन्द्र खड़े हुए हैं। शायद जैनेन्द्र ही हैं जिन्होंने समाज से बँधकर व्यक्ति को देखने की परम्परा को व्यक्ति के भीतर से समाज को देखने की वर्तमानता में बदल डाला। इसी तरह जीवन को बाँट कर देखने की रूढ़ि भी उन्हें पसन्द नहीं आ सकी और उन्होंने स्वीकारा कि जीवन सत्-असत् से परे इससे भी बड़ी चीज है। इसीलिए मनुष्य, स्त्री, सैक्स, उचित-अनुचित, अच्छा या बुरा के प्रश्नों पर उन्होंने जो कहा, उससे बहुत कोलाहल हुआ। मैं उनकी कई बातों से असहमत होते हुए भी कभी परेशान नहीं रहा, क्योंकि प्रेम तत्व को उन्होंने सदा ही जीवन-मूल माना है। प्रेम, समर्पण और सार्थकता के बारे में उन्होंने जब भी कहा है खूब अच्छा कहा है। इस पुस्तक में भी उन्होंने जाने कितने प्रश्नों को लिया है और बहुत सी जगहों पर तो बहुत सही उत्तर दिए हैं। कहीं किसी को यदि उत्तर साफ नहीं होते, तो वहाँ भी जीवन को देखने की सचाई या ईमानदारी का प्रभाव बना रहता है। चारों तरफ फैले हुए लम्बे-चौड़े जीवन को और उसकी जटिल उलझनों को और उसके आज, कल या बीते हुए कल को जितने सुन्दर प्रश्नों और उत्तरों में बाँधा गया है और बोलने में जैसी वाणी को व्यक्त किया गया है, वह भीतर से निरन्तर भरते रहने वाले व्यक्ति की याद दिलाती है। जैन धर्म का स्याद्वाद दर्शन मुझे बहुत प्रिय और विज्ञान-सम्मत लगता रहा है। इस ग्रन्थ में उसकी मूर्तिमत्ता से मुझे बहुत सन्तोष मिला है। कभी-कभी कथनी के अति तक पहुँचने की खतरनाक स्थिति में भी जीवन-निहित आस्तिकता बहुत बड़ा कवच बन जाती है। जैनेन्द्र को यह कवच सदा ही मिला है। आज तो वे भेद तक पहुँचने वाले बन गए हैं। उनकी प्रज्ञा की सामर्थ्य देखते ही बनती है।

[25 जनवरी, 1965 का श्रुति-लेखन]